A COMUNIDADE CRISTÃ NA HISTÓRIA

COLEÇÃO ECCLESIA XXI

A Igreja que somos nós – Mario de França Miranda

A comunidade cristã na história: eclesiologia histórica (2 vols.) –
Roger Haight

*Amor e discernimento: experiência e razão no horizonte pneumatológico
das Igrejas* – Ana Maria Tepedino

Fora dos pobres não há salvação: pequenos ensaios utópicos-proféticos –
Jon Sobrino

Igreja: comunidade para o Reino – John Fuellenbach

Movimentos do espírito – João Décio Passos (org.)

O futuro do cristianismo – Stanistas Breton

Os ortodoxos – Enrico Morini

Para compreender como surgiu a Igreja – Juan Antonio Estrada

Paróquia, comunidades e pastoral urbana – Antonio José de Almeida

*O ancião e sua senhora eleita: reflexões teológicas, eclesiais e pastorais
sobre a condição do bispo emérito* – José Lisboa Moreira de Oliveira

Roger Haight

A COMUNIDADE CRISTÃ NA HISTÓRIA
Eclesiologia histórica

Vol. 1

Dados Internacionais de Catalogação na Publicação (CIP)
(Câmara Brasileira do Livro, SP, Brasil)

Haight, Roger
  A comunidade cristã na história : eclesiologia histórica, vol. 1 / Roger
Haight ; [tradução Jonas Pereira dos Santos]. – São Paulo : Paulinas,
2012. – (Coleção Ecclesia ; 21)

  Título original: Christian community in history : historical ecclesiology.
  ISBN 978-85-356-2701-5
  ISBN 0-8264-1630-6 (ed. original)

  1. Comunidades cristãs   2. Igreja   3. Igreja - História   4. Missão da
Igreja   I. Título.   II. Série.

10-08549   CDD-262.009

Índices para catálogo sistemático:

1. Igreja : História : Cristianismo   262.009
2. Comunidade cristã : História : Cristianismo   262.009

Título original da obra: Christian Community in History - Vol. 1– Historical Ecclesiology
© 2004 by Roger Haight por acordo com Bloomsbury Publishing plc.

Direção-geral:	*Bernadete Boff*
Conselho Editorial:	*Dr. Afonso M. L. Soares*
	Dr. Antonio Francisco Lelo
	Ms. Luzia M. de Oliveira Sena
	Dra. Maria Alexandre de Oliveira
	Dr. Matthias Grenzer
	Dra. Vera Ivanise Bombonatto
Editores responsáveis:	*Vera Ivanise Bombonatto*
	Afonso M. L. Soares
Tradução:	*Jonas Pereira dos Santos*
Copidesque:	*Anoar Jarbas Provenzi*
Coordenação de revisão:	*Marina Mendonça*
Revisão:	*Sandra Sinzato*
Assistente de arte:	*Ana Karina Rodrigues Caetano*
Gerente de produção:	*Felício Calegaro Neto*
Capa e diagramação:	*Manuel Rebelato Miramontes*

1ª edição – 2012
1ª reimpressão – 2014

Nenhuma parte desta obra poderá ser reproduzida ou transmitida
por qualquer forma e/ou quaisquer meios (eletrônico ou mecânico,
incluindo fotocópia e gravação) ou arquivada em qualquer sistema ou
banco de dados sem permissão escrita da Editora. Direitos reservados.

Paulinas

Rua Dona Inácia Uchoa, 62
04110-020 – São Paulo – SP (Brasil)
Tel.: (11) 2125-3500
http://www.paulinas.org.br – editora@paulinas.com.br
Telemarketing e SAC: 0800-7010081

© Pia Sociedade Filhas de São Paulo – São Paulo, 2012

A Edward Schillebeeckx, op

Apresentação

A Igreja chega ao século XXI ainda sob o influxo de um período de transição, intensificado a partir dos anos 60, com o Concílio Vaticano II. Desde então, uma eclesiologia renovadora tem deixado marcas na própria vida eclesial, mas ainda há muito a ser feito.

O período que antecedeu o Concílio foi de grande crise. Havia medo de assumir descontinuidades, rupturas, inovações, conflitos, emergência de novas teologias e superação de velhas tradições. Na aurora deste século, multiplicaram-se os desafios, mas também os temores.

Ecclesia XXI oferece-se como tribuna para os ensaios a que a reflexão eclesiológica não se pode furtar, caso pretenda ser farol e companhia de viagem no caminho que as novas gerações de discípulos do Nazareno deverão seguir e nos novos areópagos que cruzarão. Para tanto, esta nova coleção pretende considerar a realidade e a missão da Igreja de vários ângulos, a saber, espiritual, bíblico, dogmático, histórico, ético e pastoral.

Os olhares multifacetados impõem-se, pois a nova realidade não mais comporta uniformismos. De modo especial, temos verificado no Brasil uma notável reapropriação das camadas populares de elementos subjacentes à sua cultura. Os portões foram escancarados após a perda da estrutura rural que sustentava a religiosidade popular católica. Contemporaneamente, foi intensificado o processo de "descriminalização" de muitas expressões culturais populares.

A repercussão que têm hoje religiões e espiritualidades palatáveis à "new age", bem como o crescente sucesso do neopentecostalismo (evangélico e católico) sugerem seu forte apelo à necessidade popular do maravilhoso. Órfão dessa qualidade, outrora tão comum ao Catolicismo rural – rico em elementos de origem africana, indígena e também lusitana –, o povo cristão vai a seu encalço para além dos limites da paróquia tradicional – aí incluídas também as CEBs.

Alguns autores pretendem explicar o quadro alegando que tais tendências religiosas não têm uma grande bagagem de conteúdos mentais que promovam a pessoa mediante novos conhecimentos – como, por exemplo, faz a Bíblia. Apenas oferecem, com oportunismo, um novo espaço à sensibilidade e à afetividade que supre a dimensão lúdica do Catolicismo festivo. Mas não se trata apenas disso, a saber: Bíblia = conteúdos mentais = conhecimento. O simbólico, a comunidade e o processo de iniciação devem ser considerados como parte integrante do processo do conhecimento. Mas o fato é que nem todos os sedentos por essa espiritualidade do maravilhoso estão dispostos a enfrentar um longo e exigente caminho iniciático.

Por fim, essa autêntica "feira mística" representa uma notável ruptura de dois elementos decididamente caros à Igreja: a palavra (Bíblia) e os sacramentos. Todavia, isso não requer – como fazem, em geral, os movimentos religiosos pentecostais – um distanciamento institucional. O católico que busca tais espiritualidades não se sente no dever de abandonar a Igreja, e procura manter as duas pertenças, vendo-as como complementares na resposta a suas necessidades religiosas.

Alternativas de sabor espiritualista e/ou "new age" atraem sempre mais o apelo religioso das pessoas. Os ritos católicos de integração da biografia individual já vêm sendo repetidos sem muita clareza e convicção, deixando progressivamente o espaço a outras ofertas religiosas. Para alguns, tal tendência poderá reduzir ou eliminar a ambiguidade da prática religiosa das pessoas.

De outra parte, não se deve esquecer de que tanto as Igrejas pentecostais quanto a "new age" levam vantagem nas estruturas acentuadamente aliviadas do peso hierárquico-piramidal, com a consequente homogeneização das classes. Daí resulta a crescente aproximação entre membros e lideranças. Some-se a isso a efetiva rede assistencial que tais organizações têm em mãos, e que fazem estrepitoso sucesso em meio aos milhões de doentes, abandonados pelos órgãos públicos (ir-)responsáveis.

O final do século XX também viu a vitória – pírrica, segundo alguns críticos – da secularização e da modernidade, sempre mais sentidas em ambientes outrora hermeticamente católicos. Os grandes fluxos migratórios em direção aos polos industriais do sul e a recrudescente penetração do paradigma burguês nos sertões e florestas tiraram da Igreja Católica seu secular berço-reservatório de cristãos. A sociedade patriarcal a poupou, durante um longo período, da preocupação de obter dos fiéis uma resposta cristã adulta, fruto de convicção pessoal e independente do ambiente. Mas esse tempo acabou.

Nesse inédito contexto de pluralismo religioso em que vivemos hoje, com a consequente necessidade de ampliar o diálogo entre as religiões, há várias perguntas incontornáveis. E esta coleção de *Paulinas Editora* pretende encará-las. Por exemplo, como deverá ser enfocada hoje a convicção católica, reafirmada no II Concílio Ecumênico do Vaticano, da "necessária função salvífica da Igreja" (*Lumen Gentium* 14)? Uma maior atenção teológica à maneira como Deus quis revelar-se a todos, somada à devida deferência pelas culturas autóctones, não deveria levar a Igreja Católica a repensar alguns modelos eclesiológicos seculares? O que significa, na prática, respeitar o ritmo e os tempos de nossos povos? Não é concebível que haja maneiras distintas, ao longo da história, de acolher a oferta gratuita de Deus? Quem, como e a qual preço deve assumir *hic et nunc* a tarefa da (nova) evangelização?

O âmago dessa discussão encontra-se nos fundamentos da identidade cristã e na possibilidade mesma de aceder a tal fé. Já se vislumbram as primícias de uma nova teologia da revelação, mais apta a incluir em seus circuitos outros trajetos possíveis da autocomunicação divina na história. Com isso, os teólogos já ousam inferir possíveis consequências de tal perspectiva em vista da possibilidade da inculturação da fé cristã nas realidades locais. *Ecclesia XXI* quer acompanhar as reflexões mais sugestivas a propósito.

Um desafio prometeico, pois, como diz o teólogo José Comblin,[1] o discurso sobre a inculturação é "o ponto de encontro de todas as ambiguidades". Alguns imaginam uma situação em que a Igreja – à maneira

---

[1] Cf. Comblin, J. As aporias da inculturação (I). *REB*, 223, pp. 664-684.

dos Ss. Cirilo e Metódio, fundadores da Igreja entre os povos eslavos – entregaria aos povos uma cultura já pronta. Outros, mais progressistas, veem a inculturação como promotora da diversidade cultural.

Seja como for, qual seria a verdadeira função da Igreja nessas situações de pluralismo de ofertas religiosas? Quais atitudes esperam-se dos cristãos em tais contextos? Fazer o bem ao povo equivale a convertê-lo (em sua totalidade) a um Cristianismo mais ortodoxo? Em suma, salvação--libertação do povo de Deus é sinônimo de madura adesão das pessoas a esta comunidade chamada Igreja?

Ao longo da história, a concepção da Igreja sobre si mesma sofreu, de modo talvez imperceptível em boa parte do tempo, uma determinante mudança de paradigma. De um grupo social constituído em função de uma tarefa – pregar o Evangelho, sendo dele um sinal – esta se rendeu, mais tarde, à ideia de constituir uma comunidade fundada na participação de um privilégio.

Daqui ao casamento com o conceito de religião universal foi apenas um passo que, consequentemente, fez a Igreja estruturar-se como distribuidora de um privilégio essencial: os meios especiais para alguém entrar em relação com Deus e obter dele especiais prerrogativas. Um privilégio que, a todo custo, se devia estender ao maior número possível de seres humanos. O esforço para atingir tal meta fez dessa instituição religiosa, nas palavras de E. Hoornaert, "mestra imbatível em lidar com a religião do povo". E isso apesar da "exagerada eclesialização da ideia cristã", levada adiante no pós-Trento.

Em meio à atual e dramática realidade latino-americana, e diante da inevitável opção, profética e exclusiva, pelos pobres e oprimidos, o problema volta à tona, embora em outra perspectiva. A Conferência Episcopal de Medellín, que procura traduzir na América Latina os novos ventos soprados pelo II Concílio Ecumênico do Vaticano, tornou tal escolha improcrastinável, colocando a hierarquia e os agentes de pastoral numa encruzilhada. Que fazer: radicalizar a nova (teologia) pastoral da missão ou permanecer fiéis àquela, já clássica, do privilégio (embora meio desnorteada pelo tornado conciliar)?

Não obstante a alvorada conciliar, a fundamental preocupação missionária da Igreja continua sendo, conforme a *Evangelium Nuntiandi*, "como levar ao homem moderno [e ao não moderno] a mensagem cristã" (EN 3). Todavia, quanto tempo e quais atitudes são desejáveis para que tal evangelização não se processe "de maneira decorativa, como um verniz superficial, mas de modo vital, em profundidade e até as raízes" (EN 20)?

Quantos séculos serão necessários? Quais as *conditiones sine quibus non* para que as pessoas apreendam, se assim o desejarem, a real novidade cristã? E que fazer enquanto isso? Dar um voto de confiança a suas intenções mais genuínas e pressupor que sua prática habitual já seja de fato cristã e eclesial, embora à maneira popular? Ou não seria mais ortodoxo aliviar as Igrejas cristãs de todas as opções vitais e práticas rituais (tidas como) ambíguas? Contudo, uma vez escolhida a segunda opção, quem estaria habilitado a (e teria legitimidade para) separar o ambíguo do autêntico?

Como vemos, não são poucos os problemas que se descortinam para uma Igreja que pretenda adentrar o novo século fiel ao espírito de Jesus, aberta ao diálogo, coerente em seu testemunho do Reino e solícita na comunhão com Deus e com o próximo. Em 21 textos, cuidadosamente selecionados dentre as mais diversas perspectivas, *Ecclesia XXI* oferece seu espaço como pequena contribuição aos enormes desafios a que nenhum cristão poderá se omitir nas próximas décadas.

*Afonso Maria Ligorio Soares**

---

* Livre-docente em Teologia pela PUC-SP, onde leciona e pesquisa como professor associado do Programa de Estudos Pós-graduados em Ciências da Religião.

Prefácio

Este trabalho é resultado de um curso que comecei a ministrar no início da década de 1980 e que proporcionou a ideia seminal e a inspiração para o projeto. Expandiu-se, contudo, em termos de escopo e de tamanho. Inicialmente eu pretendia que este trabalho aparecesse em um único volume. A representação de todo o espectro do desenvolvimento das diversas eclesiologias que marcam a igreja hoje em dia não pode deixar de transmitir um profundo senso de historicidade, que constitui um dos principais objetivos desta obra. O trabalho, contudo, ampliou-se para além dos limites de um volume agradável de ler. Além do mais, no volume dois, intitulado *Eclesiologia comparativa*, introduzo mais ou menos espontaneamente uma alteração na tática por meio da qual desenvolvo a estratégia de uma eclesiologia a partir de baixo. Discorrerei mais a respeito dessa alteração na introdução ao segundo volume.

O presente trabalho estimula uma espécie de reflexão teológica que foi analisada no livro *A dinâmica da teologia*,[1] obra que esboça uma interpretação das bases sobre as quais se assenta a teologia, a natureza de suas fontes, a qualidade de sua linguagem, bem como o método pelo qual se desenvolve. Por natureza, trabalhos como esse permanecem um tanto quanto abstratos até que se tome a teoria e se proceda à sua aplicação. Foi o que fiz em *Jesus, símbolo de Deus*.[2] Quando *A dinâmica da teologia* foi reeditado em 2001, escrevi um "Posfácio" que pinçava algumas das principais características do método teológico ali esboçado, mostrava como eram aplicados em *Jesus, símbolo de Deus* e projetava como deveriam influenciar uma fundada reflexão acerca da igreja.[3] Não

---

[1]   Roger Haight. *Dynamics of Theology*. Mahwah, N.J.; Paulist Press, 1990; Maryknoll, N.Y.; Orbis Book, 2001 [ed. bras.: *Dinâmica da teologia*. São Paulo, Paulinas, 2004].

[2]   Roger Haight. *Jesus Symbol of God*. Maryknoll, N.Y. Orbis Books, 1999 [ed. bras.: *Jesus, símbolo de Deus*. 2. ed. São Paulo, Paulinas, 2005].

[3]   Haight, *Dynamics*, pp. 237-256.

repetirei essa análise, mas quero simplesmente assinalar a continuidade existente entre essas obras, que foram concebidas como uma espécie de trilogia que trata da natureza da teologia cristã, de Jesus Cristo e da igreja.

A disciplina da teologia tenta mediar a compreensão do objeto da fé da comunidade cristã. Enquanto tal, ela compromete as pessoas que refletem e pensam. O público da teologia nos Estados Unidos tem se expandido à medida que os cidadãos em geral e os cristãos em particular vêm se tornando mais instruídos. É possível que essa instrução generalizada dos indivíduos no Ocidente lhes haja acarretado a perda da fé nas respectivas igrejas, se não em Deus, mas é igualmente possível que a teologia tenha se tornado tão polêmica e introvertida que não consegue oferecer exposições críticas da fé que respondam aos questionamentos das pessoas. O catecismo por si só não dará conta disso. Para o segmento criticamente instruído da igreja e para o público externo que se volta para a igreja em busca de respostas para suas questões fundamentais faz-se necessária uma teologia que recorra à experiência contemporânea e responda a suas interpelações.

Para os cristãos, o tema da interpelação crítica assume a forma de questionamento das noções recebidas do catecismo e da catequese; para o público externo que aborda a igreja, tal temática reveste a forma de busca de sentido em face do mundo, tal como com ele se deparam. Ambos os grupos remetem a teologia a seus fundamentos na epistemologia religiosa, às noções de fé e de revelação e à questão de como tais noções podem produzir um marco para uma esperança coerente, capaz de nos sustentar no futuro. Ao responder a essas exigências, *A dinâmica da teologia* estabeleceu a categoria de símbolo, sua estrutura dialética e sua dupla forma de símbolo concreto e símbolo consciente, como um meio de integrar a epistemologia da fé e da revelação, o tipo de linguagem utilizada na teologia, bem como um método hermenêutico e crítico para a contínua interpretação dos símbolos clássicos da revelação cristã, de sorte a fazer com que permaneçam significativos.

Determina-se a estrutura dialética de um símbolo a partir do modo como ele funciona. Um símbolo torna presente e medeia à consciência uma alteridade, geralmente alguma coisa que não pode ser conhecida ou acessada de nenhuma outra maneira. Por conseguinte, o símbolo expande a consciência e o alcance do conhecimento humano para além do empírico ou daquilo que pode ser pensado a partir dele. O símbolo é ele próprio, ao mesmo tempo em que aponta para outro além de si, que ele torna presente e disponível. É e não é, simultaneamente, aquilo que ele simboliza. Quando elaborei a cristologia em *Jesus, símbolo de Deus*, expliquei de que maneira pressupunha as concepções de fé e de revelação estabelecidas em *A dinâmica da teologia*, e empreguei o método hermenêutico da correlação crítica nos textos da tradição concernentes a Jesus. Entretanto, a categoria do símbolo designa o centro de gravidade daquele trabalho. O "símbolo" ilumina melhor Jesus Cristo quando aplicado à sua pessoa. Podemos entender a dinâmica da atividade salvífica de Jesus quando o consideramos como um símbolo consciente, ou seja, quando Jesus é considerado como revelador que comunica Deus à história humana. Pode-se também abordar a doutrina cristã fundamental de Calcedônia concernente à humanidade e divindade de Jesus quando se considera Jesus como um símbolo concreto e ontológico dotado de uma estrutura dialética. Por um lado, Jesus situa-se no cerne da fé cristã como aquele que revela a realidade de Deus; por outro lado, o ser humano Jesus que medeia à humanidade a salvação que só pode provir de Deus comporta em si mesmo aquilo que ele torna presente e atualiza. Pode-se perceber que, na esfera religiosa, símbolo e sacramento são termos sinônimos.

Da mesma forma como a cristologia é a teologia de Jesus de Nazaré, assim também a eclesiologia é a teologia da comunidade cristã na história. E da mesma maneira como a categoria de símbolo descreve como Jesus é mediador de Deus, assim também a igreja é frequentemente descrita como a comunidade que continua a representar Jesus Cristo na história, tornando-a, portanto, enquanto comunidade, uma espécie de sacramento social primordial. A tensão dialética prevalecente na cristologia encontra seu correlato na eclesiologia. Da mesma maneira como a cristologia requer uma restauração de Jesus de Nazaré para a imaginação como aquele em quem Deus se encarnou, assim também a eclesiologia requer uma consideração da comunidade concreta, social e histórica e da instituição da igreja como aquela na qual Deus atua em graça. Da mesma forma como, enquanto pessoa humana, Jesus de Nazaré foi constituído como uma encarnação da Palavra de Deus e como alguém fortalecido pelo Espírito de Deus, assim também a igreja é chamada pelos cristãos de "corpo" de Cristo e "templo" de Deus enquanto Espírito. Na cristologia, a vinculação de concepções teológicas de Cristo à figura histórica de Jesus de Nazaré utilizou os resultados da recuperação histórica de Jesus de Nazaré; na eclesiologia, as imagens teológicas da igreja terão de correlacionar-se com considerações históricas, sociais e políticas da gênese e da história da comunidade. Por conseguinte, o *insight* fundamental de *A dinâmica da teologia* de que a teologia crítica deve manter as asserções teológicas atreladas aos símbolos históricos que medeiam as experiências de que elas dependem, perpassa consistentemente essas três obras. Explicarei mais pormenorizadamente na introdução e no capítulo 1 de que maneira essa concepção torna-se uma estratégia metodológica e fornece um esboço estrutural para cada capítulo da obra.

Sou grato pelo grande apoio acadêmico na elaboração deste texto. Esse apoio é crucial quando se incursiona em campos diferentes do próprio; eles sempre parecem promissores e tentadores ao acenar com a possibilidade de novos aprendizados; frequentemente, contudo, o leigo pode pisar terreno minado no campo de batalha acadêmico. Muitos leram capítulos, partes substanciais ou todo o texto do presente volume: T. Howland Sanks, sj, Paul Fitzgerald, sj, Bradford Hinze, Ghislain Lafont, osb, Christopher Matthews, Peter Phan, Daniel Harrington, sj, John Coleman, sj, Francine Cardman, Catherine Mooney, Rahel O'More, cujas ponderações me limitei a incorporar integralmente ao texto. Estou em débito com Gerard Jacobitz, por toda a indexação do livro. Por fim, estendo uma especial palavra de agradecimento ao editor, Frank Oveis, que trabalhou comigo e com o texto com serena precisão e desenvolta atenção ao detalhe.

Introdução

A globalização e a experiência de novas dimensões em nossa cultura intelectual, para além do que é simbolizado pela categoria do "moderno", conformam o pano de fundo deste trabalho no campo da eclesiologia. A globalização diz respeito à crescente interdependência de povos que antes viviam à parte e se ignoravam mutuamente e que, portanto, sob muitos aspectos, eram historicamente independentes. A globalização não implica, contudo, uma automática homogeneização, mas parece comportar um aguçado senso do outro enquanto diferente, bem como um novo senso de resgate da própria identidade contra as ingerências de normas e padrões exógenos de existência. A globalização comporta ainda, de maneira bem definida, duas dimensões da autoconsciência cristã que são genuinamente novas. A primeira consiste em uma clara consciência entre os cristãos de que o cristianismo é uma religião dentre muitas outras que são antigas, veneráveis e vitais e que proveem marcos onicompreensivos de entendimento da realidade. A igreja cristã deve caminhar em meio a elas; não as sobrepujará. A segunda experiência pode ser um corolário implícito da primeira; consiste em um senso de que a distância entre o cristianismo e as demais religiões mundiais faz com que as querelas entre as igrejas cristãs se afigurem paroquiais e relativamente secundárias. Na lógica de uma identidade comum adquirida por contraste com a outra, a globalização está possibilitando que as igrejas cristãs apreciem com novos olhos o enorme terreno comum que as une. A exasperação das diferenças entre as igrejas pode ser superada à medida que todos os cristãos encetarem diálogo com as demais religiões.

A comunidade cristã na história é um ensaio no campo da eclesiologia. É muito importante que se afirme isso para distingui-lo de uma história da igreja. O método da eclesiologia subjacente a este trabalho será discutido em larga medida no capítulo 1, mas gostaria de introduzir o leitor na lógica do trabalho desde o início. A eclesiologia não pode se dar à margem da história da igreja e do mundo no qual ela existe ao longo de sua caminhada. Por conseguinte, consistentemente, o presente trabalho procura inserir a igreja em seu contexto, qualquer que seja a época, a fim de, implicitamente, apreender a influência do período sobre as formas particulares da igreja. Dessarte, conquanto seu enfoque fundamental incida sobre a estrutura da igreja e sua autocompreensão teológica, este estudo procura ser fiel à realidade histórica da igreja em cada período. No entanto, muito embora o ideal de um trabalho dessa natureza devesse incluir uma análise do desenvolvimento histórico da igreja que a retratasse com certo detalhamento, bem como a interpretação das diversas razões e causas das novas formas eclesiais, um estudo sucinto como este há de permanecer na superfície da história. Muitos eventos importantes na história da igreja foram ignorados ou inexplorados porque não deixaram marcas significativas na estrutura da igreja, na eclesiologia.[1] Em alguns casos, não posso senão reportar que certos movimentos ocorreram e que tais eventos se manifestaram. Nas narrativas históricas, busquei teses não contenciosas, mas pesquisei, ecleticamente, um leque de trabalhos genéricos e prontamente produzi interpretações históricas que melhor expressassem ou explicassem os dados. O trabalho, portanto, desenvolve-se em uma tensão entre princípio e fato: em princípio, não se pode entender a igreja adequadamente à margem de sua existência histórica condicionada, e devemos nos empenhar por compreendê-la corretamente; não obstante, uma apreensão holística da igreja enquanto organização teologicamente fundada não pode ser reduzida a uma reconstituição histórica particular ou outra.[2]

---

[1] Um bom exemplo é o descobrimento das Américas no final do século XV e os subsequentes movimentos missionários que se desencadearam no decorrer do século XVI. Esse evento capital na história da Europa modificou a visão do mundo e a própria história mundial. Mas não alterou substancialmente a eclesiologia da igreja europeia, ao passo que a Reforma Protestante precisamente o fez.

[2] Talvez não seja impróprio registrar a tensão interna ao teólogo sistemático ou construtivo que se debruça sobre a eclesiologia histórica. A história e a exegese escriturísticas são disciplinas técnicas; a disciplina da história opera segundo padrões metodológicos, tanto quanto pressuposições ligadas a suas subdivisões de período e lugar. Não se podem adentrar esses domínios sem a sensação de que se deve ficar na superfície. Deve-se fazê-lo, contudo, a fim de que se possa, além do conteúdo, apreender a diferenciação do pensamento do teólogo sistemático ou construtivo.

Este trabalho tem mais afinidade com a história da eclesiologia do que com a história da igreja. A obra, entretanto, tenciona mais do que simplesmente arrolar as diversas eclesiologias forjadas no curso da história. Por trás desse esforço existe uma intenção mais sistemática e construtiva que se manifesta na reflexão sobre o dinâmico processo pelo qual se geraram diversas eclesiologias. No bojo desses processos, é possível discernir axiomas e princípios que estão latentes em sua formação e que se revelam ser perenes ou constantes ao longo da história da eclesiologia. A extração desses princípios resulta não em uma meta-história das eclesiologias, e sim em um conjunto de diretrizes mais empiricamente baseado para reflexão sobre a igreja em uma dada época.

Quando busco analogias para este estudo, percebo que a intuição que o norteou subsistiu por algum tempo, provavelmente desde o aprofundamento da consciência histórica no século XIX e o processo que conduziu à formação do Conselho Mundial das Igrejas no século XX. Diversos exemplos de trabalhos eclesiológicos historicamente conscientes podem ser citados como sendo, sob certos aspectos, semelhantes ao que se desenvolve nesta obra, mesmo quando não são impulsionados exatamente pela mesma intencionalidade. *Foundations in Ecclesiology*,[3] de Joseph A. Komonchak, fornece as bases para uma guinada antropológica na eclesiologia que explica por que as análises históricas e sociológicas são intrínsecas à disciplina. *The Social Teaching of Christian Churches*,[4] de Ernst Troeltsch, que examina a igreja em sua relação com a sociedade, provê um modelo para essa espécie de abordagem. Outro exemplo dessa natureza é a exposição histórica que Bernard Cooke faz da gênese e do desenvolvimento de vários ministérios na igreja em seu *Ministry to Word and Sacrament*.[5] Eric G. Jay oferece uma proveitosa história da

---

[3] Joseph A. Komonchak. *Foundations in Ecclesiology*. Boston, Supplementary Issue of the *Lonergan Workshop Journal*, 11, 1995. Refiro-me aos ensaios de Komonchak que foram coligidos nesse volume, que contém também quatro conferências ainda inéditas, as quais, metodicamente, estabelecem a igreja como uma mediação histórico-social da graça de Deus.

[4] Ernst Troeltsch. *The Social Teaching of the Christian Churches*. New York, Harper Torchbooks, 1960.

[5] Bernard Cooke. *Ministry to Word and Sacrament*. Philadelphia, Fortress, 1980.

eclesiologia em seu *The Church: Its Changing Image through Twenty Centuries*.[6] *Structures of the Church*,[7] de Hans Küng, é também, *grosso modo*, análogo ao projeto aqui concebido, assim como o é a história do ministério ordenado e da eclesiologia apresentada em dois volumes distintos, de autoria de Edward Schillebeeckx.[8]

No capítulo 1, que versa sobre o método na eclesiologia, desenvolverei a ideia de uma eclesiologia histórica. Utilizo a expressão "eclesiologia de baixo" como forma alternativa de expressar a mesma coisa. Apropriadamente falando, essa última denominação tem a ver com a cristologia de baixo e ressalta a continuidade dos métodos e do conteúdo. Entretanto, da mesma forma como a ideia de cristologia de baixo gera mais oposição do que realmente deveria, assim também muitos podem ler na ideia de uma eclesiologia de baixo mais do que seu uso neste trabalho autoriza. Por essa razão, gostaria de introduzir a ideia na introdução, antes da análise mais técnica do capítulo 1, que a distingue de uma eclesiologia de cima.[9]

O significado que tenciono com a expressão "eclesiologia de baixo" pode ser explicado em quatro pontos que ressaltam diversas dimensões de uma abordagem para compreender a igreja. Em primeiro lugar e mais genericamente falando, uma "eclesiologia de baixo" diz respeito a um método que é "concreto, existencial e histórico". No presente estudo, essas duas expressões são sinônimas. "Existencial" significa consideração para com a experiência coletiva que existe no interior da eclesiologia, derive ela de fórmulas de autodescrição ou das estruturas das relações humanas. Em conjunto, "concreto" e "histórico" significam enfoque da atenção na

---

[6]   Eric G. Jay. *The Church: Its Changing Image through Twenty Centuries*. Atlanta, Knox, 1980.

[7]   Hans Küng. *Structures of The Church*. New York, T. Nelson, 1964.

[8]   Edward Schillebeeckx. *Ministry: Leadership in the Community of Jesus Christ*. New York, Crossroad, 1981, e *The Church with a Human Face*. New York, Crossroad, 1985.

[9]   As fontes citadas no capítulo 1 mostrarão que essas ideias influenciaram o nível metodológico de toda uma série de teólogos. Dentre muitos, os proeminentes são Troeltsch, H.R. Niebuhr, Gustafson, Komonchak, Schillebeeckx, Cooke. Todos compartilham a convicção de que a história social e a teologia devem intersectar-se na discussão acerca da igreja. Também eu compartilho a apreciação de certo uso da construção de tipos na reflexão sobre os dados históricos, sociais e teológicos quando se tem claramente em vista o *status* lógico sutil e a função dos tipos. Neste trabalho, utilizo os tipos de maneira heurística; eles jamais são objeto de estudo; proporcionam diferentes formas de apreciar e entender as experiências histórica e teológica, bem como os dados.

igreja efetiva tal como ela existe na história em várias épocas e lugares. O objeto primário da eclesiologia é a organização histórica que tem uma existência histórica; para entendê-la, deve-se levá-la em consideração. Contra o pano de fundo de uma eclesiologia que é abstrata, idealista e a-histórica, uma eclesiologia de baixo é concreta, realista e historicamente consciente.

Em segundo lugar, a designação "eclesiologia de baixo" é mais bem definida em uma abordagem genética, baseada no axioma segundo o qual, para entender cabalmente qualquer organização histórica, é preciso compreender suas origens, tanto quanto a trajetória por ela percorrida desde os primórdios até a atualidade. No presente caso, isso significa remontar a Jesus para chegar às origens da igreja, sem, obviamente, desconsiderar os antecedentes de Jesus em sua própria tradição judaica.

Em terceiro lugar, a terminologia "eclesiologia de baixo" refere-se a um método que considera a situação social e histórica no interior da qual a igreja existe como crucial para a compreensão de sua plena realidade. Além disso, também são utilizadas análises históricas e sociais para examinar a própria igreja. A correlação da igreja enquanto organização com as forças sociais é parte integrante desse método. Articulam-se, assim, os atributos da concretude, da existencialidade e da historicidade.

Em quarto lugar, a eclesiologia de baixo, tal como entendida aqui, é uma disciplina teológica, e enquanto tal não pode ser reduzida a conclusões produzíveis apenas pela história ou pela sociologia. No entanto, o modo como a "percepção", o *insight* e o julgamento teológicos se relacionam com as exposições históricas ou sociológicas faz toda a diferença. O principal objeto da eclesiologia consiste na organização, coletividade ou comunidade empírica chamada igreja, muito embora ela também seja mais que isso, como a história da eclesiologia claramente mostra. O "mais" reside no fato de que essa igreja é experienciada em termos religiosos ou teológicos, porque nela e por meio dela as pessoas reconhecem a presença e a atividade de Deus. Da mesma maneira, e correlativamente, quando os símbolos que apontam para Deus e a ele aludem são utilizados para iluminar a plena realidade do que se passa na existência da igreja, a imaginação e o julgamento teológicos entram em ação. Por exemplo, o *insight* e a convicção de que Deus enquanto Espírito acha-se presente e atuante na igreja, e de que Cristo é o principal agente na pregação da Palavra ou na operação dos sacramentos, são julgamentos teológicos.[10] Em última análise, contudo, esses *insights* e convicções em sua especificidade não podem ser abstraídos da organização igreja, dos sermões e dos sacramentos em questão.[11] Em termos de conhecimento religioso envolvido na teologia, a eclesiologia de baixo significa que as asserções teológicas sobre a igreja que de alguma forma não se referem à igreja concreta, existencial e histórica não são capazes de caracterizar o objeto da disciplina; e as afirmações acerca dessa igreja que não iluminam a instituição histórica com a luz da presença e da atividade de Deus a ela relativa são, nessa medida, não teológicas e, portanto, não eclesiológicas. Os traços distintivos de uma eclesiologia de baixo constituem, em conjunto, seu ponto de partida e sua mediação da imaginação na transcendência.

No capítulo 1, que trata do método, contrasto uma eclesiologia de baixo com uma eclesiologia de cima não por motivos polêmicos, mas no interesse da definição e da clareza. Com efeito, não vejo por que se deva resistir a uma eclesiologia de baixo. Não porque uma eclesiologia de baixo torne a interpretação teológica dependente de alguma reconstituição social particular. É que da mesma forma como a Palavra de Deus encarnou-se em Jesus, de sorte que, para encontrar Deus nela, devemos nos voltar para essa história, assim também a atividade de Deus na formação da igreja ocorreu na história, de modo que, para entender a ação de Deus na formação da igreja, devemos levar em consideração essa história. Essas origens serão historicamente reconstituídas em uma variedade de formas

---

[10] Utilizo a expressão "Deus enquanto Espírito" aleatoriamente como sinônimo de "o Espírito", o "Espírito Santo", "o Espírito de Deus", a fim de resguardar a doutrina da trindade contra o triteísmo e de enunciar o axioma da teologia trinitária segundo o qual a plenitude divina sempre está envolvida quando Deus atua *ad extra*, de modo que a referência a uma pessoa da trindade, relativamente a essa ação, é por acomodação.

[11] A tese que aqui se defende é baseada na percepção teológica fundamental de que todo conhecimento de Deus é mediado ou canalizado por símbolos ou analogias finitos e intramundanos que transmitem seu conteúdo. Para um tratamento geral dessas questões, ver Roger Haight, *Dynamics of Theology*. Maryknoll, N.Y., Obis Books, 2001 [ed. bras.: *Dinâmica da teologia*. São Paulo, Paulinas, 2004].

por diferentes historiadores e debatidas a partir da evidência; entretanto, se as origens históricas não são explicitamente consideradas, serão implicitamente imaginadas e afirmadas de maneira ingênua. Dificilmente se pode evitar alguma elaboração contextual imaginativa sobre como a igreja passou a existir. No final, a única maneira de reconhecer e entender criticamente a atividade de Deus na gênese da igreja e na vida contextual da comunidade em épocas e lugares específicos comporta análises de seu desenvolvimento histórico.

O objetivo deste trabalho é apresentar uma igreja histórica e em desenvolvimento com múltiplas eclesiologias. Isso nos levará a coligir um conjunto de características comuns da igreja manifestadas na vida de toda igreja tal como se revela nas diversas igrejas, e a desenvolver uma série de princípios e axiomas destacados da história da eclesiologia que serão úteis em uma eclesiologia construtiva em qualquer dada época. Muitos dos pontos dessa extensa agenda merecem comentários.

Um deles é que este trabalho tenciona prover uma extensa visão da igreja como um movimento desenvolvimental e pluralístico. Muitas pessoas podem repetir o clichê segundo o qual a igreja existe na história e, portanto, é desenvolvimental; nem tantas estudam a história da igreja com olhar crítico sobre suas flexões e rotações. Todo mundo possui alguma medida de consciência histórica, mas poucos percebem profundamente o caráter ou dimensão contingente de cada instituição igreja. Esse aspecto deve ser mediado pelo estudo da história e é mais bem introduzido por uma visão panorâmica do todo, por mais esquemática que tenha de ser. De modo geral, os historiadores possuem profundo senso da relatividade das instituições históricas tal como se desenvolvem, ao passo que os teólogos sistemáticos podem implicitamente impor uma premissa teológica na perspectiva da qual o desenvolvimento histórico desembocará especificamente em uma igreja particular.

O presente trabalho pretende também transmitir um senso da lógica da mudança, a razão pela qual a mudança e a contínua adaptação a seu ambiente constituem dimensão essencial da igreja enquanto comunidade histórica. Por lógica da mudança, portanto, não concebo uma projeção do desenvolvimento teleológico ou qualquer plano meta-histórico ou metafísico específico, mas, pelo contrário, a aparente falta de lógica estritamente racional que marca a historicidade. A eclesiologia histórica revela uma igreja jungida à história, de sorte que o constante movimento e a mudança histórica caracterizam a igreja radicalmente ou em suas próprias raízes. A igreja na história nunca se acomoda; a mudança está sendo constantemente negociada; não existe "igreja" estabelecida à margem do *eschaton*.

Este estudo tem por objetivo ainda proporcionar um senso de continuidade e, por analogia histórica, de uniformidade de identidade intrínseca que se mantém ao longo dos estágios de desenvolvimento da igreja. O reconhecimento desse fato requer uma imaginação dialética que possa equilibrar identidade e diferença, o que, por seu turno, é um clichê, a menos que a percepção seja instruída acerca do que ocorreu. Pode-se situar e afirmar a constante identidade da comunidade cristã na história, mas isso só pode ser realisticamente afirmado em meio às nítidas mudanças que a história produz no transcorrer do tempo. Essa lição de pluralismo diacrônico, ou de unidade na diferença, há de ser proveitosa para nos auxiliar a lidar mais construtivamente com o pluralismo sincrônico do que fizemos até agora.

Conexo ao tema da continuidade descoberta, outro objetivo deste trabalho consiste em extrair da história da comunidade cristã princípios para uma eclesiologia construtiva. Para fazer com que a unidade na diferença na igreja ao longo da história possa ser aplicada a uma compreensão da igreja hoje em dia, procuro, neste estudo, formular, em termos de princípios, padrões constantes que são recorrentes em meio à pluralidade e à diversidade. Princípios históricos, sociológicos e teológicos que parecem operar continuamente podem ser apresentados e utilizados em uma eclesiologia sistemática e construtiva para nossa época, que é ao mesmo tempo historicamente sensível.

O significado desta obra deve ser visto contra o pano de fundo da eclesiologia sistemática, o que implica expor os fundamentos de uma eclesiologia construtiva historicamente consciente para nossa época. Um julgamento concernente à importância de um trabalho como esse dependerá provavelmente do grau em que se estime a inteligibilidade e a adequação das eclesiologias hoje vigentes, pois grande parcela das eclesiologias tende a refletir a igreja ou a comunhão particular do autor. Por contraste, este trabalho proporcionará um quadro imaginativo significativamente diferente para a compreensão da igreja. A eclesiologia de baixo principia com uma exposição histórica crítica da gênese protraída da igreja, analisa a dinâmica social de sua formação original e a constante mudança e integra a compreensão teológica da igreja coligida a partir do testemunho histórico em compreensões históricas e sociológicas. Desde o início, a assunção de um método "de baixo" estabelece o quadro imaginativo para a compreensão no contexto de um mundo de múltiplas religiões; considera a emergência e o desenvolvimento da religião cristã e abre a possibilidade de uma análise multidenominacional da igreja ao postular como objeto de estudo a totalidade do movimento cristão e não uma igreja particular.

Pretendo que este trabalho seja lido por todos os cristãos; seu público projetado não se limita a uma igreja particular ou denominação cristã. Sou, com efeito, católico romano, e essa filiação certamente se manifesta de diversas maneiras.[12] Vivemos, contudo, em uma igreja pluralista em um mundo pluralista. Por conseguinte, não escrevo confessionalmente como católico, mas tento representar uma abordagem imparcial para as muitas eclesiologias que se desenvolveram no curso da história e, portanto, falo a todos os cristãos. Suponho que esta obra possa ser chamada de ecumênica, mas seu objetivo não é ecumênico no sentido de que alguma forma de unidade cristã constitui o objetivo pelo qual se empenha. Em vez disso, o trabalho pressupõe a unidade cristã, uma unidade cristã que se tornou mais visível pelo pluralismo de religiões em meio às quais todos nós agora existimos. Certamente essa unidade pode ser mais bem representada pela instituição e pela prática. Entretanto, o objetivo dessa atividade ecumênica deve ser preservar tradições integrais, ao mesmo

---

[12] O que se tornará mais claramente evidente, por exemplo, no capítulo seguinte, em que utilizo um manual de teologia católico-romana pré-Vaticano II como fonte para construir uma eclesiologia "típica" de cima. Outros exemplos podem ser extraídos de outras tradições eclesiais.

tempo em que consolida a identidade cristã, a fim de proporcionar uma voz cristã aberta em um diálogo inter-religioso global e humano.

Idealmente, o melhor acesso a uma eclesiologia de baixo seria uma história social da igreja. Muito embora de forma alguma aborde tal ideal, este volume procura levar em conta a variedade de fatores que fazem parte da vida da igreja. Considera a realidade da igreja que é referida pelo nome: igreja doméstica, pequenos grupos de famílias, comunidade marginal, pequena minoria visível dotada de sólida autoidentidade, igreja em um povoado rural medieval, igreja escatológica dos salvos no céu, pequeno grupo dos agraciados no interior da organização mais ampla, igreja de cidade dotada de um proeminente bispo, igreja de povoado com lugares de missão, igreja metropolitana regional com bispos auxiliares, uma comunhão global de igrejas, igreja europeia unida sob Carlos Magno, igreja ocidental unida sob o papado, igreja oriental com responsabilidades compartilhadas entre o patriarca e o imperador. Descreve as funções de ministério e as atribuições de seus titulares; contempla a vida sacramental, a vida devocional, os ideais e a prática dos religiosos nos monastérios e do laicato no mundo. Aborda a ética, a espiritualidade e as teorias da vida cristã. Considera a lei da igreja, a autoridade da igreja, a administração da igreja. Considera a relação da igreja com o mundo, ou seja, com a sociedade e seus modos de vida, e com o governo ou soberano, em termos tanto da atividade quanto da compreensão da relação entre as esferas da igreja e do mundo. A teologia da igreja é incorporada em toda essa prática coletiva, mas se expressa em vários textos que descrevem essas práticas ou definem as relações.

As principais fontes do trabalho consistem em estudos históricos, ou seja, histórias da igreja e de várias instituições da igreja, e em trabalhos de figuras históricas importantes na igreja que são relevantes para a eclesiologia, juntamente com fontes secundárias que analisam seus trabalhos. A análise é informada por certas obras fundamentais do campo da sociologia e da sociologia da religião, com especial atenção para a sociologia das organizações, e por obras gerais sobre eclesiologia que tratam do desenvolvimento da organização e das funções da igreja. Essas obras ajudam a manter a compreensão da igreja atrelada à história. Por exemplo, tomei emprestado da sociologia das organizações certo instrumental para compreensão e comparação de grupos e instituições. Esse instrumental é empregado um tanto quanto assistematicamente, mas oferece orientações específicas para a reflexão que se correlaciona com outras instituições históricas.[13]

Por se tratar de obra de cunho histórico, o esboço aqui contido acompanha a história da igreja. Em cada período, o desenvolvimento consistirá, *grosso modo*, em quatro momentos lógicos. Em primeiro lugar, cada capítulo narrará, esquematicamente, a história da igreja durante o período histórico em questão, como forma de indicar sua situação, contexto, particularidade e distinção. Em um segundo momento, debruço-me sobre uma análise contextual de textos fundamentais de figuras importantes do período que foram significativas para o desenvolvimento da igreja. Denominei esse procedimento de análise teológica e social porque os textos, via de regra, não diferenciam essas perspectivas e, portanto, fornecem dados para ambas as modalidades de estudo. Observar-se-á que as categorias sociológicas são mais proveitosas na descrição da igreja primitiva, quando se compunha de pequenas comunidades. À medida que a igreja se expande e a perspectiva se torna mais inclusiva de um movimento de massa, as categorias sociológicas são gradativamente suplantadas por considerações políticas de autoridade, lei e governo.[14] Em terceiro lugar, procuro fazer, então, uma descrição da igreja lançando mão de categorias que proporcionam uma perspectiva holística sobre uma organização. Essa descrição transcende o sociológico ao integrar a autocompreensão teológica e a missão da igreja, mantendo, contudo, uma estrutura sociológica. A autocompreensão teológica da igreja define sua natureza, e, em

---

[13] Por exemplo, o contexto sociológico tem função consideravelmente diferente quando utilizado para analisar uma pequena igreja doméstica no século I ou a igreja local em Cartago, sob Cipriano, ou a totalidade da igreja ocidental sob Gregório VII. O contexto sociológico torna-se cada vez menos descritivo e mais e mais formal à medida que o referente-objeto de "igreja" se amplia.

[14] No capítulo 2, ao analisar a gênese da igreja, diferencio mais claramente as dimensões histórica, sociológica e teológica da igreja, porque a análise social tem grande influência sobre essa matéria. Não apresento, contudo, uma descrição da igreja neotestamentária porque ela ainda se encontra em formação e é bem pluralista.

linguagem teológica, a missão é seu objetivo ou propósito. Entretanto, enquanto o objeto da descrição torna-se mais denso, as categorias sociológicas tornam-se mais heurísticas. Procuro ainda considerar exemplos de vida na igreja de base.[15] Por fim, em uma quarta seção de cada capítulo, formulo um conjunto de princípios, axiomas ou distinções que iluminam melhor a dinâmica humana teológica e corporativa em curso nos desenvolvimentos específicos da igreja. Esses princípios são extraídos do desenvolvimento da igreja durante o período em questão e retratados como constantes eclesiológicas que iluminam a igreja no curso da história. A intenção construtiva é coligir certo número de princípios formais teológicos e eclesiológicos que serão proveitosos para a compreensão da igreja em qualquer época e região.

Evidenciar-se-á no decorrer da leitura que a contribuição deste tratado não deriva de um exame de novas fontes, da representação de uma nova teoria da história ou de uma nova interpretação de qualquer período histórico específico. Qualquer que seja sua contribuição, ela consiste em integrar modalidades de análises prontamente disponíveis em outras fontes, focando uma análise multidenominacional e interdisciplinar da igreja. O trabalho combina, de maneira distinta, perspectivas históricas e sociológicas, análises de alguns dos principais textos que influenciaram o desenvolvimento da igreja e sua autocompreensão, um reconhecimento do valor de todas as igrejas na tradição da comunidade maior, bem como uma apreciação teológica do valor do pluralismo em uma Igreja, um movimento cristão.

Ao embarcar em um projeto como este, logo se toma consciência de que um estudo sobre a igreja só pode ser levado a efeito dentro de certos limites, um dos quais consiste na escolha dos textos e em sua relação com a história mais ampla do desenvolvimento da igreja. Por que escolher esses textos, e não outros? E a análise dos textos, por definição, não vai de

---

[15] Essa terceira seção descritiva comporta muita repetição do material extraído da história e da análise de textos. Minimizo um pouco esse aspecto por meio da esquematização, mas isso parece inevitável. A descrição sintética é crucial para a construção de modelos contextuais da igreja, uma característica do método que discutirei mais pormenorizadamente no capítulo 1.

encontro a uma eclesiologia de baixo, que busca permitir que a florescente vida fundamental da igreja assuma seu papel no processo histórico? Essas questões remetem a problemas que são mais bem resolvidos em tensões dialéticas, se o são. A constante tendência de um trabalho como este é deslocar-se rapidamente para o nível abstrato da compreensão sintética. No desejo de assumir algum controle sobre o assunto, apoiamo-nos em textos específicos que servem como testemunhos daquilo que se passa no interior de comunidades particulares. Sempre, porém, que um texto é selecionado como representativo de uma comunidade particular, ele também não consegue representar outras igrejas que têm índole própria. Por qual ampliação da imaginação pode-se escolher a igreja de Cartago, em meados do século III, para representar a totalidade da igreja? A pressuposição não pode ser a de que a igreja na Ásia Menor não é diferente. E, mesmo no caso de Cartago, os textos de Cipriano revelam a igreja a partir da ótica de um bispo. Ao mesmo tempo, contudo, a igreja de Cipriano existiu no período anterior à mudança constantiniana, e não posterior, de modo que ela representa, em algum detalhe, uma igreja particular, a qual é parte da igreja como um todo, nessa época específica. Há que se ter um senso de analogia até mesmo para embarcar nesse projeto. Os capítulos procuram manter os textos em diálogo com a narrativa dos eventos. Também é preciso aceitar a tensão entre a pura multiplicidade dos dados históricos e o esforço de integração interpretativa que os textos promovem por sua abstração e esquematização das questões para discussão. Para um trabalho no campo da *eclesiologia*, não contém ele história demais, de modo que o leitor fica atolado na análise da racionalidade de figuras históricas, ou preocupado excessivamente com os detalhes? Ou, para um trabalho no domínio da eclesiologia *histórica*, passa muito seletivamente pelos textos, perdendo de vista intuições fundamentais; e rapidamente, prejudicando, no essencial, a compreensão das exposições? Não conheço nenhuma fórmula capaz de aferir esse equilíbrio no que essencialmente remanesce como uma concisa obra relativa ao tema. Os capítulos, porém, têm o mérito de nítidas divisões, em que pese sua porosidade. Aqueles que querem apenas uma representação sintética da igreja em um dado momento podem examinar superficialmente os dados coligidos; àqueles que exigem análises históricas mais extensas e de maior qualidade, só posso pedir desculpas.

Outra limitação da obra é sua incapacidade de observância do ideal da imparcialidade. A exposição que aqui se faz não representa equitativamente as diversas linhas de desenvolvimento eclesial. O trabalho foca o Ocidente e a Europa nos primórdios do desenvolvimento quase que exclusivamente no período medieval. Mesmo uma abordagem mais ampla da igreja grega centrada em Constantinopla não faria justiça a outras tradições orientais. Pode o objetivo deste trabalho ser alcançado à vista de tantas e de tão claras lacunas em sua exposição? A partir desse exemplo, e existem muitos exemplos de igrejas que não foram levadas em consideração, de tradições não reportadas, de dados não revistos, pode-se discernir outro artifício metodológico utilizado neste trabalho. Esta obra desenrola-se em um nível que comporta alguma semelhança com um método de tipologia, mas com diferenças importantes. Um tipo é um constructo que pretende transcender os dados; é uma estrutura puramente heurística que não tenciona descrever a realidade, mas prover uma série de normas e questões para análise comparativa do real. Contrastivamente, a descrição da igreja em cada período e os princípios e axiomas eclesiológicos desenvolvidos nesta eclesiologia histórica são gerados pelos dados. Entretanto, o fato de que são caracterizações descritivas amplas e axiomas gerais ou princípios formais confere-lhes traços que comportam analogias com os tipos. Essas caracterizações, portanto, são mais históricas do que típicas, mas sua abstração torna-as úteis para comparação e contraste entre as igrejas em diferentes épocas e lugares.

Em suma, *A comunidade cristã na história* é um ensaio de eclesiologia. *A eclesiologia histórica* é a primeira parte de uma eclesiologia de baixo bipartite que espero será seguida por um ensaio mais sistemático e construtivo. A eclesiologia de baixo começa com uma exposição histórica crítica da igreja, analisa a dinâmica sociológica de sua formação original e constante mudança e integra a compreensão teológica da igreja coligida a partir de testemunhos históricos em compreensões históricas e sociológicas.

O esboço do trabalho é histórico: acompanha a história da igreja com foco em múltiplas eclesiologias que descrevem sua autocompreensão em determinada época e sucessivamente no decorrer de sua inserção em novas situações históricas. Tenciona estabelecer os pressupostos para uma análise construtiva da igreja em uma linguagem teológica intimamente alinhada com a experiência histórica e, portanto, mais compreensível tanto para o público interno como para o público externo.

PARTE I

A QUESTÃO DO MÉTODO

1. Eclesiologia histórica

A expressão "eclesiologia histórica" encerra um paradoxo, ou pelo menos uma tensão interna, e uma sucinta consideração desse paradoxo pode servir como introdução ao objetivo deste capítulo. A eclesiologia é o estudo da igreja em um esforço por compreender sua natureza e sua missão. A tentativa de definir o "logos" da igreja sugere que, a exemplo de outras realidades, a igreja tem uma natureza distintiva ou mesmo uma essência que pode ser determinada pela investigação sistemática. As realidades históricas, contudo, especialmente as realidades sociais, as comunidades ou instituições que possuem vida histórica contínua, desenvolvem-se e mudam permanentemente. O que é histórico geralmente é considerado mutável e relativo precisamente por causa de sua historicidade. Existe uma variedade de eclesiologias ao longo da história da igreja, tanto quanto um pluralismo de eclesiologias em qualquer época dada porque diferentes condições e contextos históricos determinam diferentes pontos de vista, premissas, valores fundamentais e métodos de abordagem da igreja. Em consequência disso, todo estudo da igreja deve fornecer uma exposição da perspectiva e do método que orientam seu desenvolvimento.

O objetivo do presente capítulo é prover uma exposição do método deste trabalho. Focalizará os fatores que determinam o engajamento com a história no estudo da igreja, algumas das características formais de uma compreensão da igreja dentro do marco de uma guinada para a história e, mais concretamente, alguns dos princípios que defluem e norteiam a apreciação histórica da igreja. Em termos gerais, portanto, o objetivo deste capítulo é revelar a lógica ou o método de um estudo historicamente consciente da igreja.

Para dar conta desse objetivo com certo grau de clareza, adotei o marco de um amplo contraste entre o que pode ser chamado de "uma eclesiologia de cima" e "uma eclesiologia de baixo". Essas categorias, contudo, só podem funcionar efetivamente quando se mantém plenamente em vista seu caráter heurístico. Essas categorias são um dispositivo, uma forma de apresentar as coisas claramente por contraste. Isso é feito por tipos construtivos, em que um tipo por definição não existe, e não descreve nenhum existente particular, retratando antes um ideal, uma ideia elaborada contra a qual mensurar e contrastar realidades existentes.[1] Quando os tipos são reificados, no sentido de, neste caso, serem predicados de eclesiologias ou autores particulares, essa objetificação começa a tornar as categorias ou os tipos disfuncionais; eles começam a caricaturar a realidade. Ao mesmo tempo, contudo, se os tipos comportam alguma relação ideal com a realidade, continuam sendo úteis em sua idealidade; em algum grau mais ou menos visível, eles refletem igrejas efetivas e a eclesiologia de teólogos particulares.

A primeira parte deste capítulo consiste em um esboço sistemático do constructo "eclesiologia de cima".[2] A segunda parte segue o esboço da primeira e, por contraste, expõe os fatores que deslocaram o pensamento eclesiológico da lógica representada em uma eclesiologia de cima. A terceira seção concludente é um resumo esquemático das pressuposições contrastantes e do método de uma eclesiologia de baixo.

Eclesiologia de cima

O delineamento abstrato da eclesiologia de cima pode ser descrito em seis pontos que caracterizam não o conteúdo ou a matéria que é a igreja,

---

[1] A exposição de Max Weber acerca do uso que faz dos tipos mostra que um tipo ideal é como uma pura essência: claro, compreensível e sem ambiguidade. Quanto mais nítida e precisamente se delinear um tipo, mais irrealista ele será em sua falta de ambiguidade, e melhor servirá para revelar a realidade por contraste e, portanto, desempenhará sua função metodológica de esclarecer, classificar e tentar explicações. Max Weber, *The Theory of Social and Economic Organization*. New York, Free Press, 1964, pp. 92 e 111.

[2] Uma eclesiologia específica que, em diversos aspectos, exemplificou esse constructo ideal é Ludwig Ott, "The Church", in *Fundamentals of Catholic Dogma*. St. Louis, B. Herder Book Co., 1964, pp. 270-324. Essa eclesiologia católico-romana foi escrita antes do Concílio Vaticano II e, em muitos aspectos, foi superada pela eclesiologia desse concílio. Isso faz dela um pano de fundo contrastante para descrever o método eclesiológico hoje, pois representa um método eclesiológico que não é mais operativo, e isso leva em conta uma representação não polêmica

e sim um método ou abordagem para entendê-la. Muitas dessas variáveis sobrepõem-se, mas, juntas, encaixam-se em uma assistemática fenomenologia de uma forma típica de pensar teologicamente acerca da igreja.

Contexto a-histórico

Esse método eclesiológico tem por objetivo definir a natureza e estrutura essencial da igreja que transcende qualquer contexto determinado. Evidentemente, a igreja efetiva sempre existiu na história; ela tem uma longa história, existiu em muitas culturas e épocas diferentes e subsiste atualmente em diferentes sociedades e nações. Mas o objetivo desta eclesiologia não é examinar as diferenças acidentais entre as formas culturais da igreja, e sim caracterizar a invariante e invariável essência, natureza ou substância da igreja. A essência da igreja, em consonância com esse ponto de vista a-histórico, é determinada por aqueles elementos constitutivos que transcendem suas concreções particulares, e estas podem ser apreendidas precisamente abstraindo-se daquelas particularidades individuais que caracterizam a igreja onde quer que seja, mas não são precisamente sua substância definidora. A substância da igreja é justamente aquela que tem uma história. O impulso desse método tende a ser exclusivo no sentido de que definir a igreja significa estabelecer os limites ou fronteiras para além dos quais se tem a não igreja ou uma deficiente materialização dela. Poder-se-ia caracterizar esse método como pré-crítico porque reflete uma espécie de consciência clássica não turbada por um senso de condicionamento histórico que tende a relativizar o pensamento a partir de uma ampla variedade de diferentes perspectivas limitadoras.

A igreja específica como objeto
ou princípio de interpretação

É típico que cada igreja desenvolva sua própria eclesiologia de cima. Segundo a estrutura de pensamento desenvolvida até aqui, é natural que se recorra à própria tradição para entender sua comunidade ou comunhão eclesial. Tem-se, portanto, uma pluralidade de eclesiologias ao longo do espectro confessional. Na maior parte da exposição que se segue, tenho em mente uma eclesiologia católico-romana de cima.

A prática de compreensão da igreja nos termos da própria tradição correlaciona-se com uma imaginação que concebe toda a igreja nos termos da própria igreja. No caso de uma eclesiologia católico-romana de cima, a igreja universal é a Igreja Católica Romana em sentido amplo. Não se deixa de perceber que o pluralismo das igrejas cristãs prevalece no mundo de hoje, uma variedade de igrejas cujas eclesiologias ou autocompreensões são significativamente diferentes. Para uma eclesiologia de cima, contudo, a igreja é doutrinariamente una, e sua forma correta é exposta na igreja que gera a eclesiologia, caso contrário ela mudaria. Mas sempre parecerá que os eclesiólogos da própria igreja fornecem a norma para a igreja porque o círculo de interpretação é fechado e espontaneamente se recorre à própria tradição. Uma eclesiologia de cima contém a seguinte dialética: por um lado, uma tradição particular que se sobrepõe às outras domina a imaginação do teólogo e daqueles aos quais ele escreve. Por exemplo, a identidade da Igreja Católica Romana sobressai por contraste com outras igrejas. Por outro lado, essa imaginação estende-se à única igreja universal, imaginando-a, porém, em seus próprios termos. Ela é a única igreja verdadeira, de modo que, ao descrever-se, ela descreve o modo como toda a igreja deve ser.

Fundamento na autoridade

Outra característica de uma eclesiologia de cima reside na base ou fundamento de seu pensamento. Pode-se chamar isso de seu ponto de partida ou de pressuposições que implicitamente dão sustentação ao pensamento e às quais ela recorre. Na teologia cristã, geralmente as escrituras são tomadas como norma. Na teologia católico-romana, os concílios e outros ensinamentos tradicionais constituem parte do magistério dotado de autoridade. Uma eclesiologia de cima é uma eclesiologia que recorre à autoridade dessas fontes como algo inquestionável e partilhado em comum. Seus princípios fundamentais também consistem ou incluem doutrinas acerca da igreja que são parte da tradição. E, de maneira mais geral, ela pressupõe e prontamente utiliza linguagem doutrinária como meio comum de autocompreensão. Em termos claros e objetivos, ela pressupõe a inteligibilidade da linguagem doutrinária acerca da igreja e recorre à sua normatividade.

Uma forma extrema da eclesiologia de cima pode comportar o tema da igreja que se insurge contra o mundo e a cultura humana; o mundo é conceituado como aquilo que está fora da igreja. Em contraste com o mundo em sua secularidade, a igreja define a esfera do sagrado. Na eclesiologia católico-romana do passado, essa polaridade assumiu a forma do sobrenatural contraposto ao "meramente" natural, ou do "decaído" e pecaminoso; o sobrenatural era considerado como algo que eleva e transforma a ordem natural. Implicitamente, a igreja representava uma realidade social que, em alguma medida, encontrava-se apartada do mundo, geralmente, em certo sentido, "acima" dele. Essa igreja autocontida tinha sua própria linguagem, gerada por sua própria tradição distintiva, pela qual entendia a si mesma. Essa linguagem lhe fora dada pela revelação e recebida pela fé e frequentemente era vista como distinta, quando não em contraste com a linguagem do mundo. Uma eclesiologia de cima pode ser avaliada pelo grau em que é baseada e medeia uma compreensão da igreja em uma linguagem doutrinária distintiva, revelada e sobrenatural que em alguma medida estabelecia a igreja à margem do mundo secular.

A origem da igreja compreendida em termos doutrinários

A igreja é um movimento histórico, e as diversas igrejas são elas próprias instituições ou sociedades históricas dotadas de uma ampla variedade de formas organizacionais. Por ser a igreja uma instituição histórica com uma origem histórica, a eclesiologia invariavelmente explica de alguma maneira como ela passou a existir. Essa constante fornece outro eixo para distinguir uma eclesiologia de cima e uma eclesiologia de baixo. Em uma eclesiologia de cima, o desenvolvimento da igreja é entendido em termos de doutrinas acerca das origens históricas da igreja, enquanto distintas da história crítica. A eclesiologia é uma subdisciplina distinta da teologia, e nesse padrão de teologia a autoridade das interpretações doutrinárias ou teológicas das origens da igreja domina a imaginação teológica. A providência de Deus na história conduziu à igreja; Deus, mais ou menos "diretamente", funda a igreja na obra de Jesus Cristo; e Deus enquanto Espírito anima e orienta o desenvolvimento da igreja desde seus primórdios em Pentecostes.

Por essa razão, em uma eclesiologia de cima, pode-se recorrer diretamente ao Novo Testamento para a compreensão da igreja. E, por extensão, toda a história das autodefinições doutrinárias da igreja constitui uma tradição autoritativa. Em outro extremo, uma eclesiologia de cima pode simplesmente citar fontes escriturísticas e tradicionais como textos probatórios que refletem a autoridade divina ao representar o caráter da igreja. Pode-se ainda recorrer a essas fontes com a preocupação por seu significado histórico e contextual. Em ambos os casos, entretanto, uma eclesiologia de cima caracteristicamente recorre à autoridade para a compreensão do desenvolvimento da igreja.

Esse aspecto de uma eclesiologia de cima, ou seja, a compreensão das origens históricas em termos de autoridade da doutrina revelada, pode ser generalizado: a consciência histórica é dominada pela compreensão doutrinária. Desde seus primórdios, a igreja jamais cessou de desenvolver-se no curso da história. Esse desenvolvimento, contudo, sempre se processou em consonância com o plano eterno de Deus. Por um lado, Jesus Cristo estabeleceu as formas ou estruturas básicas da igreja. Por outro lado, o princípio interno de Deus, enquanto Espírito em seu seio, tem mantido a igreja dentro dos limites da providência. O que subsequentemente se manifestou na igreja achava-se presente, em forma embrionária, nos primórdios. De uma maneira geral, a confiança na providência de Deus que guia a igreja detém a consciência histórica radical que é mais típica da pós-modernidade.

O cristocentrismo

À medida que uma eclesiologia implica outras doutrinas, dever-se-ia esperar que houvesse certa coerência entre uma eclesiologia de cima e uma cristologia de cima. Jesus Cristo é o Filho eterno, encarnado como Jesus de Nazaré, e agora o Cristo ressuscitado e cabeça da igreja. Jesus Cristo funciona quer como Jesus de Nazaré, aquele que viveu no passado, quer como o eterno e ressurrecto Filho, que se encontra sempre presente, sacramentalmente, na igreja. Enquanto figura histórica, Jesus desempenha o importante papel de fundador da igreja. Em avaliações menos críticas, Jesus pode ser retratado como aquele que estabeleceu, embrionariamente, a estrutura organizacional da igreja, que então se temporalizou e se tornou plenamente institucionalizada. Não obstante, e isso talvez seja mais importante, Jesus Cristo define a igreja no presente. Miríades de formas e estruturas refletem a presença de Cristo na igreja: Cristo encontra-se nas instituições da igreja, em sua escritura, no papa, no bispo, no pastor da comunidade, nos sacramentos, nos ideais disciplinadores da vida cristã, na presença de Jesus Cristo em cada membro da igreja por meio da oração. A descida de Cristo em uma eclesiologia descensional não se restringe ao evento único da encarnação; ela é a contínua presença imanente de Cristo ressuscitado na igreja de maneira mística. Desse modo, a imagem da igreja enquanto Corpo de Cristo pode apelar a toda sorte de experiências e concepções reforçadoras que tornam tal imagem não apenas plausível, mas também real e irresistível em termos de experiência religiosa. O Cristo ressuscitado situa-se no centro de uma eclesiologia de cima. E Deus enquanto Espírito é subordinado a Cristo em uma variedade de formas, nessa modalidade cristocêntrica de compreensão da igreja.

Pode-se avaliar o cristocentrismo na eclesiologia examinando-se o tópico da relação da igreja com a salvação de todas as pessoas. Esse tópico central e diagnóstico na cristologia hoje tem profundas implicações eclesiológicas. Genericamente falando, as principais igrejas cristãs transcenderam a visão segundo a qual a disponibilidade da salvação é limitada a seus próprios membros ou, mais geralmente, aos cristãos. Muitas igrejas, porém, mantêm a ideia de que o evento de Jesus Cristo produz a salvação de todos, de sorte que todo o espectro da atividade salvífica de Deus é mais que cristomórfico; é intrinsecamente constituído como a verdadeira graça de Cristo. Isso significa que a igreja, mesmo quando não considerada constitutiva da salvação de todos, é o ápice de todas as formas religiosas, e a única e normativa religião que é superior a todas as demais, porque a igreja é constituída por Cristo como seu centro. Em síntese, em uma eclesiologia de cima, o cristocentrismo tende a tornar-se eclesiocentrismo.[3]

Estruturas e novos ministérios

Coerente com uma concepção doutrinal da igreja e com uma forma cristocêntrica de compreensão, a estrutura da igreja reflete o fundamento hierárquico da organização igreja e suas formas de ministério. Emprego o termo "hierarquia" de maneira não técnica e descritiva para aludir a uma organização escalonada ou nivelada da igreja, talvez em uma forma piramidal. Os níveis de poder e de autoridade têm seu fundamento em Deus e são descensionais. Na igreja romana medieval, a linha descensional assumiu a seguinte forma: Deus, Cristo, o Espírito, Pedro, o papa, o bispo, o sacerdote, o leigo. Em alguma medida, essa estrutura reflete ou corresponde à estrutura monárquica do universo ou à própria realidade, na medida em que Deus é criador, Jesus Cristo é salvador e fundador da igreja e o Espírito de Cristo é o princípio animador no seio da igreja. Ela corresponde à estrutura da revelação e da autoridade. Por derivar do Deus único e fonte de todas as coisas, independentemente de como se entenda isso, tal estrutura encerra, nesse sentido e em tal medida, um caráter sagrado.

Uma estrutura hierárquica como essa é concomitante com uma imaginação hierárquica. Em outras palavras, esse quadro generalizado pode

---

[3] Ver J. Peter Schineller. "Christ and Church: A Spectrum of Views", *Theological Studies* 37 (1976), pp. 545-566, para uma tipologia de visões correlacionadas sobre cristologia, salvação e o papel da igreja na economia da salvação.

variar em seus detalhes, mas encontra-se sempre presente e atuante, estruturando a compreensão. A igreja enquanto instituição é querida por Deus, informada por Deus em Cristo e como Espírito, de maneira que a igreja é sagrada em suas formas institucionais. As instituições da igreja gozam de certa sacralidade: a escritura é sagrada, os sacramentos são sagrados, mas sagrados também são os bispos e os sacerdotes que os administram. A palavra de Deus é sagrada, mas sagrada também é a autoridade com que falam os líderes da igreja. Um estado objetivo ou estilo de vida pode ser considerado mais santo do que outro. Um bom exemplo do caráter hierárquico da igreja pode ser notado em algumas percepções do sacerdote na Igreja Católica Romana. O ofício do sacerdote encontra seu padrão em Jesus Cristo: o sacerdote é um *alter Christus*, especialmente ao celebrar a eucaristia, ao anunciar a boa-nova e ao perdoar os pecados. Isso comporta uma implícita transferência de qualidades da autoridade relacionada a Cristo para a pessoa que desempenha as funções de sacerdote.

Quem tem familiaridade com a história da igreja ao longo de dois milênios sabe que a igreja passou por mudanças consideráveis à medida que se adaptava a novas situações. Por vezes essas mudanças foram lentas e graduais; às vezes os eventos exigiam ajustamento mais rápido. No curso dessas mudanças, a estrutura do ministério foi alterada de maneira mais ou menos substancial. Por ministérios refiro-me às funções ou posições eclesiais internas através das quais certos indivíduos agem em favor ou em nome da igreja, de alguma maneira pública. A categoria de "novos ministérios" sugere mudanças na estrutura do ministério que mais ou menos significativa ou substancialmente alteram a forma pela qual os ministros servem à comunidade. Decerto, "substancialmente" não será entendido por todos da mesma maneira; talvez seja exatamente isso o que está em discussão e, portanto, não pode ser presumido como uma perfeita categoria. Contudo, o objetivo aqui não é encaminhar nenhuma questão particular, e sim introduzir um eixo de interpretação ao longo do qual haverá considerável diferença entre uma eclesiologia de cima e uma eclesiologia de baixo. Como cada um desses tipos de eclesiologia compreende a capacidade que a igreja tem de ajustar-se a novas situações, ou à mudança, na história?

Coerente com o que se afirmou até aqui, uma eclesiologia de cima tende a ver sua estrutura de ministérios em correspondência com a vontade de Deus. Dentro desse quadro, haverá, inevitavelmente, considerável nuance e distinção entre estruturas básicas e os detalhes precisos com que são estabelecidas. Por exemplo, uma crença muito comum entre as igrejas é a de que as escrituras e o batismo são instituições divinas. Na eclesiologia católico-romana, geralmente se ensina que a tríplice estrutura formada pelo papa, pelo bispo e pelo sacerdote é uma estrutura eclesial divinamente estabelecida. Lutero, por sua parte, só conseguiu encontrar dois sacramentos claramente atestados no Novo Testamento. Tais conclusões são extraídas de um recurso às escrituras, a uma tradição doutrinária ou práxica, ou a ambas. O magistério ou autoridade doutrinária da Igreja Católica Romana haure sua autoridade tanto desse passado como de sua própria habilidade carismática para discernir a verdade em uma dada época. *Grosso modo*, outras igrejas fazem a mesma coisa. Em que profundidade ou extensão os diversos provimentos dessas estruturas ministeriais podem todos reivindicar prescrição divina, eis uma questão que geralmente se discute. Mas o que caracteriza uma eclesiologia de cima é a convicção de que é possível respaldar-se nessas fontes autoritativas divinas da teologia e no correspondente método de recurso a elas para estabelecer uma estrutura sobrenatural, divina ou revelada da igreja e de seu ministério. Essa estrutura permitirá ajustamentos em seu próprio interior a fim de satisfazer às exigências do ministério, às necessidades da igreja. A própria estrutura básica, contudo, não será alterada, porquanto, em uma eclesiologia de cima, ela é estabelecida pela vontade de Deus ou em consonância com ela. Em suma, novos ministérios são absorvidos nas estruturas ou padrões tradicionais.

As seis características ora elencadas podem ser amplamente desenvolvidas. Essa exposição, contudo, representa um claro esboço que assinala um tipo reconhecível de eclesiologia.

Rumo a uma eclesiologia de baixo

Dado esse tipo de eclesiologia que chamo de eclesiologia de cima, passo agora a elaborar uma modalidade contrastiva de pensamento eclesiológico que será ilustrada mais adiante, nos capítulos que se seguem. Isso pode ser feito indicando-se, com referência a cada um dos seis elementos de uma eclesiologia de cima, diversas forças históricas e culturais que sinalizam e até exigem uma forma diferente de pensamento. Principio a tarefa partindo de certos elementos da vida histórica contemporânea que tornam o pensamento contextual inevitável.

O contexto histórico da eclesiologia

No decorrer deste ensaio, discorrer-se-á mais pormenorizadamente acerca do método da eclesiologia. A essa altura, pode-se presumir que o contexto, a situação e o ponto de vista do indivíduo que busca compreender são elementos integrantes de sua própria compreensão. O velho princípio tomista segundo o qual o que quer que se conheça se conhece segundo a situação do sujeito cognoscente[4] incorpora-se à teologia como método de correlação. O método de correlação significa que a compreensão teológica surge da conjunção de dados ou fontes teológicas com o contexto ou situação de uma cultura particular, a fim de ter sentido e relevância para aquela cultura. Em outras palavras, a situação atual em que vivemos integra nossa compreensão, tenhamos ou não consciência dela. Um método teológico coerente começa por explicitar o contexto em que vivemos, porquanto pode vir a afetar nossa compreensão de maneira autoconsciente e crítica.

Como se caracterizaria o contexto da teologia hoje, na medida em que tal contexto afeta a eclesiologia? Inúmeros fatores diferentes determinam a situação da teologia hoje em dia, e eles jamais podem ser cabalmente sintetizados.[5] Pode-se, contudo, tipificar a situação descrevendo os

---

[4]   *Summa Theologiae*, II-II, 1, 2.

[5]   T. Howland Sanks, no primeiro capítulo de seu *Salt, Leaven, and Light: The Self-Understanding of the Christian Community*. New York, Crossroad, 1992, fornece uma caracterização cabal e lúcida do contexto cultural norte-americano para a compreensão da igreja.

problemas ou dilemas com que a igreja deve se defrontar na atualidade. As exposições que se seguem ajudam a definir o contexto para a compreensão da igreja hoje em dia. Conquanto poucos desconheçam esses fatores, sua enumeração sugere a seriedade das novas exigências quanto à reflexão eclesiológica.

Consciência histórica. A consciência histórica pode ser descrita a partir de uma gama de pontos de vista; diversos traços podem ser identificados como características definidoras. A consciência histórica reconhece a particularidade, a individualidade e a irrepetibilidade de qualquer evento, certa dessacralização e desprovidencialização da história, a descontinuidade na história, posto que a liberdade não é passível de reversão, a novidade do presente, a relativização de toda concepção do passado em razão da particularidade de todos os pontos de vista: o cambiante passado enquanto história está sempre aberto a novas reinterpretações no futuro.[6]

Em certa medida, pode-se pressupor que toda eclesiologia hoje opera dentro do marco de uma consciência histórica. A noção, porém, permanece ambígua em sua abstração. Pois, enquanto forma de consciência que reflete nossa condição histórica, a consciência histórica é experimental e, a exemplo do conceito de liberdade, sua exata concepção e significado podem variar consideravelmente. Há graus de consciência histórica; cada pessoa e, em certa medida, grupos isolados possuem limites para a relatividade, para a falta de estabilidade e para o pluralismo que a historicidade implica. A historicidade comporta também valências negativas e positivas: ao nos libertar do passado, ela causa insegurança; ao nos vincular ao passado, ela nos dota de identidade, mas pode bloquear a comunicação com outras tradições. A consciência histórica envolve-nos em uma dialética ao longo da distância temporal. A igreja é vinculada ao passado e livre de sua particularidade: entretanto, há que estudar os dados da igreja histórica para que se possa, em seu âmbito, tornar-se livre para seu futuro.

---

[6] John W. O'Malley. "Reform, Historical Consciousness, and Vatican II's Aggiornamento". *Tradition and Transition: Historical Perspective on Vatican II*. Wilmington, Del., Michael Glazier, 1989, pp. 73-77.

O movimento ecumênico nas igrejas protestantes e o Concílio Vaticano II, na Igreja Católica Romana, foram muito influentes ao levar essa consciência histórica a afetar a teologia e a mediá-la a seu público. O movimento ecumênico reconheceu explicitamente o pluralismo, e o Vaticano II abriu a igreja ao diálogo com o mundo moderno e suas várias histórias e culturas. Essa consciência histórica, por seu turno, afeta consideravelmente a maneira como concebemos a igreja. Pois, em um contexto historicamente consciente, torna-se evidente que a igreja, em todos os seus desenvolvimentos ao longo da história, assumiu as formas e ideias sociais da época em que existiu. Mas, se esse é o caso, que forma deve a igreja assumir hoje? Pode uma constituição hierárquica da igreja conferida por Deus e divinamente querida fazer sentido em uma época historicamente consciente? Se a estrutura da igreja pode ser plenamente explicada pelo desenvolvimento histórico e se, como produto da história, é sempre cambiante, compete tornar inteligíveis quaisquer pretensões de estruturas eclesiais particulares.

Globalização e pluralismo. A globalização vem criando um novo contexto cultural para a teologia.[7] Todos têm consciência dos mecanismos históricos de unificação planetária que se tornaram tão efetivos após a II Guerra Mundial e recobraram mais energia com o esboroamento da União Soviética. Por vezes, esse processo global desencadeia dramáticas situações de tensão entre culturas locais fechadas ou mundos de sentido e uma cultura mundial invasiva, modos alienígenas de pensamento e ação, normas forâneas e parâmetros de padronização. Tal processo pode ser profundamente ameaçador para grupos, ainda que possa ser libertador para os indivíduos no interior desses grupos. Da mesma maneira como contingentes cada vez maiores de pessoas se locomovem mais célere e remotamente em um mundo que se torna cada vez menor, assim também ideias locais, identidades locais e modos locais de agir entram em colapso. Mas afigura-se igualmente que, quanto mais o gênero humano se unifica, mais resistente se torna à homogeneização: o universal, o local e o particular parecem estar em constante tensão. É razoável pensar

---

[7]   Robert Schreiter. *The New Catholicity*. Maryknoll, N.Y., Orbis Books, 1997.

que a globalização é em larga medida responsável por uma nova cultura intelectual que está sendo denominada pós-moderna e lança um desafio a uma eclesiologia de cima.

A globalização tem contribuído para que o senso de pluralismo torne-se mais disseminado e profundo do que jamais foi em outras épocas. Em virtude das viagens, dos movimentos migratórios e dos meios de comunicação, mais e mais pessoas podem efetivamente experienciar as diferenças culturais que sempre foram fatores de segregação interindividual. Hoje em dia essas diferenças são vivenciadas amiúde no âmbito de uma comunidade, enquanto diferentes povos se aglomeram nas grandes metrópoles mundiais e as pessoas realizam transações comerciais entre si ao longo das fronteiras territoriais e culturais. Parece haver maior necessidade de tolerância hoje em dia, em face de uma percepção mais apurada de que as diferenças entre valores culturais e estilos de vida são intransponíveis. O senso de pluralismo caracteriza de tal maneira a consciência dos jovens nas nações desenvolvidas que a ideia mesma de valores ou ideias universalmente normativas afigura-se esdrúxula ou inteiramente estranha.

Outras igrejas. Outro fator que define nossa situação é a apreciação positiva das demais igrejas. Esse reconhecimento positivo contribuiu para a constituição do movimento ecumênico. O movimento ecumênico, que depende da consciência histórica, só poderia ter ocorrido no período moderno. Desde o Concílio Vaticano II, a maioria das principais igrejas está comprometida com alguma forma de atividade ou concepção ecumênica.

O compromisso com o movimento ecumênico envolve, contudo, algumas pressuposições que exercem forte impacto sobre a eclesiologia. Por exemplo, igrejas baseadas em credos e igrejas baseadas na leitura evangélica das escrituras congregam-se no Conselho Mundial das Igrejas. Outro exemplo de postura mais ecumênica é que o Concílio Vaticano II recusou-se a identificar, nos simples termos anteriormente formulados, a "verdadeira igreja" com a Igreja Católica Romana.[8] O Vaticano II reconheceu também outras igrejas como genuínas igrejas, e prometeu que a Igreja

---

[8] Ver Edward Schillebeeckx. *Church: The Human Story of God*. New York, Crossroad, 1990, pp. 189-198, para uma exposição da história e do significado da famosa expressão "*subsistit in*" na *Lumen Gentium* contra os esforços neoconservadores no sentido de podar seu significado.

Católica Romana trabalharia em prol da unidade. Esses compromissos reconhecem oficialmente a tensão todo/parte, tensão que revela problemas fundamentais para a eclesiologia. Por exemplo, como se decidirá se uma instituição eclesial particular é teologicamente sólida ou aceitável? No que tange às instituições do ministério e à organização eclesial, cada igreja tende a recorrer à própria tradição para legitimar-se. Todavia, se cada igreja recorre à própria e única tradição em questões fundamentais, por definição a unidade parece metodologicamente excluída. Em outras palavras, o compromisso com o movimento ecumênico significa que o recurso à própria tradição como critério teológico deve ser modificado. Tradições particulares não podem ser encaradas como normas absolutas ou exclusivas; a apreciação de qualquer tradição particular deve ser estabelecida em um contexto de pluralismo e de coexistência possível com outras instituições. Se as instituições podem ser concebidas como desejadas por Deus e o que essa linguagem pode significar são questões que devem ser analisadas com mais cuidado. Não são tarefas fáceis para igrejas que se definem como tradicionais.

As outras religiões e o mundo. Para uma eclesiologia de cima, o pluralismo religioso mundial representa uma situação desafiadora. O problema transcende a mera existência das outras religiões; há que se levar em conta uma nova apreciação dessas religiões. Em virtude da consciência histórica ou, inversamente, como causa parcial de nossa consciência histórica, os cristãos instruídos tendem atualmente a encarar as diversas religiões mundiais em termos positivos. A existência de muitas religiões não constitui um fato negativo; é algo esperado e representa um valor, pois uma religião particular jamais poderia exaurir a riqueza do mistério de Deus e de sua solicitude para com os seres humanos. Deve-se dizer, portanto, que "há mais verdade religiosa em todas as religiões reunidas do que em uma religião particular" e, por conseguinte, "a multiplicidade de religiões não é um mal que careça ser erradicado; pelo contrário, é um bem que deve ser enaltecido e aproveitado por todos".[9] O Concílio Vaticano II estimulou igualmente essa apreciação positiva das demais religiões com

---

[9]   Schillebeeckx, *Church*, pp. 166-167.

sua doutrina da disponibilidade universal da graça de Deus. Se a graça de Deus é individualmente ofertada e se essa graça nos advém sempre na e por meio da nossa situação histórica concreta, devemos também apreciar as religiões como efetivas mediadoras da graça de Deus. Como observou Karl Rahner, por essas razões, devem-se encarar as outras religiões como desejadas por Deus.[10]

Essas concepções tensionam particularmente a doutrina há muito defendida e a máxima segundo a qual não existe salvação fora da igreja. Com efeito, essa doutrina não representa a maioria das igrejas no Conselho Mundial das Igrejas e, em seu sentido óbvio, foi rejeitada pelo Concílio Vaticano II. Ademais, tal doutrina está sendo inteiramente revista agora por muitos teólogos. Se a graça divina existe em abundância fora da igreja e se consideramos, como nos compete, que a graça de Deus é efetiva, então devemos afirmar também, com Schillebeeckx, que o mundo, e não a igreja, é o lugar comum da salvação e que "não existe salvação fora do mundo".[11]

O que acontece aqui é que a apreciação da graça de Deus atuante em outras religiões é geralmente estendida a toda a esfera da vida humana no mundo. Isso, por sua vez, envolve uma nova compreensão do papel da igreja como instrumento da presença salvífica de Deus na história humana. Muitos veem a presença de Deus ao mundo como algo que transcende a igreja. A esfera da presença de Deus é frequentemente denominada reino de Deus, ou seja, a esfera da influência e reino da graça de Deus. O reconhecimento da universalidade da graça de Deus suplanta um "eclesiocentrismo" que tendia a identificar a igreja com esse reino de Deus. Dessarte, a igreja torna-se descentralizada na história. Para entender a igreja hoje, há que se interpretar de que maneira ela se relaciona com a esfera mais abrangente da efetiva atividade salvífica de Deus na história em geral.

---

[10] Ver o desenvolvimento que Karl Rahner traça dessas ideias na teologia católica em "Christianity and the Non-Christian Religions", in *Theological Investigations* V. Baltimore, Helicon Press, 1966, pp. 115-134. Esse ensaio representa o estado da questão à época do Vaticano II. A discussão avançou consideravelmente em todas as igrejas durante a terça parte do século XX.

[11] Schillebeeckx, *Church*, pp. 5-15.

Conquanto tais ideias hajam se tornado lugar-comum na eclesiologia, seu significado ainda precisa se fazer sentir na disciplina como um todo. A descrição que ora fazemos é congruente com uma mudança fundamental na concepção da missão da igreja. Durante a primeira parte do século XX, o movimento Doutrina e Vida esforçou-se por manter a missão da igreja na sociedade à frente do movimento ecumênico. Ele tornou-se propulsor da formação do Conselho Mundial das Igrejas. Analogamente, a mais significativa contribuição individual do Concílio Vaticano II para a compreensão da igreja consiste na nova definição da igreja em sua relação com o mundo. Mais notavelmente, isso se deu no documento de encerramento do concílio, a declaração *Gaudium et Spes*, mas de forma mais incisiva talvez em seu decreto sobre o caráter missionário da igreja, *Ad Gentes*. Em ambos os documentos, a igreja foi apresentada nos termos de sua relação com o mundo e com a história humana. A igreja é uma instituição aberta que tem o mundo em perspectiva e a serviço deste se entende por que é mediadora de algo valoroso para esse mesmo mundo. A igreja não é um enclave dentro do mundo fechada em si mesma; pelo contrário, ela é essencialmente missionária, ou seja, enviada ao mundo. Em nossa época de declarações de missão e objetivos, é difícil decifrar por que a concepção da natureza da igreja não sofreu alteração quando sua missão e objetivos parecem haver se transformado. Há sérios problemas de coerência na eclesiologia em torno dessa articulação entre a missão e a natureza da igreja, tópico que, de certa perspectiva, domina tudo o mais.

O sofrimento humano em escala social. E que dizer do mundo ao qual a igreja é enviada? O mundo hoje em dia revela um grau de sofrimento social, política e economicamente estruturado que, em termos de simples magnitude, parece não ter precedentes na história humana. A pobreza, a fome, a doença, a desumanização e a opressão social em larga escala dizem respeito não apenas às vítimas, mas também a todo ser humano pensante. Tendencialmente, a parcela de sofrimento representada pela pobreza e pelas enfermidades cresce tanto em números absolutos como em termos percentuais. A questão que se impõe à igreja é saber o que a ela tem a dizer ou fazer no tocante a essa situação comum em que se encontra a humanidade. O que alega "possuir" ou "conter", a igreja denomina salvação de Deus, mediada por Jesus Cristo. Há que se indagar, contudo, reiteradamente, sobre o que isso tem a ver com a condição comum do gênero humano na atualidade, ou seja, em termos concretos e em sua história efetiva. A igreja, afirmou o Concílio Vaticano II, é sinal para as nações da presença salvífica de Deus ao gênero humano em sua história. A resposta da igreja à injustiça social que subjuga enorme contingente de pessoas atualmente é fator decisivo para sua credibilidade perante as nações. Não se pode entender fidedignamente a igreja hoje em dia sem formular essa autocompreensão, de que ela reage diretamente à injustiça, à pobreza e à desumanização sociais em escala global.[12]

A experiência e a situação das mulheres. Pouquíssimas pessoas na América do Norte não têm consciência do movimento feminista ou, em certos aspectos, da revolução ocorrida nas últimas duas décadas. Qualquer que seja a opinião que se possa ter acerca dos vários aspectos desse movimento, por ser altamente diferenciado, não se pode deixar de ficar impressionado com o testemunho de mulheres acerca de suas próprias experiências quanto às diversas formas de opressão. Quando, porém, ouvimos e acolhemos esse testemunho somos obrigados a examinar a situação objetiva das mulheres em nossa sociedade atual e nas sociedades e culturas em todo o mundo. Pode-se considerar como fato que as mulheres em todo o mundo foram e continuam sendo consistentemente vítimas de discriminação. De uma perspectiva segundo a qual a relação entre todas as pessoas deve ser pautada por instituições sociais justas, equitativas e não discriminatórias, é preciso afirmar que, em todo o mundo e em nossa história passada, via de regra, as mulheres são e têm sido vítimas de injustiça e, em muitas regiões, de violência. Essa consciência, bastante aguçada na cultura ocidental, não pode senão continuar a se difundir por toda parte. O impacto da experiência das mulheres sobre a eclesiologia é

---

[12] As questões da relação da igreja com outras religiões, com o mundo em geral e com os grandes problemas da pobreza e da opressão são interligadas. Sua inter-relação é claramente mostrada por Paul Knitter, "Toward a Liberation Theology of Religions", in *The Myth of Christian Uniqueness*, ed. P. Knitter e J. Hick. Maryknoll, N.Y., Orbis Books, 1987, pp. 178-200.

direto. Espera-se que a igreja seja estruturada por uma justiça inspirada pelos valores jesuânicos do reino de Deus, caso contrário ela terá pouca influência profética na pregação da palavra de Deus.[13]

Secularização e individualismo: declínio da participação na igreja. O termo "secularização" é particularmente difícil de aplicar, de maneira consistente, à cultura norte-americana.[14] Em comparação com outras sociedades ocidentais, por exemplo, o panorama nos Estados Unidos ainda é devoto e religioso. É igualmente claro, porém, que essa cultura comporta uma ampla segregação entre a vida das igrejas e o funcionamento de nossas instituições seculares da sociedade, da indústria e do governo. Isso pode ser verificado por uma comparação entre nossa sociedade e, por exemplo, e a da Europa durante a Idade Média ou algumas nações islâmicas contemporâneas. A esfera secular separou-se da religiosa e se mantém bastante autônoma, ainda que não em todos os aspectos. No tocante à vida das próprias igrejas, não se pode afirmar que a sociedade tornou-se menos religiosa, pois o crescimento do fundamentalismo e das igrejas eletrônicas demonstra o oposto. Os membros, contudo, vêm se tornando mais individualistas, e sobretudo as pessoas com maior grau de formação não participam ativamente das principais igrejas como ocorria em outros tempos. Com efeito, a participação na igreja vem se tornado uma atividade voluntária. As pessoas já não se sentem nem um pouco socialmente compelidas a tornar-se membros atuantes de uma igreja. A igreja, mesmo a Igreja Católica Romana, deixou de ser concebida como instituição necessária à salvação de alguém, mas tornou-se uma associação voluntária a que só se pertence por escolha própria. Esse fenômeno geralmente se expressa nos seguintes termos: nas sociedades seculares ocidentais, que em alguma medida compartilham uma consciência his-

---

[13] Ver Serene Jones. *Feminist Theory and Christian Theology*. Minneapolis, Fortress Press, 2000, pp. 79-93, em que ela sintetiza a experiência feminina de opressão socialmente estruturada sob os cinco tópicos de exploração, marginalização, impotência, prevalência das normas culturais masculinas e violência. Sobre a relevância da teologia feminista para a eclesiologia, ver Anne Carr. "Ordination for Women and Christian Thought: History, Theology, Ethics", in *Transforming Grace*. San Francisco, Harper & Row, 1988, pp. 134-153.

[14] Para a ambiguidade sociológica desse conceito, ver John A. Coleman. "The Situation of Modern Faith", in *Theological Studies* 39, 1978, pp. 601-632.

tórica e a experiência do pluralismo, a igreja e até mesmo o fato de ser cristão já não têm suporte social. Ser membro da igreja torna-se cada vez mais uma questão de compromisso pessoal.[15]

Esse fenômeno social e a mudança que operou na ou sobre a igreja, no que diz respeito a seus membros, têm efeitos dramáticos para o conceito de autoridade da igreja, seja na forma como pode ser concebida, seja na forma como pode ser exercida. Se, por exemplo, a igreja é uma organização voluntária, sua autoridade não terá de envolver diálogo e consenso como em uma sociedade eclesial congregacional ou livre?[16] O exemplo de maior alcance de uma mudança nesse sentido, na Igreja Católica americana, verificou-se na reação geral à sua doutrina acerca da moralidade sexual. No caso da *Humanae Vitae*, a doutrina do controle da natalidade foi simplesmente rejeitada ou, em termos mais técnicos, não "recebida" pela maioria dos membros da Igreja Católica na América do Norte. Em alguma medida, esse caso é paradigmático. A Igreja Católica Romana hoje está repleta de católicos "pegue-e-escolha", ou seja, membros que aderem a algumas doutrinas, mas não a todas. Uma antiga doutrina eclesiológica da autoridade geral, segundo a qual a não aceitação de todas as doutrinas ensinadas pela autoridade equivalia à rejeição da própria autoridade, foi simplesmente ab-rogada; já não funciona. Esse fato recoloca a questão da autoridade da igreja: o que faz, ou melhor, o que *pode* a autoridade da igreja significar hoje em uma cultura secular e individualista? Existe algo como uma autoridade que, ao mesmo tempo, se sujeita à interpretação, ao dissenso e à não obediência, meios pelos quais muitos cristãos reagem atualmente à autoridade da igreja?

Esses aspectos e as questões que eles suscitam caracterizam a situação ou contexto da eclesiologia em uma região e cultura particulares. Não se trata de procurar descrever uma matriz geral da igreja como um todo.

---

[15] Ver Karl Rahner. *The Shape of The Church to Come*. London, SPCK, 1974, pp. 57-58, e, anteriormente, in *The Christian Commitment: Essays in Pastoral Theology*. New York, Sheed and Ward, 1963, pp. 3-37.

[16] James Gustafson. "Authority and Consent in the Voluntary Church" in *The Church as Moral Decision Maker*. Philadelphia, Pilgrim, 1970, pp. 126-132.

Apesar disso, alguma análise histórica e alguma apreciação contextual hão de fazer parte de toda e qualquer eclesiologia, porque essas questões contextuais sempre se acham efetivamente operantes. Uma eclesiologia a-histórica já não faz sentido em uma cultura historicamente consciente e crítica.

O objeto da eclesiologia

A igreja empírica. O objeto primário de estudo da eclesiologia é a igreja empírica. Para formular a mesma coisa em termos ligeiramente diferentes, o objeto da eclesiologia é a comunidade concreta que existe na história, embora espere seu cumprimento escatológico. A eclesiologia é a disciplina que trata ou discorre sobre essa comunidade histórica.

Segue-se então que "a eclesiologia não pode restringir-se à interpretação das asserções acerca da igreja, quer bíblicas, tradicionais, litúrgicas, magisteriais, teológicas, quer de outra espécie".[17] As asserções escriturísticas e tradicionais acerca da igreja certamente constituem parte do objeto da eclesiologia; foram ou são formuladas pela igreja, internalizando-se, portanto, como parte da autodefinição da igreja empírica. Com efeito, aquilo de que dão conta tais asserções teológicas e autoritativas acerca da igreja "é o que ocorre nos atos e operações conscientes mutuamente relacionados que fazem de um grupo de pessoas o que se chama 'a igreja'".[18] Essas próprias asserções, enquanto asserções eclesiológicas, dirigem-se, em um primeiro momento, à igreja empírica e constituem, portanto, parte dos dados concernentes à igreja concreta e histórica.

---

[17] Joseph A. Komonchak. "Ecclesiology and Social Theory: A Methodological Essay" in *The Thomist* 45, 1981, p. 273.

[18] Ibid., pp. 274-275. Em outro lugar, Komonchak afirma que "a linguagem bíblica, tradicional, dogmática e teológica sempre se refere a uma realidade social concreta construída em torno da intersubjetividade transformada de pessoas concretas no mundo". Por conseguinte, o objeto da eclesiologia é o processo concreto de autoconstituição "pelo qual a igreja torna-se homens e mulheres cristãos". Joseph A. Komonchak. "Lonergan and the Tasks of Ecclesiology". *Creativity and Method: Essays in Honor of Bernard Lonergan, S.J.* ed. Matthew L. Lamb. Milwaukee, Marquette University Press, 1981, p. 273. Em suma, a temática ou objeto primário da eclesiologia é a igreja visível ou empírica.

Uma realidade humana. Uma abordagem histórica do estudo da igreja correlaciona-se com o pressuposto de que essa igreja empírica é uma realidade humana. Tal premissa deparar-se-á, quase que inevitavelmente, com a objeção de alguns, segundo a qual a asserção inequívoca de que a igreja é uma realidade humana solapa ou compromete o caráter transcendente e divino da igreja. Esse é um tema recorrente envolvido na utilização de um método histórico e sociológico. Tal redução, contudo, não é uma consequência necessária e deve ser conscientemente evitada. Além disso, o risco de tal redução de maneira alguma suplanta a realidade humana da igreja. A observação que se segue contesta terminantemente essa objeção: "Independentemente do que a fé cristã possa afirmar acerca da origem divina, do núcleo e do objetivo da igreja, ela nunca pretende que a igreja não esteja deste lado da distinção entre Criador e criatura. A igreja não é Deus; não é Jesus Cristo; não é o Espírito Santo. Se a igreja é o Povo de Deus, o Corpo de Cristo, o Templo do Espírito Santo, ela o é enquanto realidade humana, ou seja, porque certos eventos ocorrem na consciência mutuamente relacionada de um grupo de seres humanos".[19]

Em síntese, a afirmação de que a igreja é uma comunidade humana não precisa ser tomada em sentido exclusivo que nega certa relação específica com Deus, efetivamente, uma relação constitutiva com Deus. Pelo contrário, ela define uma premissa para a disciplina da eclesiologia: essa igreja empírica, humana, é o ponto de partida para o estudo da igreja e o referente de base da palavra "igreja".

Reducionismo teológico. A igreja não é apenas uma realidade empírica e humana, mas também uma realidade histórica. A igreja é um fenômeno da e na história. Enquanto tal, não deve nem de fato pode ser concebida como sendo constituída por alguma essência ou como ideia platônica constitutiva que subsiste acima e fora da história.[20] A natureza da igreja

---

[19] Komonchak. "Ecclesiology and Social Theory", 269. Ver também Joseph A. Komonchak, "History and Social Theory in Ecclesiology", *Lonergan Workshop* II, ed. Fred Lawrence. Chico, Calif., Scholars Press, 1981, pp. 1-53.

[20] Joseph A. Komonchak. "The Church". *The Desires of the Human Heart: An Introduction to the Theology of Bernard Lonergan*, ed. Vernon Gregson. New York, Paulist Press, 1988, pp. 232-233.

não deve ser concebida como determinada por uma revelação que é ela mesma não historicamente condicionada em sua recepção pela própria comunidade. Como realidade histórica, a igreja teve início no tempo, efetivamente em um ponto definido e discernível no tempo. Pode-se determinar com relativa clareza a origem da igreja. Essa igreja foi e é o sujeito do desenvolvimento histórico e deve-se esperar que esse desenvolvimento se prolongue no futuro. Esse desenvolvimento histórico tem sido mapeado e estudado, e apesar do muito que sempre haverá por fazer, pode-se dizer que há forte consenso em torno dos pontos básicos de inflexão dessa história. Enquanto comunidade empírica e humana, a igreja não pode ser imaginada como sendo imune às "leis" e às vicissitudes da existência histórica; e o estudo da igreja não pode prescindir delas e as requer para entender a igreja como realmente é. Em outras palavras, a eclesiologia, em seu primeiro momento, deve esperar que haja continuidade entre a existência evolutiva e histórica da igreja e a das demais comunidades e organizações humanas. Isso não significa que a igreja também não tenha sua própria e específica existência histórica autoconstitutiva ou sua dimensão transcendente teologicamente definida. Pelo contrário, isso implica apenas que o primeiro movimento de uma investigação que busque uma adequada compreensão da igreja não deve pautar-se por uma linguagem privativa tomada exclusivamente das fontes teológicas. A igreja é uma comunidade histórica.

Essas três observações basilares, ou seja, de que a igreja é uma comunidade empírica, humana e histórica, são interdependentes; implicam-se reciprocamente. A razão pela qual se insiste nelas pode ser sumarizada como um esforço por evitar o "reducionismo teológico". A expressão é de James Gustafson, que a define nos seguintes termos: "Por reducionismo teológico entendemos o emprego exclusivo da linguagem bíblica e doutrinal na interpretação da igreja".[21] "Um reducionismo doutrinário

---

[21] James M. Gustafson. *Treasure in Earthen Vessels: The Church as a Human Community*. New York, Harper & Brothers, 1961; Chicago, University of Chicago Press, 1976, p. 100. Muitas das ideias que norteiam a metodologia apresentada aqui são também claramente expostas nesse livro de Gustafson.

se recusa a tomar seriamente os elementos humanos na vida da igreja ou, se os reconhece, não os explora ou não os explica, exceto em linguagem doutrinária".[22] O reducionismo teológico, sustenta Gustafson, é uma falácia metodológica. Presume que a igreja seja uma realidade histórico-social absolutamente única sob todos os aspectos. Implica, portanto, que a igreja nada tem em comum com as leis ordinárias das comunidades humanas históricas. O resultado é uma linguagem e concepção destituída de qualquer relação com o restante da experiência humana comum das comunidades. Estas, portanto, tornam-se ininteligíveis quer para os não membros, quer para os membros da igreja, na medida em que apreciam os mecanismos da vida histórica e da existência secular comum. Essa linguagem, portanto, pode ser, na melhor das hipóteses, inadequada à plena realidade da igreja; na pior, ela falseia ou distorce uma compreensão apropriada da igreja por não corresponder à sua plena realidade.

Uma realidade simultaneamente histórica e teológica. A igreja é simultaneamente, por um lado, uma realidade humana, histórica e social e, por outro, uma realidade teológica. Essas duas dimensões da igreja são bem distintas, mas é crucial que a disciplina da eclesiologia não foque sua atenção em uma dessas dimensões com exclusão da outra.

A distinção e a relação entre esses dois aspectos da igreja podem ser entendidas e explicadas concebendo-se a igreja como constituída por uma dupla relação simultânea, uma relação com Deus e uma relação com o mundo.[23] A igreja relaciona-se com Deus mediante sua fé e sua autocompreensão por ter passado a existir em virtude da graça de Deus. A igreja deve ser sempre entendida teologicamente como sendo mais do que uma associação voluntária, ou seja, um grupo que se reúne com base

---

[22] Ibid., p. 105.

[23] Para Ernst Troeltsch, essa dupla relação da igreja com Deus e com a sociedade e a história humana está contida no cerne da própria revelação cristã. O que é revelado em Jesus Cristo e por seu intermédio é uma antropologia que gira em torno de seres humanos que se relacionam simultaneamente com Deus e com os demais seres humanos seus companheiros. Essas duas relações, em todos os momentos, exercem impacto recíproco. Troeltsch utiliza a interação dialética entre os dois polos dessa dupla relação como eixo ou marco formal em que avaliar as mudanças na igreja à medida que ela avança na história. Trata-se, portanto, de duplo calço material e formal de toda a obra *The Social Teachings of the Christian Churches*. New York, Macmillan, 1931.

apenas na iniciativa humana. De conformidade com a compreensão de seus membros, a igreja possui profundo enraizamento na vontade, na iniciativa e na ativa presença de Deus. A efetiva e dinâmica relação com Deus constitui a realidade daquilo que a igreja é. Entretanto, essa igreja é igualmente constituída por sua relação horizontal ou histórica com o mundo e com a história. Assume seu lugar entre e junto a outros grupos e entidades sociais. Em princípio, as atividades internas da igreja, embora possam ser distintas por causa da percepção que a comunidade tem de sua relação com Deus, não são descontínuas relativamente aos mecanismos de outras entidades sociais. Deve-se entender a igreja em consonância com a dinâmica revelada pelas ciências sociais; deve-se reconhecer que sua autocompreensão segue os princípios da sociologia do conhecimento. A igreja é continuamente modificada e até mesmo reconstituída pelas contínuas interações com o mundo e com as demais instituições da história.

Edward Schillebeeckx expressa essa concepção ao dizer que a igreja é uma realidade única na história, mas uma realidade que deve ser entendida em duas linguagens irredutíveis.[24] A linguagem teológica descreve a igreja em sua relação com Deus; a linguagem crítica, histórica e sociológica dá conta da igreja na medida em que ela é contínua relativamente a outras instituições históricas. Mas o ponto focal aqui é que essas são duas dimensões de uma realidade; não existem duas igrejas. Precisamos de um método teológico que respeite essas duas dimensões da única igreja, sem contrabalançá-las, mas integrando-as em uma concepção unificada. Pois os mesmos indivíduos que compõem a igreja participam das organizações da sociedade e conhecem seu funcionamento.

A igreja universal. Uma vez que a igreja é reconhecida como a realidade social que teve início em um ponto do tempo e tem uma extensa trajetória histórica, torna-se necessário, pelo menos desde o princípio, afirmar que o objeto da disciplina da eclesiologia é a totalidade ou a igreja universal.

---

[24] Schillebeeckx. *Church*, pp. 210-213. Lonergan definiu essas duas linguagens pelo uso que fez das "categorias gerais" e das "categorias especiais". As categorias gerais referem-se a objetos que são estudados por outras disciplinas além da teologia. As categorias especiais, por sua vez, referem-se a objetos próprios da teologia e, portanto, estritamente transcendentes, não cognoscíveis pela "razão", e sim pela revelação apreendida na fé. Komonchak, "Church", p. 227.

A igreja foi una em sua fonte ou princípio; ela deriva do evento Jesus e começou com a comunidade dos discípulos de Jesus. Conquanto singular em suas origens e inspiração, esse movimento histórico, com efeito, fragmentou-se em diversas igrejas. A grande igreja ou a igreja globalmente considerada encontra-se hoje dividida em muitas igrejas. À medida que as igrejas diferenciaram-se umas das outras em termos de instituição e de autocompreensão, a disciplina da eclesiologia tornou-se tão múltipla quanto as igrejas nas quais ela se prolongou. Dessarte, o verdadeiro objeto da eclesiologia é, via de regra, não a igreja universal, mas tão somente um segmento dela, como ocorre em certa modalidade de uma eclesiologia de cima.

Contra essa fragmentação em termos de disciplina, a consciência histórica nos compele a encarar o objeto da eclesiologia como a totalidade do movimento cristão. A consciência histórica revela em que medida as razões que causaram as divisões no seio da igreja foram contingentes e historicamente relativas. A consciência histórica possibilita a aceitação e a positiva apreciação do pluralismo, bem como a intuição de como as pessoas podem compartilhar uma fé comum que leve em consideração diferenças na interpretação e na expressão. Uma consciência histórica global e uma apreciação positiva do pluralismo permitem que os membros da igreja cristã transcendam muitas querelas intracristãs, tendo em vista a totalidade da igreja em relação às outras religiões que são grandes, consolidadas e bem diferentes do cristianismo. Um contexto histórico-mundial funciona como grande relativizador; ele permite que o teólogo minimize as diferenças entre os cristãos ao situá-las contra um horizonte de proporções bem mais amplas. Visto dessa perspectiva de outras religiões, dentro do contexto da história mundial, o cristianismo afigura-se como um movimento peculiar e, nessa medida, unificado. A partir do interior dessa consciência, o teólogo cristão pode perceber que pouco sentido faz limitar a igreja cristã ao próprio grupo confessional. A expansão da consciência histórica foi o pressuposto do movimento ecumênico, e a participação no movimento ecumênico produziu uma consciência do "nós" entre os cristãos de maior formação, consciência essa que previne contra a identificação do termo "igreja" com a própria igreja particular.

A dialética parte/todo. A consciência histórica é multifacetada. Compreende o reconhecimento de que todos os pensadores e seus pensamentos são historicamente situados, contextualizados e parcialmente determinados pela particularidade do próprio ponto de vista. A capacidade de projetar abstratamente e, nesse sentido, de visualizar o contexto universal da história, bem como a incapacidade de escapar à própria situação particular no mundo, com tudo o que isso implica, define, portanto, uma situação dialética que, por sua vez, qualifica a disciplina da eclesiologia. Um indivíduo visualiza a totalidade da igreja sempre a partir do ponto de vista de alguma igreja local particular. Nenhum eclesiólogo pertence diretamente à igreja mundo, mas compartilha, por assim dizer, uma filiação e lealdade dual para com a própria confissão e, por meio desta, para com a igreja como um todo. A questão, contudo, vai muito além dos motivos e da lealdade. O essencial é que os eclesiólogos não podem escapar inteiramente à igreja ou à confissão a que se vinculam.

Essa exigência histórica reflete a apreciação teológica comum segundo a qual a igreja como um todo existe em qualquer parte da igreja. Isso quer dizer que a igreja local não pode ser reduzida a simples parte ou fragmento de uma entidade universal denominada a igreja. Pelo contrário, a totalidade daquilo que significa ser igreja realiza-se em uma igreja local, ou em "uma parte" da totalidade do movimento cristão.[25] Mas ser uma realização essencialmente integral da igreja não quer dizer que qualquer igreja pode ser isolada da igreja mais ampla. A igreja local é ainda parte do todo.

---

[25] Hans Küng. *The Church*. New York, Sheed and Ward, 1967, pp. 169-171, 227-234. Essa dialética parte-todo é discutida por Joseph Komonchak em "The Church Universal as the Communion of Local Churches". *Where Does The Church Stand? Concilium*, 146, de G. Alberigo e G. Gutiérrez. New York, Seabury, 1981, pp. 30-35. A discussão, contudo, é conduzida dentro do contexto da Igreja Católica Romana. Seria proveitoso estudar como o significado dos termos "local" e "universal" se modifica, por vezes quase assumindo valores opostos, quando o contexto é a totalidade da igreja cristã.

Essa interação parte-todo é genuinamente dialética. A igreja como um todo e a igreja em cada uma de suas concreções suscitam duas diferentes perspectivas acerca da igreja, as quais sempre interagem mutuamente e se influenciam reciprocamente. Pode-se definir melhor a lógica dessa interação dialética nos seguintes termos: por um lado, embora o objeto de estudo da igreja na eclesiologia sistemática possa continuar sendo a igreja universal e não meramente uma parte local ou confessional da igreja, essa igreja universal, contudo, sempre será vista pelas lentes de uma igreja particular, pelo menos quando a eclesiologia é desenvolvida por um teólogo individual.[26] Isso se aplica tanto à linguagem teológica como à linguagem sociológica que se utiliza acerca da igreja. A tradição teológica de uma comunhão particular e, menos conscientemente, "as fontes sociais do denominacionalismo" serão sempre uma determinante de qualquer compreensão da igreja.[27] Evidencia-se, portanto, que toda eclesiologia tende a refletir a igreja de uma confissão singular. Por outro lado, essa eclesiologia particular deve ser sempre apresentada contra o pano de fundo da igreja global. À medida que uma eclesiologia sistemática for consciente do todo, tenderá a determinar aquilo que ela toma como sendo normativamente cristão em termos mais gerais e compreensivos do que aqueles de uma confissão particular.[28]

---

[26] É nesse ponto que muitas eclesiologias falham hoje. Mesmo quando aceitam o princípio segundo o qual a igreja é maior do que uma confissão particular e se propõem a estudar a totalidade da igreja "à luz de" uma tradição particular, elas, com efeito, simplesmente retratam uma igreja particular. Nessa medida, trata-se de uma eclesiologia sistematicamente deficiente, ainda que possa ser útil como estudo denominacional.

[27] H. Richard Niebuhr. *The Social Sources of Denominationalism*. New York, World Publishing, A Meridian Book, 1957. Nesse livro, como indica seu título, Niebuhr mostra como fatores não doutrinários, tais como classe, raça, nação, filiação étnica, costume ético, região etc., são fatores importantes que suscitam e mantêm a peculiaridade e a divisão no âmbito do mundo cristão mais amplo.

[28] Isso explica por que algumas das eclesiologias mais satisfatórias estão sendo produzidas hoje em situações de diálogo. Por um lado, a eclesiologia ecumênica ajuda a romper os particularismos das igrejas. Por outro lado, contudo, essa própria teologia ecumênica deve desenvolver-se dentro do contexto de diálogo com o mundo, a fim de que não se torne estritamente introvertida. É possível, como sugere Fahey, que uma eclesiologia sistemática integral e compreensiva tenha de ser cada vez mais produzida de maneira colaborativa, permeando confissões e múltiplas subdisciplinas. Michael Fahey. "Church", *Systematic Theology*, II, ed. F.S. Fiorenza e J.P. Galvin. Minneapolis, Fortress Press, 1991, p. 16.

Em síntese, quando o objeto da eclesiologia é reconhecido como a totalidade ou a igreja universal, emergem os seguintes princípios dialéticos: toda concepção do conjunto da igreja será filtrada pelas lentes de uma igreja particular; cada eclesiologia particular deve ser relativizada ao ser apresentada dentro do horizonte do movimento cristão mais amplo.

Como isso tem sido vivenciado na eclesiologia ocidental desde o século XVI? As igrejas protestantes tiveram sua gênese nos esforços da Reforma contra a Igreja Romana. Nesse sentido, elas representam eclesiologias parciais ou particulares. O movimento para reparar a divisão resultante entre as igrejas começou seriamente com o movimento missionário do século XIX, o qual, pouco a pouco, abriu caminho para o movimento ecumênico no século XX. A eclesiologia católico-romana a partir do século XVI até o Concílio Vaticano II foi também implicitamente polêmica e teve a Igreja Católica Romana como seu paradigma eclesiológico. A igreja universal foi identificada com a Igreja Católica Romana como o objeto da disciplina. Um dos aspectos revolucionários do Concílio Vaticano II foi o reconhecimento oficial dos demais corpos eclesiais como igrejas.[29] O século XX, portanto, foi um divisor de águas; a partir das perspectivas geradas no decorrer do movimento ecumênico, tudo se afigura diferente. No contexto da igreja como um todo, pode-se transcender a própria igreja, projetar uma visão mais ampla, pensar mais inclusivamente e começar a reconhecer certos elementos dentro da doutrina da própria igreja que justificam uma apreciação positiva das demais igrejas. O Vaticano II, por exemplo, ensinou que o movimento cristão como um todo compartilha virtualmente o mesmo Cristo, o mesmo batismo e a mesma fé, e é animado pelo mesmo Deus enquanto Espírito. Nada se compara em importância. Mas isso, por sua vez, relativiza, sem descartar, concepções jurídicas particulares de igrejas individuais. Não se pode presumir, sem comparação nem argumento, que elas sejam, em qualquer medida, universalmente normativas. As disposições particulares

---

[29]   Francis A. Sullivan. *The Church We Believe In: One, Holy, Catholic and Apostolic*. New York e Ramsey, N.J., Paulist Press, 1988, pp. 23-65, documenta isso com a nuance apropriada nos textos do Vaticano II.

não são de modo algum descartadas ou minimizadas, mas logicamente situadas como disposições de um segmento específico da igreja. Elas se figuram, portanto, como instituições particulares, históricas e mutáveis.[30]

Pluralismo de eclesiologias. O caráter histórico do objeto da eclesiologia e a dialética parte-todo que isso impõe à disciplina revelam uma primeira limitação ou restrição do próprio significado da eclesiologia. Nunca haverá uma eclesiologia única. Materialmente falando, nenhuma eclesiologia será capaz de abarcar a totalidade da igreja. A razão é que não só toda a igreja está constantemente mudando, de modo que em seu âmbito nada, incluindo qualquer de suas partes, permanece absolutamente igual, mas também, em qualquer época dada, a igreja como um todo sempre transpõe as fronteiras do ponto de vista particular que toda eclesiologia impõe a seu objeto de estudo. Atualmente, portanto, a eclesiologia enquanto disciplina não compartilha um único corpo comum de verdades. Qualquer que seja a unidade que ela possa ter, deve ser adquirida no nível do método. Devem-se esperar, no entanto, diferentes eclesiologias baseadas em diferentes suposições e premissas compartilhadas que são ditadas pelas diferentes situações das igrejas. Mesmo que se pudesse concordar com certas características de um método comum em eclesiologia, as diferenças de perspectiva na e acerca da igreja mundo necessariamente produzirão diferentes concepções da totalidade. Isso de forma alguma esvazia a disciplina. Se os eclesiólogos gerassem um conjunto de pressuposições, axiomas e princípios que fossem comumente compartilhados, a eclesiologia seria capaz então de tornar-se eclética; a exemplo do que ocorre em alguns diálogos ecumênicos, a eclesiologia torna-se construtiva a partir de um diálogo crítico ou dialético entre segmentos ou partes da igreja una.

---

[30] A lógica que está sendo descrita aqui aparece bem claramente nas afirmações comuns que são produzidas em diálogos ecumênicos bilaterais. Aparece também em ensaios teológicos que procuram gerar consenso ecumênico em determinada questão. Dir-se-ia que tudo isso significa simplesmente que toda eclesiologia deve ser ecumênica. Mas também se poderia dizer que um método comum da eclesiologia absorverá a problemática ecumênica em seu próprio bojo; o ecumenismo deixará de ser um tópico da eclesiologia, pois, no contexto da historicidade, nenhuma igreja pode sequer entender-se senão como parte de uma igreja historicamente, e não apenas escatologicamente, mais universal e, portanto, como relativa e como parte dessa igreja global.

O método da eclesiologia

Várias considerações acerca do método da eclesiologia contrapõem-se a uma eclesiologia fundada apenas na autoridade. O método da eclesiologia não deve diferir substancialmente do método da teologia em geral. Diferentemente de outras disciplinas teológicas, contudo, o objeto direto da eclesiologia é uma realidade finita, um movimento social e uma instituição que se concebe na fé como respondente à graça de Deus. Que tipo de lógica ou que padrão de pensamento subjaz, guia e determina as asserções que são feitas acerca da igreja? Método, nesse sentido, não é uma fórmula de produção dos mesmos resultados por todos os teólogos; a teologia não é ciência dura, e um método semelhante na eclesiologia pode produzir uma gama de concepções a respeito da igreja. As seguintes características eclesiológicas e os critérios teológicos descritos em seção ulterior deste livro sugerem um método bastante definido para ser peculiar e aberto o suficiente para admitir um grande feixe de variedades.

Histórico. Como a igreja visível é uma entidade ou movimento intramundano, histórico e social, o método que a estuda deve ser histórico. A primeira etapa da resposta a qualquer questão substancial acerca da igreja consiste em remontar à história do movimento. A igreja é uma tradição histórica. Para entender o que ela é, ou qualquer elemento a ela inerente, deve-se começar por traçar sua origem e sua práxis na história.[31] O caráter histórico e sociológico da eclesiologia protege-a contra o "reducionismo teológico" que se aludiu anteriormente. Uma linguagem exclusivamente teológica e doutrinária desviará facilmente da realidade histórica concreta que a igreja de fato é e a apresentará em termos idealistas que dificilmente se afigurarão fidedignos ao observador crítico. Sempre haverá uma profícua tensão entre o ideal e o real na eclesiologia. Como disciplina normativa, a eclesiologia busca transformar a igreja pela proposição de

---

[31] Pode-se dizer que a igreja é constituída por um elemento objetivo e por uma apropriação subjetiva dela por parte da comunidade. "O momento objetivo envolve a referência aos meios fundantes e perenemente constitutivos que se centram em torno da vida, dos ensinamentos, da morte e ressurreição de Jesus Cristo". Komonchak, "Church", p. 232.

ideais teológicos. Esses ideais, contudo, devem aproximar-se das atualidades e das reais possibilidades.

Sociológico. Outro nível de análise característico da eclesiologia de baixo utilizada aqui envolve a imaginação socioantropológica.[32] A deliberada vagueza do termo "imaginação" visa abrir espaço às disciplinas da antropologia cultural, da sociologia do conhecimento, da antropologia social, bem como a uma análise mais puramente sociológica de grupos, movimentos, organizações e comunidades humanas. Alguns autores no âmbito dessas disciplinas não estão longe de propor uma antropologia filosófica socialmente consciente. Seja como for, a imaginação sociológica que explicitamente concebe o humano como socialmente constituído, de sorte que toda pessoa é um indivíduo social, proporciona outro nível na análise da autoconstituição ou formação original da igreja. Por um lado, essas análises permitem perceber padrões comuns na maneira como a igreja se desenvolveu. Por outro lado, os costumes e hábitos sociais assim formados podem ser relacionados com as necessidades humanas fundamentais que transcendem a contingência dessas circunstâncias. As análises sociais a partir dessas várias perspectivas conferem aos dados históricos raízes que se estendem sob a superfície da imediaticidade temporal e local. Ampliam, portanto, o alcance e as consequências do que de outra forma pode afigurar-se pura contingência.

Teológico. Essa instituição histórica e social também se relaciona com Deus. É uma comunidade de pessoas a partir de uma fé comum em Deus; é essa fé comum que unifica mais profundamente a igreja, do que resulta que a igreja é constituída por sua relação com Deus. Isso pode ser entendido em dois níveis. A autocompreensão da pertença que configura a comunidade concebe-a objetivamente como o dom de Deus. E, de maneira mais existencial, essa fé experiencia Deus enquanto Espírito ativamente presente à igreja e, por assim dizer, mantém-na unida. Um

---

[32] C. Wright Mills define a imaginação sociológica como aquela que "nos capacita a apreender a história, a biografia e as relações entre ambas dentro da sociedade". *The Sociological Imagination.* New York, Oxford University Press, 1959, p. 6. Para o papel da sociologia na eclesiologia, ver Sanks. *Salt, Leaven, and Light*, pp. 27-30, e Komonchak, "Ecclesiology and Social Theory", *passim.*

ilegítimo reducionismo histórico-social não daria conta desse elemento que faz da igreja uma realidade peculiarmente diferente de outros organismos sociais. Uma linguagem exclusivamente histórica e sociológica facilmente desconsideraria os efeitos da graça operante de Deus no seio da igreja. Essa dimensão da igreja requer uma linguagem teológica que recorra à transcendência e à fé.[33]

Dissemos anteriormente que essas duas linguagens fazem referência a uma realidade. Pode-se formular o seguinte axioma, tendente a mantê-las acopladas, de maneira que nenhuma dessas duas linguagens possa dissociar-se da outra: a relação da igreja com Deus só pode ser integralmente compreendida como mediada na e através da sua relação com o mundo, com a história e com a sociedade; por outro lado, a relação da igreja com o mundo só pode ser adequadamente compreendida a partir de sua relação com Deus.[34] O axioma ora formulado conjuga ambas as linguagens acerca da igreja e fornece um critério para a adequação de qualquer caracterização específica da igreja ou de qualquer elemento interno. As explanações teológicas da igreja não podem contornar a inteligibilidade humana, finita e histórica. As explanações sociais da igreja, por sua vez, devem levar em conta a fé comum de seus membros.

Apologético. O termo "apologético" descreve uma característica geral que a teologia deve ter em nossa situação atual. Não significa uma teologia que prova ou demonstra os dados ou conclusões da fé, pois isso não pode ser feito. Significa antes um método criticamente consciente que tenta explicar, tornar inteligíveis ou compreensíveis as crenças da comunidade.

Tradicionalmente, a apologética se dirigia ao público externo à igreja, como se observa na teologia dos apologistas do século II, que procuravam explicar o cristianismo ao Império Romano e à cultura helenística. Hoje em dia, a função de dirigir-se ao público externo pode ser realizada pela utilização de uma linguagem pública e pelo recurso à experiência humana

---

[33] Em paralelo com a definição gustafsoniana de reducionismo *teológico* citada anteriormente, o reducionismo histórico-social refere-se a uma utilização exclusiva da linguagem social e histórica na interpretação da igreja. Ver também Komonchak, "Church", p. 226.

[34] Roger Haight. "Historical Ecclesiology". *Science et Esprit* 39 (1987): 356-357.

comum. Esse recurso à experiência humana comum e essa utilização de uma linguagem pública podem ser considerados como requisitos a partir de diversos pontos de vista. Em nosso mundo pluralístico, não se pode simplesmente utilizar ou recorrer à linguagem "privada" do próprio grupo se se deseja se comunicar com a sociedade em geral. E, posto que a linguagem e a experiência comum de uma cultura encontram-se *igualmente na igreja*, deve-se empregar essa experiência e linguagem comum a fim de que a igreja seja plausível a seus próprios membros. Do contrário, a linguagem interna da igreja torna-se dissociada da experiência e da vida cotidiana da sociedade em sentido amplo.

Por fim, essa linguagem apologética também tem por função defender a linguagem da fé e a crença contra interpretações da realidade que sistematicamente ou a ignoram ou lhe são hostis.[35] Para tanto, ela procura tornar a linguagem da fé não apenas inteligível, mas também digna de crédito em oposição a visões que parecem negá-la. Por conseguinte, a qualidade crítica de uma eclesiologia apologética aplica-se quer à própria igreja, quer às visões que são hostis à igreja.

Hermenêutico. Se a teologia, genericamente falando, é uma disciplina hermenêutica, também a eclesiologia o é. Mas a teologia enquanto tal é uma disciplina. Portanto, no que diz respeito à eclesiologia, ela sempre consiste em remontar à história da igreja e apresentar sua autocompreensão mediante a interpretação e a apropriação. Isso deve ser feito de maneira que tal compreensão seja relevante para o mundo ou para a situação na qual a igreja existe em determinada época. A interpretação sempre envolve, ainda que implicitamente, alguma forma de um método de correlação.[36] Esse método de correlação implica a conjugação dos dados acerca da igreja, quer oriundos da tradição, quer do contexto ou situação atual em que a compreensão corrente deve se desenrolar. Não é minha intenção aqui desenvolver os elementos de um método de correlação, que são bem conhecidos.

---

[35] Ver Johann Baptist Metz. *Faith in History and Society: Toward a Practical Fundamental Theology.* New York, Seabury, 1980, pp. 3-13.

[36] Haight. *Dynamics of Theology*, pp. 189-195.

As fontes da eclesiologia

O que deve ser interpretado na eclesiologia é a igreja, pois esse é o objeto de estudo. Essa igreja do passado existe hoje, primariamente, como tradição viva. Por certo a igreja hoje é constituída por seu passado, mas a igreja do passado também é representada no presente objetivamente através dos testemunhos textuais. Esses registros escritos fornecem as fontes da eclesiologia na escritura, na história da igreja, nas doutrinas confessionais das igrejas e na experiência humana comum.

Escritura. A fonte e norma primária da teologia cristã é a escritura, o que é reconhecido praticamente por todos os teólogos. A escritura é a norma que não é normatizada por nenhuma outra norma. A razão disso é que as escrituras são a constituição da igreja.[37] A escritura é uma constituição porque é o primeiro registro da experiência fundante e revelacional dos cristãos que a igreja primordialmente decidiu tornar seu cânon ou regra de fé.[38] Outra razão para a normatividade primária da escritura em um contexto ecumênico é que ela é a norma com a qual toda a igreja concorda e compartilha.[39]

Isso não quer dizer absolutamente que o significado da escritura seja evidente para nossa época; as escrituras devem ser e sempre são interpretadas. Tampouco é verdade que predomine atualmente uma interpretação autêntica, genuína ou verdadeira da escritura. O Novo Testamento mesmo apresenta uma interpretação pluralística de Jesus e da igreja que não só admite diversas exegeses, como também normativamente prescreve o pluralismo. E, por fim, não existe um método único para interpretação da escritura. O respaldo na escritura, portanto, constitui apenas uma fonte entre outras para a teologia da igreja. Ela provê uma norma necessária, mas, por si mesma, dificilmente suficiente.

História da igreja. Um axioma da consciência histórica estabeleceria que o humano é histórica e socialmente constituído, e que todas as

---

[37] Ver Karl Rahner. *Inspiration in the Bible*. New York, Herder and Herder, 1961, pp. 47-50.

[38] Ver James Barr. *The Bible in the Modern World*. London, SCM Press, 1973, pp. 114-118.

[39] Küng, *The Church*, p. 292.

concepções particulares do fenômeno humano são intrinsecamente limitadas. Por conseguinte, para compreender o humano, deve-se mapear sua história. A compreensão de um fenômeno particular da história sempre principia por suas origens. A única maneira de entender uma instituição ou movimento histórico é compreender suas origens e sua história subsequente. Dessarte, a história da igreja provê outra fonte para a compreensão da igreja. Parte dessa reconstituição histórica consiste na história da doutrina da igreja e das teologias acerca da igreja, posto que a história inclui a experiência, a interpretação, a recepção e a asserção da tradição no bojo de situações sempre novas. Esses testemunhos da natureza e da missão da igreja fornecem dados cumulativos para uma compreensão da igreja.

É importante observar, contudo, que o significado de "história" aqui transcende a história da doutrina para englobar também, e o que talvez seja mais importante, a práxis concreta da igreja na história. Expandindo o que dissemos anteriormente acerca da igreja empírica, a história institucional da igreja e a história da práxis da igreja frequentemente revelam mais acerca da natureza da igreja do que aquilo que a igreja diz a respeito de si mesma, quer positiva, quer negativamente. Uma efetiva prática pastoral pode contradizer ou subverter uma doutrina explícita. A práxis da igreja pode ser utilizada como um princípio hermenêutico para compreender o que as doutrinas significam. A práxis coletiva pode ser a fonte de uma doutrina particular. Em geral, a focalização na vida concreta da igreja possibilita uma via de acesso ao significado da história da doutrina contida quer nas escrituras, quer na história da doutrina. Ademais, essa práxis da igreja é suscetível a diferentes tipos de análise. Podem-se utilizar categorias sociológicas, antropológicas, políticas ou econômicas para chegar a uma compreensão teológica mais plena da práxis religiosa da igreja que subjaz a seu testemunho doutrinal.

Doutrinas confessionais. Outra fonte de dados para a compreensão da igreja são as doutrinas ou ensinamentos confessionais das igrejas particulares. A essa altura, levando-se em conta a primeira parte desta discussão, pode-se presumir que o objeto de estudo da eclesiologia seja a igreja como um todo. Mas a igreja como um todo é inevitavelmente abordada por cada teólogo a partir da perspectiva de sua própria igreja particular e de suas doutrinas. Com efeito, a igreja é dividida e, para todos os efeitos práticos, todo cristão que participa ativamente da igreja o faz no âmbito de uma confissão, comunhão e tradição particulares, ou seja, uma igreja particular com suas doutrinas e organização peculiares. Por conseguinte, as doutrinas e o estilo de vida dessa igreja particular, à medida que são internalizados, constituem um marco para a compreensão da igreja ou do ponto focal a partir do qual a igreja é interpretada. Esse fato suscita para a eclesiologia a questão concernente ao valor normativo das doutrinas da própria igreja para a compreensão da igreja universal.

Muito se pode dizer acerca dessa delicada questão. Em primeiro lugar, essas doutrinas não podem ser tomadas, presuntivamente, como normativas para o conjunto da igreja. Elas proporcionam uma visão da totalidade da igreja. E, à medida que se referem ao todo da igreja, que de fato é pluralista, sua aplicabilidade universal deve ser fruto do diálogo crítico e não de uma asserção apriorística.

Em segundo lugar, não se pode sequer defender que essas doutrinas, enquanto formuladas pura e simplesmente, são normativas para a igreja particular em questão. Essas doutrinas são dados para a interpretação; não podem deixar de ser interpretadas; e meramente afirmá-las é interpretá--las. Por conseguinte, em termos de método eclesiológico, essas doutrinas são dados autoritativos a ser interpretados. Todas as estruturas e todas as doutrinas são mutáveis porque, de fato, quer queira, quer não, seus significados e funções efetivamente se alteram. Há que se trabalhar recuperando a continuidade e a identidade em seu significado e função. Dessa forma, mesmo para uma igreja particular, as doutrinas que definem sua eclesiologia estão sujeitas a reinterpretação.

Em terceiro lugar, as doutrinas das igrejas particulares devem ser sempre entendidas contra o horizonte da igreja maior ou global. Quando são assim situadas, pode-se facilmente reconhecer que sua verdade e seu valor particulares não podem ser exclusivos. Ou seja, podem ser verdadeiras ao mesmo tempo em que outras doutrinas, que são diferentes e exteriormente contrárias, mas também podem ser verdadeiras e válidas.

Experiência histórica. Outra fonte para a reflexão eclesiológica é a efetiva experiência histórica. O termo "experiência" é uma categoria ambígua. Por vezes parece indicar um nível de consciência humana inferior ou anterior à consciência conceitual reflexiva. Outras vezes refere-se ao que se passa à percepção imediata ou direta. O termo é utilizado aqui, entretanto, com um escopo tão amplo quanto possível para aludir ao somatório total do conhecimento comum do dia a dia que define a percepção que se tem da realidade. A experiência, portanto, excede um enquadramento estritamente teológico. A ênfase na experiência como fonte de dados para a eclesiologia pode parecer, de certo ponto de vista, redundante, porque todo conhecimento humano desenvolve-se dentro dos limites da experiência. Ao mesmo tempo, contudo, ela salienta que a experiência humana comum em qualquer época constitui parte integrante de toda e qualquer compreensão da igreja. A experiência comum representa uma fonte para a eclesiologia porque a apreciação dos outros dados nunca pode prescindir do contexto mais amplo dos significados e dos valores correntes compartilhados por "todas" as pessoas.

Pelo fato de essa experiência dever ser crítica e autoconscientemente apropriada, ela é referida como experiência humana comum, contraposta à experiência meramente individual ou privada que, na mesma medida, pode ser excêntrica e idiossincrásica. Essa experiência humana comum pode ser objetiva e publicamente encontrada nas ciências humanas ou por intermédio delas. Essa experiência humana comum é o catalisador sempre presente e cambiante que continuamente coloca em xeque as interpretações aceitas dos demais dados para a eclesiologia e, dessa forma, impele a disciplina a novas questões.

Essas quatro fontes — a escritura, a história da igreja, as crenças cristãs atuais e a experiência humana comum — fornecem dados acerca da igreja que são ricos e diversos. A eclesiologia não é uma simples disciplina; sua complexidade requer uma gama de disciplinas e modalidades de conhecimento. Passo a examinar agora outra dimensão da eclesiologia, ou seja, seu fundamento teológico na presença e atividade de Deus enquanto Espírito.

O papel de Deus enquanto Espírito na eclesiologia

O símbolo "Espírito" nas escrituras judaicas e cristãs representa Deus como presença imanente e ativa no mundo: na criação, nos profetas, nos líderes carismáticos. Deus enquanto Espírito é um dos símbolos que expressam a experiência de Deus em ação nos parâmetros do espaço e do tempo: nos eventos do mundo, na nação, na comunidade e no próprio eu. A renovada atividade ou "derramamento" do Espírito durante e sobretudo na esteira do ministério de Jesus foi um sinal de que Deus agia e está agindo decisivamente em Jesus de Nazaré: em sua vida, morte e especialmente em sua ressurreição. Lucas retrata vigorosa e dramaticamente o papel do Espírito na igreja nos Atos, nos eventos de Pentecostes: a presença e ação divinas, em nome de Jesus, na missão de difundir o ministério jesuânico do reino de Deus na história. A igreja é a comunidade de Deus enquanto Espírito manifestada na história do mundo em nome de Jesus.

As principais fontes de que dispomos para delinear e compreender os primórdios da igreja é o Novo Testamento, juntamente com alguns outros textos não canônicos. Direta ou indiretamente, todo o Novo Testamento é um testemunho do desenvolvimento da igreja primitiva. Uma apropriação teológica crítica desses tipos de textos bem diferentes requer distinções entre os vários símbolos utilizados para expressar de que maneira Deus esteve e está atuando na formação da igreja. Por exemplo, Jesus de Nazaré é retratado de várias maneiras como sendo de Deus e dele oriundo, e a igreja como movimento surgiu de sua pessoa e de seu ministério. Deus enquanto Espírito simboliza a força divina animadora e propulsora em ação ao longo de todo o processo de formação gradual da igreja: essa realidade é dramaticamente retratada na vida de Jesus e nos discípulos após a partida de Jesus. Cristo ressuscitado apresenta-se à comunidade reunida, especialmente na refeição eucarística. Por vezes Cristo ressuscitado e Deus enquanto Espírito parecem intercambiáveis, de sorte que a presença e a atividade de Cristo ressuscitado na igreja são sinônimas da presença e da ação de Deus enquanto Espírito em nome de Jesus. O estabelecimento dessas distinções não significa, contudo, que o uso que se faz do Novo Testamento seja coerente ou possa ser racionalizado. Essa linguagem religiosa simbólica não pretende definições estritas ou exclusivas; o Novo Testamento é uma coletânea de diferentes obras de autoria de diferentes autores em diferentes contextos; revela experiências e significados que permanecem difusos, sobrepostos, assistemáticos e pluralísticos.

Uma apreciação histórica do desenvolvimento da igreja primitiva exclui a ideia de que Jesus estabeleceu uma igreja cristã estruturada durante sua vida. Sugere também que se mantenha a distinção entre Jesus durante o tempo em que viveu e sua interpretação ulterior como Cristo quando se trata de compreender e de discorrer acerca da gênese da igreja. Diversos fatores sugerem, ademais, que o símbolo "Deus enquanto Espírito" retrata a presença e a atividade de Deus no processo pelo qual a igreja passou a existir melhor do que o faz o símbolo "Cristo". A linguagem de Deus enquanto Espírito atuante no movimento de Jesus possibilita máxima amplitude à liberdade humana no desenvolvimento da igreja enquanto organização. Deus enquanto Espírito implica presença divina, poder, energia, inspiração e entusiasmo. O termo "Espírito", contudo, não deve ser entendido como oposto ou exclusivo da linguagem "Cristo ressuscitado"; Deus enquanto Espírito na comunidade cristã nascente foi intimamente vinculado à pessoa de Jesus.[40] O Espírito vivifica o significado profético de Jesus; o Espírito sustém a igreja como guia inabitante e fonte propulsora de poder no seio da vida da comunidade, ligando, por assim dizer, o passado absoluto e o futuro absoluto. Em tudo isso, o termo Espírito

---

[40] As designações "eclesiologia cristocêntrica", em contraposição à "eclesiologia pneumatocêntrica", devem ser utilizadas cautelosamente. A distinção tende a criar uma falsa dicotomia porque um círculo só pode ter um centro. No Novo Testamento, o Espírito de Deus geralmente é associado a Jesus, e Jesus é o único potencializado pelo Espírito de Deus. Essa íntima vinculação explica o desenvolvimento da doutrina da trindade. Por conseguinte, toda a linguagem cristã acerca da igreja é implicitamente trinitária em sua fonte. Algumas eclesiologias conferirão maior peso ao papel de Deus mediado por Jesus ou por Cristo Ressuscitado na igreja; e outras atribuirão maior ênfase ao papel de Deus enquanto Espírito; mas nem a linguagem do Espírito nem a linguagem de Cristo pode dispensar a outra. Essa questão é mais apropriada à eclesiologia sistemática; podem-se ver dispostas nessa obra eclesiologias que atribuem maior atenção a Cristo e outras ao Espírito. Chamá-las de cristocêntricas ou de pneumatocêntricas arrisca suscitar um falso problema, a menos que a distinção seja reconhecida como questão de ênfase. Mas isso não significa que as diferentes ênfases não envolvam trajetórias e consequências; elas podem fazer diferença.

sugere mais a ação de Deus a partir do interior da comunidade do que um poder exógeno que age sobre a comunidade. Deus enquanto Espírito é a razão pela qual a própria comunidade eclesial emergente é uma realidade em dupla linguagem, uma realidade humana histórico-social, mas dotada de profundidade e estatura teológicas.

A historicidade da igreja

Essa guinada em direção à história no estudo da igreja acentuou a consciência histórica e um "senso de historicidade" com referência à igreja. Como dissemos no parágrafo de abertura do capítulo, nada, absolutamente nada na história é imune ao desenvolvimento e à mudança; a existência na história é sinônimo de movimento: vida e morte, novidade e entropia, mesmo na ordem material. Na esfera da existência humana em liberdade, a experiência da mudança hoje em dia é dramática e acachapante. Quando se enfoca esse *background* cognitivo em relação à igreja, a própria questão perene da identidade e da mudança se altera ao adquirir nova formulação. A questão já não é: "Pode a igreja mudar ou a igreja muda?". Pelo contrário, a questão que se coloca é: "Pode haver alguma permanência e estabilidade nas estruturas, valores e crenças da igreja?". Uma estrutura formal pode permanecer em vigor, mas seu sentido e sua função se modificam. Valores e ideais de uma época e cultura nunca são os mesmos em outras, mesmo quando as palavras permanecem as mesmas. A linguagem da crença, a própria doutrina, assume novos significados em novas situações. Como a igreja irá aferir sua identidade e continuidade com seu passado na história?

A resposta à questão da identidade e diferença ao longo da história deve ser dada em termos históricos: nenhuma identidade sem correspondente diferença, análoga identidade em meio à diferença, continuidade e analogia através de diferenças de tempo e espaço. A temática deste livro, em larga medida, consiste precisamente no mapeamento das mudanças e das continuidades que marcam a história cristã. No bojo dessa história de mudança, encontrar-se-á o desenvolvimento de instituições que perduraram no tempo, valores estáveis que assumiram novos significados relevantes em novas situações, bem como um conjunto de crenças que em suas formas cambiantes expressaram constantes percepções cristãs autodefinidoras da realidade.

Critérios eclesiológicos. A subsequente questão normativa de como decidir entre estruturas, valores e crenças cambiantes suscita, contudo, a discussão a respeito dos critérios da eclesiologia enquanto disciplina. Eles seguem os critérios gerais da própria teologia, transpostos para a subdisciplina mais restrita que trata da igreja. Os três critérios são a fidelidade ao passado, a inteligibilidade e a coerência hoje e o fortalecimento futuro, aos quais se deve acrescentar a comunhão com a igreja como um todo.

Em primeiro lugar, a eclesiologia trata da igreja, que é uma tradição histórica. Isso significa que a igreja é sua história. Não há como alguém sentar-se e modelar uma igreja a partir do figurino geral. A única igreja que existe e pode existir é a igreja particular que se constituiu a partir de seu passado. A identidade da igreja viva está vinculada à sua história passada, e essa história passada define essa igreja como distintivamente própria. Em termos de método teológico, e por razões teológicas, isso se correlaciona com a normatividade da escritura. Um critério eclesiológico é sua fiel correspondência à escritura e sua continuidade no mínimo com os marcos audefinidores na história da igreja.

Em segundo lugar, e em tensão dialética com a observação anterior, a própria interpretação da igreja em qualquer época não pode limitar-se inteiramente a seu passado, mas deve transcendê-lo. Pois não só a igreja está mudando constantemente em virtude de sua existência histórica, como também a compreensão atual da igreja deve atrelar-se intencionalmente a essa mudança. A eclesiologia procura afirmar a verdade acerca da igreja, e tal verdade só pode ser afirmada dentro do contexto do que é inteligível em um contexto ou horizonte contemporâneo de compreensão. A exigência de verdade, então, significa que se deve afirmar o que a igreja é ou pode ser hoje e não o que ela foi no passado. Isso geralmente se faz sob a pressão das questões críticas sobre a igreja que são suscitadas em qualquer época. O segundo critério eclesiológico, portanto, é a inteligibilidade e a coerência. O que se diz acerca da igreja deve ser inteligível para pessoas de qualquer cultura e coerente quer com outras doutrinas, quer com outras coisas que se conhecem a respeito do mundo através da experiência humana comum. Isso se patenteará nas estruturas cambiantes da igreja e nas doutrinas mutantes acerca da igreja e do mundo.

Em terceiro lugar, a interpretação eclesiológica deve ser não apenas tradicional, coerente e inteligível, mas também potencializadora. Dissemos anteriormente que a práxis coletiva da igreja constitui-a no presente. Isso estabelece uma relação recíproca e mutuamente condicionadora entre a autocompreensão da igreja e a práxis que a constitui, o que significa, porém, que a concepção da igreja estriba em sua práxis, na vida que seus membros levam. A compreensão eclesiológica é extraída da práxis passada da igreja e é essencialmente orientada para a práxis futura. Se as posturas eclesiológicas não potencializam absolutamente nenhuma práxis, é razoavelmente seguro afirmar que são irrelevantes e descartáveis. Positivamente falando, a exemplo de toda compreensão, a eclesiologia contém uma intrínseca orientação para o viver humano. A categoria da potencialização, portanto, introduz um argumento ético e normas morais no pensamento criteriológico acerca da igreja.

Por fim, a dialética todo/parte da igreja contém implicitamente o critério da comunhão. É difícil imaginar uma autêntica igreja cristã totalmente desvinculada das demais igrejas. Um cristianismo exclusivo que se refletisse em uma igreja isolada negaria a própria mensagem de Jesus sobre a qual deve erigir-se a igreja.

As dimensões de um método hermenêutico de correlação e os critérios de adequação teológica acarretam alguns outros axiomas práticos que se tornam operativos no estudo dos diferentes tópicos específicos da eclesiologia. A essa altura, contudo, gostaria de concluir com a exposição sumária de uma eclesiologia de baixo que se desenrola paralelamente e em contraste com uma eclesiologia de cima.

Eclesiologia de baixo

Os fatores considerados na última seção configuram forças que, em conjunto, impulsionam a eclesiologia à adoção de novos pressupostos e descritores. Essas seis categorias que descrevem uma eclesiologia de baixo são delineadas em contraponto com uma eclesiologia de cima para possibilitar a comparação e ressaltar o contraste. Não tenho de repetir as limitações inerentes a esse tipo de exercício nem as precauções que devem ser tomadas no tocante a essa esquematização.

Pós-modernidade

Toda teologia está atrelada a alguma cultura e situação histórica; nenhuma teologia pode prescindir dela; toda teologia deve identificar explicitamente seu lugar em um contexto e a problemática que a direciona. A razão é que uma teologia que pretenda situar-se acima da cultura ou que reivindique poder falar adequadamente a todas as culturas é considerada ingênua ou intelectualmente desonesta.

Referi-me à cultura a que este livro se dirige como pós-modernidade, termo que também requer maiores especificações por parte de quem o utiliza. Neste ensaio, a pós-modernidade permanece como um contexto a partir do qual o trabalho é escrito; ele não é explicitamente abordado. A categoria não se refere a um conjunto de doutrinas, como tampouco às posições específicas assumidas por autores isolados que são frequentemente chamados de pós-modernos. Em vez disso, a palavra designa um conjunto mal definido e difuso de experiências compartilhadas por diversas pessoas instruídas em todo o mundo e que alimentam o que se pode chamar, *grosso modo*, de uma "cultura". Tal cultura é precisamente definida por esse conjunto de experiências, ideias, valores e símbolos que são relativamente novos e extrapolam o que geralmente é referido como moderno.[41] Essas experiências incluem uma consciência histórica que é mais profunda e radical do que a da modernidade; uma valorização do pluralismo que vê com suspeita todas as pretensões absolutas ou universais; uma consciência da construção social do eu que solapa por completo o eu transcendental da modernidade e, ironicamente, estimula

---

[41] T. Howland Sanks. "Postmodernism and The Church", *New Theology Review* 11, 1988, pp. 51-59.

um individualismo ganancioso; um senso da amplitude, da antiguidade, da complexidade e do mistério da realidade de que a ciência moderna jamais suspeitou. Há vários graus possíveis de inserção no contexto da pós-modernidade; as experiências que a caracterizam podem ser fraca ou fortemente compartilhadas; é possível permanecer moderno e ainda assim ser afetado pela pós-modernidade, tentando abordá-la valorativamente. Independentemente, contudo, do que se pense acerca da categoria da pós-modernidade, não há como prescindir do contexto histórico em que se vive, e essa caracterização deliberadamente vaga da cultura intelectual hodierna possibilita no mínimo esta contundente afirmação: as coisas hoje são diferentes do que eram, e não há como não ser afetado pelas novas coisas que estão ocorrendo em nosso mundo.

A totalidade do movimento cristão como objeto

Enquanto uma eclesiologia de cima geralmente se fixa em uma denominação particular como seu objeto, uma eclesiologia de baixo toma como seu objeto a totalidade do movimento cristão. É verdade que toda eclesiologia será comumente concebida e escrita a partir de uma perspectiva eclesial particular, posto que um eclesiólogo particular pertencerá a uma tradição que se refletirá no trabalho. Mas o recurso à experiência e a diferenciação crítica e histórica da imaginação convidam a um esforço no sentido de transcender a particularidade de uma confissão ou denominação. Quando alguém de fora observa a igreja cristã, não vê imediatamente as divisões entre os cristãos. Por outro lado, quando os cristãos contemplam as diferenças entre eles mesmos e as outras religiões, as diferenças internas são minimizadas. A perspectiva crítica que cada vez mais se adquire na esteira da extraordinária globalização vem exercendo um impacto que é conscientemente internalizado na eclesiologia. Ela é reforçada de uma nova maneira pela convicção teológica de que os cristãos realmente são unidos em uma só fé fundamental, um só batismo e um só Espírito, e de que muitas de suas diferenças não precisam ser causa de dissensões. O pluralismo não é simplesmente tolerável; ele constitui um valor. O movimento ecumênico, inclusive toda a sua fundamentação lógica, é outra razão para postular o conjunto do movimento cristão como o objeto explícito da eclesiologia. Se se esboça uma eclesiologia a partir da estreita perspectiva da própria comunidade, sem tentar explicitamente transcender seus limites, negam-se efetivamente o espírito e a intencionalidade ecumênica. Falar da igreja e referir-se à própria comunhão é precisamente o que o ecumenismo procura superar.

Não é fácil realizar o ideal aqui por causa das efetivas divisões dentro da igreja mais ampla e da profunda sensibilidade às diferenças por parte de cada comunhão particular. Além disso, é impossível concretizar uma perspectiva neutra ou universalista. Uma maneira de conceber a perspectiva de uma eclesiologia de baixo, contudo, deve ser expressa nos termos dialéticos de uma tensão entre o todo e a parte. Toda tradição eclesial cristã, toda comunhão, é parte do todo maior, e o conjunto do movimento cristão é o objeto da eclesiologia. Mas o todo é sempre apropriado a partir da perspectiva historicamente condicionada de uma tradição particular. A explícita consciência dessa situação dialética acarretará um estilo de pensamento consistentemente consciente do "outro" e do caráter particular e limitado da própria perspectiva; encorajará também um esforço para imaginar formas eclesiais que sejam abertas e acomodem outras perspectivas acerca da igreja.

Fundamento na experiência e na práxis

Uma eclesiologia de baixo, de uma maneira ou de outra, recorrerá à experiência. Tal eclesiologia conforma uma teologia que fez certa "guinada em direção ao sujeito" como base de sua argumentação teológica. Para a teologia cristã, a experiência cristã a que ela recorre pertence à comunidade cristã, não a um indivíduo ou grupo particular. Essa experiência inclui a práxis da comunidade; e essa práxis coletiva constitui o principal catalisador da tradição. A dinâmica fundamental dessa eclesiologia requer uma análise da autocompreensão cristã do passado, especialmente no período formativo representado no Novo Testamento, através da história até o presente. Seus princípios fundamentais podem ser explicados em termos que recorrem à experiência cristã passada e presente.

Uma eclesiologia de baixo terá uma estrutura apologética. Isso significa que ela não dá suas pressuposições e premissas por assentes, mas explica-as de maneira crítica ou autorreflexiva. Uma suposição em uma eclesiologia de baixo é que a igreja existe não à margem do mundo, mas como parte dele, e de uma maneira que o mundo não está fora da igreja, e sim contido nela. Por conseguinte, as categorias e os padrões de pensamento da cultura secular e da vida cotidiana tornam-se parte da experiência, do vocabulário e da autocompreensão da comunidade cristã. Enquanto uma estrutura apologética frequentemente significa explicar-se aos outros, visto que o mundo está contido na igreja, uma estrutura apologética significa que a autocompreensão tem de passar por formas culturais. Em termos mais concretos, isso quer dizer que uma eclesiologia de baixo lançará mão das diversas ciências ou disciplinas humanas para avaliar criticamente sua própria experiência. A história crítica, a sociologia, a psicologia social, a antropologia e outras disciplinas preocupadas com a gestão humana não são estranhas a uma compreensão da igreja.

Uma forma de expressar essa integração da disciplina teológica da eclesiologia com outras disciplinas seculares na compreensão da igreja é proposta por Edward Schillebeeckx na concepção que ele tem de uma realidade em duas linguagens, segundo já se abordou, ou da simultânea relevância das categorias gerais e especiais.[42] A relação simbiótica entre a igreja e o mundo, a história ou a cultura humana, significa que a realidade única que é a igreja deve ser compreendida em duas linguagens distintas, uma secular, a outra teológica. Mas o elemento crucial nessa concepção deflui da realidade única da igreja, que implica que as duas linguagens não podem ser dissociadas. Uma linguagem sem a outra distorce a realidade da igreja, pois as duas dimensões devem manter-se continuamente unidas. O equilíbrio entre essas duas dimensões repercutirá nas demais características de uma eclesiologia de baixo.

Origem concebida em termos históricos

Talvez a característica de uma eclesiologia de baixo que melhor descreve seu método seja a utilização de um método histórico-crítico para a

---

[42]   Schillebeeckx, *Church*, p. 211; Komonchak, "Church", p. 227.

compreensão do desenvolvimento da igreja. Esse movimento decorre da mudança nos pressupostos e na configuração básica de pensamento que esboçamos no primeiro tópico. Uma eclesiologia de baixo *começa com* uma reconstituição crítica da origem da igreja. A igreja é um fenômeno histórico, e para entender qualquer fenômeno histórico requer-se uma compreensão dos eventos que provocaram seu surgimento. Esse desejo de conhecer os mecanismos históricos e sociais que determinaram a emergência da igreja penetra profundamente a estrutura imaginativa que orienta uma eclesiologia de baixo.[43]

Quando essa estrutura imaginativa se acha operante, o Novo Testamento não apenas fornece um recurso teológico para a compreensão da igreja, como também funciona como fonte fundamental para reconstituição histórica da gênese da igreja. Por ser uma realidade em duas linguagens, a igreja será compreendida teologicamente através de seu desenvolvimento histórico e sociológico. Não há reducionismo algum em uma eclesiologia de baixo quando ressalta que a igreja é produto do desenvolvimento histórico e sociológico. Pelo contrário, essa compreensão histórica faz com que se possa discernir melhor o agir de Deus na edificação da igreja por intermédio de Jesus Cristo e de seus discípulos. Além do mais, uma eclesiologia de baixo historicamente consciente, precisamente a partir dos fundamentos teológicos que prescrevem a narrativa neotestamentária como normativa para a autocompreensão cristã, encontrará na lógica do desenvolvimento primitivo da igreja uma fluidez e uma responsividade paradigmáticas a condições que se modificam rapidamente. O ajustamento, a mudança, o desenvolvimento, a expansão, o pluralismo e a autoridade que se refletem no desenvolvimento da igreja primitiva caracterizam a estrutura mesma de uma comunidade institucional viva na história.

---

[43] A expressão "começa com" é ressaltada no texto a fim de enfatizar que isso não implica "termina com". Deve-se observar, no entanto, que uma reconstituição histórico-sociológica da gênese da igreja exerce influência sobre sua própria compreensão teológica, porque toda construção teológica das origens comporta ou implica, tacitamente, uma concepção imaginativa de como a igreja surgiu no século I. Em outras palavras, a eclesiologia de cima também implica alguma exposição histórico-sociológica de como a igreja passou a existir. O problema ocorre quando isso não é explicitamente disposto.

Evidencia-se, portanto, que uma análise genética da autoconstituição da igreja para os primórdios mostra também o caráter autoconstitutivo da igreja em qualquer época dada. A própria estrutura da formação da igreja se revela pela análise histórico-teológica crítica da nascente igreja primitiva.

Uma eclesiologia de baixo é aberta à consciência histórica que se desenvolveu na modernidade tardia e se radicalizou na pós-modernidade. Em uma eclesiologia de cima, a mudança é problemática e tem de ser explicada. Em uma eclesiologia de baixo, a mudança é um dado; é a condição da existência histórica. Estruturas constantes são problemáticas porque perdem continuamente sua relevância, e devem ser explicadas e ajustadas. A eclesiologia de baixo é sensível à liberdade e às injunções em meio às quais a igreja tem avançado ao longo da história. Deus enquanto Espírito é reconhecido como o princípio animador da igreja, mas Deus enquanto Espírito não pode ser apreendido em termos objetivos de conteúdo, e a ele não se pode recorrer como justificação para as diversas decisões ou trajetórias históricas pelas quais optou a igreja. Deus enquanto Espírito pode instar diferentes decisões em diferentes comunidades; o Espírito age através das condições históricas e de padrões sociológicos de comportamento na autoconstituição e organização da igreja. Uma eclesiologia de baixo é aberta às categorias da genuína novidade, da continuidade por analogia, da fidelidade ao passado mediante ajuste histórico.

Pneumatocentrismo

Os dois fundamentos teológicos da eclesiologia são Jesus Cristo e o Espírito de Deus; nenhum dos dois pode estar ausente de uma eclesiologia. "A igreja cristã é a comunidade resultante da comunicação externa da mensagem de Cristo e do dom íntimo do amor de Deus."[44] Todavia, enquanto uma eclesiologia de cima tende ao cristocentrismo, a lógica de uma eclesiologia de baixo requer um pneumatocentrismo. Jesus é ainda

---

[44] Bernard Lonergan. *Method in Theology*. London, Darton, Longman & Todd, 1972, p. 361; também 360, 363.

o Cristo ressuscitado, e o mediador de Deus à comunidade cristã. Mas a estrutura de uma eclesiologia de baixo enfatiza mais Jesus como a fonte histórica ou cabeça da tradição, o movimento jesuânico a partir do qual a igreja veio a lume. A presença experienciada de Deus na comunidade se expressa mais espontaneamente pelo símbolo Deus enquanto Espírito. Principiando com o relato de Pentecostes, a história da comunidade narra como Deus enquanto Espírito, às vezes identificado com Cristo ressuscitado, acompanha e anima o crescente e difusivo corpo de discípulos de Jesus.

É importante que essa concepção pneumatocêntrica da igreja não exclua a experiência de Deus enquanto Espírito da de Jesus Cristo. A imaginação cristã avalia sua experiência de Deus enquanto Espírito por intermédio de Jesus de Nazaré, que é o Cristo.[45] Toda experiência de Deus tem uma mediação histórica que identifica seu conteúdo de alguma maneira específica. E Jesus permanece sendo a norma para identificar o que constitui uma autêntica experiência do Espírito no âmbito da tradição cristã. A experiência cristã de Deus enquanto Espírito, portanto, é cristomórfica; a memória de Jesus norteia a linguagem do Espírito. Ou, em termos mais positivos, a memória de Jesus desafia continuamente a experiência cristã à medida que ela trilha os caminhos da história de uma maneira que corresponde à revelação jesuânica do reino de Deus. Isso possibilita a significativa variedade de experiências de Deus enquanto Espírito que se encontram nas comunidades retratadas no Novo Testamento. Uma igreja pneumatocêntrica que adere a Jesus Cristo como sua norma torna-se profundamente aberta ao pluralismo.

---

[45] Tenciono definir a experiência cristã aqui. A proposição não exclui a experiência de Deus enquanto Espírito fora da comunidade cristã, algo que, pelo contrário, o cristão espera.

Estruturas e novos ministérios

Uma eclesiologia de baixo encontra o fundamento teológico e a fonte do ministério em Deus enquanto Espírito, mediado por Jesus Cristo e que se acha presente e atuante na comunidade. Por ser a igreja uma realidade dotada de dimensões teológicas e histórico-sociais, uma eclesiologia de baixo não hesita em situar as fontes do ministério na efetividade da comunidade em qualquer época dada. As fontes do ministério não residem exclusivamente no passado, mas em um contínuo tempo presente, à medida que Deus enquanto Espírito é experienciado na comunidade em seu desenrolar ao longo da história, e uma avaliação desses ministérios tem na memória de Jesus preservada no Novo Testamento e na tradição viva uma norma de caráter geral e abrangente. A autoridade para avaliar e julgar o prudente exercício do ministério e o estabelecimento de formas ministeriais ou órgãos institucionais de serviço não se acha acima ou fora da igreja, mas precisamente no carisma da igreja enquanto comunidade do Espírito.

O fundamento comunitário dos ministérios pode ser expresso, sociológica e teologicamente, segundo o princípio da funcionalidade. Por funcionalidade entendo a maneira pela qual algo adquire valor a partir de sua relação e serviço a outra coisa da qual depende. As dinâmicas da funcionalidade são análogas à inter-relação entre meios e fins: medidas tomadas conduzem a certos resultados, e objetivos ou resultados projetados determinam os meios que serão empregados. O princípio da funcionalidade na eclesiologia refere-se ao modo como os ministérios foram adotados na igreja para satisfazer às necessidades da comunidade. A institucionalização da igreja procedeu de acordo com os padrões sociológicos de rotinização do ministério carismático que tratou as necessidades da comunidade à medida que surgiam. O objetivo é sempre o bem-estar da comunidade e o exercício de sua missão para dar continuidade ao ministério de Jesus Cristo na história. Independentemente do que seja necessário para realizar sua missão, onde quer que haja uma necessidade a ser satisfeita por certo ministério, esse ministério é espontaneamente estabelecido pela comunidade em sua autoconstituição em Deus e por intermédio de Deus enquanto Espírito.

Uma eclesiologia de baixo também concebe os ministérios da igreja como estruturas desejadas por Deus e fundadas em sua vontade. Mas entende-se o nexo com Deus de maneira mais historicamente consciente. O princípio da funcionalidade, que de certo ponto de vista descreve como as estruturas ministeriais da igreja vieram a existir, também provê um princípio ou critério para a criação de novos ministérios. Quando se verifica alguma carência ou demanda no seio da comunidade, sua satisfação geralmente se dá pela disposição de atendê-la. Os carismas na igreja podem ser compreendidos em termos mais abrangentes como atendimento dessas necessidades; e a rotinização ou a institucionalização de tais carismas visando assegurar sua presença para o bem-estar da comunidade e sua missão envolve a criação de um ofício ministerial. Em síntese, os critérios para a instituição de novos ministérios são as necessidades da comunidade e as exigências decorrentes do exercício de sua missão. Eles se mantêm em tensão orgânica com as origens e a tradição, ou seja, o passado da igreja que justifica sua existência presente.

O fundamento teológico dessa concepção reside na presença de Deus enquanto Espírito à comunidade. Mas é importante entender esse princípio teológico nos termos de uma epistemologia crítica da experiência religiosa e de uma maneira historicamente consciente. Deus enquanto Espírito não é um objeto que possa ser conhecido por via direta; não se adquire Deus enquanto Espírito como algo que possa ser objetivamente possuído. Negativamente, quando há conflito, lados opostos invocam o Espírito. Positivamente, a busca da iluminação de Deus enquanto Espírito é sempre em termos de discernimento, que é, na melhor das hipóteses, um vago conceito ou processo. Talvez seja melhor pensar o processo de instituição de novos ministérios em termos de reflexão crítica de toda a comunidade sobre suas próprias necessidades, na esperança de que, ao tentar decidir o que é melhor para a comunidade e sua missão, a providência divina e a ativa presença de Deus enquanto Espírito à comunidade estão agindo em todo o processo. Isso não necessariamente descreve, em termos concretos, o processo pelo qual tais decisões são por fim tomadas. Via de regra, as igrejas dispõem de uma variedade de formas pelas quais o ministério de supervisão e a decisão administrativa se configuram. Mas toda a comunidade dá sustentação a esse processo como fundamento e fonte. E Deus enquanto Espírito simboliza o correlato divino da fé e da esperança básicas do conjunto da comunidade cristã à medida que ela continua a reconstituir-se em seu percurso histórico.

Com base nessa compreensão, a igreja jamais pode existir sem os ministérios de que necessita para levar a cabo sua missão. O ministério não é algo que se agrega à comunidade na história. A igreja *é* seu ministério; a igreja é ministério em ato. O funcionamento ministerial da igreja constitui-a em qualquer período histórico para que se configure como o tipo e a qualidade de igreja que é. Uma igreja que tem uma estrutura ministerial deficiente é uma igreja deficiente por não conseguir cumprir as exigências de sua missão. Em termos mais positivos, no entanto, com base nessa compreensão, nunca faltam à igreja os recursos necessários para conferir efetividade aos ministérios de que precisa. Um dos sinais da presença de Deus enquanto Espírito na igreja são precisamente os movimentos na igreja que se empenham pelo reconhecimento daqueles ministérios que atendem às exigências de sua missão.

Esse sucinto esboço acerca do método na eclesiologia, com foco na eclesiologia histórica, fornece uma série de pressuposições que norteiam a análise que se segue. Os capítulos deste livro são dispostos cronologicamente. Em cada estágio do desenvolvimento da igreja que se delineia para comentário, caracterizarei o contexto histórico, os desdobramentos ocorridos no interior da igreja e os aspectos da autoconstituição eclesiológica e da autocompreensão do período. O objetivo da investigação e exame é chegar a uma avaliação do desenvolvimento e do caráter mutante da igreja no curso de sua história. Isso pode ser detalhado em vários objetivos distintos. Quero mostrar em que medida a igreja muda e por quê. Quero apreender as continuidades da igreja tal como se encontram nos padrões de comportamento que permanecem constantes, tanto quanto as instituições que perduram. Quero discernir e tentar articular os princípios e axiomas que se podem detectar constantemente em ação no bojo da dinâmica de sua história, pois estes ajudarão a entender a igreja em qualquer época e, portanto, no período atual. Por fim, espero documentar certas tensões permanentes ou polaridades dinâmicas interatuantes que promovem a igreja no tempo. Todos esses *insights* proporcionarão recursos para uma apreciação construtiva e sistemática da igreja que acompanhará essa eclesiologia histórica.

PARTE II

A FORMAÇÃO DA IGREJA

2. A GÊNESE DA IGREJA

Um dos fatores decisivos para compreender uma organização social é a familiaridade com a história de sua gênese. Eis por que historiadores e teólogos continuamente retornam às origens do cristianismo. A igreja cristã emergiu na história como produto do desenvolvimento histórico. Não surgiu de uma vez por todas, mas em um período recuado no tempo. Há controvérsias sobre quando se estabeleceu a estrutura fundamental da igreja. O ano 100 parece longínquo demais, pois a estrutura organizacional e os documentos de fundação da igreja ainda se encontravam em processo de formação; algumas datas situadas no intervalo do século II parecem mais consistentes, e uma estimativa dependeria do que se considera constitutivo da natureza essencial da igreja. As fontes de acesso a esses primórdios só dificilmente produzem a narrativa para paciente investigação e não são incontroversas.

Este capítulo discute a gênese da igreja ao longo dos séculos I e II mediante uma análise que se desdobra em quatro etapas. A primeira traça o progresso histórico do desenvolvimento da igreja. Essa narrativa não faz novas prospecções, mas fornece um marco para a análise ulterior. A segunda parte do capítulo introduz um nível sociológico e antropológico de análise. Procura apreender as dinâmicas humanas socialmente definidas da formação da igreja. A terceira parte do capítulo oferece um relato teológico da fundação e do desenvolvimento da igreja. Evidentemente, devem-se pressupor a influência da fé em Jesus e a presença do Espírito no bojo do desenvolvimento em direção a uma igreja cristã autônoma. Não se agrega à exposição histórica uma exposição teológica da igreja, mas procura-se discerni-la no próprio desenvolvimento histórico. A quarta e concludente seção do livro extrai dos dados alguns princípios e axiomas para a compreensão da igreja.

Muito embora esta descrição da igreja dos primórdios seja esquemática e limitada, a análise multidimensional do caráter emergente avança o objetivo deste trabalho: contribuir para uma eclesiologia dentro do marco de uma reflexão crítica sobre sua vida na história. O capítulo não fornece uma exposição do ambiente contextual em que a igreja se disseminou e cresceu, mas o pressupõe.[1] Devem-se ler as reflexões sociológicas como ecléticas, e não em termos de uma perspectiva unificada e teorética.[2] A análise teológica descreve seletivamente as formas pelas quais os cristãos dos primórdios expressaram a fé na presença de Deus às duas dimensões da igreja que se encontrava em fase de formação. A esses três níveis de análise — histórico, socioantropológico e teológico — acrescenta-se um quarto, que consiste em uma reflexão sobre os princípios formais e gerais implícitos nos dados. Em conjunto, esses estágios configuram um método genético de compreensão das origens da igreja, ou seja, uma aplicação do método histórico, social e teológico desenvolvido no último capítulo. A análise enfoca como os elementos que em última análise constituíram a igreja surgiram durante os primeiros cem a cento e cinquenta anos. Dois aspectos nesse desenvolvimento são especialmente relevantes para a compreensão da igreja. O primeiro é o próprio processo de desenvolvimento, que, conquanto distinto, não exclui a atenção às instituições objetivas que efetivamente se desenvolveram. Quais são os princípios ou processos dinâmicos que direcionam o desenvolvimento das formas institucionais da igreja? O segundo aspecto diz respeito ao fato de que a atenção aos processos de surgimento da igreja ilumina sua estrutura constitucional. A apreciação da dinâmica da gênese ou desenvolvimento da igreja "nos primórdios" permite-nos discernir alguns princípios gerais para a compreensão da igreja "em qualquer época". O capítulo, portanto, tem por objetivo primeiramente uma compreensão aberta e heurística da igreja na história. Canalizando a atenção basicamente para os princípios

---

[1] Como, por exemplo, em Gerd Theissen. *Sociology of Early Palestiniam Christianity*. Philadelphia, Fortress Press, 1978, e *The Social Setting of Pauline Christianity*. Philadelphia, Fortress Press, 1982.

[2] John A. Coleman estima o emprego da sociologia no estudo do Novo Testamento em "The Bible and Sociology", *Sociology of Religion* 60, 1999, pp. 125-148.

sociológicos dinâmicos manifestados no desenvolvimento histórico original da igreja, esse método preserva o Novo Testamento e a história da igreja primitiva como guia normativo para compreensão da igreja, ao mesmo tempo em que postula ou antecipa novos desenvolvimentos para atender a novas condições históricas.

A igreja emergente: uma narrativa histórica

O historiador dispõe de poucas fontes históricas diretas para os eventos constitutivos do cristianismo durante os séculos I e II, mas os documentos confessionais do Novo Testamento têm sido explorados para esse fim com notável ingenuidade. O objetivo que aqui se colima é simplesmente fornecer uma exposição de alguns dos pontos cruciais no desenvolvimento, e não fazer uma reconstituição pormenorizada. A perspectiva adotada é a de tentar perscrutar o futuro a partir dos primórdios, a fim de apreender o caráter fortuito do desenvolvimento, e não o passado a partir dos estágios alcançados pelo desenvolvimento como se ele fosse teleológico. Os seis estágios utilizados para assinalar o desenvolvimento são um tanto arbitrários.

De Jesus à comunidade de Jerusalém

A origem da igreja cristã remonta a Jesus de Nazaré. Isso não significa que o próprio Jesus não tenha tido nenhuma tradição ou formação social; com efeito, a igreja cristã é um movimento de ruptura em relação ao judaísmo. Contudo, em muitos aspectos que serão esclarecidos, Jesus situa-se como a origem e o centro do movimento cristão. Durante seu ministério, Jesus reuniu discípulos; ensinou-os; é provável que os tenha enviado a pregar o reino de Deus que ele tinha anunciado. Este é, por assim dizer, o ponto zero do cristianismo: "Jesus tem os discípulos que chamou para participar de sua 'tarefa messiânica', devendo ela própria ser descrita essencialmente como 'missão'. Aqui estamos diante do efetivo início da missão cristã primitiva: ela reside na conduta do próprio Jesus".[3]

A missão pessoal de Jesus culminou em sua prisão, crucifixão e morte. As evidências sugerem que esse evento deixou os discípulos desorientados; para muitos, eles se dispersaram porque ficaram confusos. No entanto, passado algum tempo, e não vem ao caso saber se o tradicional intervalo de dois dias é historicamente exato, os seguidores de Jesus reuniram-se em Jerusalém, em caráter sigiloso, anunciando que ele vivia, fora exaltado por Deus e ressuscitara da morte. Entre esses dois marcos históricos, deve-se postular alguma espécie de experiência pascal, um súbito ou prolongado evento que é reconstituído de várias maneiras pelos teólogos, mas que explica sua conversão ou mudança de coração: ele realmente ressuscitou.

Aqueles que tentam reconstituir o caráter da experiência pascal comumente se referem à sua natureza "missionária". Os discípulos que afirmaram que Jesus vivia pelo poder de Deus reconheceram esse fato como atestação divina da carreira, do ministério ou da missão de Jesus. A experiência impeliu os discípulos a afirmar que a missão de Jesus era a missão de Deus e devia ter continuidade. Tal experiência, qualquer que tenha sido seu exato caráter, teve intrínseca relação com a própria atividade de Jesus durante seu ministério. Aqueles que proclamaram Jesus vivo-com-Deus após sua morte foram seus primeiros discípulos; Jesus rememorado é o objeto da experiência deles; e a pregação de que se encarregaram foi a pregação de Jesus. Mas com uma diferença: esses discípulos integraram a pessoa de Jesus à sua mensagem. Na nova confissão de fé que fizeram, eles anunciaram não apenas o reino de Deus, mas também Jesus como seu mediador.[4]

---

[3] Martin Hengel. *Between Jesus and Paul: Studies in the Earliest History of Christianity*. Philadelphia, Fortress Press, 1983, p. 62. Essa visão se manifesta em um ensaio intitulado "The Origins of the Christian Mission", cujo objetivo é explicar o caráter expansivo do cristianismo.

[4] Joachim Wach acredita que isso é consentâneo com um padrão no desenvolvimento de um novo movimento religioso com a morte de seu líder carismático. O líder original torna-se fundador porque a mensagem que se transmite era sua, no sentido de que se manifestou nele e por ele. Isso não é uma mudança na mensagem, mas parte da lógica de sua continuação na história. Ver Joachim Wach. *Sociology of Religion*. Chicago, University of Chicago Press, 1944, p. 138. Retomarei a visão de Wach no decorrer do capítulo.

O movimento religioso iniciado por Jesus sobreviveu, assim, à sua morte; estabeleceu-se em Jerusalém, sob certos aspectos nos mesmos termos que durante a vida de Jesus, um movimento interno a Israel, um dos diversos tipos da fé judaica, praticamente ainda uma seita, mas com um compromisso distinto. Como os participantes do movimento de Jesus se relacionaram com os outros judeus? Separaram-se para cultivar a própria diferença e a nova identidade? Os Atos relatam que os primeiros discípulos iam ao Templo juntos e partilhavam o pão em suas casas (At 2,46). Seria isso em memória eucarística de Jesus? O importante aqui é que esse não era o único movimento singular no contexto do judaísmo da época.

De Jerusalém a Antioquia: a tensa relação com o judaísmo

Durante esse período, desde o momento da morte de Jesus até aproximadamente o ano 50, o movimento de Jesus espraiou-se de Jerusalém à Palestina, passando pelas cidades costeiras e por outros centros urbanos, através de viajantes e missionários, até que acontecimentos significativos ocorridos em Antioquia ensejaram adaptações aos gentio-cristãos. O livro dos Atos constitui uma fonte importante para esses eventos, esquemático como ele é, e o que apresentamos na sequência é a reconstituição que Martin Hengel faz dessa história.[5] Mas a distinção e a inseparabilidade entre a história e a teologia, postuladas no capítulo 1, requerem comentário acerca dessa fase da narrativa histórica que aborda claramente as origens cristãs.

Na prática, Lucas constitui a principal fonte de informação concernente à disseminação do movimento de Jesus; só ele relata os eventos específicos que se iniciaram em Jerusalém e culminaram em Antioquia, por volta do ano 50. Entretanto, em vez da igreja que se originou unicamente em Jerusalém, parece mais plausível que uma gama de movimentos jesuânicos

---

[5]   Martin Hengel. *Acts and the History of Earliest Christianity*. Philadelphia, Fortress Press, 1980, e Hengel, *Between Jesus and Paul*.

já iniciados na Galileia tenha prosseguido após a morte de Jesus. De fato, a literatura cristã primitiva de que dispomos revela um pluralismo de comunidades que se relacionavam de maneira bem diferente com Jesus.[6] Texto por texto, a historicidade dos primeiros relatos dos Atos pode ser questionada.[7] A base do problema é que Lucas provê a única fonte da exposição histórica padrão da emergência da igreja em Jerusalém e, no escrito dos Atos, opera a partir de uma base teológica construtiva.[8]

Mas a fonte do problema também sugere uma estratégia funcional, se não uma solução. Posto que Lucas provê a única narrativa histórica relativa a esses primeiros anos, sua remoção enquanto fonte deixa uma lacuna. Aqueles que não dão crédito à historicidade dos Atos não oferecem nenhuma narrativa histórica alternativa, mas uma reconstituição em bases mais teóricas.[9] Como algo ocorreu entre a morte de Jesus e o ministério de Paulo, e como o livro dos Atos é o único relato desse fato, voltamo-nos para ele sem contestar a autenticidade histórica de nenhum detalhe particular.[10]

---

[6] "A pluriformidade dos grupos jesuânicos, de par com a variedade de mitologias que produziram, é um reconhecimento muito importante em estudos recentes. Já não é possível postular uma trajetória monolinear de desenvolvimento, fiel a um único e original impulso a partir do qual esses grupos bem diferentes devam ser pensados como divergentes". Ron Cameron e Merrill P. Miller. "Introduction: Ancient Myths and Modern Theories of Christian Origins", *Redescribing Christian Origins*, ed. Cameron e Miller. Atlanta, Society of Biblical Literature, 2004, p. 20.

[7] Christopher R. Matthews. "Acts and the History of the Earliest Jerusalem Church", *Redescribing Christian Origins*, pp. 159-175.

[8] Ver Burton L. Mack. "On Redescribing Christian Origins", *The Christian Myth: Origins, Logic, and Legacy*. New York/London, Continuum, 2001, pp. 59-80. Por exemplo, sobre a existência de helenistas na igreja de Jerusalém: "Lucas inventa os helenistas porque ele e sua comunidade são helenistas, segundo quem sua linhagem remonta a Paulo, que, após sua conversão, se tornou o principal porta-voz da posição helenista". Christopher R. Matthews, "Luke the Hellenist", *Early Christian Voices: In Texts, Traditions, and Symbols. Essays in Honor of François Bovon*, ed. David H. Warren et. al. Leiden, Brill, 2003, p. 107.

[9] Resolvem o problema abandonando uma reconstituição histórica. Em vez de delinear a história de Jesus às comunidades que o confessam como seu fundador, focam a atenção nas próprias comunidades primitivas, a respeito das quais dispomos de textos representativos, entendendo os textos em termos de autoconstituição social das comunidades religiosas, oferecendo assim uma compreensão das origens cristãs em termos de autoconstituição de grupos pelas atividades de "*formação social* e *construção de mitos*". Cameron e Miller, *Redescribing Christian Origins*, p. 21.

[10] Boa parte da crítica do uso de Atos na recriação das origens da igreja recai sobre a utilização de eventos históricos particulares para a geração de conclusões teológicas. Nenhuma conclusão teológica é extraída aqui da historicidade dos eventos particulares narrados em Atos além do

Genericamente falando, Lucas retrata dois grupos linguístico-culturais em Jerusalém: os judeu-palestinos falantes do aramaico e os judeus falantes do grego, mais aclimatados à cultura helenística. Correspondentemente, o movimento de Jesus continha judeu-palestinos e aqueles a quem os Atos se refere como helenistas que eram atraídos para Jesus. Desse modo, tanto os hebreus como os judeus helenistas compunham o movimento de Jesus (At 6,1), e os próprios helenistas se distribuíam por um arco de autoconcepção que ia do judeu conservador ao judeu mais profundamente helenista. Uma séria disputa se desencadeou entre esses seguidores de Jesus falantes de grego polarizados por Estêvão. Supondo que Jesus haja sido executado por volta do ano 30, Hengel situa essa controvérsia helenista entre os anos 32 e 34. A questão girava em torno de uma interpretação de Jesus que o colocava contra o Templo e a Lei: "Este homem [Estêvão] não cessa de falar contra este lugar santo e contra a Lei" (At 6,13). A pregação de Estêvão suscitou tanto o elemento conservador entre os judeus helenistas [incluindo judeus helenistas seguidores de Jesus] que Estêvão foi sumariamente linchado e desencadeou-se uma perseguição mais ampla contra a comunidade de Jesus, obrigando os líderes da ala helenística de Estêvão a abandonar a cidade. "Entretanto, os que haviam sido dispersos iam de lugar em lugar, anunciando a palavra da Boa-Nova" (At 8,4), indicando que esses helenistas, não "os apóstolos" (At 8,1), tornaram-se os primeiros missionários para a Samaria, toda a Judeia, Gaza e cidades ao norte.

A dispersão dos helenistas teve consequências momentosas para o movimento de Jesus, das quais Hengel sublinha três. Primeiro, eles transladaram a mensagem de Jesus para a Grécia, conferindo-lhe, portanto, amplitude universal e relevância geral. Segundo, pregaram na Grécia a não judeus, dando início, assim, à dissociação entre a mensagem de Jesus

---

fato do próprio desenvolvimento. A narrativa interpretativa de Lucas é parte da história desse desenvolvimento. A narrativa de Lucas é tratada aqui mais como as narrativas de milagres nos evangelhos sinóticos: os critérios de historicidade apontam para o fato de que Jesus efetivamente realizou feitos maravilhosos, muito embora o que ele de fato fez não possa ser reconstituído com precisão histórica. De maneira semelhante, é historicamente certo que houve uma comunidade dos seguidores de Jesus em Jerusalém algum tempo depois de sua morte, e não vejo por que a existência de tal comunidade estorva outras comunidades "originais", interpretações plurais de Jesus ou organizações eclesiásticas plurais, consequentemente.

e a lei judaica. E, terceiro, ao deslocar-se para outras cidades, começaram a mudança de um movimento religioso rural para um contexto urbano. A comunidade helenística em Jerusalém "foi o 'buraco da agulha' pelo qual o primitivo querigma cristão e a mensagem de Jesus, ainda indissoluvelmente ligada a ele, abriram caminho para o mundo greco-romano".[11]

E que dizer acerca de Pedro e de Paulo durante esse período? Hengel data a conversão de Paulo não muito depois da destruição do grupo dos helenistas da ala esquerda. Ele próprio foi um helenista na extremidade judaica ortodoxa do espectro e converteu-se ao tipo de interpretação de Jesus a que se opusera. Pouco se sabe da obra de Paulo durante os anos posteriores à sua conversão. "Os quase catorze anos de atividade de Paulo [após sua conversão] na então dupla província da 'Síria e Cilícia (Gl 1,21; 2,1) configuram uma das grandes áreas desconhecidas em uma história do cristianismo. Praticamente tudo o que é certo é que foi no seio da autoconfiante e ativa comunidade em Antioquia que o programa subsequente de Paulo para a conquista missionária do mundo então conhecido foi gradativamente preparado e amadurecido."[12] Pedro, contudo, deixou Jerusalém no início dos anos 40 e se associou aos judeu-cristãos e gentios fora de Jerusalém. "Quando, aproximadamente em 43 ou 44 d.C., o rei Herodes Agripa I, amigo dos saduceus, mandou decapitar Tiago filho de Zebedeu (At 12,2), prendeu outros membros da comunidade (12,1) e compeliu Pedro a deixar Jerusalém temporariamente ou, mais provavelmente, a área da Palestina sob controle do rei (At 12,17), o mais conservador Tiago, irmão do Senhor, com sua atitude mais estrita com relação à lei, assumiu o lugar de Pedro na comunidade judaica primitiva".[13] Hengel retrata Tiago como alguém que estava convencido de que a comunidade jesuânica ou cristã só poderia sobreviver na esfera do judaísmo; Pedro, ao contrário, era mais aberto aos gentios conversos,

---

[11] Hengel, *Between Jesus and Paul*, 27, repercutindo a construção teológica de Lucas.

[12] Hengel, *Acts and the History of Earliest Christianity*, 103. Hengel pode exagerar as intenções de Paulo; Paulo pelo menos pensou em estabelecer comunidades de gentios por todo o mundo.

[13] Ibid., 95.

como indica o relato da conversão e do batismo de Cornélio (At 10), e, portanto, mais propenso aos helenistas.

Por volta do ano 48, em Antioquia, onde os seguidores de Jesus foram chamados de "cristãos", a controvérsia em torno da possibilidade de considerar os gentios como membros plenos da comunidade, apesar de não circuncidados, contornando assim esse aspecto da lei ritual, chegou a seu ponto crítico. Enviou-se uma delegação à comunidade judaico-cristã em Jerusalém, fato que por si só indica certa dependência da parte de Antioquia e preocupação da parte de Jerusalém. De maneira geral, não se tratava de questão inteiramente nova, pois as sinagogas judaicas enfrentavam o mesmo problema de um núcleo de judeus e de um grupo a ele ligado de "tementes a Deus" que ao mesmo tempo eram e não eram membros da comunidade, por não haverem sido circuncidados. Esses elementos eram tolerados nas sinagogas judaicas. De maneira paralela, os cristãos em Jerusalém defendiam a estrita observância da lei judaica e rejeitavam a admissão na comunidade cristã de indivíduos não circuncidados. Não obstante, os resultados da consulta foram positivos para Antioquia. Essa decisão representou claramente um divisor de águas, abrindo a igreja para o Império Romano de uma nova forma. "Apesar das tensões internas e das suspeitas consideráveis, no 'concílio apostólico', a comunidade de Jerusalém, que de forma alguma estava de acordo nessa questão, em princípio deu sinal verde a uma missão universal junto aos gentios, que não reivindicavam obediência à lei."[14] O livro dos Atos sugere que a igreja de Jerusalém assumiu responsabilidade pela missão junto aos judeus, e a igreja em Antioquia assumiu responsabilidade pela missão junto aos gentios. Isso teria conferido grande responsabilidade a Antioquia, guindado a comunidade a uma posição de relevância junto à comunidade-mãe em Jerusalém e dela feito palco para a missão junto a todo o Império Romano. Mas essa acomodação ainda envolveu algumas condições e não significou a plena separação de "cristãos" e "judeus".

---

[14] Ibid., 122.

As igrejas paulinas: comunidades distintas da sinagoga

Após as decisões de Antioquia, a carreira missionária de Paulo floresceu. Além de fundar comunidades cristãs, ele se correspondia com numerosas igrejas que havia fundado e, portanto, dotava as futuras gerações de um testemunho direto de certos aspectos dessas comunidades. As viagens de Paulo seguiram as rotas comerciais do império e o levaram aos centros urbanos: Éfeso, Filipos, Tessalônica, Corinto. A carreira missionária de Paulo foi acidentada: retornou a Jerusalém; foi preso lá, mas apelou a Roma como cidadão; naufragou enquanto viajava como prisioneiro para Roma e, de acordo com um testemunho do século II, morreu durante a perseguição de Nero, entre os anos 64 e 68.

Como Paulo levou a cabo a pregação e o estabelecimento de comunidades cristãs? Foi primeiro às sinagogas, como At 13-14 descreve seu primeiro desafio missionário com Barnabé? Quem mais saberia de que ele estava falando? Mas por que o apóstolo dos gentios iria ter primeiro com os judeus?[15] Na visão de Meeks, muito embora ele não exclua a ligação judaica, a vizinhança e especialmente as relações de comércio e trabalho na *pólis* funcionaram como gancho para encontrar indivíduos e patronos que puseram suas casas a serviço do apóstolo e do movimento. Quem mais provavelmente eram os convertidos ao cristianismo? Uma boa hipótese focaliza judeus e gentios interessados no judaísmo que estavam, ao mesmo tempo, completamente à vontade na cultura urbana grega.[16]

As igrejas paulinas possuem caráter peculiar quando contrastadas com a comunidade em Jerusalém.[17] Essas assembleias e comunidades-em-formação eram urbanas; o ambiente era cosmopolita e religiosamente pluralista; todos os tipos de cultos religiosos podiam ser fundados. Os judeus eram judeus da Diáspora que, enquanto mantinham sua judaicidade como minoria em um ambiente politeísta, permaneciam culturalmente

---

[15] Wayne A. Meeks. *The First Urban Christians: The Social World of the Apostle Paul*. New Haven, Yale University Press, 1983, p. 26.

[16] Rodney Stark. *The Rise of Christianity*. San Francisco, HarperCollins, 1997, pp. 57-63.

[17] Elas também são, em menor grau, distintas da comunidade de Antioquia, que é maior, mais antiga e mais intimamente ligada a Jerusalém.

gregos e à vontade em seu mundo. De acordo com Meeks e outros, a chave para a igreja paulina é a casa. "Abaixo do nível do grupo étnico e da comunidade de negócios semelhantes, vinha a família individual. Nossas fontes nos dão razão para pensar que ela representou a unidade básica no estabelecimento do cristianismo na cidade, como foi, efetivamente, a unidade básica da própria cidade."[18] As casas dos indivíduos relativamente abastados eram assim estratificadas: famílias imediatas, serviçais, empregados, escravos e relações de parentesco mais amplas. A casa também servia como local de encontro para clubes ou associações. Supria, portanto, as necessidades das assembleias cristãs. Tem-se a sensação de que as igrejas paulinas não se separaram das sinagogas, mas eram comunidades que começaram em suas próprias casas e, portanto, gozavam de mais autonomia em relação ao judaísmo do que as assembleias em Jerusalém ou em Antioquia.

A autoridade nas comunidades cristãs paulinas também tinha certa peculiaridade. Meeks subdivide as linhas de autoridade em três grandes categorias. A autoridade máxima pertencia ao apóstolo, que a detinha menos em virtude de um ofício do que pela função de ser o missionário que fundara ou sustentara a comunidade a partir de fora. Paulo era o principal apóstolo das igrejas paulinas, mas havia muitos outros apóstolos diferentes (enquanto distintos "dos doze"), e tinha apóstolos rivais em algumas de suas igrejas. Um segundo nível de autoridade repousava nos "obreiros associados" do apóstolo, categoria fluida que englobava emissários, delegados, agentes semiautônomos que tinham livre trânsito ou podiam estabelecer-se. Se se estabelecessem, tornavam-se líderes locais. Um terceiro nível de autoridade, portanto, seriam esses líderes locais "aqueles que se afadigam no meio de vós, e vos são superiores e guias no Senhor", como escreveu Paulo (1Ts 5,12). Não se tratava de três ofícios, mas de funções de vários tipos desempenhadas por pessoas que exerciam diversos múnus, inclusive o exercício do mando. Pode-se admitir que o patrono de uma igreja doméstica dispunha de alguma autoridade de governar. Mas

---

[18] Meeks, *The First Urban Christians*, p. 29.

predominavam outras formas de "labor" na comunidade: havia profetas, instrutores, operadores de milagres, agentes de cura, falantes de línguas, intérpretes, discernidores de espíritos. O fundamento dessa autoridade repousava no Espírito como fonte desses dons carismáticos.[19]

O movimento jesuânico chegou a Roma antes de Paulo começar a fundar igrejas, provavelmente por volta do início dos anos 40, através das rotas de viagem entre a Palestina e Roma. A fonte, então, provavelmente tenha sido Jerusalém, de modo que a igreja de Roma manteve certo caráter judaico ao longo do século I. Para Raymond Brown, os "cristãos" provavelmente se encontrassem nas sinagogas judaicas nos anos 40, mas por volta dos 50 teriam se deslocado para as casas de membros mais abastados sem superestrutura geral ou urbana. Segundo a caracterização proposta por Brown, essa igreja dos anos 50 compunha-se tanto de judeus como de gentios, e contava com simpatias judaicas moderadamente conservadoras, a que o próprio Paulo parece ter se ajustado em sua carta a essa igreja.[20]

Igrejas subapostólicas: a ruptura com o judaísmo

Dispomos de pouca evidência direta acerca de igrejas particulares durante o período posterior a Pedro e Paulo, a segunda geração, situada, *grosso modo*, entre os anos 65-95. O que dizemos aqui sintetiza a análise daqueles escritos neotestamentários que se encaixam nesse período (Marcos, Lucas-Atos, 1Pedro, Mateus, Colossenses-Efésios e o evangelho de João), bem como as inferências sobre a igreja que se podem fazer a partir deles. As conclusões permanecem bastante genéricas e abstratas.

Raymond Brown acredita ser impossível reconstituir um perfil da comunidade tratada por Marcos.[21] Não obstante, utilizando a análise literária, pode-se caracterizar a autocompreensão da comunidade representada em seu escrito. Admitindo-se que a comunidade seja um pequeno

---

[19] Ibid., pp. 131-136. Desenvolverei esse aspecto, em termos teológicos, nas pp. 148-150.

[20] Raymond E. Brown, em Brown e John P. Meier. *Antioch and Rome: New Testament Cradels of Catholic Christianity.* New York, Paulist Press, 1983, pp. 92-127.

[21] Raymond E. Brown. *The Churches the Apostles Left Behind.* New York, Paulist Press, 1984, p. 28.

grupo, como concebe a si mesma em relação ao mundo mais amplo? Por um lado, o evangelho retrata uma comunidade aberta, voluntarista, cuja missão é anunciar a mensagem escatológica de Jesus. A pertença a seus quadros não dependia de qualificações hereditárias, mas de decisão e de conversão. Por outro lado, ela se contrapunha ao mundo com suas próprias "instruções esotéricas, direcionadas àqueles que se comprometem com Jesus e suas palavras".[22] A vida nessa comunidade escatológica desenrola-se segundo o entendimento de que a realização dar-se-á no futuro, por ocasião da nova vinda de Cristo, quando Deus, que ressuscitou Jesus dentre os mortos, também justificar a comunidade.[23] Essa concepção da comunidade como povo da nova aliança de Deus, como nova família, povo, rebanho, vinha e edificação escatológica, envolve certa ética, cujos elementos podem ser discernidos na descrição do magistério de Jesus.

O evangelho de Lucas pode igualmente não representar uma comunidade particular: pode refletir muitas comunidades, provavelmente de caráter helenístico, como as igrejas paulinas, separadas do judaísmo, que necessitam de um senso de ligação histórica com suas origens.[24] Essa é uma eclesiologia em forma narrativa. De par com os Atos, ela narra a história da continuidade de Deus enquanto Espírito agindo no mundo em prol da salvação, desde os tempos de Israel, até o então centro da terra, Roma, passando por Jesus, e, após sua morte, pela igreja, por Pedro quanto à metade dos Atos e por Paulo, quanto à segunda metade.[25] Analogamente, pode-se caracterizar a igreja na Ásia Menor a que se dirige 1Pd como igualmente dependente de confirmação da própria identidade enquanto grupo minoritário, em parte gentio, em parte judaico, que talvez se sentisse marginalizado em um mundo religiosamente pluralista. Em contraste com seu *status* socialmente percebido como estrangeiros, forâneos, forasteiros

---

[22] Howard Clark Kee. *Community of the New Age: Studies in Mark's Gospel*. Philadelphia, Westminster Press, 1977, p. 165.

[23] Ibid., p. 175.

[24] Eugene A. La Verdiere, in La Verdiere e William G. Thompson. "New Testament Communities in Transition: A Study of Matthew and Luke", *Why The Church?* Ed. Thompson e Walter J. Burghardt. New York, Paulist Press, 1978, p. 39.

[25] Brown, *The Churches the Apostles Left Behind*, pp. 61-74.

desenraizados e contestadores perigosos, a carta descreve os membros da igreja doméstica como indivíduos que viviam segundo a tradição religiosa de Israel, em linha de continuidade com o povo de Deus desde o longínquo passado, ou seja, como parte de uma longa tradição, dotada de uma identidade agora definida por Jesus Cristo como povo de Deus. A igreja também está unida aos povos de todo o império que compartilham a mesma condição e uma experiência comum. De par com essa solidariedade em uma identidade comum encontra-se uma ética correspondente, típica de uma casa de Deus. Análoga às comunidades paulinas, a ideia de casa proporciona uma metáfora que responde a necessidades básicas: identidade, unidade e condução ética a um futuro com Deus.[26]

Os exegetas são mais confiantes quanto ao contexto e ao problema da comunidade representada no evangelho de Mateus. O evangelho foi escrito por volta do ano 85 e retrata uma comunidade, ou mais indefinidamente um grupo de igrejas domésticas, situada no entorno da Palestina e da Síria, provavelmente Antioquia, que se acha em tensão crítica com a sinagoga. Alguns afirmam que a comunidade de Mateus se separou; outros sustentam que se trata de uma comunidade desviante mesmo dentro dos limites do aprisco judaico; em qualquer dos casos, ela está cercada de dificuldades consigo mesma e com a autoridade judaica.

A identidade da comunidade pode ser sintetizada em três aspectos de sua base institucional, a casa.[27] Em primeiro lugar, as relações de grupo no interior da comunidade eram descritas em termos de parentesco: Deus enquanto Pai e as inter-relações familiares de irmãos e irmãs no seio da família de Deus. Tem-se aqui o vínculo primário, que, na amplitude maior do reino de Deus, era igualmente cósmico. Em segundo lugar, Jesus era retratado como mestre, não um mestre, mas o mestre dotado de autoridade.

---

[26] John H. Elliot. *A Home for the Homeless: A Sociological Exegesis of 1 Peter, Its Situation and Strategy*. Philadelphia, Fortress Press, 1981, pp. 220-233.

[27] Estou seguindo Anthony J. Saldarini aqui: "Para situar o ambiente do grupo de Mateus e expor sua estrutura interna, abordamos primeiramente a terminologia de parentesco e as relações mestre-discípulo; em seguida, a da casa, que era a sede da educação e da governança da vida, e finalmente as assembleias que se reuniam na família". *Matthew's Christian-Jewish Community*. Chicago, University of Chicago Press, 1994, p. 91.

Os membros da comunidade tornavam-se discípulos, aqueles que eram instruídos, e a comunidade ou igreja era o local onde ocorria sua instrução. O autor criava assim uma identidade social para esse grupo, em face da autoridade judaica, utilizando termos de parentesco e de docência. E, em terceiro lugar, esses *judeu*-cristãos, na visão de Saldarini, reuniam-se em diferentes casas e empregavam a palavra *ekklesia* para designar a si próprios. Entre suas diversas ressonâncias, tal termo estabelecia um nexo entre essas assembleias e as assembleias dos israelitas. A organização dos grupos mateanos nessa época conservava o arcabouço da sinagoga judaica, mas com um igualitarismo típico de alguns movimentos religiosos novos. A estrutura profunda de autoridade estipulava que só Deus era Pai, e só Jesus era instrutor e mestre.[28]

A igreja retratada em Colossenses e em Efésios é o corpo de Cristo em termos teológicos, no sentido de que Cristo é a cabeça da instituição e o povo é chamado a unir-se misticamente a ele. Seu reino é concretizado em um grupo, objeto predileto do amor divino, constituindo-se em povo santo, consagrado. "A santidade é característica muito importante da igreja enquanto corpo de Cristo."[29] Cristo morreu, razão pela qual a igreja deve ser santa e imaculada. A divindade de Cristo reside na igreja enquanto corpo de Cristo. Essa visão mística e cósmica propõe uma reconciliação com toda a realidade, uma igreja que estabeleça ponte entre os anjos e a humanidade (Cl 1,20; Ef 1,10). Considerarei mais adiante a teologia subjacente a essa última imagem.

O quarto evangelho representa uma comunidade tão distinta que para alguns ela se afigura como "sectária", comparativamente a outros grupos cristãos.[30] Pode-se imaginar, porém, que toda comunidade cristã primitiva tinha sua própria e talvez dramática história particular. A eclesiologia dessa comunidade, entretanto, não pode ser dissociada de sua alta cristologia distintiva. Jesus é apresentado como preexistente; uno

---

[28] Ibid., pp. 84-123.

[29] Brown, *The Churches the Apostles Left Behind*, p. 51.

[30] Ver a reconstituição dessa comunidade feita por Raymond E. Brown. *The Community of the Beloved Disciple*. New York, Paulist Press, 1979, que aduz razões para não estimá-la tanto.

com o Pai, já vivera antes de sua existência terrena. A igreja constitui-se como ambiente no qual cada fiel se une a Deus em Jesus Cristo, o que não configura individualismo: por inerência em Jesus, a pessoa passa a fazer parte da comunidade. Cristo é o vinho; Cristo é o pastor; a vida depende da união a Jesus. A igreja é menos o lugar do encontro do que o fruto desse mesmo encontro com Cristo.[31] Na comunidade joanina também se observa uma noção bastante aguçada dos sacramentos, do batismo e da eucaristia, que estabelecem a união com Cristo, bem como um profundo senso do discipulado, do igualitarismo e uma ênfase no amor recíproco.[32]

Theissen sintetiza o cristianismo do século I distinguindo quatro correntes básicas: o cristianismo paulino, representado por suas cartas; o cristianismo judaico, canonicamente representado pelas cartas de Tiago, Mateus e Hebreus; o cristianismo sinótico, representado por esses evangelhos, combinando as dimensões judaica e pagã; e o cristianismo joanino, com sua pré-história e cristologia específicas. Quatro correntes com dois afluentes, um derivando do judaísmo, o outro vertendo do mundo pagão.[33]

Catolicismo primitivo

Como veremos no capítulo 3, Rodney Stark estima que devia haver aproximadamente 7.530 cristãos no ano 100. Eles se propagaram por todas as cidades do entorno do Mediterrâneo, de Alexandria a Roma e talvez mais a oeste. Seria de esperar que a maioria dos cristãos vivesse em grandes cidades, vinte e duas das quais são mencionadas no Novo Testamento.[34] A narrativa desse período é extraída de *1 Clemente*, que foi escrita da igreja de Roma para a igreja de Corinto, das epístolas pastorais, representando as igrejas paulinas uma ou duas gerações depois de Paulo, da *Didaqué*, provavelmente acostada, no século II, a elementos originários do século I e que frequentemente se pensa ser representativa

---

[31] Brown, *The Churches the Apostles Left Behind*, p. 87.

[32] Ibid., pp. 84-101.

[33] Gerd Theissen. *The Religion of the Earliest Churches: Creating a Symbolic World*. Minneapolis, Fortress Press, 1999, pp. 254-256.

[34] Stark, *The Rise of Christianity*, p. 7.

da igreja síria, e das cartas de Inácio de Antioquia, escritas às igrejas na Ásia, provavelmente na primeira década do século II.

A principal preocupação entre todas as igrejas dessa época era a unidade. As igrejas afastavam-se cada vez mais de suas origens no espaço e no tempo. Estavam em processo de crescimento, na esteira do qual surgiram novas ou falsas doutrinas, que deram ensejo a dissensões e divisões. Uma resposta ao problema da unidade, quer no interior de cada comunidade, quer entre as comunidades das diferentes cidades, foi encontrada na organização. O "catolicismo primitivo" representa estruturas ministeriais mais rígidas e padronizadas.

As estruturas organizacionais representadas nesses textos diferem entre si. *1 Clemente* trata de uma situação ocorrida em Corinto em que presbíteros devidamente ordenados haviam sido destituídos por outros, o que provocou divisão na comunidade. O documento insta pela reintegração dos líderes comunitários legitimamente ordenados.[35] O objetivo das Cartas Pastorais, escritas em nome de Paulo, é "assegurar que servidores competentes e honrados defendam a casa de Deus contra falsos mestres".[36] Estabelecem ainda critérios para os eventuais ocupantes desses ministérios".[37] A *Didaqué* não responde a uma crise particular, mas, na qualidade de manual de disciplina, representa o ordenamento da comunidade, a regulamentação da instituição, do ritual, da oração e das expectativas de ordem moral. Inácio de Antioquia reage à divisão e à falsa doutrina propugnando um ordenamento tripartite da organização e do ministério da comunidade: o bispo, um clero composto de anciãos

---

[35] Francis A. Sullivan. *From Apostles to Bishops: The Development of the Episcopacy in The Early Church*. New York e Mahwah, N.J., Newman Press, 2003, pp. 91-101, analisa esse texto por sua relevância para as estruturas de governança.

[36] Margaret Y. MacDonald. *The Pauline Churches: A Socio-historical Study of Institutionalization in the Pauline and Deutero-Pauline Writings*. Cambridge, Cambridge University Press, 1988, p. 203.

[37] James D. G. Dunn. *The First and Second Letters to Timothy and the Letter to Titus. The New Interpreter's Bible*, XI. Nashville, Abingdon Press, 2000, p. 867. *The New Interpreter's Bible* é citada doravante como NIB. Essa obra de Dunn será citada como *Pastorals*.

que eram assistentes, e provavelmente um conselho, e os diáconos. "Sem eles não há".[38]

Essa parece ser uma inesperada e arbitrária reivindicação no princípio do século II. De onde se originaram essas estruturas organizacionais? Nenhuma resposta clara a essa questão foi formulada, não por falta de informação, mas porque múltiplas influências diferentes convergiram para sua configuração. "Não há evidência conclusiva de que as comunidades cristãs primitivas fossem exclusivamente dependentes por seu padrão de organização de quaisquer das instituições que consideramos — cidades greco-romanas, colônias e cidades romanas, associações voluntárias, a família ou a comunidade judaica".[39] Mais importante para nosso propósito, no entanto, é o reconhecimento de que essa questão histórica não é crucial para a normatividade da igreja primitiva, no tocante aos desenvolvimentos institucionais subsequentes.[40] Esse desenvolvimento, portanto, não foi consignado no que se tornou literatura canônica, embora tenha sido historicamente significativo porque Inácio promoveu essa estrutura organizacional nas igrejas da Ásia que, no decorrer do século, se tornou universal.

---

[38] Ignatius. "Letter to the Trallians", 3.2. *Early Christian Fathers*, ed. Cyrill C. Richardson. Philadelphia, Westminster Press, 1953, p. 99.

[39] Andrew D. Clarke. *Serve the Community of The Church: Christians as Leaders and Ministers*. Grand Rapids, Mich., Eerdmans, 1999, p. 169. J.T. Burtchaell. *From Synagogue to Church: Public Services and Offices in the Earliest Christian Communities*. Cambridge, Cambridge University Press, 1992, defende a influência da estrutura da sinagoga sobre a igreja cristã, que em certa medida todos admitem. Harrington lê nas Pastorais um processo de fusão entre duas formas de organização, uma do Oriente, onde a influência judaica dos mais antigos predominava, a outra a tradição paulina ou cristã de bispos e diáconos. Na época das Pastorais essas duas ordens eclesiais distintas "encontravam-se em processo de fusão. O modelo *presbiteral* instituído em Atos e em 1Tm 5,17-20 (ver também Tg 5,14; 1Pd 5,5; 2Jo 1; 3Jo 1) baseava-se no modelo organizacional da sinagoga judaica. O padrão 'bispo e diácono', tal como mencionado em Fl 1,1 e em 1Tm 3,1-13, fundava-se mais nas estruturas de associações de voluntários no mundo greco-romano. Parece que nas Pastorais, como em Tt 1,5-9, esses dois modelos estavam em processo de unificação". Daniel J. Harrington. *The Church according to the New Testament: What the Wisdom and Witness of Early Christianity Teach Us Today*. Chicago, Sheed & Ward, 2001, p. 162.

[40] Essa questão será retomada mais adiante. Mas faz pouco sentido argumentar que o monoepiscopado é uma exigência absoluta hoje em dia com base nas Epístolas Pastorais canônicas que não afirmam sem ambiguidade tal estrutura. Com efeito, o autor das Pastorais "não parece estar especialmente interessado em promover um tipo particular de organização eclesiástica da forma como Inácio de Antioquia, por exemplo, parece estar". MacDonald, *The Pauline Churches*, p. 219.

As primeiras décadas do século II são importantes por outra razão: pode-se discernir o início de uma importante mudança no contexto da autocompreensão da igreja, de seu *status* em face do judaísmo à sua relação com o Império Romano. Isso não deve ser exagerado, pois *1 Clemente*, e portanto a igreja romana, e a *Didaqué* são judaicos no caráter. E tem-se defendido que os judeus continuaram a ser a principal fonte de conversos ao cristianismo no século III.[41] Além disso, a ruptura com o judaísmo foi um processo gradual composto de diversas fases, manifestando-se em diferentes cenários e escalas em diferentes igrejas. Mas o principal ponto de separação reside na concepção da pessoa de Jesus Cristo e no papel que desempenha na espiritualidade cristã. A gradativa aceitação da linguagem cristológica joanina na igreja pareceu comprometer o monoteísmo judaico, o que selou a ruptura.[42] O *Diálogo com Trifo*, de Justino Mártir, indica que essa conversação ainda se achava em curso em meados do século II. Todavia, à medida que a igreja se tornava mais uniforme e estável em termos organizacionais, também procurava definir sua própria esfera de autonomia na história mundial.

Theissen propõe uma análise em três etapas do rompimento com o judaísmo e da formação da igreja como religião autônoma, análise essa que se correlaciona com as primeiras três gerações.[43] A primeira etapa consistiu na abjuração de certos rituais que definiam a identidade judaica, sobretudo a circuncisão. Isso atingiu um ponto decisivo nos eventos ocorridos em Antioquia e Jerusalém, nos anos 48-50, e seu alcance se consumou nas igrejas paulinas. A etapa seguinte verificou-se na geração posterior à destruição do Templo judaico e consistiu na redação dos evangelhos sinóticos. Os evangelhos encerravam uma implícita pretensão

---

[41] Stark propõe a tese "de que os judeus da diáspora não só forneceram a base inicial para o crescimento da igreja durante o século I e no começo do século II, como também continuaram a ser fonte significativa para os conversos cristãos até pelo menos o final do século IV, e de que o cristianismo judaico ainda era significativo no século V". *The Rise of Christianity*, p. 49.

[42] James D. G. Dunn. *The Partings of the Ways: Between Christianity and Judaism and their Significance for the Character of Christianity*. Philadelphia, Trinity Press International, 1991, mapeia esse desenvolvimento nos termos dos quatro pilares do judaísmo: Monoteísmo, Eleição, Torá e Templo.

[43] Theissen, *The Religion of the Earliest Churches*, pp. 161-206.

canônica e dotaram os cristãos de uma narrativa própria. Por retratarem Jesus como figura divina, ratificavam o senso de autonomia e singularidade das comunidades em face do judaísmo. A etapa final ocorreu na terceira geração, tal como representada no cristianismo joanino. Em João, "o cristianismo primitivo não apenas se tornou *de facto* independente do judaísmo, como também se fez consciente da própria autonomia".[44] O evangelho de João mostra que a comunidade conferiu a Jesus um *status* absoluto, de sorte que, aos olhos dos judeus, os cristãos pareceram ter abandonado o monoteísmo estrito. A apropriação reflexiva do *status* absoluto e universalmente relevante de Jesus confirmou a ruptura.

A igreja e o império

Uma crônica do desenvolvimento da igreja no século II seria impertinente aqui, pois constitui o tema do capítulo seguinte. É importante, porém, ver nele certo arremate do processo de eclesiogênese do século I. A igreja enquanto movimento de comunidades assistematicamente filiadas continuava a expandir-se em termos territoriais e a crescer em matéria de número. Apesar das perseguições locais, os principais problemas compreendiam as ameaças internas do profetismo e do gnosticismo. Esses problemas instigaram desdobramentos internos em virtude dos quais a igreja primitiva pôde assegurar sua prístina identidade em formas institucionais. Esse processo pode ser sucintamente ilustrado por referência a duas figuras: a de Justino Mártir, que floresceu em Roma durante os anos 150, e a de Irineu, bispo de Lion nas últimas décadas do século. A teologia apologética de Justino retrata a igreja em processo de engajamento do império, ao passo que Irineu representa uma gama de sínteses que convergiram no decorrer do século.

O estilo de apologia do qual Justino fornece uma forma modelar representa uma tentativa de engajar o mundo.[45] À medida que o mundo é o Estado, os cristãos são súditos leais, mas sua lealdade máxima é para

---

[44] Ibid., p. 164.
[45] "The First Apology of Justin, the Martyr", *Early Christian Fathers*, pp. 242-289.

com Deus, sob a égide de quem o próprio imperador serve. No tocante à cultura e à sociedade romanas, os cristãos também participavam da vida cotidiana. Entretanto, à medida que as práticas sociais eram idólatras ou dominadas por demônios, o código de ética cristã mantinha-os apartados. Essa confissão ou autoexplanação franca tornou-se uma descrição dos atos cristãos mais esotéricos, a assembleia eucarística semanal. Justino descreve em linguagem eminentemente narrativa o que os cristãos fazem na liturgia e como rezam. Os cristãos, portanto, relacionavam-se com o mundo de uma maneira efetiva, embora nuançada e ambivalente. Ser membro da igreja envolvia claramente uma dupla lealdade, uma das quais, porém, se sobrepunha.

O livro *Contra as heresias*, de Irineu, satiriza e ridiculariza a ampla variedade de ensinamentos bizarros que ofereciam os mistérios da salvação.[46] A ameaça externa a uma comunidade é fator de união, ao passo que as ameaças internas provocam temor e divisão; o gnosticismo afigurava-se como inimigo interno. O problema a que esse texto reage diz respeito à difusão generalizada de interpretações especulativas do cristianismo no seio das próprias comunidades. A questão é como determinar o que são crenças verdadeiras e autênticas. Em uma única palavra, a resposta é a apostolicidade: o que deriva da fonte e a ela remonta é autêntico. Mas como se sabe o que é apostólico? A clássica resposta da igreja primitiva consiste nas instituições que o preservam e o garantem. São elas: primeiro, os escritos que conformaram um cânon; segundo, uma sucessão de bispos por meio dos quais se operou a transmissão da tradição; terceiro, uma concisa fórmula universal da fé, o credo. Duas outras normas também estão envolvidas: a importância de uma igreja em Roma, em que residiram Pedro e Paulo, como câmara de compensação e padrão para a totalidade do movimento, e a universalidade das crenças e práticas comuns entre as antigas igrejas.[47] Mas a grande realização do século II é o desenvolvimento de um cânon escriturístico, um cânon pluralista, de molde a preservar

---

[46] Irenaeus. *Against Heresies*, in Robert M. Grant, trad., *Irenaeus of Lyons*. London e New York, Routledge, 1997.

[47] Ver o texto de *Against Heresies*, 3.1-5 in *Early Christian Fathers*, pp. 369-377.

a tensão entre múltiplas modalidades de crença. Não obstante, em meio às diferenças a fé fundacional é preservada: a fé monoteísta em Deus e em sua salvação mediada em Jesus. À proporção que a igreja avança na história, ela se refletirá no cristianismo primitivo tal como contido nessas escrituras.[48]

A outra síntese que se reflete em Irineu consiste no amplo quadro imaginativo ou metanarrativo que fornece uma identidade cósmica à comunidade cristã. Ele é visto na atividade catequética em que Irineu fornece uma síntese da fé cristã em termos de história da salvação.[49] A história é significativa em sua coerência; tem começo, meio e fim; e Jesus Cristo, a pedra angular, operou primordialmente como Palavra criadora e há de atuar no final como Juiz. Essa grande cosmovisão, de par com uma igreja organizada que se constitui em suas crenças pelas próprias escrituras, finalmente separa a igreja do judaísmo e estabelece uma nítida fronteira que a segrega do paganismo. Os cristãos são a terceira raça.

Uma exposição socioantropológica

O historiador não está de todo limitado à simples exposição dos dados positivos. Em diversos níveis, o historiador procura trabalhar a inteligibilidade dos dados para que sua exposição se revele significativa. Via de regra, esse procedimento envolve uma reconstituição instintiva e imaginativa. Por exemplo, se César relata que se encontra em uma cidade em determinada data, e em outra poucos dias depois, o historiador deve imaginar que ele viajou de uma cidade à outra. E o conhecimento de como os exércitos se deslocavam no século I a.C. é útil para esse trabalho de reconstituição. Analogamente, as concepções da sociologia, especialmente da sociologia

---

[48] Theissen, *The Religion of The Early Churches*, pp. 249-274. "Um" cânon, e não "o cânon", porque o processo não chegou ao fim senão tempos depois.

[49] Irenaeus. *Proof of the Apostolic Preaching*, ed. Joseph P. Smith. Westminster, Md., Newman Press, 1952. Wayne Meeks sublinha a importância da largueza de visão de Irineu em seu livro *The Moral World of the First Christians*. Philadelphia, Westminster Press, 1986, p. 160, e em *The Origins of Christian Morality: The First Two Centuries*. New Haven e London, Yale University Press, 1993, p. 191.

das organizações, serão proveitosas para compreender, a partir de uma perspectiva socialmente dinâmica e antropológica, a formação gradual da comunidade cristã. Essas reflexões, contudo, não têm por objetivo estabelecer um quadro sociológico da igreja primitiva. Descerram, antes, uma perspectiva sobre a formação e o desenvolvimento da igreja primitiva a partir de baixo. Lançam mão de uma terminologia socioantropológica ou de um conjunto de categorias e as aplicam à igreja a fim de introduzir um nível de compreensão abaixo ou no âmbito da crônica histórica. Por esse motivo, a seção seguinte permanece intencionalmente esquemática e equivale a um esboço de como a imaginação sociológica deve se integrar em uma exposição acerca da igreja primitiva. O reconhecimento da construção social da resposta humana à realidade é um bom tópico por onde começar.

Uma imaginação sociológica

A sociologia do conhecimento. A cultura intelectual contemporânea, pós-moderna, é profundamente consciente do grau em que as organizações humanas, a percepção humana valorativa e o conhecimento são condicionados pelo lugar, pela época e pela circunstância histórica. Desde o século XIX, sobretudo na esteira das ideias de Marx, os sociólogos e os filósofos analisam as maneiras pelas quais as percepções mais profundas da realidade são socialmente construídas, ou seja, influenciadas por toda uma miríade de condições sociais que configuram o próprio contexto dentro do qual se desenrola a experiência. Conquanto vincule todo conhecimento à sociedade, isso não implica relativismo, porque conhecimento relativo ainda é conhecimento real. "O relativismo não implica subjetivismo e ceticismo. Não é evidente que o homem que é obrigado a confessar que sua visão das coisas é condicionada pelo ponto de vista a partir do qual observa deva duvidar da realidade do que vê."[50] Em termos

---

[50] H. Richard Niebuhr. *The Meaning of Revelation.* New York, Macmillan, 1962, p. 18. Karl Mannheim defende a mesma posição: "O conhecimento oriundo de nossa experiência em situações vitais efetivas, conquanto não absoluto, é, não obstante, conhecimento". *Ideology and Utopia: An Introduction to the Sociology of Knowledge.* New York, Harcourt Brace, A Harvest

mais profundos, costumes e hábitos socialmente construídos podem relacionar-se a necessidades humanas fundamentais que transcendem a contingência de circunstâncias particulares. As análises sociais podem, portanto, dotar os dados históricos de raízes que se lançam abaixo da superfície da imediaticidade temporal e local. Elas expandem e aprofundam o sentido e o alcance do que de outra forma poderia parecer mera contingência.

Uma esquematização particularmente útil da dinâmica da construção social do conhecimento é oferecida por Peter Berger e Thomas Luckmann.[51] Esses autores analisam três "estágios" na formação do conhecimento habitual de um grupo: uma experiência social ou grupal generalizada, a objetificação dessa experiência na linguagem para tornar-se pressuposições de senso comum e a internalização desse conhecimento "objetivo" para moldar os padrões de experiência e compreensão do grupo. Esse modelo, contudo, descreve menos um processo temporal que uma teoria de como essas três dimensões ou aspectos do conhecimento comum têm raízes na existência social e são o resultado de um dinâmico processo de interação social. O aspecto cronológico desse modelo, entretanto, ajuda a esclarecer o que se expõe neste capítulo. A análise da formação da igreja define a gênese não apenas de uma instituição ou estrutura organizacional, mas também de um estilo de vida e forma de perceber a realidade.

O estudo da sociologia do conhecimento ajuda a forjar o que se pode chamar de imaginação sociológica.[52] Essa expressão chama a atenção para certo modo de apreciar as realidades humanas. Alguns elementos de uma imaginação sociológica são os seguintes: o reconhecimento de tensões dialéticas no conhecimento entre afirmação objetiva e experiência

---

Book, 1985, p. 86.

[51] Peter Berger e Thomas Luckmann. *The Social Construction of Reality*. Garden City, N.Y., Doubleday Anchor, 1967, e Peter Berger, "Religion and World Construction". *The Sacred Canopy*. New York, Doubleday, 1967, pp. 3-27.

[52] Generalizando com base em C. Wright Mills. *The Sociological Imagination*. New York, Oxford University Press, 1959, em que o autor desenvolve a visão fundamental na interconectividade do individual e da sociedade. Ver pp. 45-46.

subjetiva, e entre a afirmação objetiva de um indivíduo ou grupo e a comunidade a que ele pertence ou o segmento da sociedade que está sendo representado. A tensão dialética existe entre uma experiência individual e uma experiência socialmente mediada, de modo que, por exemplo, o sentido não reside apenas "na superfície" dos textos, e um autor não se comunica diretamente com seu leitor. Uma imaginação sociológica reconhece a mutabilidade de todas as instituições sociais porque elas são unidades históricas e dinâmicas de múltiplas relações e forças. Os elementos duradouros e constantes do humano, da antropologia, devem ser descobertos no interior dessa matriz social inter-relacional. As próprias estruturas sociais são históricas, funcionais, pluralistas, contextuais. Para aqueles que em alguma medida compartilham uma cultura pós-moderna, a autoridade religiosa deve ser distinguida do mero poder de coagir; ela não possui qualquer base puramente a-histórica, mas também só pode existir como apelo à liberdade no âmbito de uma estrutura social de plausibilidade. Fatores como esses levam a discussão sobre a formação da igreja a um nível antropológico mais profundo.

Com uma imaginação sociológica servindo como horizonte, duas teorias sociológicas bem generalizadas representam o processo formativo da igreja. Uma provém da sociologia aplicada à formação das organizações religiosas, a outra deriva da história das religiões. Não se erigem como padrões, e sim como exemplos que focalizam uma imaginação sociológica em um contexto analítico mais estruturado.[53]

Weber: a rotinização do carisma. Weber descreve a origem das comunidades religiosas nos seguintes termos: "Primariamente, uma comunidade religiosa surge em conexão com um movimento profético como resultado da rotinização, isto é, como resultado do processo pelo qual ou o próprio profeta ou seus discípulos asseguram a permanência de sua pregação e a distribuição da graça da comunidade, garantindo assim a

---

[53] Em outras palavras, com a escolha de Weber e de Wach sobre a origem das organizações religiosas não estou me comprometendo com as outras posições desses autores sobre método sociológico ou teoria geral. Minha escolha baseia-se na qualidade descritiva dessas visões e em sua aplicabilidade geral. Suas análises são tão generalizadas que é difícil imaginar espaço fora delas. Não obstante, proveem uma clara estrutura para um mapa mais detalhado ou matizado.

existência econômica do empreendimento e de seus administradores e monopolizando igualmente os privilégios reservados aos encarregados das funções religiosas".[54] Sem alguma forma de organização permanente não se tem senão um movimento destituído de propósito. Aqueles que querem regulamentar o culto ou a assembleia "esforçam-se por criar uma comunidade por meio da qual o seguimento pessoal do culto assumirá a forma de uma organização permanente e tornar-se-á uma comunidade dotada de direitos e deveres estabelecidos. Essa transformação de seguimento pessoal em comunidade permanente é o processo normal pelo qual a doutrina dos profetas se introduz na vida cotidiana, como a função de uma instituição permanente. Os discípulos ou apóstolos dos profetas tornam-se, consequentemente, mistagogos, instrutores, sacerdotes ou pastores (ou uma combinação de todos eles), servindo a uma organização dedicada exclusivamente a propósitos religiosos, ou seja, uma comunidade de leigos".[55]

Na concepção de Weber, portanto, as comunidades religiosas começam com um líder carismático. O líder carismático possui autoridade fundada em atributos ou poderes pessoais ou individuais de caráter extraordinário. A rotinização consiste em uma gradativa transferência da autoridade da pessoa do profeta para a comunidade formada por um conjunto de relações estáveis. O *telos* da organização é preservar a mensagem e os ideais do líder carismático nas estruturas da própria organização.[56] Com base nessa teoria, podem-se interpretar os primeiros cento e cinquenta anos da igreja como gradativa rotinização do carisma de Jesus.

Wach: a história das religiões. A teoria wachiana do fundamento de uma comunidade religiosa tem muitos aspectos em comum com a análise weberiana. Acrescenta, contudo, uma esquematização de três estágios no processo de rotinização.[57] Casa-se tão bem com a formação da igreja

---

[54] Max Weber. *The Sociology of Religion*. Boston, Beacon Press, 1963, pp. 60-61. Ele tem uma descrição mais ampla da rotinização do carisma em Max Weber. *The Theory of Economic and Social Organization*. New York, The Free Press, 1964, pp. 358-392.

[55] Weber, *Sociology of Religion*, p. 62.

[56] Weber, *Theory of Economic and Social Organization*, pp. 358-370.

[57] Wach, *Sociology of Religion*, pp. 130-145.

cristã que se deve suspeitar que os primórdios cristãos foram o referente implícito. O círculo dos discípulos compõe o primeiro estágio. A imagem do círculo remete à centralidade do profeta. "O círculo não é estritamente organizado, mas a gama de individualidades e as diferenças etárias são precursoras da futura diferenciação de função entre os membros".[58]

Ao segundo estágio Wach dá o nome de irmandade, que se distingue claramente do primeiro estágio em razão da morte do profeta. A questão crucial nesse estágio concerne ao futuro do grupo e, para assegurar sua identidade, ocorre uma mudança na crença, fazendo da pessoa do fundador um elemento central para a definição do grupo. Um crescimento gradual nas formas elementares da assembleia religiosa e do ritual, da organização e da estrutura também caracteriza esse estágio. "O culto, mais do que sua expressão doutrinal, une e integra a irmandade."[59] O terceiro estágio emerge de uma transição para um corpo eclesiástico ou igreja. Isso requer uma organização diferenciada, uma passagem do ministério informal para posições profissionais ou formais de liderança. Também envolve o desenvolvimento de uma face pública voltada para o mundo exterior.

Esses modelos proporcionam um padrão de comportamento geral, descritivo e quase de senso comum. São úteis porque abrem espaço a uma heurística para apreciar, em um nível socialmente dinâmico, a formação da igreja cristã. Passo agora à consideração de uma análise organizacional da igreja primitiva.

Análise organizacional

Uma análise organizacional da igreja mostrará como, dentro de um padrão comum de organização comunitária, o movimento cristão definiu para si próprio uma forma peculiar de ser igreja. Cinco categorias correlacionam-se mutuamente para conformar os elementos básicos de um organismo social: os participantes ou membros, os objetivos, as atividades,

---

[58] Ibid., p. 136.
[59] Ibid., p. 140.

as estruturas e o ambiente no qual e com o qual a organização interage.[60] Em si mesmas essas categorias não representam uma exposição diacrônica ou evolutiva, embora alguma atenção seja dispensada a essa dimensão, de sorte que a análise caracteriza sociologicamente alguns elementos da autoconstituição da igreja.

Membros. As organizações, a exemplo dos indivíduos, são todas peculiares e tão variegadas que se faz mister uma tipologia das próprias tipologias que tentam controlá-las.[61] Tal tipologia diferencia as organizações segundo a estrutura de autoridade e obediência. Organizações coercitivas como as penitenciárias empregam o poder de coerção para exigir a obediência; organizações utilitárias como as indústrias utilizam estímulos remuneratórios que recorrem a uma lógica calculista; organizações normativas como as religiões lançam mão da autoridade normativa simbólica, que apela ao compromisso moral.[62] Independentemente de haver um gênero comum denominado "religião", a igreja cristã é uma organização religiosa porque seus membros são primariamente vinculados por sua fé religiosa focada em Jesus de Nazaré. A igreja passou a existir como associação voluntária baseada na conversão e no livre compromisso. Sua peculiaridade decorrerá de sua fé mais fundamental mediada por Jesus.

Os membros da igreja primitiva eram judeus e pagãos, e os dois primeiros séculos assistiram à gradativa mas total reversão no equilíbrio dessa configuração. Nos primórdios, a igreja não era uma igreja, e sim parte do judaísmo; era um movimento judaico. Por volta do final do século II, embora ainda fortemente judaica em sua constituição, era de todo diferente do judaísmo institucional.

Objetivos múltiplos e cambiantes (missão). Um segundo elemento básico de uma organização consiste em seus objetivos. A consideração da missão da igreja em uma análoga correlação assistemática com os objetivos organizacionais suscita uma série de questões analíticas acerca

---

[60] Ver W. Richard Scott. *Organizations: Rational, Natural, and Open Systems.* Englewood Cliffs, N.J., Prentice-Hall, 1981, pp. 13-19.

[61] Ibid., pp. 27-54.

[62] Amatai Etzioni. *A Comparative Analysis of Complex Organizations.* New York, Free Press, 1975.

da formação da igreja primitiva. Por exemplo, a teoria organizacional distingue uma variedade de modelos básicos para uma organização: um modelo racional, no qual o objetivo sobrepõe-se a todos os aspectos de seu funcionamento, quer em uma forma teleológica, quer em uma rígida burocracia; ou um modelo natural, em que os objetivos são múltiplos e os meios de realizá-los são mais fluidos; ou um sistema aberto, que reconhece que a historicidade e a interação com o ambiente provocarão ajustes ou mudanças nos próprios objetivos; ou uma combinação de elementos de todas essas concepções.[63] O que melhor se coaduna com uma análise da igreja emergente? A teoria organizacional também discute os objetivos cambiantes, especialmente em virtude da interação com o ambiente, da multiplicidade de objetivos, de objetivos formais e informais, de objetivos organizacionais e de membros individuais. "Por conseguinte, identificar o objetivo individual, específico de uma organização, é dizer muito pouco a seu respeito. Os objetivos atuais só se revelam quando o objetivo público ou oficial é discriminado em objetivos operacionais — aqueles para os quais se podem identificar operações específicas".[64] Essas distinções suscitam diversas proposições acerca da formação da igreja primitiva. Três reflexões sobre os objetivos da igreja merecem atenção.

A primeira reflexão é que a igreja que se formou nos dois primeiros séculos tinha uma missão predominante, central, ou seja, propagar na história o ministério e a mensagem de Jesus para manter viva sua memória e sua missão. Em parte alguma ela se exprime nesses termos. Pelo contrário, essa fórmula é uma destilação de formas bem diferentes de expressar essa missão, missão que certamente se poderia configurar ainda de outras formas.

Essa missão permaneceu uma constante no desenvolvimento da igreja, passando, contudo, por diversas mudanças, enquanto o movimento e, portanto, a igreja interagiam com seu ambiente. Considere-se, por exemplo, o contraste entre os objetivos do movimento de Jesus durante

---

[63] Scott, *Organizations*, pp. 57-132.

[64] Charles Perrow. *Complex Organizations: A Critical Essay.* Glenview, Ill., Scott, Foresman, 1972, p. 160.

sua vida e os dos grupos cristãos fundados por Paulo. O grupo de Jesus estava preparando as condições para o advento do reino de Deus. Os grupos cristãos paulinos, por sua vez, estavam preparando as pessoas para a salvação cósmica. Um grupo tinha objetivo mais social, ao passo que o outro estava mais ligado aos indivíduos que faziam parte do grupo.[65] Frequentemente, a interação com o mundo no qual o grupo existia gerou mudança de natureza incremental. Por volta dos anos 48-49, a mudança ocorrida com relação à pertença ao grupo afetou a missão ou objetivo fundamental do movimento cristão; a mudança pode ser considerada radical quando se tem em conta que a comunidade começou a ser formalmente reconcebida em termos que se estendiam do judaísmo ao mundo pagão e ao Império Romano. Essa enorme mudança no arcabouço concreto ou imaginativo de intelecção dos objetivos da igreja alterou tudo, porque tudo tinha de ser reapropriado em um novo contexto. A missão básica da igreja, embora tenha permanecido a mesma cristicamente falando, modificara-se nos próprios fundamentos, no tocante a seu público-alvo.[66]

O presente esboço da história da formação da igreja durante esse período é suficiente para mostrar que a igreja era uma organização muito aberta e flexível, dotada de múltiplos objetivos. O apóstolo e o profeta estavam interessados no caráter missionário expansivo da igreja; os escritos do final do século I eram dominados pelos objetivos de sobrevivência, consolidação dos ensinamentos e preservação da unidade. A energia da igreja era distribuída entre a missão e a manutenção,[67] entre a realização dos objetivos formais da igreja *ad extra* e a preservação da sobrevivência da igreja mediante a acomodação interna dos objetivos dos membros individuais. A igreja possui, portanto, múltiplos objetivos, que variam em sua relativa proeminência no bojo do processo de gênese da igreja, segundo diferentes contextos, condições e constituintes. O fato de essa fluidez

---

[65] Bruce J. Malina. "Early Christian Groups", *Modeling Early Christianity*, ed. Philip E. Esler. London, Routledge, 1995, pp. 96-113.

[66] Outro evento significativo, a destruição do Templo, no ano 70, representou um divisor de águas que alterou radicalmente o contexto tanto do pensamento judaico como do pensamento cristão.

[67] Ver Gregory Baum. "Contradictions in the Catholic Church", *Theology and Society*. New York, Paulist Press, 1987, pp. 230-246, para um desenvolvimento e aplicação dessa distinção.

e abertura estarem consignadas nas escrituras, que são os documentos canônicos ou normativos da igreja, deve ter grande importância para sua autocompreensão no futuro.

Atividades. As atividades em que qualquer organização se envolve definem significativamente sua natureza. At 2,42 resume a vida interna do movimento cristão primitivo em quatro atividades: "E eles se devotavam ao ensinamento dos apóstolos e à comunhão fraterna, à fração do pão e às orações". "A exemplo da comunidade cristã congênere em Jerusalém, uma comunidade cristã pode e deve ser identificada como comunidade que se devota ao ensinamento dos apóstolos, à *koinonia*, ou seja, comunhão, irmandade, vida em comum e sensibilidade, à partilha do pão e às orações características da comunidade."[68] As atividades religiosas proeminentes da posterior mas ainda nascente igreja incluem as assembleias, os rituais, o ministério, a ética que pautava a vida moral dentro e fora da comunidade. Uma análise dessas atividades é importante para qualquer compreensão profunda da igreja-em-formação.

Assembleias. De muitas formas, para o sociólogo, a assembleia é a dimensão constitutiva basilar da igreja. A igreja é constituída pela comunidade de pessoas, como o indica o termo designativo de igreja, *ekklesia*. A comunidade de pessoas nos locais de encontro dentro de casa era a igreja em ato. Essa é a razão pela qual a casa como instituição foi tão formativa para a igreja. As assembleias compunham-se de muitas atividades diferentes: oração, salmodia, celebração da Ceia do Senhor, leitura e interpretação da escritura e exortação. O tamanho dessas assembleias era indubitavelmente irregular, mas geralmente se admite que eram pequenas.

Rituais. A atividade ritualística é da essência da religião, de acordo com Durkheim. "Por mais complexas que possam ser as manifestações exteriores da vida religiosa, sua essência interior é simples, una e idêntica. Em toda parte ela satisfaz a mesma necessidade e deriva do mesmo estado mental. Em todas as suas formas, seu objeto é alçar o homem acima

---

[68] Eugene La Verdiere. "New Testament Communities in Transition", 46. Lucas, evidentemente, pode estar retrojetando as atividades de sua própria comunidade sobre a comunidade originária.

dele próprio e fazê-lo viver uma vida mais elevada do que seria capaz se obedecesse apenas a seus impulsos individuais. As crenças expressam essa vida em termos de representações; os ritos organizam e regulam seu funcionamento."[69]

Os dois ritos mais importantes do cristianismo primitivo são o batismo e a eucaristia. Precedentes judaicos do desenvolvimento do batismo como rito de iniciação na comunidade cristã podem ser encontrados em rituais de ablução de maneira geral, mas especificamente nos ritos de purificação de Qumrã e ainda mais especificamente no batismo de João.[70] Se o próprio Jesus batizou, é uma questão controversa. O caso de Paulo evidencia que o batismo era praticado pelos seguidores de Jesus logo após sua morte e ressurreição, e uma antiga fórmula de batismo em nome de Jesus é mencionada em Atos, em conexão com Pentecostes. "Arrependei-vos, e cada um de vós seja batizado em nome de Jesus Cristo para a remissão dos vossos pecados. Então recebereis o dom do Espírito Santo" (At 2,38). Alguns pensam que essa primitiva forma ritualística era absolutamente judaica, muito embora o batismo tenha se desenvolvido pouco a pouco em um contexto que efetivamente separou os cristãos dos judeus.[71] Na época das cartas de Paulo, o batismo assumira significados ricos e complexos: a imersão e a emersão da água são associadas à morte e ressurreição do Senhor; sepultado com Jesus, o fiel ressuscita em seguida para uma nova vida e caminha no Espírito em direção ao lar escatológico.[72] O ensinamento ou instrução correspondia à preparação para o batismo, e por volta do início do século III, como testemunha Hipólito, em sua *Tradição apostólica*, a preparação normal era de três anos.

---

[69] Emile Durkheim. *The Elementary Forms of Religious Life*. New York, The Free Press, 1995, p. 417. Nesta seção, descrevo o batismo e a eucaristia em termos sociológicos. Ulteriormente, considerarei a linguagem teológica do Novo Testamento.

[70] Daniel J. Harrington. "Baptism in Scripture", in *The New Dictionary of Sacramental Worship*, ed. Peter E. Fink. Collegeville, Minn., Liturgical Press, 1990, pp. 83-84. O batismo cristão partilhava as seguintes características com o batismo de João: era um ritual aquático, administrado por outra pessoa, definitivo, exigia conversão e era orientado para o reino escatológico de Deus. Ibid., p. 84.

[71] Essa é a opinião de Rudolf Bultmann, segundo citação de G. R. Beasley-Murray in *Baptism in the New Testament*. Grand Rapids. Mich., Eerdmans, 1973, p. 99.

[72] Oscar Cullmann. *Baptism in the New Testament*. Philadelphia, Westminster Press, 1950, p. 14.

O segundo ritual nuclear e fundamental da igreja primitiva era a eucaristia ou Ceia do Senhor. Pode-se rastrear o pano de fundo da eucaristia no significado religioso das refeições na tradição judaica e nas bênçãos sobre elas invocadas. Os primeiros escritos dão testemunho da eucaristia em Paulo, que provavelmente aprendeu a tradição em Antioquia[73] e esclarece que o ritual consistia em uma verdadeira refeição, comemorativa da morte e ressurreição de Jesus e associada à última ceia de que Jesus participou com seus discípulos antes de morrer.[74] Mais ou menos na época em que Marcos redige um relato acerca da Última Ceia e outras narrativas eucarísticas, em que multidões são alimentadas, havia uma tradição de quarenta anos de refeições comuns entre os discípulos da qual se podia lançar mão.[75] A prática de refeições comuns dos discípulos tinha certa ligação com a época que antecedeu a morte de Jesus. Em Lucas, uma aparição de Jesus, e portanto uma revelação de sua ressurreição, é associada a uma refeição com Jesus (Lc 24,13-35). Por conseguinte, a reunião para essa refeição comemorativa tem de ser considerada como fator constituinte na formação da igreja primitiva.

Theissen propõe uma teoria de dois estágios sobre a origem dos sacramentos cristãos. O primeiro estágio é a adoção, pela comunidade, das ações simbólicas de João e de Jesus, o batismo do perdão dos pecados e as refeições de Jesus com seus discípulos. Em um segundo estágio, evidenciado em Paulo, ambas essas ações rituais eram então relacionadas com a morte de Jesus e tornaram-se sacramentos da morte sacrifical de Jesus para a salvação humana.[76] No primeiro estágio, essas ações têm

---

[73] Jerome Kodell. *The Eucharist in the New Testament*. Wilmington, Michael Glazier, 1988, p. 57.

[74] Meeks, *First Urban Christians*, pp. 157-162.

[75] Eugene La Verdiere. *The Eucharist in the New Testament and The Early Church*. Collegeville, Minn., Liturgical Press, 1996, p. 47. Em outras palavras, a prática e a interpretação, o ritual e o mito, acham-se de tal forma entrelaçados no desenvolvimento da eucaristia que não há consenso em torno da história de seu desenvolvimento.

[76] "O batismo e a eucaristia sobressaem em virtude de uma referência semântica comum: ambos são (em um estágio secundário) interpretados em termos da morte de Cristo. Originalmente, o batismo se dava pelo perdão dos pecados em face do juízo iminente. Após Rm 6, torna-se batismo na morte de Cristo. A eucaristia passou a existir a partir das refeições de Jesus. Em memória da última ceia, está ligada à morte de Jesus. E essa morte de Jesus, por seu turno, assume o lugar dos antigos sacrifícios". Theissen, *The Religion of the Earliest Churches*, p. 124.

um referente histórico ou ponto de partida no ministério de João e de Jesus. Elas eram ações simbólicas para veicular uma mensagem profética. Ambas têm caráter liminar no sentido de mediar uma passagem de um limiar para o mundo transcendente de Deus: no batismo, o novo mundo do julgamento escatológico; nas refeições de Jesus, a festa escatológica do reino de Deus. No primeiro estágio, o simbolismo ritual é icônico, simples ações em que a água significa limpeza e a refeição significa o júbilo escatológico do banquete final. No segundo estágio, contudo, essas ações simbólicas são transformadas em sacramentos. As ações simbólicas são reinterpretadas nos termos da morte sacrifical de Jesus. A relação icônica entre ação simbólica performada e seu significado religioso é rompida: já não são simples limpeza ou refeição escatológica, mas participação na morte sacrifical de Jesus. Batiza-se na morte e ressurreição de Jesus, e partilha-se a refeição de Jesus, rememorando sua última refeição com seus discípulos antes de sua morte e ressurreição.[77]

De um ponto de vista teológico, esses rituais são parte do objetivo fundamental da igreja. Eles têm também uma função social. Impõem autodisciplina e estimulam virtudes requeridas pela vida social. Têm a função coesiva de galvanizar as pessoas, ajudando a proporcionar identidade e estimulando a solidariedade. Rituais e sacramentos revitalizam a tradição da qual vivem as pessoas, o passado herdado que define quem é um grupo. E engendram uma concepção geralmente positiva da própria vida, nutrindo-a em períodos de crise e de negatividade.[78] Essas múltiplas facetas explicam por que o batismo e a eucaristia eram uma forma primária de definição das fronteiras e da identidade da nova comunidade cristã.

Ministérios. Os ministérios podem ser considerados como serviço público em favor da organização ou da comunidade. Paulo arrola os diversos ministérios existentes na comunidade. Geralmente as pessoas que ocupavam essas posições eram autodesignadas com base no talento

---

[77] Ibid., pp. 121-138.

[78] Harry Alpert. "Durkheim's Functional Theory of Ritual", in *Emile Durkheim*, ed. Robert A. Nisbet. Englewood Cliffs, N.J., Prentice-Hall, 1965, pp. 137-141. Ver também Durkheim, *Elementary Forms*, pp. 321, 375, 379, 392-393, 400-401, 415-416.

ou carisma. Outras, ao que parece, eram indicadas pela comunidade em função de uma necessidade, como, por exemplo, aqueles que deviam "servir" nos Atos ou os supervisores na *Didaqué*. Em termos gerais, a rotinização do carisma explica o desenvolvimento em direção às funções ministeriais que, em um estágio anterior e em um contexto paulino, eram consideradas como inspiradas pelo Espírito.

Uma perspectiva sociológica sobre os ministérios revela, entre outros, quatro aspectos que se sobressaem. Primeiro, as comunidades geralmente dispõem, em seu próprio seio, de todos os recursos de que necessitam para assegurar a própria sobrevivência ou para alcançar os objetivos para os quais foram concebidas. Isso significa que os ministérios surgem do bojo da própria organização. Segundo, os ministérios respondem a necessidades; concretizam a comunidade assumindo a responsabilidade por interagir com seu ambiente, as necessidades de seus membros e os objetivos para os quais foi fundada. Quando surge uma necessidade, como no caso da comunidade helênica em Jerusalém, as pessoas ou são indicadas, como no caso daqueles que tinham por incumbência servir, ou assumem responsabilidade para enfrentar crise. Terceiro, muito frequentemente, os ministérios ou estruturas ministeriais são tomados de empréstimo àqueles que se achavam disponíveis, àquilo que era familiar porque funcionava em outras comunidades. Por conseguinte, boa parte da análise reconstitui em que medida os ministérios cristãos são oriundos do judaísmo, de outras organizações da *pólis* grega ou de uma mescla de ambas as instâncias, caracterizando um híbrido.[79] Quarto, esses ministérios podem ser entendidos funcionalmente, ou seja, como parte de um sistema ou subsistema social de comportamentos concebido para fazer frente a uma necessidade e integrado na organização com base em seu desempenho nessa função.[80]

---

[79] No tocante às igrejas paulinas, *What are They Saying about the Formation of the Pauline Churches*, de Richard S. Ascough, New York e Mahwah, N.J., Paulist Press, 1998, examina a recente literatura que versa sobre essas questões.

[80] Ver a análise que Talcott Parsons faz dos sistemas sociais em termos funcionais em *Societies: Evolutionary and Comparative Perspectives*. Englewood Cliffs, N.J., Prentice-Hall, 1966, pp. 5-29. Não há dúvida de que entender o ministério ou o ritual em termos meramente funcionais seria

Ética. A ética em sentido lato, ou mais precisamente a moralidade, no sentido das atitudes e respostas básicas dos cristãos ao mundo, seu meio social e eles próprios, é profundamente constitutiva da própria comunidade. Desse modo, descrever a formação moral é descrever a identidade da igreja a partir de outra perspectiva.[81] Essa identidade moral da igreja primitiva constituía uma síntese de muitas influências sociais e culturais que evoluíram ao longo dos dois primeiros séculos. Incluía a tradição judaica sapiencial e legal, a tradição helênica da filosofia grega, o mundo social da *pólis* grega no Império Romano e a influência imediata da casa, que era a primeira e mais influente escola de moralidade. Profunda e determinante do conteúdo da moralidade cristã no curso de sua evolução é, contudo, a fé fundamental em Jesus enquanto Cristo.

Meeks vê dois grandes estágios no desenvolvimento da moralidade cristã que seguem *pari passu* os estágios de formação da comunidade descritos anteriormente, segundo a terminologia utilizada por Weber e Wach. O primeiro estágio vai da pregação jesuânica do reino de Deus ao desenvolvimento de uma seita messiânica judaica, com dimensões apocalípticas de ascetismo e expectativas de um mundo novo e melhor. A identidade sectária fora estabelecida muito antes, com base na lealdade a Jesus enquanto Messias, na adoção do batismo como rito de iniciação e na prática da ceia do Senhor. Negativamente, a não aceitação de certos rituais judaicos, como a observância do Sabá, a circuncisão e outros, também contribuiu.[82] Contudo, na virada do século, aproximadamente, a identidade e a estrutura autônomas de uma igreja faziam face ao império que surgira. "Algo novo estava emergindo nos lares privados em que os fiéis se reuniam em 'Jesus o Cristo, nas assembleias urbanas para a Ceia do Senhor que um chefe de família mais abastado às vezes permitia, nos

---

uma redução insatisfatória do que eles pretendem ser. Durkheim, por exemplo, é reducionista. Não obstante, nem o risco de reducionismo impede que uma análise sociológica desse tipo lance luz sobre tais ministérios.

[81] Meeks, *The Origins of Christian Morality*, pp. 3-8.

[82] Meeks, *The Moral World of the First Christians*, 99.

pequenos círculos de catecúmenos que recebiam instrução de um 'filósofo' cristão. A novidade era o que chamamos de 'a igreja'."[83]

A igreja nesse período está se constituindo com todas as suas práticas comuns, de modo que se pode perceber nesse desenvolvimento a intrínseca conexão entre ritual e atitude moral. O batismo é o sacramento mais frequentemente relacionado com a exortação moral, a parênese; o batismo inicia os membros em uma comunidade de santidade e uma esperada santidade por parte do indivíduo. Paulo propõe um explícito padrão vida-morte-vida do fiel que se batiza na morte de Jesus a fim de tornar-se uma pessoa nova, santa e moral. A eucaristia torna-se o sacramento comunitário que promove a integração e supera, em certa medida e em um nível mais profundo, a segregação social baseada nas diversas estratificações, contribuindo, portanto, para unificar a comunidade. Isso aparece contrastivamente, por exemplo, na querela em torno da eucaristia em 1Cor 11,17-34.[84] Outros rituais, os cânticos, a oração e o jejum fomentam a vida moral de forma menos incisiva. E outras práticas da comunidade promovem indiretamente as atitudes morais, tais como as admoestações e sanções que visam a resguardar a unidade e a sacralidade da comunidade, por exemplo: os pecadores afastados; a prática da hospitalidade; a prática da doação e da ajuda aos pobres, às viúvas, aos órfãos e a outras comunidades.

Estruturas. Um quarto elemento de uma organização consiste na variedade de estruturas que mantêm o grupo coeso e coordenam as atividades dos participantes com vistas à consecução de seus objetivos. Alguns dos axiomas decorrentes da análise sociológica das estruturas têm relevância para a compreensão da gênese da igreja. Um deles é o princípio da contingência, segundo o qual não existe uma única solução ótima para desenho da estrutura de uma organização. A melhor estrutura é contingente ao trabalho, aos objetivos e às exigências ou condições ambientais

---

[83] Ibid., 119-120.

[84] Wayne A. Meeks. *The Origins of Christian Morality*, pp. 92-98; Gerd Theissen. "Social Integration and Sacramental Activity: An Analysis of 1 Cor 11, 17-34", *The Social Setting of Pauline Christianity*, pp. 145-174.

com que se depara a organização.[85] Outro desses axiomas é a regra geral consoante a qual a maior complexidade de atividades geralmente exige maior complexidade de estruturas. Essa regra, contudo, admite exceção, quando tarefas complexas são realizadas "com agentes mais altamente qualificados e flexíveis — com profissionais".[86] Foi o que ocorreu na igreja primitiva, quando a diversidade primordial e mais informal de ministérios consolidou-se nas mãos de um clero mais profissional.[87] Por fim, outro axioma registra a correlação positiva entre o tamanho de uma organização e sua diferenciação estrutural. Maior tamanho frequentemente significa maior diversidade de atividades e, portanto, estruturação incrementada para coordená-las.[88] Esse fator também descreve a evolução da igreja, mas por uma via que não é seguida aqui. Em vez disso, a análise volta-se para a consideração de algumas das principais estruturas da igreja e das funções por elas desempenhadas. Trata-se da escritura e do cânon, dos credos, da lei, da governança e dos vínculos de intercomunicação.

Escritura e cânon. Poder-se-ia argumentar que, ao redigir suas escrituras e ao estabelecer um cânon, a igreja primitiva produziu sua estrutura singular mais importante.[89] As razões de tal sustentação residem nas diversas funções bastante fundamentais que o cânon escriturístico desempenha. O cânon estabiliza a experiência da fé fundacional da comunidade; provê sua expressão clássica; torna objetiva essa fé e estabelece uma distância que lhe permite atravessar o espaço e o tempo para tornar-se normativo no futuro; abre-a para futura reflexão e provê a possibilidade de que a estrutura possa ser interpretada de maneira relevante em outras situações; serve, portanto, como o principal instrumento da continuidade organiza-

---

[85] Scott, *Organizations*, pp. 207-208.

[86] Ibid., p. 222.

[87] Ver Edward Schillebeeckx. *The Church with a Human Face: A New Expanded Theology of Ministry.* New York, Crossroad, 1987, pp. 69-72. Considerei o desenvolvimento dos ministérios sob "atividades" para mostrar como as funções ministeriais evoluíram a partir de atividades ministeriais. Eles também podem ser considerados como emergindo de funções ministeriais e, portanto, como "estruturas" na organização sociopolítica da comunidade. Nos capítulos que se seguem eles serão considerados como estruturas da comunidade para o ministério.

[88] Scott, *Organizations*, p. 237.

[89] Isso é sugerido mas não afirmado enfaticamente por Theissen, *The Religion of the Earliest Churches*, pp. 270-271.

cional. Em suma, as escrituras funcionam como constituição basilar da igreja e proveem a fonte tornada objetiva quer para a estabilidade e para a flexibilidade, quer para a inovação.[90]

Credos. Os credos são formas concisas das crenças da comunidade, sínteses daquilo que se encontra mais elaboradamente contido nas escrituras. Por definir a crença, eles desempenham múltiplas funções na instrução e na iniciação; fornecem normas em momentos de conflito. Os credos se desenvolveram; foram gerados a partir de uma contínua reflexão sobre a experiência de fé da comunidade direcionada à pessoa e à mensagem de Jesus. Os credos, portanto, têm uma história no seio da comunidade e evoluem de formas embrionárias para uma linguagem mais padronizada. A exemplo das escrituras cristãs, eles são centrados em Jesus enquanto Cristo e expressam uma fé radicada em Deus por ele mediado.

Essa simples exposição histórico-sociológica dos credos não transmite a profundidade do papel por eles desempenhado, a função fundacional que exercem em uma organização religiosa, de par com a condução ritual e moral. Um credo cristaliza a visão de mundo, os mitos ou o dossel sagrado que situa a igreja em um nível cósmico. O papel de uma crença cristológica básica é bem ilustrado pela apreciação mais fundamental de Paulo a respeito de Jesus Cristo, pela qual e à qual ele se converteu. Em Paulo, o padrão vida através da morte com vistas à ressurreição torna-se uma estrutura básica da realidade e da existência humana. Paulo o exemplificou no hino aos Filipenses, utilizando o motivo do segundo Adão. Esse padrão determina sua forma de pensar acerca dos valores morais básicos: "Tende em vós o mesmo sentimento de Cristo Jesus" (Fl 2,5). Reflete também o padrão de conversão: Adão e Cristo, treva e luz. Estabelece uma dicotomia entre exterior e interior, entre a velha e a nova vida do indivíduo. Ou, mais concretamente: Cristo era rico, mas tornou-se pobre; portanto, compartilha a riqueza com os pobres. Os cristãos devem modelar a própria vida — e a própria morte — a partir do exemplo de

---

[90] Parsons, *Societies*, pp. 26-27; Paul Ricoeur, *Interpretation Theory: Discourse and the Surplus of Meaning*. Forth Worth, Texas Christian University Press, 1976, pp. 25-44; James Barr, *The Bible in the Modern World*. London, SCM Press, 1973, pp. 114-118.

Cristo. Tem-se aí os fundamentos de uma espiritualidade de combate, e os mártires foram heróis porque incorporaram na própria existência, de maneira mais plena e dramática, esse padrão crístico vida-morte-vida.[91]

Lei. A formação de uma organização e a rotinização são, em certa medida, sinônimas. Organização significa comportamento padronizado, comportamento pautado por normas. Em variados graus de "solidez", esses padrões tornam-se normativos, leis não escritas ou escritas. Por conseguinte, mesmo a liberdade dos cristãos pagãos em Antioquia, por volta do ano 50, em relação a certos aspectos da lei judaica envolve outras normativas ou condições definidoras de fronteira. Na *Didaqué*, tem-se um exemplo primordial do que se tornaria um gênero de escrito cristão, um manual de leis da comunidade.

Lei implica autoridade, e autoridade implica algum tipo de poder na comunidade. Weber descreve a rotinização como passagem da autoridade carismática à autoridade racional ou legal, ou seja, os fundamentos da autoridade deixam de situar-se nos atributos pessoais para fixar-se em um contrato social ou em padrões legalmente estabelecidos.[92] Scott distingue dois grandes tipos de autoridade nas organizações: a autoridade endossada é aceita e, nessa medida, constituída pelos participantes; já a autoridade autorizada é mais objetiva; é estabelecida e regulada por um poder superior. Ambos os tipos de autoridade podem existir separadamente ou em combinação.[93]

Utilizando essas categorias, como se poderia caracterizar mais genericamente, de uma perspectiva sociológica, a emergência da lei e da autoridade da igreja? Em primeiro lugar, o próprio modelo de rotinização para descrever a formação da igreja envolve o desenvolvimento da lei a partir do interior da organização; é a condição de sua existência sustentada. Em segundo lugar, como pequeno grupo nascente, a igreja depende dos

---

[91] Meeks, *The Origins of Christian Morality*, pp. 86-88. "O legado mais profundo de Paulo ao discurso cristão subsequente foi a transformação que ele fez da crucificação e ressurreição de Jesus Cristo em uma metáfora de múltiplos propósitos de vasto poder gerativo e transformador não menos de percepções morais." Ibid., p. 196.

[92] Weber, *The Theory of Economic and Social Organization*, pp. 324-423.

[93] Scott, *Organizations*, p. 383.

conversos e, portanto, é constituída como associação voluntária. Nesse medida, a autoridade da igreja primitiva deve ser classificada como autoridade "endossada"; ela é socialmente constituída como uma função da liberdade social dos membros; não é autoridade coercitiva. Em terceiro lugar, enquanto autoridade religiosa, ela recebe sanção divina e fundamento teológico.[94] Encontra respaldo ou reforço nos credos. Por fim, contudo, de uma perspectiva sociológica, os fundamentos da autoridade estribam na credibilidade e na autenticidade da própria igreja. A igreja manteve a obediência de seus membros ao dotá-los de um estilo de vida coerente e integrado, bem como de uma identidade em face do mundo exterior.[95]

Governança. A estrutura governamental da igreja constitui um enorme tópico da eclesiologia, e sua importância condiz com sua complexidade. Não se pode esperar, em poucos parágrafos, destrinçar os múltiplos problemas que ela comporta. Mas a confluência de uma perspectiva histórica e sociológica lança alguma luz sobre seus desvãos. As três teses aqui propostas requerem maior pesquisa e discussão.

Em primeiro lugar, a estrutura governamental da igreja primitiva foi resultado do desenvolvimento, desenvolvimento esse que se prolongou pelos séculos I e II. Ela se desenvolveu ao longo de diversos eixos, ou seja, em uma variedade de aspectos ou dimensões próprios. Por um deles, passou-se de uma estrutura de autoridade fundada em termos mais carismáticos, na qual o exercício dos ministérios dependia da inspiração, para um sistema mais racionalizado de ofícios ministeriais. Esse desenvolvimento é historicamente demonstrável e coerente com os grandes modelos sociológicos de Weber e de Wach.

Em segundo lugar, de acordo com o princípio sociológico da contingência, a dinâmica do desenvolvimento das estruturas governamentais pode ser compreendida segundo o parâmetro de um encontro com o meio circundante. As comunidades particulares supriam as próprias necessidades

---

[94] A autorização divina é vigorosamente afirmada nas cartas de Inácio de Antioquia. Uma discussão ulterior acerca da dimensão teológica da igreja é reservada para a seção subsequente do ensaio.

[95] Ver David J. Stagaman sobre "Autoritativo" em seu *Authority in The Church*. Collegeville, Minn., Liturgical Press, 1999, pp. 55-57.

apropriando-se de estruturas que se achavam disponíveis, que eram conhecidas. Tais estruturas tinham suas fontes ou eram influenciadas pela sinagoga judaica, pela casa em uma *pólis* grega, por outras associações voluntárias que desempenhavam atividades análogas. Esse desenvolvimento pode ser chamado de natural e espontâneo, não no sentido de que fosse irrefletido ou impensado, mas no sentido de que não se coadunava com nenhum esquema prévio. Pode-se arguir esse caráter espontâneo com base no silêncio do Novo Testamento acerca dos sistemas de governança, como se não existisse interesse algum em defender uma ordem governamental específica.[96] A própria dificuldade com que se deparam os estudiosos do Novo Testamento para determinar algum padrão comum na governança da igreja revela que poucos autores neotestamentários, se houve algum, indicaram ou postularam uma ordem específica.

Em terceiro lugar, o Novo Testamento revela uma pluralidade de ordens eclesiais ou de estruturas governamentais. Por ser um documento canônico ou normativo, o Novo Testamento prega o pluralismo na instituição igreja. Não endossa unicamente um sistema episcopal, como os teólogos ortodoxos, católicos e anglicanos geralmente pensam, nem um sistema presbiteral, como as igrejas calvinistas e reformadas acham, nem a absoluta falta de um sistema divinamente autorizado em favor da liberdade de estrutura para mediar a palavra e o sacramento, o que se coaduna com uma concepção luterana das coisas. Isso significa que, se se pode encontrar aspectos da sociedade eclesial primitiva que se compatibilizam com todos esses sistemas, seria uma contumácia histórica, sociológica e teologicamente falando, tentar justificar um sistema único em detrimento dos outros, na base da igreja primitiva tal como se acha refletida no Novo Testamento. *Grosso modo*, mas aqui bem claramente, o pluralismo neotestamentário não considera a prova textual como método teológico.

---

[96] A questão aqui não é que as comunidades refletidas no Novo Testamento não tivessem interesse na unidade ou na ordem da igreja; certamente tinham, mas não defendiam unânime ou uniformemente qualquer sistema particular de governança para assegurá-la.

Comunicação. O cristianismo principiou com missionários de Jerusalém e provavelmente com outros grupos na Galileia. Espraiou-se por intermédio das trocas comerciais, das viagens e da comunicação. O apóstolo (Paulo) era itinerante, como também alguns profetas. Mensageiros eram enviados; cartas eram escritas; visitas eram feitas. Um senso de solidariedade caracterizava o movimento como um todo, assim como certo senso de responsabilidade mútua. Jerusalém preocupava-se com a igreja em Antioquia; Paulo fez uma coleta das igrejas pagãs para a igreja em Jerusalém; Roma preocupava-se com a igreja na colônia romana de Corinto. Desde o início do movimento, as frequentes comunicações entre as igrejas locais tornam difícil afirmar se esse é um movimento que dispunha de muitos postos avançados ou de muitas igrejas que perfaziam uma unidade de igrejas. Independentemente de como se decida esse aspecto em relação ao século I, ao se defrontar com o Império no século II, a igreja avançou, tornando-se mais sólida em uma entidade coletiva única e abrangente.

A interação e a interpenetração dialética entre a comunidade cristã mais ampla como um todo e as comunidades primárias locais reforçaram a igreja no século II. Tomadas de empréstimo da sociologia das organizações, pode-se ver agora como "as normas (e seu aparato de reforço), os ideais e a história da [grande] comunidade constituem parte de uma cultura de grupos menores, superando interesses particulares, limitando o poder e a dependência dentro de grupos menores àqueles consistentes com as normas da comunidade. A penetração de grupos primários confere aos grupos maiores a capacidade de socializar a lealdade a si próprios em níveis mais profundos da personalidade. As recompensas de vida de grupo primário e as lealdades a outros membros de grupos primários tornam-se recursos à disposição do grupo maior".[97] O fato mais importante de uma perspectiva antropológico-cultural é que a comunidade maior transmitia uma longa tradição comum e proporcionava um amplo contexto de pertença que galvanizava a identidade pessoal e fortalecia as igrejas locais.

---

[97] Arthur L. Stinchcombe. "Social Structure and Organizations", in James G. March, ed., *Handbook of Organizations*. Chicago, Rand & McNally, 1965, p. 186.

Ambiente e fronteiras. Uma quinta dimensão das organizações diz respeito às fronteiras e à identidade no interior de um ambiente. Normalmente, as organizações existentes na história não podem ser concebidas como entidades fechadas, como sistemas mecanicamente racionalizados voltados para a consecução dos próprios objetivos. Pelo contrário, faz--se referência coerente à relação aberta e interativa que as organizações estabelecem com o ambiente, o que suscita questões de identidade, em termos de diferenciação recíproca, um problema constante e cambiante em uma gama de níveis: autodefinição, fronteiras organizacionais, ritual, ética. Na hipótese de que, durante o século I, o movimento cristão estivesse preocupado com sua relação com o judaísmo, e durante o século II a ênfase houvesse se deslocado para sua relação com o Império, fazem-se necessárias algumas considerações sobre cada um desses ambientes.[98]

A igreja e o judaísmo. O movimento cristão começou sua existência como uma seita dentro do judaísmo. O termo "seita" possui uma gama de significados; utilizo-o aqui na tradição de Weber e de Troeltsch, no sentido de que envolve uma tensão entre o grupo e o meio sociorreligioso estabelecido e o mundo. Uma seita existe quer dentro de um todo maior, quer em oposição a ele. Jesus e o movimento jesuânico que dele se deflagrou tiveram início como parte de uma totalidade no interior de seu sistema cultural de origem, o judaísmo. Ao mesmo tempo, a fidelidade a Jesus paulatinamente colocou o movimento cristão em rota de colisão com o judaísmo. Isso significa que se podem entender os primórdios e a origem do cristianismo como uma religião distinta nos termos da sociologia do desvio, entendida como processo socialmente construído de distinção e separação. Esse processo pode ser esquematizado em uma série de movimentos pró-separação: "Esses estágios incluem (1) ser publicamente identificado como infrator de normas, (2) ser excluído da participação em atividades não desviantes, (3) vir a definir-se como desviante e (4) lidar

---

[98] A mudança de preocupação do judaísmo para o Império Romano é uma mudança de ênfase, questão de certo centro de gravidade, porque ambas as relações envolveram a igreja durante os dois séculos.

com a própria identidade desviante".[99] Esse processo deve ser entendido como algo que engaja uma comunidade por um período de tempo e se coaduna com os estágios de uma convicção socialmente construída. Como tal, ele descreve, *grosso modo*, a dinâmica entre o judaísmo e a comunidade cristã primitiva, seja pontualmente, como no caso da comunidade de Mateus, seja mais geralmente, como no caso do movimento cristão como um todo.

Esse processo estabeleceu uma ambiguidade básica na relação da comunidade cristã com o judaísmo. A relação era tal que, mesmo após a completa separação organizacional, não pode ter havido absoluta distinção ou separação. Jesus era judeu; o cristianismo era ininteligível sem o judaísmo; seus principais prosélitos, durante o século II, eram judeus; sua tradição era judaica; suas escrituras, incluindo partes do Novo Testamento, eram escritos judaicos. Essa simbiótica relação com o judaísmo, ao longo das fronteiras já consideradas em termos de organização, ritual e credo, era também paradoxal. Enquanto o judaísmo se afastou, no decorrer do século II, do sacerdócio e do sacrifício, o cristianismo adotou essa mesma linguagem como própria.[100]

A igreja e o Império. A igreja aparece em relação ao Império como uma seita. Aqui, o termo "seita" transmite o sentido da reação da organização religiosa ao mundo. "Os homens buscam salvação em um mundo no qual sentem a necessidade de auxílio sobrenatural. Os sectários necessariamente buscam essa salvação em alguma outra via que não a aceitação da cultura secular e dos meios institucionais que ela disponibiliza aos homens para a consecução de objetivos sociais e culturais. Claramente,

---

[99] Erdwin H. Pfuhl e Stuart Henry. *The Deviance Process*. New York, Aldine de Gruyter, 1993, p. 121.

[100] Referindo-se ao século II, Dunn escreve: "Nesse período, o sacerdócio e o sacrifício eram constitutivos de uma religião ou culto; com efeito, uma religião ou culto era praticamente inimaginável sem o sacerdócio e o sacrifício. O judaísmo rabínico não sucumbiu a essa pressão: a perda de seu próprio Templo e o foco na Torá permitiram-lhe resistir à atração da norma social. Em contraste, o cristianismo viu-se incapaz de resistir à pressão: a centralidade de Cristo era insuficiente para fazer face à pressão da conformidade social, pela qual o uso tipológico das ideias e termos cúlticos veterotestamentários naturalmente tendia a dar margem cada vez mais a uma transposição literal". Dunn, *The Parting of the Ways*, p. 257.

por definição, eles também rejeitam a tradição religiosa ortodoxa ou dominante em aspectos por demais importantes para separá-los dela, pelo menos em termos de culto, e geralmente também em outras formas".[101] A relação da igreja com a cultura imperial era realmente ambígua: estava nela, mas não era dela. Dialogava com o Império; adotou categorias filosóficas gregas em sua autocompreensão; sua ética era influenciada pelas tradições filosóficas gregas; seus membros eram cidadãos romanos sujeitos a um regime de dupla lealdade porque rezavam pelo imperador; passaram a adotar a linguagem do sacerdócio e do sacrifício. Os cristãos, porém, construíram sólidas fronteiras entre eles próprios e o paganismo e suas instituições dominadas pelo demônio. Eram "ateístas" com relação aos deuses pagãos, monoteístas rigorosos, sequazes de uma religião exclusiva que buscavam salvação de uma fonte estritamente transcendente, e viviam na expectativa de um lar definitivo na eternidade.

Em síntese, esses cinco *loci* organizacionais proporcionam um âmbito ou contexto heurístico que suscita uma gama de questões acerca do desenrolar do desenvolvimento histórico da igreja. As fontes históricas, evidentemente, nem sempre fornecem respostas claras. Não obstante, as categorias nos permitem perceber os desenvolvimentos históricos de maneira mais acurada.

Uma exposição teológica

Um terceiro nível de compreensão da igreja primitiva é teológico. Pressuponho a relação íntima e não redutora entre os dados histórico-sociológicos e a elaboração teológica dessas mesmas realidades. O desenvolvimento da igreja relaciona-se com Deus porque Deus se acha atuante em seu seio. Estabelecidas essas pressuposições, discuto o caráter teológico da igreja tal como é percebido na e pela fé e proposto em linguagem teológica. Principio a discussão a partir de dois pontos de vista:

---

[101] Bryan R. Wilson. "Sociological Analysis and the Search for Salvation", *Magic and the Millennium: A Sociological Study of Religious Movements of Protest among Tribal and Third-World Peoples.* New York, Harper & Row, 1973, p. 19.

o primeiro relaciona-se com o que pode ser chamado de fundamentos teológicos da igreja em Jesus e Deus enquanto Espírito; e o segundo versa sobre as concepções teológicas ligadas aos vários elementos que configuram a igreja como comunidade de fé organizada.

Fundamentos teológicos da igreja

Jesus como o fundamento da igreja. Jesus é o fundamento da igreja cristã, teologicamente falando, a partir de duas perspectivas: historicamente, ele se situa na origem da igreja como a fonte do movimento que se tornou a igreja; e teologicamente continua a funcionar como fundamento teológico da igreja para o futuro, ou seja, em qualquer época dada.

Já consideramos o desenvolvimento histórico da igreja. Nesse desenvolvimento, a pessoa de Jesus proporcionou o princípio da unidade. A unidade de toda a igreja e de cada igreja em seu seio, tal como testemunhado pelo Novo Testamento, situou Jesus no centro: todo o Novo Testamento trata, direta ou indiretamente, de Jesus. E Jesus esteve, de maneira muita fundamental, na base da separação entre o movimento cristão e o judaísmo. A principal razão para essa cisão fundamental era de caráter teológico, ou seja, a interpretação dos cristãos segundo a qual Jesus era Messias e representava a salvação de Deus em termos decisivos e definitivos, constituindo, portanto, uma figura universalmente relevante para a salvação de todos, e não apenas dos judeus.[102]

Por conseguinte, a razão mais profunda pela qual Jesus é o fundamento da igreja é teológica e não meramente histórica. Esse fundamento reside na experiência de Jesus como o portador de salvação. Tal reconhecimento mesmo de Jesus como salvação oriunda de Deus, que só ocorreu plenamente após sua morte na experiência pascal, constitui o fundamento da

---

[102] Uma análise adequada de Jesus como o fundamento da igreja deve incluir uma exposição acerca do desenvolvimento da crença na divindade de Jesus e das implicações desse fato para o *status* da igreja. Uma versão dessa discussão, por demais complexa para ser incluída aqui, pode ser encontrada em Roger Haight, *Jesus Symbol of God*. Maryknoll, N.Y., Orbis Book, 1999 [ed. bras.: *Jesus, símbolo de Deus*. 2. ed. São Paulo, Paulinas, 2005]. Sobre a aludida questão da separação entre os cristãos e os judeus, ver Dunn, *The Partings of the Ways*, pp. 244-247, para uma análise teológica das razões vinculadas à cristologia.

igreja. Nos termos utilizados por Francis Schüssler Fiorenza, o fundamento teológico da igreja consiste na interpretação de Jesus como mediador da salvação de Deus.[103] A interpretação de que Jesus é salvador de Deus continuou a desenvolver-se, mas permaneceu como interpretação do próprio Jesus, a figura terrena agora ressuscitada, fato que assinala a continuidade nesse desenvolvimento. Entretanto, como exatamente as comunidades primitivas entenderam Jesus enquanto fundamento teológico da igreja variou historicamente, de acordo com as diferentes interpretações que dele se propuseram. Todos concordavam que Jesus era a salvação deles próprios e, como tal, constituía o fundamento de suas novas comunidades. Entretanto, como havia pluralismo de concepções acerca de Jesus, assim também uma gama de aspectos ou formas pelas quais Jesus influenciou as diferentes comunidades definiu sua condição de fundamento. Em outras palavras, o Novo Testamento revela que a maneira pela qual Jesus é fundacional para a igreja é pluriforme.[104]

Além de ser o fundamento histórico da igreja, teologicamente, no passado, por assim dizer, Jesus é também fundacional para a igreja no futuro e em qualquer época. Com sua morte e exaltação, Jesus enquanto figura histórica tornou-se ausente da história. Portanto, tornou-se historicamente necessário, para que Jesus não desaparecesse da memória ou fosse completamente distorcido pelo tempo, que um registro seu fosse preservado pela escritura. E assim aconteceu: a igreja nascente apreendeu sua experiência de Jesus na escritura e no ritual, a própria experiência sobre a qual se erigiu a igreja. São principalmente os evangelhos que retratam Jesus e a avaliação que dele faz a igreja. Mas a totalidade do Novo Testamento, enquanto escritura cristã, remete ao significado de Jesus.

Jesus continua a ser o fundamento e a norma para a igreja, pois, por encontrar-se no cerne e no centro do Novo Testamento, e para os cristãos, e do conjunto da Bíblia. Jesus é o fundamento porque o Novo Testamento é a memória e a experiência codificadas de Jesus precisamente enquanto

---

[103] Francis Schüssler Fiorenza. "The Church and the Task of Foundational Theology", *Foundational Theology: Jesus and The Church*. New York, Crossroad, 1985, pp. 155-173.

[104] Ver Haight. *Jesus Symbol of God*, pp. 152-184.

fundamento da igreja. Esse Jesus faz-se presente na igreja mediante as diversas formas de ler, ouvir e interpretar as escrituras, bem como pela atividade ritual.

Há que se notar, uma vez mais, que essa presença fundacional de Jesus na igreja por intermédio de suas escrituras será sempre apreciada pluralisticamente. Não só o próprio documento é pluralista, como também está sendo constantemente recepcionado em situações sempre novas e, portanto, pluralisticamente. Em outras palavras, assim como a forma pela qual Jesus é o fundamento da igreja é pluralisticamente retratada no Novo Testamento, também a apreciação de como ele é fundacional hoje será pluralística pelas mesmas razões. Muito embora a lógica de como Jesus funciona como fundamento teológico da igreja passe pela interpretação e recepção, Jesus permanece normativo para a igreja: ele é o crítico e juiz de cada exercício de ministério e de autoridade no âmbito da igreja.

Deus enquanto Espírito como fundamento da igreja. A igreja não é apenas fundada em Jesus. Na linguagem eclesial comum, ela é o templo do Espírito de Deus. Atos representa a igreja como tendo início em Pentecostes, com o derramamento do Espírito. Será proveitoso refletir, sucintamente, sobre o que significa o Espírito como fundamento da igreja, principiando por lembrar a acepção do símbolo "Espírito".

A palavra "símbolo" nesse caso alude a um símbolo consciente enquanto distinto de um símbolo concreto ou material. A categoria "símbolo" indica que os conceitos aplicados a Deus não são aplicados da mesma forma quando se trata do conhecimento acerca deste mundo. Deus é transcendente, e um símbolo conceitual remete a uma realidade que transcende ou extrapola seu significado intramundano. O símbolo "o Espírito de Deus" refere-se a Deus como agente no mundo; designa o poder de Deus no mundo como a fonte de dinamismo, vida, energia humana exaltada e inspiração. O Espírito designa Deus presente e invisivelmente ativo, como o vento, no mundo e nos seres humanos. Tal como anteriormente indicado, utilizo a expressão "Deus enquanto Espírito" para esclarecer que o Espírito é Deus e somente Deus. Em seu sentido primordial, ele não é uma pessoa da trindade, mas simplesmente Deus, Deus operativo no mundo.

O significado do símbolo Deus enquanto Espírito, hoje, não difere substancialmente na teologia e na linguagem cristã comum. Teologicamente, Deus enquanto Espírito pode ser interpretado como presença de Deus na criação de Deus; para os seres humanos, é a "presença pessoal de Deus em" ou autocomunicação de Deus.[105] Deus pode ser experienciado como totalmente outro, como mistério transcendente e absolutamente sagrado. Todavia, quando é experienciado como absoluto, Deus torna-se presente em e, em certo sentido, no interior de uma pessoa.

É esse Deus enquanto presença, Deus enquanto Espírito presente "fora do ser de Deus", nos efeitos da ação de Deus, por assim dizer, que constitui o fundamento da igreja. As páginas do Novo Testamento revelam amplamente essa experiência. O derramamento do Espírito simboliza que Jesus é o evento escatológico ou decisivo da salvação. O Espírito agiu no íntimo de Jesus e agora, que o Espírito se liberou no movimento de Jesus. A igreja é a comunidade do Espírito, e o Espírito é a presença de Deus na igreja. O Espírito é a causa, a base e o fundamento da igreja, a energia interna de seus ministérios, a força propulsora que galvaniza sua missão. Por conseguinte, como diz o Novo Testamento, não se pode mesmo reconhecer Jesus enquanto Senhor sem a prévia presença e poder do Espírito, mesmo quando Jesus é a norma para o discernimento do Espírito (1Cor 12,3; 1Jo 4,1-3).

Mas o que significa dizer que se experiencia ou se conhece o Espírito? Pode-se aceitar como um princípio que Deus, e portanto Deus enquanto Espírito, não pode ser conhecido imediatamente; todo conhecimento de Deus é historicamente mediado. Por conseguinte, quem quer que se encontre com Deus enquanto Espírito o faz no contexto ou mediante uma experiência finita deste mundo como horizonte ou tema transcendente que excede a imediaticidade. O conteúdo do conhecimento de Deus enquanto

---

[105] Ver Karl Rahner. *Foundations of Christian Faith: An Introduction to the Idea of Christianity.* New York, Crossroad, 1994, pp. 117-133, 136-137.

Espírito, ou seja, a forma como Deus é encontrado e compreendido, deve ser mediado através de algum contato com o mundo finito.

No cristianismo, o conhecimento de Deus é mediado por Jesus. De certa maneira, poder-se-ia tomar esse enunciado como definição do que é o cristianismo, ou seja, a religião na qual o próprio contato, concepção e constructo de Deus se dão por meio do evento de Jesus. Para os cristãos, Jesus medeia o ser de Deus. Portanto, no Novo Testamento, o Espírito ativo na igreja não é simplesmente Deus em ação, mas Deus enquanto Deus que se dá a conhecer no ministério e na pessoa de Jesus. O Espírito Santo é definido como o "poder de Cristo manifestado no presente".[106] Os símbolos "Espírito", "Espírito de Deus", "Espírito Santo" foram associados a Jesus Cristo e referem-se todos à "presença permanente de Deus e de Cristo nos cristãos" e, portanto, na igreja.[107] O Novo Testamento está repleto da linguagem do Espírito concernente à igreja, e comporta esta dupla referência: a Jesus de Nazaré como portador e revelador do Espírito de Deus, e à permanente presença e poder de Jesus ou Cristo ressuscitado no seio da comunidade em qualquer época. Na seção seguinte, utilizarei algumas das imagens que expandem essa convicção.

Por fim, a predominância da linguagem do Espírito descrevendo a presença e a atividade de Deus na comunidade acarreta a tese segundo a qual o Espírito constitui o fundamento da igreja. Essa tese, contudo, deve ser apreciada de uma maneira histórica e sociologicamente nuançada. A relação de Deus enquanto Espírito com instituições históricas efetivas não deve ser acriticamente mistificada. Deus ou Deus enquanto Espírito torna-se manifesto nos e através dos meios históricos, e não pode ser conhecido independentemente dos meios históricos. Dessa forma, experiencia-se Deus enquanto Espírito em Jesus Cristo e na e através da igreja em suas diversas instituições. Os cristãos primitivos não conheceram o Espírito fora e independentemente dessas instituições, de maneira que esse conhecimento tornou-se um critério objetivo. Eles não podiam

---

[106] Harrington, *Church*, p. 58.
[107] Ibid., 59.

dizer: "Conhecemos Deus enquanto Espírito, e com base nesse conhecimento objetivo de Deus enquanto Espírito sabemos que Deus justifica e respalda ou deseja esta instituição na igreja, mas não aquela instituição na igreja". Não se pode apelar a um Espírito ou vontade de Deus a cujo conhecimento se chegue por via independente e a partir daí arguir, por dedução, a validade de uma instituição histórica específica do arcabouço da igreja. Pelo contrário, o Espírito, digamos assim, preside, por estar presente a e por ser mediado por um pluralismo de instituições eclesiais na igreja representadas no Novo Testamento, e por um pluralismo de instituições que se desenvolveram ao longo da história.

Em suma, não se deve pensar Jesus Cristo e o Espírito como dois fundamentos teológicos separáveis da igreja. Pelo contrário, eles constituem dois aspectos ou dimensões de um fundamento divino que opera como unidade. Na formação da igreja, Deus enquanto Espírito é mediado por Jesus de Nazaré, que é o Cristo. E Jesus só pode ser reconhecido como o Cristo mediante a presença e influência de Deus enquanto Espírito. Em conjunto, esses símbolos designam a maneira pela qual Deus constitui o fundamento teológico único da igreja.

A teologia da organização eclesial

As duas primeiras partes deste capítulo delineiam o desenvolvimento histórico e sociológico da igreja. Essa análise social da igreja deve ser complementada por uma exposição teológica acerca do alcance e da profundidade da experiência religiosa daquilo que assim foi gerado. Jesus e Deus enquanto Espírito proveem os fundamentos dessa experiência. Resta indicar, contudo, como a experiência teologal subjazeu à formação das próprias estruturas organizacionais e configurou, portanto, parte de sua constituição. Na sequência, analisarei passagens fundamentais do Novo Testamento que ilustram de que maneira cada aspecto da estrutura organizacional que se modelava foi concebido em linguagem teológica que indicava sua relação com Deus.[108]

---

[108] Essa análise da dimensão teológica da igreja baseia-se largamente em Harrington, *Church*.

Membros: escolhidos no Espírito para serem o corpo de Cristo. Recorro aos textos de São Paulo para a primeira e mais completa exposição teológica acerca dos membros e da natureza da igreja.[109] Nos primórdios, tornar-se membro da igreja requeria conversão e fé. Dispomos de diversos relatos de conversões de pagãos e judeus, mas o de Paulo é o mais famoso. Ele caracteriza sua conversão em termos revelacionais: Deus "chamou-me por sua graça" e "houve por bem revelar em mim o seu Filho" (Gl 1,15-16). "Dom" e "graça" fornecem a premissa e o tema da revelação, e a revelação transmite o senso de ser escolhido: "Os que de antemão ele conheceu, esses também predestinou a serem conformes à imagem do seu Filho, a fim de ser ele o primogênito entre muitos irmãos. E os que predestinou também os chamou" (Rm 8,29-30). Paulo inculcou nos membros de suas igrejas o senso de haverem se tornado únicos por obra de Deus.

Deus enquanto Espírito revelado em Jesus e, portanto, o Espírito de Cristo designa a maneira pela qual Deus chama cada membro à igreja. Deus enquanto Espírito habita em cada membro da igreja que seja autêntico seguidor de Jesus Cristo (Rm 8,9). Cada membro torna-se unido a Cristo em virtude da participação efetuada pela inabitação do Espírito. Como resultado, toda a comunidade da igreja local é coletivamente cheia, animada, constituída e conduzida pelo Espírito de Cristo.[110]

Essa teologia da filiação acarreta como consequência concreta o reconhecimento dos efeitos do Espírito como o carisma de cada indivíduo na igreja. Uma igreja repleta do Espírito é uma comunidade carismática. Cada membro é agraciado pelo Espírito de uma maneira que excede os próprios talentos naturais. Todos os carismas, no entanto, estão a serviço de e em harmonia com a unicidade da igreja. "Há diversidade de dons, mas o Espírito é o mesmo; diversidade de ministérios, mas o Senhor é o mesmo; diversos modos de ação, mas é o mesmo Deus que realiza tudo

---

[109]   Os textos relevantes aqui são Rm 8; 12,1-8; 1Cor 12-14. Ver Harrington, *Church*, pp. 57-68.

[110]   O Espírito concede a vida em oposição ao pecado e à morte. O Espírito habita em cada cristão, e a comunidade enquanto Sabedoria ou *Shekinah* habitava no tabernáculo e posteriormente no Templo. A igreja, portanto, é a comunidade do novo êxodo. N.T. Wright, *The Letter to the Romans*, NIB, X, 2002, pp. 555-556.

em todos. Cada um recebe o dom de manifestar o Espírito para a utilidade de todos" (1Cor 12,4-7). Paulo elenca o que a seu ver constitui esses carismas: por exemplo, falar com sabedoria, falar com conhecimento, curar, operar milagres, profetizar, discernir espíritos, falar em línguas, interpretar essas línguas (1Cor 12,8-10). O objetivo teológico, contudo, é a divina potencialização e autorização.[111]

Paulo formula o conteúdo da teologia da comunidade carismática na admirável metáfora do corpo de Cristo. A imagem é prenhe de filões, todos muito ricos. Referindo-se à comunidade local, ele escreve: "Pois assim como em um só corpo temos muitos membros, e os membros não têm todos a mesma função, de modo análogo, nós somos muitos e formamos um só corpo em Cristo, sendo membros uns dos outros" (Rm 12,4-5). Essa concepção enfatiza de que maneira muitos talentos cooperam para fazer da igreja uma unidade orgânica complexa. Mas outra exposição das mesmas imagens sugere que o sujeito do corpo é Cristo, de sorte que os membros compõem seu corpo (1Cor 12,12). O Espírito de Deus, que é o Espírito de Cristo, constitui a força vital dessa identificação, sugerindo assim ativa participação em Deus e conferindo à metáfora um realismo místico. A imagem celebra pontualmente o pluralismo e a diversidade de dons, ressaltando ao mesmo tempo que eles constituem a unidade do único corpo e devem ser exercidos tendo em vista esse fim. A imagem fornece um critério para sua utilização. Compreende ainda mais que uma simples insinuação de igualitarismo: os diferentes dons correlacionam-se com diferentes funções, alguns mais importantes que outros; todos, no entanto, são membros do mesmo corpo, de modo que, "se um membro sofre, todos os membros compartilham seu sofrimento; se um membro é honrado, todos os membros compartilham sua alegria" (1Cor 12,26).[112]

---

[111] Paulo fornece outra lista em Rm 12,6-8 e ainda outra em 1Cor 12,28, nos seguintes termos: "Deus designou na igreja primeiro os apóstolos, segundo os profetas, terceiro os doutores [...]. Vêm, a seguir, os dons dos milagres, das curas, da assistência, do governo e o de falar diversas línguas. Nesse texto, verifica-se que, embora os carismas e as funções não sejam idênticos, correlacionam-se reciprocamente, e as funções devem ser ocupadas por indivíduos detentores de dons carismáticos apropriados". Ver Harrington, *Church*, pp. 61, 63-64.

[112] O igualitarismo não sugere que qualquer membro possa exercer qualquer ministério, por ressaltar a diversidade de papéis. A igreja é genuinamente pluralista. Mas o problema era a divisão, e

Em síntese, a teologia paulina da comunidade eclesial articula os dois fundamentos teológicos Jesus Cristo e o Espírito Santo em termos coerentes e integrados, ambos os quais são místicos e descrevem ao mesmo tempo aquilo que a comunidade é chamada a ser.

Missão divina na história. Muito embora não seja sua intenção primordial, nenhum texto do Novo Testamento expressa melhor a missão da igreja do que a obra lucana em dois volumes. Lucas propõe uma tese objetiva que pode ser formulada em uma proposição: a missão da igreja é prolongar na história a missão salvífica e o ministério de Jesus de Nazaré. O modo como ele explicita sua concepção constitui um bom exemplo de eclesiologia de baixo em sua íntima combinação de narrativa histórica e interpretação teológica. O texto lucano retrata primeiramente a obra salvífica de Jesus de Nazaré, passando então a descrever como essa obra prosseguiu no grupo de seus discípulos, que dele receberam a incumbência por ocasião de sua ascensão: "E sereis minhas testemunhas em Jerusalém, em toda a Judeia e a Samaria, e até os confins da terra" (At 1,8).[113] Essa missão é enunciada em forma narrativa, primeiramente através da liderança de Pedro e, depois, mediante a liderança de Paulo. Esse relato histórico, contudo, possui profundidade teológica: a linha de continuidade em todo o drama, do começo ao fim, é Deus enquanto Espírito. Deus enquanto Espírito, o poder do Altíssimo, esteve operante na concepção e no nascimento de Jesus, fortaleceu-o em seu ministério, manteve coeso o grupo dos discípulos após sua exaltação em Pentecostes e forneceu a energia e o dinamismo carismático para a expansão do movimento de Jesus. Lucas dota as igrejas, sobretudo as igrejas cujo público era majoritariamente grego, de um senso histórico de identidade: vincula-as a suas origens judaicas e ao ministério de Jesus; apresenta-as como cumprimento

---

Paulo insiste em que todos os carismas visam ao bem comum, de sorte que, como membros da totalidade crística, "todos os indivíduos têm igual prestígio e importância". J. Paul Sampley. *The First Letter to the Corinthians*, NIB, X, p. 940.

[113] Também os mandatos missionários de Mt 28,16-20; Mc 16,14-18; Jo 20,21. Esses textos condensam o que a narrativa de Atos demora a reconhecer: que a igreja deveria ser uma comunidade inclusiva de todas as nações. Essa percepção é teologicamente retratada como concessão de autoridade sobre os discípulos por Cristo ressuscitado. M. Eugene Boring. *The Gospel of Matthew*. NIB, VIII, 1995, pp. 501-505.

profético da missão universal de salvação de Deus enquanto Espírito realizada em Jesus.[114] Na visão de Lucas, a verdadeira razão da igreja é que sua missão prolongue na história o ministério salvífico de Jesus.[115]

A missão, no sentido do verdadeiro propósito da igreja, encontra sua expressão teológica, em termos análogos aos lucanos, igualmente em outros escritos neotestamentários. 1Pd denomina a comunidade-igreja "uma raça eleita, um sacerdócio real, uma nação santa, o povo de sua particular propriedade, a fim de que proclameis as excelências daquele que vos chamou das trevas para a sua luz maravilhosa" (1Pd 2,9). Outra afirmação do propósito inerente da igreja ecoa na voz mais tardia de Paulo aos Efésios. Ela situa a igreja no magno plano de Deus: "A mim, o menor de todos os santos, me foi dada esta graça de anunciar aos gentios a insondável riqueza de Cristo e de pôr em luz a dispensação do mistério oculto desde os séculos em Deus, criador de todas as coisas, para dar agora a conhecer aos Principados e às Autoridades nas regiões celestes" (Ef 3,8-10). Bem antes do final do século I, portanto, a missão e o propósito da igreja eram compreendidos no contexto do mundo como um todo.

Atividades que unem o povo a Deus e entre si. Apresentei anteriormente a teoria theisseniana do desenvolvimento do batismo e da Ceia do Senhor, cujo segundo estágio consistia na interpretação teológica paulina dos rituais religiosos. Rm 6,1-11 fornece uma síntese da teologia paulina do batismo. Pelo rito do batismo o novo cristão torna-se unido a Cristo em sua morte a fim de compartilhar sua ressurreição. "Porque, se nos tornamos uma só coisa com ele por uma morte semelhante à sua, seremos uma só coisa com ele também por uma ressurreição semelhante à sua" (Rm 6,5). Deve-se entender essa afirmação à luz da soteriologia do Último Adão e da cristologia desenvolvida imediatamente antes do tratamento que ele

---

[114] La Verdiere. "New Testament Communities in Transition", p. 45.

[115] Ibid., p. 48. Ver Harrington, *Church*, pp. 89-93, para um resumo das contribuições dos Atos dos Apóstolos à eclesiologia. Pode ser útil observar o nexo entre "apóstolos" e a "missão" da igreja no sentido de seu "ser enviado". Harrington mostra como Lucas é mais responsável pela articulação dos termos *doze* e *apóstolos*. A sentença-chave é Lc 6,13: "Ele chamou seus discípulos e escolheu doze deles, a quem também designou apóstolos". *Church*, 110. Essa ideia fundamenta a noção mais ampla de que os doze apóstolos são a fundação da igreja. Mas uma lógica histórica mais profunda da possibilidade da corrupção de uma revelação histórica ao longo do tempo também é responsável por guindar a "apostolicidade" ao proeminente nível de critério de autenticidade eclesial.

dá ao batismo (Rm 5,12-21). Ali Jesus é apresentado como o novo cabeça paradigmático de um novo gênero humano. Sua vida de obediência, sua morte fiel e sua ressurreição tornam-se o novo padrão de humanidade. A passagem sobre o batismo tem uma dimensão moral: liberto da morte do pecado, o indivíduo deve viver uma nova vida cristã de retidão. O nível metafísico, contudo, excede a dimensão da moralidade. O novo Adão dá início a uma nova humanidade. Ao unir-se a Jesus Cristo, o novo cabeça do gênero humano, o cristão transforma-se em um novo ser.[116]

A morte e a ressurreição de Jesus, bem como o padrão mais profundo de vida-morte-vida por ele revelado, são centrais na imaginação teológica de Paulo. A interpretação teológica que ele faz da eucaristia também se insere nesse contexto, e 1Cor 11,17-34 representa um sucinto enunciado dela. Paulo começa por uma reprimenda aos coríntios pela divisão e pela falta de solicitude para com os membros mais pobres da comunidade. Relembra, em seguida, a tradição jesuânica da última refeição com seus discípulos e propõe o verdadeiro significado e condições dessa prática cristã consolidada. Ela vincula o cristão à morte de Jesus Cristo: "Todas as vezes, pois, que comeis desse pão e bebeis desse cálice, anunciais a morte do Senhor até que ele venha" (1Cor 11,26). No entanto, ela só pode ser validamente celebrada no espírito de amor e de solicitude para com todos os membros da comunidade. "Pois aquele que come e bebe sem discernir o Corpo, come e bebe a própria condenação" (1Cor 11,29).[117] Em suma, teologicamente falando, a eucaristia alimenta a vida cristã em um nível pessoal e social: ela une os cristãos a Jesus Cristo e solidifica a comunidade com laços de amor estreitados por Deus enquanto Espírito através de Jesus.[118]

---

[116] Os cristãos são destituídos da solidariedade com o pecado para viver em uma nova esfera de graça e de justiça. "A transposição é efetuada pela morte e ressurreição com o Messias. E o evento no qual se dá essa morte e ressurreição é o batismo." Wright, *Romans*, p. 533. Pela adesão à comunidade messiânica, o indivíduo identifica-se com o Messias; o que ocorreu a ele, a ressurreição, ocorre igualmente ao cristão. Ibid., p. 535.

[117] Jerome Murphy-O'Connor. "The First Letter to the Corinthians", *The New Jerome Biblical Commentary*. Englewood Cliffs, N.J., Prentice Hall, 1990, p. 810. Citado doravante como NJBC.

[118] Harrington resume concisamente a teologia eucarística de Paulo articulando todas as alusões contidas em 1Cor 11,23-26, tal como se segue: "É uma refeição compartilhada com os amigos de Jesus. É uma refeição oferecida por Jesus a pecadores e marginais (quando Jesus profetiza

No que tange à teologia dos ministérios, observei anteriormente que, até certo ponto, os carismas arrolados por Paulo têm correlação com os ministérios. Isso significa que, na concepção paulina, a capacidade de ser ministro reside, idealmente, no correspondente dom pessoal do Espírito. Em termos mais amplos, considerando-se que a igreja era uma comunidade repleta de Deus enquanto Espírito e por ele guiada, toda a comunidade provia o meio pelo qual tais carismas eram alimentados e reconhecidos. Harrington, contudo, demonstra que, para Paulo, os ministérios da palavra de Deus gozavam de certa prioridade. Enquanto o Novo Testamento pouco se preocupa em identificar claramente quem exerce a supervisão administrativa da comunidade ou quem batiza, ou em determinar quem oficia a Ceia do Senhor, percebe-se um nítido viés em prol dos ministérios da palavra: pregação, doutrinação e profecia. Em certa medida, a missão de prolongar o ministério de Jesus na história é focalizada na pregação e no testemunho do evangelho, na boa-nova de Jesus Cristo, a palavra reveladora de Deus.[119]

Autorização divina de governança. Como a igreja primitiva entendeu teologicamente o fundamento da autoridade daqueles que guiavam a comunidade? Essa questão, que se torna tão importante na eclesiologia posterior, não encontra na literatura canônica a resposta clara que seria desejável. Com efeito, o desenvolvimento que se pode discernir no Novo Testamento chega a uma significativa conclusão no início do século I e se reflete fora da literatura canônica, no escrito de Inácio de Antioquia — tópico sobre o qual discorrei no capítulo seguinte. Mas os dados neotestamentários sugerem uma conclusão teológica geral que pode ser explicada nas seguintes etapas.

Em primeiro lugar, vimos como Paulo tende a relacionar os minis-térios aos carismas na comunidade eclesial formada e guiada por Deus

---

que seus discípulos o trairão). Envolve participação no sofrimento e morte de Jesus. É a um só tempo celebração pascal, refeição pactícia, sacrifício, memorial e banquete sapiencial. E prefigura o banquete a ser compartilhado na plenitude do reino de Deus por ocasião da volta gloriosa de Jesus". Harrington, *Church*, p. 48.

[119] Harrington, *Church*, pp. 153-156.

enquanto Espírito, que é o espírito de Cristo. A fonte divina de autoridade é o Espírito inerente da comunidade. No entanto, a liderança ou a administração é um desses ministérios (1Cor 12,28; Rm 12,8). Esse carisma e essa posição de liderança não têm grande relevância nas igrejas paulinas, como se admitirá posteriormente.

Em segundo lugar, à medida que a igreja se estabelece e cresce, seria de esperar que a estrutura das igrejas paulinas se desenvolvesse, e as pastorais refletem isso. 1Tm 3,1-13 contém uma descrição das qualidades do bispo e do diácono, ministérios não inconsistentes com as igrejas paulinas; 1Tm 5,17 e Tt 1,5-9 fazem referência aos anciãos, que não são típicos nas igrejas paulinas.[120]

Em terceiro lugar, 1Tm urge que Timóteo permaneça fiel a seu carisma ministerial como bispo, mas, nesse caso, trata-se de um carisma que lhe foi conferido pela imposição de mãos: "Não descuides do dom da graça que há em ti, que te foi conferido mediante profecia, junto com a imposição das mãos do presbitério" (1Tm 4,14).[121] Esses estágios *grosso modo* definidos refletem a transição para o ministério mais profissionalizado no final do século I, como indicado na exposição sociológica do desenvolvimento.

Em quarto e último lugar, passando ao nível teológico, afigura-se que, ao longo de toda a transição ocorrida nas estruturas organizacionais, Deus enquanto Espírito, que é o Espírito de Cristo, provê a consistente e contínua fonte da autoridade do ministério, nesse caso aquele que governa, supervisiona, administra ou guia a igreja. A manifestação desse Espírito parece ter sido mais espontânea nas comunidades paulinas, visto

---

[120] Ver n. 34. As qualidades recomendadas para bispos, diáconos e presbíteros assemelham-se. Dunn, *Pastorals*, p. 864. São homens casados, com filhos, de sólida virtude e capazes de governar a própria casa. Isso fornece uma pista para sua capacidade de gerenciar uma igreja doméstica ou a casa de Deus. Robert Wild. *The Pastoral Letters*, NJBC, pp. 894, 896-897. Dunn vê um deslizamento natural da reunião eclesial em residências particulares para modelar-se na casa, e finalmente se concebe como a "casa de Deus". Dunn, *Pastorals*, pp. 806-807. Isso ilustra bem as interações entre história, sociologia e teologia.

[121] "A descrição prevê uma ratificação pública do carisma de Timóteo 'através da profecia', a imposição de mãos, quer pela invocação da bênção de Deus sobre ele, quer pela concessão de poder espiritual a ele, e a presença do grupo de 'anciãos' (seja na idade, seja na fé cristã)". Harrington, *Church*, p. 96.

que pouco se fala sobre estruturas formais no sentido de leis ou critérios objetivos para regulá-las. Nas pastorais, contudo, o mesmo Espírito é canalizado mediante um processo de ratificação pública, a imposição das mãos pelo presbitério, e uma série de critérios contidos em um perfil de bispo, presbítero ou diácono ideal. O desenvolvimento institucional reside na canalização do Espírito mediante processo público de imposição das mãos que se tornou ordenação; teologicamente, o elemento de continuidade reside na fonte da autoridade como o Espírito de Deus no interior da comunidade.

A identidade divina em face do mundo. Passo, por fim, a abordar a questão da compreensão teológica das fronteiras que definem a igreja, relacionando-a com as diversas entidades que compõem esse ambiente. Pode-se obter algum controle sobre esse vasto campo estabelecendo-se uma divisão no tocante às relações com o judaísmo, com o Império Romano e com o mundo, no sentido do conjunto da realidade. Cada uma dessas áreas, porém, é complexa, e o Novo Testamento não fornece uma visão unificada de qualquer desses segmentos. Pelo contrário, diferentes comunidades, em diferentes épocas e em diferentes contextos refletem diferentes visões por diferentes razões. A partir dessa cautela, algumas considerações gerais, não obstante, são possíveis.

A igreja em relação ao judaísmo. Algumas afirmações gerais concernentes à relação do desenvolvimento da igreja *vis-à-vis* o judaísmo podem ser pinçadas de 1Pd, Gálatas e Romanos.[122] 1Pd apropria em favor da comunidade cristã a designação de "povo de sua particular propriedade" (1Pd 2,9), empregando a exata terminologia utilizada no livro do Êxodo, pela qual Deus designou Israel como seu povo escolhido, com o qual selou aliança, "um sacerdócio real e nação santa" (Ex 19,1-7). Para compreender a lógica teológica contida nessa guinada é preciso contemplar Jesus Cristo como a linha divisória entre judeus e cristãos e reconhecê-lo como o vínculo que os une. Jesus, o Judeu, é o elo de continuidade entre o Israel das promessas e as comunidades cristãs mescladas de pagãos e

---

[122] Sigo de perto a elaboração de Harrington com base nesses textos em *Church*, pp. 69-81.

judeus. Paulo o postula em uma fundada argumentação exegética em Gl 3,6-29, que conclui: "E se vós sois de Cristo, então sois descendência de Abraão, herdeiros segundo a promessa" (Gl 3,29). As comunidades cristãs mescladas, nas quais "não há judeu nem grego" (Gl 3,28), estão em continuidade com o povo da promessa de Deus (ver Ef 2,11-22).

Qual é, então, a relação entre uma igreja cristã crescente e cada vez mais autônoma e o Israel que não aceita Jesus? A extensa resposta de Paulo a essa questão, em Rm 9–11, é caracteristicamente uma resposta aberta. Por um lado, a eleição de Israel é permanentemente válida, e sustenta o cristianismo como a raiz na qual foram enxertadas as igrejas (Rm 11,18). Por outro lado, se "o endurecimento atingiu uma parte de Israel até que chegue a plenitude dos gentios", não obstante, outra parte de Israel vive no seio da igreja cristã, e por fim "todo Israel será salvo" (Rm 11,25-26).

A igreja em relação ao Império. As atitudes cristãs em relação ao Império Romano e aos escalões inferiores da autoridade civil vão do conformismo à subversão em bases teológicas. Deslocando-se da direita para a esquerda, Paulo recomenda obediência à autoridade romana em razão de sua procedência divina: "Todo homem se submeta às autoridades constituídas, pois não há autoridade que não venha de Deus, e as que existem foram estabelecidas por Deus" (Rm 13,1). Posteriormente, no século I, os cristãos são instados a honrar, a obedecer e a rezar pelo imperador e por todos os detentores de autoridade (1Tm 2,1-2; 1Pd 2,13-17). No período posterior a Paulo, a resposta que Jesus, nos evangelhos sinóticos, deu à capciosa recomendação de que se obedecesse às autoridades concorrentes tornou-se um texto cristão clássico: "Dai a César o que é de César e a Deus o que é de Deus" (Mc 12,17). Isso representa uma hierarquia de valores e implica a suprema instância de autoridade que é de Deus. Deslocando-se mais para a esquerda e refletindo um contexto de perseguição à igreja cristã por parte do imperador, o livro da Revelação preconiza a radicalização, a resistência e o martírio como sinais da salvação (Ap 13,8).[123]

---

[123] "Há, portanto, diversas atitudes reveladas em relação ao Império Romano em vários textos

A igreja no esquema das coisas de Deus. Essas relações horizontais da igreja afiguram-se restritas quando comparadas com a visão da igreja em Efésios. Aqui o horizonte se abre para o plano cósmico de Deus em Cristo desde toda a eternidade. A metáfora do corpo de Cristo extrapola a comunidade local para abarcar a globalidade do movimento cristão e o todo da realidade. O autor pressupõe e baseia-se na exaltada concepção de Cristo que se encontra em Colossenses: "Ele é a Imagem do Deus invisível, o Primogênito de toda criatura, porque nele foram criadas todas as coisas nos céus e na terra, as visíveis e as invisíveis [...]. Ele é a Cabeça da igreja, que é o seu Corpo" (Cl 1,15-16.18). Esse Cristo cósmico encarnou-se como Jesus. Nele, o plano de Deus para a plenitude do tempo foi revelado: "Para levar o tempo à sua plenitude: a de em Cristo encabeçar todas as coisas, as que estão nos céus e as que estão na terra" (Ef 1,10). Deus levou a cabo esse plano ressuscitando Cristo dentre os mortos, nele estabelecendo "muito acima de qualquer Principado e Autoridade e Poder e Soberania e de todo nome que se pode nomear não só neste século, mas também no vindouro. Tudo ele pôs debaixo dos seus pés, e o pôs, acima de tudo, como Cabeça da igreja, que é o seu Corpo: a plenitude daquele que plenifica tudo em tudo" (Ef 1,21-23). A igreja torna-se "o local em que o reino do Cristo Ressuscitado e exaltado acima de toda a criação se realiza e se manifesta".[124] Aqui a imagética eclesiológica equipara-se ao ápice cristológico do prólogo de João, situando o cristão não apenas na história, mas também no cosmo".[125]

---

do Novo Testamento: a cautelosa ambiguidade manifestada por Jesus, a aparente aceitação e cooperação com o império promovida por Paulo e seus seguidores, e a resistência não violenta proposta pelo profeta João". Harrington, *Church*, p. 132.

[124] Harrington, *Church*, p. 87.

[125] "O Cristo ressuscitado é exaltado acima de todas as potestades no universo. A combinação dessa visão com a metáfora paulina da igreja como 'corpo de Cristo', originalmente uma imagem das igrejas locais, produz a imagem nova surpreendente de Ef 1,22-23, Cristo é cabeça de um corpo que preenche todo o cosmo". Pheme Perkins. *The Letter to the Ephesians*, NIB, XI, 2000, p. 386.

Princípios para uma eclesiologia histórica

Após examinar a gênese da igreja a partir de três níveis distintos conquanto inseparáveis, volto-me agora para a consecução da tarefa de pensar construtivamente. É possível segregar princípios e fórmulas gerais concernentes à igreja, especialmente do processo de sua gênese, que serão instrutivos para a compreensão da igreja em sua caminhada ao longo da história? Outra questão tem a ver com a função normativa da igreja original: como pode a comunidade primitiva, em sua historicidade, ser considerada normativa para a história futura da igreja?

Múltiplas tensões na autoconstituição original da igreja

Até aqui, portanto, a análise revelou a pluralidade que caracterizou a forma organizacional e a autocompreensão teológica das comunidades cristãs primitivas. A essa altura, a análise desloca-se em uma nova direção, tentando estabelecer, na igreja, constantes outras que não as teológicas cruciais e fundamentais da fé. Tais constantes se acham em certa relação tensiva que diz respeito à natureza intrínseca da igreja porque caracterizam o dinamismo interno da vida histórica de qualquer organização. Como constantes organizacionais, elas se revelarão ao longo de todo o curso da existência histórica da igreja, tal como descrito nos capítulos subsequentes. Nesse ponto, contudo, o papel intrínseco e constitutivo que elas desempenham na formação da igreja primitiva é ressaltado.

Carisma e função. O amplo modelo que caracteriza a autoconstituição da igreja, extraído da sociologia de Marx Weber, propõe a passagem de um grupo ou movimento menos estruturado, porque baseado no carisma de Jesus, para uma organização mais estruturada, dotada de papéis mais objetivos, racionalizados e definidos. Os dois termos dessa transição não são, contudo, absolutos e exclusivos, como se uma forma pudesse existir sem a outra; são, pelo contrário, qualidades tensivas mutuamente relacionadas de qualquer grupo ou organização. Existem nos extremos opostos de um espectro, por assim dizer, em uma relação polar de mais e de menos. Por isso Weber escreve: "Revoluções sob um líder carismático, dirigidas contra poderes carismáticos hereditários ou contra os poderes instituídos, encontram-se em todos os tipos de grupos coletivos, dos Estados às uniões comerciais".[126] *Grosso modo*, porque às vezes o inverso também pode ser verdadeiro, o carisma representa forças progressivas em uma comunidade, enquanto as funções, especialmente as de supervisão ou de governança, representam forças conservadoras, pois esse era o *telos* da rotinização. As funções justificam a continuidade da direção da energia carismática. O que aqui se diz a respeito do carisma e da função correlaciona-se com dois tipos de autoridade na comunidade, um baseado no carisma, o outro na função legítima. Cada um pode ser genuína autoridade, mesmo quando estão em tensão recíproca. Quando isso é reconhecido, a tensão pode gerar movimento criativo, em vez de impasse. Esse fato parecer ter sido ilustrado no momentoso debate ocorrido nos anos 48-50, em torno da lei ritual judaica da circuncisão e da iniciação à comunidade cristã.

Análogas à função e ao carisma são as duas categorias de "estrutura" e "*communitas*" desenvolvidas pelo antropólogo Victor Turner: elas são estritamente recíprocas e mutuamente interdependentes, e portanto sempre se acham presentes e em tensão recíproca. As estruturas são "os arranjos padronizados de conjuntos de papel, conjuntos de *status* e sequências de *status* conscientemente reconhecidos e regularmente operativos em uma dada sociedade e intimamente atrelados a normas e sanções legais e práticas".[127] Por contraste, a comunidade não significa um grupo fechado, pequeno e unificado, oposto à sociedade maior e impessoal. Turner definiu-a antes como "uma qualidade relacional de plena comunicação imediata, e até de comunhão, entre identidades definidas e determinadas que surge espontaneamente em todos os tipos de grupos, situações e circunstâncias". "Ela [a *communitas*] é a *fons et origo* de todas as estruturas e, ao mesmo tempo, sua crítica".[128] A "comunidade" não mediada

---

[126] Weber. *The Theory of Economic and Social Organizations*, p. 370.

[127] Carl F. Starkloff. "Church as Structure and Communitas: Victor Turner and Ecclesiology", *Theological Studies 58*, 1997, p. 649, citando Victor e Edith Turner, *Image and Pilgrimage in Christian Culture: Anthropological Perspectives*. New York, Columbia University, 1978, p. 252.

[128] Ibid., p. 649, citando Turner, ibid., p. 250.

transcende, portanto, a ordem vital estruturada; ela ameaça a vida ordenada, embora seja a vida da comunidade, e a estrutura a organize. O que se vê aqui é uma tensão dinâmica que caracteriza uma unidade ou entidade social em sua vida na história. Nenhuma sociedade pode funcionar sem a dialética entre essas duas forças tensivas, a mediaticidade da estrutura e a imediaticidade da *communitas*. O equilíbrio tensivo é precisamente a transmissão de energia e força criativa de uma sociedade, em oposição à solução ao final de cada qual, o que causaria uma reação.[129]

Mudança e continuidade. A tensão entre mudança e continuidade está relacionada com a tensão entre carisma e função, e entre *communitas* e estrutura, porque estas últimas são frequentemente os agentes da mudança e da estabilidade. A noção bourdieuniana de um *habitus* social amplia essa dialética e articula-a com a tensão que se segue. Bourdieu define essa categoria nos seguintes termos: "O *habitus* — história incorporada, internalizada como segunda natureza e dessa forma esquecida como história — é a ativa presença de todo o passado do qual é o produto. Enquanto tal, é aquilo que confere às práticas sua relativa autonomia em face das determinações externas do presente imediato. Essa autonomia é a do passado, atuada e atuante, a qual, funcionando como capital acumulado [isto é, capital cultural], produz a história com base na história, assegurando assim a permanência na mudança que faz do agente individual um mundo dentro do mundo. O *habitus* é uma espontaneidade sem consciência ou vontade [isto é, vontade temática, pois de fato é uma disposição subjetiva ou humana], oposta à necessidade mecânica das coisas sem história nas teorias mecanicistas, tanto quanto à liberdade reflexiva dos sujeitos 'sem inércia' nas teorias racionalistas".[130]

---

[129] Ibid., p. 652.

[130] Pierre Bourdieu. *The Logic of Practice*. Stanford, Calif., Stanford University Press, 1990, p. 56. *Habitus* (plural) são disposições existenciais, estruturadas com base na socialização, que, por sua vez, estruturam a resposta à realidade. "Na realidade, as disposições duradouramente inculcadas pelas possibilidades e impossibilidades, pelas liberdades e necessidades, pelas oportunidades e proibições inscritas nas condições objetivas (que a ciência apreende mediante as regularidades estatísticas, tais como as probabilidades objetivamente ligadas a um grupo ou classe) geram disposições objetivamente compatíveis com essas condições e, em certo sentido, pré-adaptadas a suas demandas" (p. 54). Esses *habitus* são como respostas de valor superatual (Dietrich von Hildebrand, *Christians Ethics*. New York, David McKay Company, 1953, pp. 241-243), dispo-

Uma maneira de entender o conceito de *habitus* segundo Bourdieu é compará-lo com a noção aristotélica do hábito. Um hábito aristotélico é uma qualidade, uma disposição interna ou uma propensão que estrutura a pessoa de tal maneira que ela desempenha certas ações de maneira natural ou rotineira. Normalmente, constrói-se uma tendência internalizada por ações repetidas, como faz um atleta na prática. Como uma segunda natureza, o hábito orienta a pessoa para certas ações. Analogamente, e em um nível social, a prática coletiva e a experiência rotineira tornam-se as disposições objetivas internas de um grupo que são, ao mesmo tempo, subjetivas e atuadas. Um *habitus* social combina, portanto, estrutura e agência, padrões objetivos e liberdade coletiva e ação. Na comparação com Aristóteles, um *habitus* social pode ser chamado de uma terceira natureza, um hábito socialmente construído de um grupo que orienta o comportamento dos indivíduos em seu interior. A unidade dinâmica tanto da "objetividade" como da "subjetividade" ou liberdade é o que torna essa categoria ao mesmo tempo sutil e proveitosa. Ela conecta estrutura e comunidade. Articula costume social e comportamento concreto, o estável ou constante com a resposta a novas exigências, padrões sociamente construídos de conhecimento e avaliação com a vida dinâmica de um grupo e seu comprometimento com os dilemas reais e concretos da existência.

O que se testemunha no desenvolvimento da igreja primitiva é a confluência de uma variedade de *habitus* para formar uma comunidade com seu próprio conjunto de respostas condicionadas e condicionantes. Muito embora isso esteja codificado no Novo Testamento, a realidade extrapola bastante o que pode ser inscrito. Pode-se ver nessa codificação tanto esses *habitus* como sua mediação dialética de mudança à proporção que

---

sições internalizadas a agir de certa maneira. São construídas com base na experiência passada. Essas disposições constituem a moldura das respostas valorativas e cognitivas básicas à realidade: as experiências do próprio grupo ou classe erigidas em um sistema que se torna lentes heurísticas sobre a própria vida: "As estruturas que caracterizam determinada classe de condições de existência produzem as estruturas dos *habitus*, que, por seu turno, são a base da percepção e da avaliação de todas as experiências subsequentes" (p. 54).

a comunidade enfrenta a novidade histórica. A categoria possui grande relevância para a ideia teológica de tradição.

Organização e ambiente. Essa terceira tensão polar também está intimamente relacionada com a primeira e a segunda porque o constante encontro da organização com seu ambiente provê um dos principais mecanismos de mudança. O processo pelo qual a igreja cristã primitiva foi constituída encerra um dos mais dramáticos exemplos dessa mudança, ou seja, o deslocamento da Palestina para uma interface com o mundo romano e com a cultura grega. Via de regra, as histórias da igreja e de suas doutrinas enfatizam a regularidade do desenvolvimento ocorrido ao longo dessa transição, e o fazem corretamente, por causa do dominante *habitus* cristão. Não obstante, também se pode frisar a radicalidade das mudanças ocorridas ao longo dessa transição. Como "helenização" tornou-se termo pejorativo na história da igreja, talvez se possa ver esse processo com mais neutralidade quando ele é denominado inculturação: a adequação à cultura grega é o exemplo clássico de inculturação porque abrange a igreja primitiva e o próprio Novo Testamento. A igreja será sempre pluralista porque deve interagir com seu ambiente, o que significará uma constante mudança e ajustamento de fronteiras.[131]

Intimamente vinculada a essa tensão, de maneira que não carece dela ser separada, encontra-se a relação dialética entre missão e manutenção na igreja anteriormente citada.[132] A missão da igreja é engajar o mundo, o que concretamente implica o ambiente no qual ela se encontra. A igreja enquanto missão é uma organização orientada para fora, em diálogo com o mundo secular ou não cristão. Ao mesmo tempo, ela deve preservar

---

[131] A ideia de inculturação é algo bem simples. Hoje essa categoria tem como seu contexto a mudança histórica do centro de gravidade do cristianismo da Europa para outros centros e culturas de todo o mundo. Os debates envolvidos nesse processo são conotados pelo significado positivo do termo: processo pelo qual a fé e a mensagem cristãs atualizam-se no âmbito de uma cultura específica. Esse processo pode incluir todo tipo de associações negativas quando visto a partir de diferentes perspectivas. Por exemplo, a inculturação altera a fé tradicional? Ela pressupõe que o cristianismo tem uma forma cultural "própria" que se traduz em outras linguagens e padrões comportamentais? O sentido hodierno de historicidade e de pluralismo cultural faz da inculturação menos um conceito claro e mais um tópico de conversação ou de intrincada discussão geral concernente ao processo e a seus ótimos resultados.

[132] Baum. "Contradictions in the Catholic Church", *Theology and Society*, pp. 230-246.

sua própria identidade. Tanto a energia como a estrutura devem ser canalizadas para esse objetivo imediato. Tal tensão promete dinamismo e criatividade a partir da condição de equilíbrio e de interação dialética. Uma ênfase por demais excessiva sobre qualquer dos polos da tensão pode comprometer a identidade da igreja em um ativismo exacerbado ou estrangular sua vida dinâmica. Avaliar em que ponto se dá o adequado equilíbrio será sempre uma questão em aberto. No entanto, a sociologia da organização esclarece que frequentemente muitas organizações se desviam de seu propósito fundacional específico na tentativa de preservar uma forma de identidade mais adequada ao passado.

Outra distinção insere-se ainda nessa tensiva relação com o ambiente e diz respeito às atividades que são "missionárias" no sentido de exteriorizar-se para cooptar a gama de diferentes aspectos do mundo "exterior", de um lado, e às atividades voltadas para a construção da vida interior da comunidade, de outro. Idealmente essas duas espécies de atividades não coexistirão em uma relação competitiva de soma zero, mas se reforçarão mutuamente. A controvérsia com os judaizantes em Paulo e a relação geralmente ambivalente da igreja primitiva com a cultura grega exemplificam e iluminam essa tensão intrínseca na constituição da igreja e a forma como ela pode ser gerativa.

Ideais e atualidade. O não diálogo com o mundo e toda forma de inculturação acarretam, por definição, o comprometimento dos ideais primitivos da igreja ou pelo menos sua diluição? O objetivo e a missão da igreja relacionam-se com o utópico mas sempre iminente reino de Deus anunciado por Jesus; a atualidade sempre é insuficiente, à medida que a igreja cresce e se desenvolve cada vez mais. Quando entendemos esses ideais em termos de ética e de "santidade" ou de retidão moral da igreja em seus membros, essas observações parecem óbvias. Eles repousam na dinâmica social que deve ser levada em conta em qualquer concepção da igreja. Duas dessas tensões dialéticas se manifestam na igreja primitiva. A primeira é um realismo que reconhece múltiplos ideais: nenhuma organização se define plenamente por seus ideais estatuídos; todas as organizações comportam um grande contingente de ideais "operacionais" e talvez conflitantes que são internalizados por seus membros e que não estão à altura de seus ideais explícitos.[133] Em segundo lugar, contudo, a distinção entre seita e igreja formulada por Ernst Troeltsch, ampla como é, ensina ainda que os próprios ideais e expectativas podem claramente divergir.[134] Isso resulta em instituições e premissas para a moralidade cristã que se tornaram definivelmente diferenciadas. Não se percebe claramente uma distinção entre seitas e igrejas nos dois primeiros séculos da igreja, muito embora a pequena comunidade esteja em vias de tornar-se uma "igreja". No entanto, já se podem observar nítidas diferenças nos ideais da vida e da espiritualidade cristã nas comunidades de Tiago e de Paulo.

Prática, forma institucional e teologia. A igreja é autoconstituinte; ela surge da prática. Os elementos da organização da igreja, inclusive suas formas reflexivas de autocompreensão como a escritura e a teologia, são gerados pela prática. A história do desenvolvimento da igreja como um todo retrata esse aspecto, e qualquer evento pode ser tomado como ilustrativo. Por exemplo, a narrativa de Cornélio revela que o desejo pagão de batismo levou à percepção de que o Espírito não estava restrito ao movimento judaico jesuânico, e a reação a isso acarretou mudanças de longo alcance na direção do movimento.

Bourdieu é útil ao especificar como a instituição e o pensamento reflexivo emergem da lógica da prática.[135] Entre outras ele propõe duas teses, uma negativa e a outra positiva. Negativamente, com a expressão "a lógica da prática", Bourdieu deseja distinguir a realidade vivida de seus mapeamentos ou interpretações teóricas. Os modelos lógicos fornecem uma descrição dos dados observados de maneira mais coerente e

---

[133] A tese foi defendida precedentemente em termos de objetivos e parece transferível à questão dos ideais. Ver Perrow, *Complex Organizations*, pp. 160-161.

[134] Troeltsch distingue um tipo "seita" de organização e autocompreensão eclesial de um tipo "igreja". A primeira geralmente é menor em termos de tamanho e se contrapõe à sociedade; a segunda tende a tornar-se coextensiva à sociedade. Cada tipo possui um conjunto de atributos correspondentes. Ernst Troeltsch. *The Social Teaching of the Christian Churches*. New York, Harper Torchbooks, 1960, pp. 331-343.

[135] Ver, particularmente, Bourdieu. *The Logic of Practice*, pp. 80-97. Bourdieu fala de prática, e não de práxis, porque está interessado em manter uma firme distinção entre prática e reflexão (enquanto distinta de uma ideia de práxis como comportamento reflexivo) a fim de mostrar como essas duas diferentes dimensões relacionam-se mutuamente.

econômica, mas tornam-se "perigosos quando são tratados como verdadeiros princípios das práticas, o que equivale a, simultaneamente, superestimar a lógica das práticas e a perder de vista o que constitui seu real princípio".[136] A lógica da prática não pode ser reduzida a uma descrição teórica ou discursiva dela; não se deve confundir a perspectiva do ator com a do espectador. Positivamente, contudo, as práticas "têm como princípios próprios não um conjunto de regras conscientes e constantes, mas sim esquemas práticos, opacos a seus possuidores, variando de acordo com a lógica da situação, com o ponto de vista parcial quase invariável que ela impõe etc.".[137] Essa lógica prática, pragmática, respalda-se em uma orientação internalizada, e flui quase instintivamente dos *habitus* (plurais) que constituem a comunidade quando se depara com novas situações.[138] Essas distinções ajudam a esclarecer como a organização igreja e sua teologia, que é parte dessa superestrutura, foram geradas a partir de baixo. O princípio da contingência no desenvolvimento histórico não significa pura aleatoriedade; a resposta às variações do ambiente é guiada pelo profundo *habitus* proporcionado pela fé, pelas tradições e pela memória de Jesus.

Unidade e pluralidade. A tensão entre unidade e pluralidade na igreja primitiva é evidente e intensa. Duas questões distintas latentes na tensão lançarão luz sobre a igreja na história.

A primeira é o fato do pluralismo. Pluralismo significa não apenas diversidade, mas também unidade e diversidade simultâneas, ou diferenças articuladas em um campo comum de referência. A igreja primitiva é uma organização pluralista. Por um lado, o valor da unidade disseminou-se pela comunidade onde quer que tenha existido e em consonância com todos os seus testemunhos históricos. As metáforas que dão conta da unidade da igreja são abundantes. Por outro lado, é difícil exagerar as diferenças entre as comunidades cristãs que compuseram a igreja primitiva. A igreja

---

[136] Ibid., p. 11.

[137] Ibid., p. 12.

[138] Ibid., pp. 95-97.

cristã dos primórdios é um movimento, um grupo, um conjunto de grupos e, finalmente, uma organização pluralista.

A segunda questão, talvez mais importante, concerne aos mecanismos pelos quais a igreja lidou com esse pluralismo. Como a igreja emergente conseguiu dominar e organizar seu pluralismo? Isoladamente, talvez a instituição mais importante aqui seja o cânone escriturístico, que é uma coletânea de diferentes testemunhos comunitários da igreja. Isso fez da própria norma da unidade da igreja uma constituição pluralista. Os outros mecanismos de manutenção da coesão do movimento no interior do Império e de transmissão de um amplo senso de identidade eram também assistemáticos e em desenvolvimento: os diversos métodos de comunicação e o caráter fundamental de seus credos e sua estrutura básica.

Interpenetração da comunidade maior com a comunidade menor. Intimamente vinculada à tensão unidade-diversidade encontra-se a relação entre o todo e suas partes. O movimento como um todo e as diferentes comunidades inter-relacionavam-se tão intimamente entre si durante o período de formação que é difícil extrair claros axiomas desse período que possam ser relevantes para os tormentosos problemas que surgiram posteriormente na história. Duas coisas, contudo, parecem claras. Uma é que uma relação dialética predomina aqui, e que nem o isolamento das igrejas individuais nem a visão de que a igreja constitui uma única organização satisfaz. A relação deve ser tensiva. A outra é que o princípio da subsidiariedade, em certa medida, caracteriza a igreja primitiva. Isso quer dizer que a igreja como um todo não deve assumir responsabilidade por aquilo que pode ser realizado em um nível mais "baixo" ou local. O princípio preserva a integralidade da igreja como união de igrejas.

Em resumo, essas sete áreas de tensão no interior da igreja não pretendem ser exaustivas. Elas são ressaltadas para mostrar que são intrínsecas à constituição da igreja primitiva. Com efeito, são qualidades perenes da igreja. A interação dos extremos opostos dessas polaridades temáticas funciona à maneira de tipos, proporcionando dispositivos heurísticos para a análise do dinamismo, do movimento e da vida da igreja na história. É importante reconhecer que a tensão efetiva ao longo dessas linhas não é anômala, mas intrínseca à natureza da igreja.

A normatividade da igreja primitiva

A visão segundo a qual Jesus intencionalmente fundou a igreja como a instituição autônoma em que ela depois se transformou já não é comum entre exegetas e historiadores. A pesquisa histórica revela o caráter desenvolvimental e pluralístico da igreja primitiva. Isso, contudo, parece colocar em xeque sua normatividade para as futuras gerações: pode a igreja primitiva preservar seu caráter normativo? Como se deve encarar essa questão? A proposta que se segue responde a essas questões oferecendo, primeiramente, uma ampla definição e descrição da igreja primitiva e, em segundo lugar, uma consideração sobre como essa igreja pode ser considerada normativa para todas as igrejas no movimento cristão, em perspectiva futura. Para tanto, proceder-se-á na forma esquemática de um esboço, mantendo seu caráter heurístico.

Caracterização da igreja nos séculos I e II. Começo por oferecer duas definições operacionais da igreja cristã, duas para indicar que muitas dessas definições são possíveis. Ambas são lacônicas, mas podem ser desdobradas em múltiplas dimensões que são constitutivas da igreja. Uma definição da igreja diz que ela é a institucionalização da comunidade de pessoas que, animadas pelo Espírito de Deus, vivem na fé de que Jesus é o Cristo de Deus.[139] Uma definição alternativa explicita o objetivo ou missão da igreja: a igreja é a comunidade histórica dos discípulos de Jesus animada por Deus enquanto Espírito, cujo objetivo é prolongar e propagar a mensagem de Jesus na história. Ambas as definições são bem simples. Elas combinam o aspecto histórico-social com o teológico; afora a expressão "animada por Deus enquanto Espírito", as definições são empíricas e descritivas. Os atributos a seguir elencados sintetizam a igreja tal como ela se manifestou nas análises anteriores.[140]

---

[139] Haight. "Historical Ecclesiology", p. 36.

[140] Theissen resume sua descrição antropológica da formação do cristianismo primitivo como uma religião, isto é, como um sistema semiótico de sentido e valor religioso, com uma caracterização

Jesus, o princípio gerativo. Muito embora Jesus provavelmente não tenha pretendido fundar uma nova religião, ele é o princípio gerativo que se encontra por trás da igreja que surgiu. Ele é seu fundamento dinâmico, dinâmico no sentido de que continuou a inspirar os discípulos, mesmo quando o carisma profético canalizou-se em formas sociais mais objetivas. O Espírito de Deus, que responde pela energia divina e pela vida da igreja, não pode ser separado de Jesus Cristo.

Desenvolvimental. A igreja é desenvolvimental no sentido de que constitui o produto do desenvolvimento de mais de dois séculos e para além. Ela assume, portanto, um caráter "histórico" no sentido de que é constituída ao longo do tempo e em bases incrementais, diferentemente do que seria se houvesse sido constituída de uma vez por todas, em consonância com os delineamentos de um anteprojeto. A igreja é a antiga casa descrita por Bourdieu nos seguintes termos: "As antigas casas, com seus sucessivos anexos e todos os objetos, em parte discrepantes mas fundamentalmente em harmonia com eles, que nelas se acumularam no decorrer do tempo, [contrastam com] edificações desenhadas de ponta a ponta segundo um conceito estético imposto de uma vez por todas e a partir de fora por um decorador de interiores".[141] Toda casa possui harmonia, padrão, forma, unidade, coerência e integridade, mas essas são qualidades a que as pessoas continuamente se habituavam à medida que ela se erigia por adição da prática ensinada na memória de Jesus.

Pluralista. A igreja é pluralista. A diferença marca justamente tudo o que existe em suas formas explícitas e objetivas: crenças, centradas sobretudo nas cristologias, ministérios e estruturas ministeriais, bases étnicas, estruturas governamentais. O cânon de seus escritos normativos é uma coletânea díspar que reflete essas diferenças.

---

de sua essência em dois axiomas fundamentais (monoteísmo e redenção por intermédio de Jesus) e onze motivos básicos (princípios gerais de crença, ritual e ética). Seu sumário expande instrutivamente a análise mais concisa e esquemática que aqui se oferece.

[141] Bourdieu, *The Logic of Practice*, p. 13.

Una: igrejas em comunhão. A despeito do desenvolvimento em diferentes situações e das diferenças que se acumularam, todas as igrejas mantêm a unidade do conjunto do movimento como um valor. Havia fundamentos para tanto: um corpo, um Espírito, um Senhor, uma fé, um batismo, um Deus (Ef 4,4-6). Esses fundamentos teológicos foram respaldados por diversas formas organizacionais de comunicação e de intercomunicação para tornar a unidade historicamente real ou atual.

Centrada em Jesus e plena do Espírito. Do começo ao fim, portanto, a igreja primitiva permaneceu centrada em Jesus e plena do Espírito. Enquanto organização religiosa, deve-se atribuir uma prioridade a essa dimensão profunda da igreja em qualquer consideração sobre sua natureza essencial.

Como essa igreja pode ser normativa. A questão, contudo, é se uma igreja como essa pode funcionar como norma para futuras igrejas. O ponto em que a normatividade parece ser solapada encontra-se na aparente perda de intenção divina em relação à igreja, que se seguiu à perda de um claro senso de que Jesus pretendeu estabelecer qualquer igreja, muito menos esta igreja em particular. Ademais, o caráter evolutivo da igreja primitiva e o fato de que se encontra continuamente desenvolvendo-se em novas direções, em diferentes situações, negam um senso fixo ou rígido de normatividade anteriormente prevalecente. A ideia de replicar o passado, ou de recorrer ao passado com textos de valor probatório, fica praticamente eliminada. A mudança é intrínseca à história; a identidade estática é impossível. Isso requer um conceito ou uma lógica dinâmica de normatividade.

A normatividade do passado em qualquer organização está relacionada com a identidade. Uma tendência natural visa a preservar a identidade de um grupo tal como foi constituído em sua origem ou gênese. Essa tendência natural é reforçada na organização religiosa que se formou em torno de Jesus Cristo, em cuja pessoa se encontrou uma autorrevelação de Deus e a salvação. Isso se tornou evidente na profunda lógica da apostolicidade que levou a comunidade a moldar os mecanismos organizacionais que assegurariam a identidade original do grupo contra influências alienígenas ou corruptoras. A principal instituição aqui foi a própria escritura, e mesmo aquelas comunidades cristãs que rejeitaram algumas das demais instituições, como o episcopado, continuam apegadas à escritura como norma da autêntica revelação e prática cristãs. Vimos, na tecnologia humana redacional, como, após a forma clássica da fé ter sido codificada na escritura, a reflexão, a partir daí, remete a ela como o fundamento constitucional da identidade cristã. Não obstante, uma consciência histórica impede justamente que a normatividade da escritura seja entendida em termos de texto de valor probatório, da mesma forma como a normatividade da igreja primitiva em geral deve transcender a imitação literal. Ela é mais bem compreendida em termos de uma antropologia social, a continuidade em existência de comunidades, e hábitos hermenêuticos de interpretar o passado e aplicá-lo ao presente.

Os seres humanos são sociais, e o conhecimento humano é socialmente construído. Platão concebeu os *aprioris* que se revelam na descoberta, no *insight* e no conhecimento humano de acordo com a teoria da reminiscência; era necessário que se tivesse um conjunto original de ideias simplesmente para construir a realidade finita presente. Em uma teoria social do conhecimento historicamente consciente, verifica-se que essas ideias *a priori* são proporcionadas pela memória: memória coletiva e socialização na linguagem e na cultura de uma comunidade.[142] No âmago da linguagem e da cultura cristãs da igreja encontra-se a *memoria vitae, passionis, mortis et resurrectionis Jesu Christi*.[143] Essa memória, e toda a constelação de *insight*, resposta e abertura ao futuro que a acompanha, acha-se contida na comunidade de discípulos que encontrou o Deus da salvação em Jesus. Com efeito, essa memória constituiu a origem e a gênese do movimento que de maneira ativa e desenvolvimental, sob a

---

[142] Essa análise não exclui todas as contribuições transcendentais *a priori* para o conhecimento por parte do sujeito humano. Todo esse dinamismo, contudo, opera dialeticamente em um conhecimento socialmente mediado. Via de regra, as estruturas humanas de conhecimento, as constantes antropológicas, sempre operam em termos histórica e socialmente construídos.

[143] Tomando emprestada e expandindo a expressão de Johann Baptist Metz sobre a memória perigosa da liberdade e do sofrimento de Jesus Cristo, essa "experiência contrastiva" básica que libera a liberdade, beneficia todos os que sofrem e é perigosa para todos quantos se beneficiam do sofrimento alheio. Ver J. B. Metz. *Faith in History and Society: Toward a Practical Fundamental Theology*. New York, Crossroad, 1980, pp. 89-94 e *passim*.

influência do Espírito, construiu a igreja cristã. Por conseguinte, o que se autoconstituiu nessa e por essa comunidade foi o *habitus* coletivo do cristianismo, da identidade cristã. Esse é um fundamento existencial e pluralista da prática que não pode, em última instância, ser plenamente apreendido, nem na escritura nem na igreja cristã. Entretanto, nem iria nem poderia o *habitus* cristão sobreviver sem a institucionalização, por um lado, e sem um conjunto efetivo de seguidores, por outro. A igreja primitiva é normativa porque representa a recepção original, clássica, e a resposta à revelação salvífica de Deus em Jesus Cristo que constitui a igreja.[144]

Conquanto a memória e o *habitus* de uma comunidade expliquem como as origens podem ser normativas, essas categorias não mensuram a fidelidade à ideia clássica nem reduzem o conflito na interpretação e na implementação de seu caráter normativo. A constituição de uma organização e todo o curso de sua história acham-se abertos à interpretação e apropriação por diferentes facções em relação a diferentes preocupações e interesses. A fidelidade às normas e à missão de uma comunidade é possível mas não fácil, e nunca livre de um pluralismo que envolve algum nível de conflito. É de esperar que tal conflito, por vezes até corrosivo, constitua uma dimensão "normal" da igreja.

Como, então, se pode alcançar essa normatividade de maneira fidedigna? Os seguintes princípios descrevem, de maneira bem geral, uma hermenêutica que se correlaciona com o caráter da igreja primitiva tal como esboçado nas seções anteriores deste capítulo.

Foco no princípio gerativo. Primeiramente, uma hermenêutica que postula a igreja primitiva como normativa para a vida da igreja no futuro deve focar-se no princípio gerativo da própria igreja, ou seja, a mensagem, o ministério e a pessoa de Jesus de Nazaré. Essa apreciação encontra seu

---

[144] Considero que as escrituras e, de maneira mais geral, a igreja primitiva são ambas normativas para a igreja histórica de forma análoga. As escrituras são uma norma mais focada e claramente definida. Mas a igreja primitiva, digamos um tanto arbitrariamente a igreja dos dois primeiros séculos, também tem uma função normativa na medida em que a igreja não era plenamente desenvolvida, mesmo em suas formas mais básicas, por volta do final do século I ou com a redação das últimas escrituras canônicas. Da mesma forma, foi a igreja do século II que decidiu o cânon e, portanto, o conjunto da norma escriturística.

cerne na visão do caráter pascal ou "redimido" da existência humana que se revela em Deus e através de Deus que opera em Jesus: vida-morte-vida.

Desenvolvimental. Essa hermenêutica deve levar em consideração o caráter desenvolvimental da igreja primitiva. Não se pode considerar uma fase desse desenvolvimento normativo e outra fase não. Pelo contrário, é o próprio caráter desenvolvimental que é normativo. Isso significa que a interpretação deve transcender os desenvolvimentos ocorridos nas crenças, nos rituais, nos ministérios, nas estruturas governamentais e na ética para encontrar a lógica da prática que os engendrou. A normatividade não funciona nem pode funcionar por apropriação literal, mas deve ser encontrada no espírito ou *communitas* inerente às formas, à lógica primitiva da experiência que primordialmente gerou as estruturas.

Diferenças cruzadas. Similarmente, uma hermenêutica histórica, existencial, perpassa as diferenças entre as várias formas institucionais que prevaleceram na igreja primitiva. Isso significa que não se pode tomar uma forma institucional da igreja primitiva e torná-la exclusiva de outras formas eclesiais primitivas. Pelo contrário, é o ponto ou o *telos* mais profundo da função que tem de ser apreciado e projetado ainda em outra forma nova para um novo contexto. Crenças, rituais, ministérios, estruturas organizacionais e normas éticas podem variar e ao mesmo tempo preservar um propósito interno comum. Uma imaginação analógica que aprecia as continuidades em meio às diferenças é crucial para a possibilidade mesma de aceitação da normatividade no âmbito da história.

Comunhão, interdependência, interação, mutualidade. Em correspondência com a unidade e a intercomunhão entre as igrejas primitivas, as apropriações da igreja primitiva devem permanecer abertas a outras comunidades e ser entendidas de tal forma que estimulem interdependência, interação e mutualidade. Essa não é uma recomendação para que igrejas separadas dialoguem entre si. Pelo contrário, trata-se de um reconhecimento da unidade mais profunda do todo que não admite separação sem gravíssimas razões ou, talvez, nunca. Um reconhecimento do pluralismo e da unidade da igreja primitiva enquanto normativa há de continuar revelando por muito tempo em que medida a situação atual é anômala.

Centrada em Jesus e plena do Espírito. Por fim, a apropriação hermenêutica da igreja primitiva como normativa deve levar em conta a moção de Deus enquanto Espírito. O discernimento do Espírito é sempre algo precário, mas, com o ministério de Jesus como indicador histórico, o risco tem de ser assumido.

Esses princípios, de par com as tensões que foram descritas como intrínsecas à vida social da igreja, serão recorrentes na vida da igreja ao longo de seus dois milênios de existência histórica. O capítulo seguinte descreverá a igreja pré-constantiniana tal como ela se instaurou no Império Romano durante os séculos II e III.

3. A IGREJA PRÉ-CONSTANTINIANA

O capítulo anterior retratou várias dimensões da gênese da igreja tal como pode ser reconstituída, sobretudo por intermédio das fontes neotestamentárias. O desenvolvimento alcançou certo "termo" no transcorrer do século II. O presente capítulo interpreta a igreja pré-constantiniana, essencialmente a igreja dos séculos II e III. Para tanto, remontarei novamente ao século II e consolidarei alguns dos dados desse período com os desenvolvimentos ocorridos no século III para compor um esboço geral da igreja até a instauração do regime constantiniano. Só os grandes objetivos desta apresentação podem legitimar a inclusão de tamanha massa de dados em tão exíguo espaço. Desejo revelar o caráter evolutivo da igreja nesse período, ilustrar as mudanças e a resultante diversidade em que incorreu esse movimento à medida que interagia com a sociedade e com o império, bem como à medida que uma sucessão de novos líderes respondeu a novos problemas. Só com o senso da envergadura e da amplitude do movimento cristão, assim como da complexidade dos diversos tipos de interações com o mundo que o definiu, é que se pode começar a apreciar as dimensões essenciais de sua autoidentidade e das instituições organizacionais em desenvolvimento que o mantinha coeso. O foco, portanto, tem um alcance um tanto quanto formal: unidade na diversidade, substância contínua em meio a formas cambiantes e a manutenção da integridade do todo apesar da mutabilidade das situações.

A análise ora formulada segue um padrão ligeiramente análogo ao do capítulo anterior. A primeira parte estabelece o contexto do Império Romano durante os séculos II e III. Contém um sucinta exposição de alguns dos principais eventos do desenvolvimento histórico da igreja e apresenta certos autores que representam a instituição durante esse período. A segunda parte, uma exposição socioteológica da igreja, é constituída pelos textos destas figuras gregas e latinas: Inácio, Justino, Irineu, Hipólito — o autor da *Didascália dos apóstolos* —, Tertuliano e Cipriano. A leitura dos textos selecionados desses autores foi guiada pelas dimensões estruturais das organizações ressaltadas no capítulo anterior: seus membros, atividades, objetivos, estruturas e ambiente. Os textos que apresentamos não recobrem todos esses aspectos da igreja, nem fazem descrições sucessivas, integrais e sincrônicas das igrejas retratadas ao longo desses duzentos anos. Transmitem, contudo, uma vigorosa impressão dos vários aspectos de uma dada igreja, à medida que ela interage com os eventos históricos e com a sociedade. A terceira seção do capítulo procura fazer, então, uma descrição de uma igreja pré-constantiniana com especial referência à igreja de Cipriano, no norte da África. A última seção do capítulo contém alguns princípios gerais, simultaneamente históricos, sociológicos e teológicos, que podem ser apreendidos a partir desse período peculiar da igreja e funcionam em caráter perene.

Desenvolvimento histórico

A principal transição do cristianismo de um ambiente palestino-judaico para o mundo imperial romano e para a cultura grega começou imediatamente. Recebeu estímulo importante em meados do século com a atividade missionária de Paulo. Decolou no século II e daí por diante. A nova igreja não pode ser entendida à margem desse contexto. A presente seção aborda este mundo que moldou a igreja emergente e arrola os testemunhos cristãos acerca da igreja por mim coligidos.[1]

---

[1] As seguintes fontes foram úteis para esta exposição: Peter Brown, *The Rise of Western Christendom: Triumph and Diversity, AD 200-1000*. Oxford, Blackwell, 1996, 2003; *The Body and Society: Man, Woman and Sexual Renunciation in Early Christianity*. New York, Columbia University Press, 1988; *Late Antiquity*. Cambridge, Mass., Harvard University Press, 1998; Henry Chadwick, *The Early Church*. New York, Penguin Books, 1967; *The Church in Ancient Society: From Galilee to Gregory the Great*. Oxford, University Press, 2001; W. C. H. Frend, *The Rise of Christianity*. Philadelphia, Fortress Press, 1984; *The Early Church*. Philadelphia, Fortress Press, 1982; Bernard Cooke, *Ministry to Word and Sacraments: History and Theology*. Philadelphia, Fortress Press, 1976; Jean Daniélou. *Gospel Message and Hellenistic Culture*. Philadelphia, Westminster Press, 1973; Jean Daniélou e Henri Marrou. *The First Six Hundred Years*. New York, McGraw-Hill, 1964; Eric G. Jay. *The Church: Its Changing Image through Twenty Centuries*. Atlanta, John Knox Press, 1980; Rodney Stark. *The Rise of Christianity*. Princeton, Princeton University Press, 1996; Walter H. Wagner. *After the Apostles: Christianity in the Second Century*. Minneapolis, Fortress Press, 1994.

O contexto imperial

A igreja dos primórdios do século II teria de ser chamada judaica por seu caráter: suas crenças fundamentais, seus rituais e sua ética tiveram origem no judaísmo. Entretanto, esse cristianismo judaico, na sua guinada em direção ao Império, rapidamente assumiu formas helenísticas e romanas. A tensão entre substância e forma possibilita a ambígua máxima segundo a qual o cristianismo haure sua substância do judaísmo e sua forma da cultura greco-romana.[2] Qualquer exame apurado da igreja pré-constantiniana requereria uma análise de como a cultura, a sociedade, a política e os eventos que constituíram o Império Romano moldaram a nova religião. A intenção aqui e ao longo de todo o livro é consideravelmente mais modesta. A narrativa sublinha que as situações de império na antiguidade, de feudalismo e monarquia na Idade Média, de emergência da nacionalidade na Europa Ocidental e no início do período moderno e de crescente solidariedade mundial de nosso passado recente conferiram à igreja uma existência peculiarmente diferente. A exposição histórica aponta elementos no contexto da igreja durante os séculos II e III que, se não levados em consideração, tornam ininteligível o desenvolvimento subsequente da instituição. Esses elementos podem ser classificados, de acordo com sua profundidade, como culturais, sociopolítico-econômicos e segundo pessoas e eventos específicos.[3]

Cultura. O termo "cultura" refere-se ao sistema de significados, ideias, conjuntos de valores e cosmovisão que impregna tão profundamente um povo que pode permanecer mais ou menos constante em meio a mudanças sociais e políticas observáveis. Nesse sentido, a cultura existe

---

[2] O tópico da helenização é contencioso. A ambiguidade decorre de uma nítida incapacidade de distinguir forma e conteúdo, porque a forma cultural sempre contribui para a substância religiosa. A questão é que a inculturação da igreja no Império Romano envolveu continuidade efetiva e mudança de fato.

[3] Ver as distinções na mudança histórica, extraídas por Fernand Braudel, como observado por Peter Burke, *History and Sociology*. London, George Allen & Unwin, 1980, p. 94. A mudança histórica ocorre em diferentes velocidades: a história dos eventos é mais rápida; a história conjuntural dos sistemas sociais é menos rápida; a história estrutural das relações culturais humanas com o ambiente é a mais lenta. Edward Schillebeeckx emprega a distinção em *Jesus: An Experiment in Christology*. New York, Seabury, 1979, p. 577ss.

em alinhamento com a linguagem e com símbolos coletivos tradicionais: pessoas, lugares, eventos. O capítulo anterior chamou a atenção para o fato de que os primeiros seguidores judeu-helenistas de Jesus, ao traduzir seu evangelho para o grego, abriram o cristianismo para uma cultura "universal" e "universalizante". Isso ajudou o cristianismo a disseminar-se com rapidez proporcional à prevalência dessa cultura e dessa linguagem; proporcionou um meio de compreensibilidade e transferibilidade elementar. Independentemente da avaliação que se faça da "helenização", há que se reconhecer o profundo impacto dessa "tradução" linguística e cultural.

Parte dessa inculturação envolveu a apropriação da mensagem do cristianismo no marco da tradição cultural grega e das linguagens específicas de uma cultura filosófica altamente nuançada. Fílon exemplifica um processo análogo no judaísmo da diáspora. Desde o começo, já no Novo Testamento, pode-se discernir a influência da mentalidade crítico-reflexiva da filosofia grega. À medida que os gregos filosoficamente perspicazes se apropriaram da mensagem cristã e a interpretaram segundo os parâmetros de sua própria cultura, propuseram novas interpretações e expressões da mensagem original. A importância da crítica filosófica pagã e da resposta cristã, como ocorre no gênero da "apologia" ou defesa, gerou uma autocompreensão genuinamente nova. Seria difícil superestimar o significado da transição da mensagem de Jesus do contexto cultural da Palestina para o ambiente representado pelos símbolos de Roma e de Alexandria.

Um aspecto dessa mudança, uma forma de avaliar sua importância, consiste simplesmente em refletir sobre a emergência da doutrina e a importância que as doutrinas assumiram durante esses séculos em termos de verdade e erro. Preservar a verdade, justificá-la contra o erro, preservar a igreja dentro das fronteiras da verdade, em oposição ao erro: esses temas passaram a ser centrais para o cristianismo enquanto religião durante esses séculos. Tornou-se costumeiro, no âmbito da teologia cristã, encarar o desenvolvimento da doutrina como um processo "regular" de continuidade; o desenvolvimento preserva o significado original, engrandece-o, expande-o, explica-o. Mas também é possível observar "nítidas" transições e até rupturas ou mudanças significativas de sentido à proporção que o ensinamento da igreja desloca-se de seu contexto judaico para as estruturas mais formais da doutrina grega e latina.

As crenças religiosas permanecem próximas ao âmago de uma cultura. O politeísmo do Império Romano, de par com sua relativa tolerância para com a miríade de cultos locais estabelecidos ou tradições religiosas mais amplas centradas em um deus específico, condicionou profundamente a autoapropriação dos cristãos. Por um lado, o cristianismo afirmou categoricamente seu monoteísmo e um exclusivismo como a única religião verdadeira contra a religião greco-romana, enquanto se beneficiava da relativa tolerância que uma cultura de pluralismo religioso proporcionava. Por outro lado, o cristianismo partilhou com sua cultura a crença em todo um mundo de "duendes e espíritos maus".[4] Os deuses inferiores e os demônios eram onipresentes e agiam constantemente no mundo, de modo que as práticas supersticiosas, por um padrão ou outro, constituíam um estilo de vida. Em termos de ideias básicas, valores e visão da realidade como um todo, a cultura greco-romana inseriu-se na autocompreensão cristã e na autoconstituição da igreja, quer por oposição, quer por positiva ressonância simpatética.

Sociedade. O termo "sociedade" refere-se a disposições sociais, políticas e econômicas que são bem menos estáveis do que a cultura, mas se alteram mais ou menos rapidamente por longos intervalos de tempo e sob a pressão de eventos acumulados. Assim, por exemplo, o cristianismo surgiu no período da *pax romana*, que propiciou um centro de paz no âmbito das extensas e frequentemente violentas fronteiras. No próprio centro encontrava-se o Mediterrâneo, que provia rotas marítimas de comércio, viagem e mobilidade. As efetivas comunicações entre culturas locais proporcionaram o surgimento de uma rede social para intercambiar, apreciar ou desenvolver pressuposições culturais mais profundas.

---

[4] Frend, *Rise of Christianity*, p. 168. "Os cristãos atacavam os deuses, não negando sua existência: eles existiam; mas eram todos igualmente maus... os Demônios, poderes invisíveis sem rosto, mestres da arte da ilusão, utilizavam apenas os ritos, mitos e imagens tradicionais do politeísmo, bem como muitas máscaras, com os quais afastar sempre mais o gênero humano da adoração do único Deus verdadeiro". Brown, *Rise of Western Christendom*, p. 27. No ano 251, um terço dos clérigos na igreja romana era exorcista. Ibid., p. 32.

No capítulo anterior, observou-se que a difusão do cristianismo seguiu as rotas comerciais entre as cidades, por rotas marítimas e estradas romanas.

A parte dominante do cristianismo que se espraiou na direção do Ocidente pela bacia do Mediterrâneo tornou-se uma religião urbana, distinta de uma religião rural ou camponesa. Noventa por cento da população do império vivia em áreas rurais. A igreja estabeleceu suas cabeças de ponte nas cidades grandes e só gradativamente se propagou em direção às cidades pequenas. Sua vida na cidade significou que ela teve de se avir com o pluralismo religioso. Os cristãos viviam e trabalhavam com pagãos, em uma sociedade pagã, juntamente com pessoas que partilhavam um amplo espectro de diferentes crenças religiosas. Um contraste sociológico entre os ambientes urbano e pastoral iluminaria mais o caráter do desenvolvimento da igreja.

Na ordem política das coisas, mais e mais cristãos seriam cidadãos romanos. Ao mesmo tempo, contudo, postulavam uma cidadania superior. O imperador era imperador deles, mas reinava pela providência de Deus. De outro ponto de vista, o Estado tolerava os cristãos e os aceitava como cidadãos, ao mesmo tempo em que, por vezes, eram acusados de ser inimigos do Estado. A igreja enquanto igreja existia no âmbito do império e, portanto, era parte dele. Alguns aspectos de seu governo tinham estrutura imperial como seu modelo. Ao mesmo tempo, em muitos aspectos, o cristão era instruído a entender a igreja como instituição apartada do mundo.

Em termos de relações sociais, a sociedade romana era hierarquicamente ordenada a partir da casa para a própria estrutura do império. Em vários níveis, essa classificação rigidamente ordenada da população haveria de conflitar-se com uma religião cujos ideais escritos estatuíam não haver mais gentios e judeus, libertos e escravos, homens e mulheres. Independentemente do fato de esses ideais terem sido ou não alguma vez concretizados, há que se apreciar todo posicionamento moral e social em relação a judeus, escravos e mulheres como existindo em alguma tensão ou compromisso com os valores sociais, em contraposição ou em consonância com as práticas existentes.

Eventos. Em última instância, os eventos fornecem os mecanismos da mudança social e política. Numerosas espécies de eventos e personalidades tiveram significativo impacto sobre o crescimento da igreja. Com efeito, o capítulo será dedicado a algumas dessas pessoas. Do lado do império, contudo, era bastante comum criticar os cristãos por tempos difíceis. De acordo com os apologistas, os cristãos tornavam-se bode expiatório em razão de crises econômicas, derrotas em batalhas, escassez e fome. Tertuliano reclamava da tendência de punir os cristãos para aplacar os deuses.[5] Independentemente do fato de que seus motivos fossem punir os cristãos ou simplesmente aplacar os deuses, Décio (249-251) causou apreensão no seio das comunidades cristãs com sua ordem geral de reconhecer os deuses ou enfrentar severas punições. De maneira geral, a comunidade cristã, em vários graus e em épocas diversas, desenvolveu-se sob a ameaça de perseguição, quer local, quer esporadicamente geral, o que fortaleceu fronteiras, identidade e unidade.

Desenvolvimentos da igreja

A igreja pré-constantiniana aqui retratada compreende os séculos II e III, como representados em parte por Eusébio e por outros autores que escreveram a partir de diferentes igrejas particulares. O período é marcado por um crescimento progressivo em números absolutos e por uma disseminação da igreja por uma extensão territorial maior. Se Tertuliano não estava exagerando, os membros eram convertidos a partir de todos os âmbitos da vida. Por volta do final do século II, as comunidades cristãs continham famílias que eram membros de longa data e desfrutavam de um constante influxo de novos ingressantes. Mais ou menos no final do século III, a igreja já não era formada por pequenos grupos amontoados em grandes cidades. Igrejas locais individuais haviam se tornado mais complexas, ordenadas e rotinizadas. Igrejas estavam sendo construídas.[6]

---

[5] Tertuliano, *Apologia*, p. 40, in *Tertullian: Apologetical Works and Minucius Felix: Octavius, The Fathersi of The Church*. New York, Fathers of The Church, 1950, p. 102.

[6] "As igrejas cristãs do século III podem ter sido empreendimentos relativamente humildes, compartimentos assembleares criados dentro de estruturas domésticas existentes. A igreja em

Certas instituições mantinham a coesão de toda a comunidade cristã em uma esparsa unidade federada. Por exemplo, as igrejas regionais reuniam-se em sínodos. Aproximadamente noventa bispos reuniram-se em sínodo em Cartago durante a época de Cipriano, em meados do século III. Uma taxa constante de crescimento desde os primórdios incluiria uma expansão geométrica maior na segunda parte do século III e novamente no início do século IV. Rodney Stark, supondo que o "cristianismo cresceu à taxa de *40% por década*, [calcula] que haveria 7.530 cristãos no ano 100, seguidos por 217.795 cristãos no ano 200 e por 6.299.832 cristãos no ano 300".[7] Esse vigoroso crescimento verificado durante a segunda metade do século III parece corresponder ao testemunho histórico. Durante o domínio de Cipriano (248-58), a primeira perseguição generalizada e sistemática aos cristãos sob Décio foi particularmente grave e impôs tributo à igreja. Posteriormente, contudo, o imperador Galieno promulgou um edito tolerando o cristianismo e restaurando a propriedade da igreja. A transformação da igreja em uma instituição pública e visível, geralmente associada ao século IV, já estava se iniciando no século III.[8] No século II, encontravam-se igrejas das margens do Eufrates a Lion, no Ródano, à distância de oitenta dias de viagem. "Cada uma revelava a presença silenciosa de um panorama religioso e social distinto".[9] Por volta do ano 300, os cristãos viviam na extensão de todo o Império Romano. Para representar sucintamente o curso do desenvolvimento da igreja nesse período, consultarei informantes-chave sobre a igreja em vários lugares durante esses dois séculos.

Testemunhos representativos. Os escritos de Inácio de Antioquia, Justino Mártir e Irineu, no século II, representam o desenvolvimento de vários elementos da igreja. Um aguçado senso do valor da unidade e da estrutura para assegurá-la no nível local reflete-se nas pastorais, mas

---

Dura-Europos, no Eufrates, foi construída dessa maneira, nos anos 230, para acomodar uma comunidade de não mais que setenta". Brown, *Rise of Western Christendom*, p. 24.

[7] Stark, *The Rise of Christianity*, p. 6. A obra de Stark suscitou muita reação. Ver três avaliações críticas e uma resposta de Stark em *Journal of Early Christian Studies*, 6, 1998, pp. 161-267.

[8] Daniélou e Marrou. *The First Six Hundred Years*, pp. 223-230.

[9] Brown, *The Body and Society*, p. 64.

domina as cartas de Inácio. Justino representa a abertura de diálogo com o império, processo que incluiu, a um só tempo, autoexplicação, defesa e autoapropriação, *vis-à-vis* o maciço império que agora envolvia a igreja. Justino também fornece um pequeno mas detalhado relato do culto na igreja por volta do ano 150. Finalmente, tal como indicado no capítulo anterior, certa conclusão de uma fase de desenvolvimento é representada nos escritos de Irineu. Como observa Frend: "Por volta do ano 175 e o final do século, os cristãos chegaram à autoidentidade fundada em sua literatura sagrada, o Novo Testamento, sua liturgia peculiar, sua regra de fé e sua ampla organização".[10]

A organização da igreja local, que deu um salto à frente com a função do bispo monárquico, continuou a desenvolver-se. A *Tradição apostólica*, atribuída a Hipólito, dá uma boa indicação da ordem eclesial nas igrejas situadas na esfera de influência de Roma entre o final do século II e o começo do século IV. Fornece um retrato da vida da igreja, pelo menos em termos formais, sem densa descrição. Hipólito, o erudito e líder conservador que rompeu com Calisto, bispo de Roma, na segunda década do século III, representa a tradição da igreja de Roma que remonta ao século II: essa igreja parece consistir em um punhado de santos que se contrapunham ao mundo. Calisto, por contraste, representa uma igreja institucional em expansão, adaptando-se a seu tamanho e acomodando-se à sociedade. Daniélou analisou essas duas figuras simbolicamente, em termos que se assemelham à distinção entre "seita" e "igreja".[11]

A igreja em Alexandria, ao final do século II, começa a aparecer no relato que Eusébio faz de Clemente e Orígenes. Esses alexandrinos refletem a igreja estendendo-se em direção à cultura intelectual grega e desenvolvendo uma teologia cristã que compartilha a ênfase sobre o conhecimento revelado que se encontra no gnosticismo. Em Clemente, a igreja aparece como uma casa de fé-conhecimento e como uma escola de formação para o caminho da salvação. Mais do que qualquer outra

---

[10]   Frend, *The Rise of Christianity*, p. 162.

[11]   Daniélou e Marrou. *The First Six Hundred Years*, pp. 144-151. Jay encontra a mesma antítese: ver *The Church*, p. 56.

figura patrística, Orígenes transmitiu à igreja uma interpretação de sua fé expressa em termos intelectualmente inculturados, filosoficamente mediados e holísticos. O impulso para preservar a verdade da revelação historicamente dada recebe um profundo embasamento filosófico e dialético. Uma análise da igreja nesse período, mais pormenorizada do que nos é possível fazer aqui, examinaria a autocompreensão inculturada proposta pela igreja alexandrina.[12]

A *Didascália dos apóstolos* possivelmente representa a igreja na Síria durante a primeira metade do século III e, portanto, dentro da esfera de influência de Antioquia. É interessante comparar a ordem da igreja do Oriente com a de Roma na primeira parte do século III.

O primeiro bispo de Roma falante de latim foi Vítor (189-99).[13] Por volta de meados do século, sob o episcopado de Cornélio, a igreja crescera significativamente: "Tinha um staff de 155 clérigos e amparava cerca de quinze centenas de viúvas e pobres. Esse grupo, bem à margem da comunidade regular, era tão grande quanto a maior associação comercial da cidade. Era uma enorme assembleia em uma cidade na qual a média culto-grupo ou clube de enterro podia ser quantificada em escores, não em centenas".[14] A reflexão sobre a igreja latina começa com Tertuliano, em Cartago, e prossegue com Cipriano, em meados do século. Um revela claramente a relação ambivalente da igreja com o império, na virada do século III, enquanto nos escritos do outro podem-se perceber os efeitos da perseguição sobre a igreja e novos problemas internos à proporção que a igreja crescia mais na metrópole e adaptava-se à sociedade.

O século chegou ao fim com a longa e sistemática perseguição dos cristãos por parte de Diocleciano, iniciada em 302. A sociedade imperial ainda

---

[12] Por exemplo, em muitos aspectos Clemente de Alexandria concebeu a igreja como a escola da salvação, na qual os membros recebiam informação ordenada na cultura que conduzia à salvação final. Wagner, *After the Apostles*, pp. 179-182, 238. Ver igualmente Daniélou, *Gospel Message and Hellenistic Culture*, pp. 303-322, 364-386; Daniélou e Marrou, *The First Six Hundred Years*, pp. 127-136, 181-186; e, sobre a contribuição de Orígenes, Hans von Campenhausen, *The Fathers of the Greek Church*. New York, Pantheon Books, 1959, pp. 40-56.

[13] Frend, *The Early Church*, p. 74.

[14] Brown, *Late Antiquity*, p. 34.

era profundamente politeísta. "Admitia-se, como questão de senso comum, que havia muitos deuses, e que esses deuses exigiam adoração mediante gestos concretos, publicamente visíveis, de reverência e gratidão".[15] Essa perseguição levou esses dois séculos de evolução a um horrendo clímax e estabeleceu uma das fronteiras históricas mais claras, assinalando o fim de uma era da igreja e o começo de um novo tempo, no contexto social e político de paz com o império oferecido por Constantino.

Os problemas enfrentados pela igreja. Formular os problemas ou as crises históricas vividas pela igreja é uma forma de interpretar os desenvolvimentos pelos quais ela passou como respostas a esses mesmos problemas. Um tanto quanto arbitrariamente, por se sobreporem, os problemas com que a igreja teve de se avir nessa época podem ser dispostos ao longo de duas frentes, uma relacionada com sua vida interna; a outra, com suas relações externas.

Os problemas internos giravam em torno da unidade e da autodefinição. Contra o pano de fundo de seu crescimento e expansão, diversos aspectos da autoidentidade coerente da igreja estavam ameaçados. Em primeiro lugar, a igreja precisava assegurar a unidade na fé quando os mestres propunham novas doutrinas. Que devia fazer a igreja em face da multiplicidade do que era considerado como interpretações distorcidas da mensagem original de Jesus e dos primeiros testemunhos dessa mensagem? Como as divisões internas dentro das comunidades podiam ser administradas? Muito embora essas questões estivessem presentes desde o começo mesmo nas igrejas primitivas, tornavam-se particularmente prementes à medida que a igreja negociava a mudança para um novo mundo cultural.

Em segundo lugar, a comunidade tinha de manter a unidade em face da recidiva moral dos membros e até da abjuração de sua fé. A igreja pregava um elevado ideal moral; que dizer então daqueles membros que professavam o cristianismo, mas não viviam de acordo com os padrões cristãos? Essa se tornou uma questão premente na época da perseguição,

---

[15] Brown, *Rise of Western Christendom*, p. 20.

quando alguns cristãos se viram obrigados a escolher entre a apostasia e a tortura e possivelmente a morte. Em termos mais gerais, ela acompanhou a expansão da igreja e seu ajustamento à sociedade.

Em terceiro lugar, como a igreja lidou com a complexidade cada vez maior da vida da comunidade e com o gradativo crescimento do quantitativo de membros? Como preservaria a autoidentidade claramente definida de uma pequena comunidade e a qualidade de sua vida religiosa quando começou a crescer em grupos maiores de pessoas?

Em quarto lugar, a questão da unidade entre as igrejas em diferentes lugares também suscitava um problema. Desde os primórdios mesmo, as igrejas desenvolveram diferentes tradições em diferentes lugares. Por exemplo, Eusébio fala das graves querelas entre as igrejas orientais e ocidentais em torno da data de celebração da Páscoa no final do século II.[16] Como a igreja iria manter-se como movimento unificado se suas muitas igrejas espraiavam-se por todo o mundo mediterrâneo, crescendo mais autônomas e professando diferentes tradições?[17] Esse problema era agravado pelas incursões de toda sorte de mestres e doutrinas bizarras. No período inicial, as comunicações entre as igrejas através de cartas, mestres itinerantes e emissários ajudaram a preservar a doutrina e a prática comuns essenciais. Nos séculos II e III, os mestres itinerantes estavam causando o problema. Em suma, a questão da unidade era multifacetada e dizia respeito à própria identidade da igreja e, portanto, à sua sobrevivência.

A segunda área problemática concernia à relação da igreja com o mundo. Aqui se apresentam pelo menos dois aspectos da complexa questão de como a igreja devia definir-se em relação ao mundo do Império Romano. Em primeiro lugar, o mundo pode ser considerado como uma esfera da existência; o mundo pode ser compreendido como a cultura geral, os valores e o estilo de vida globais que configuram uma sociedade. Como

---

[16] Paul L. Maier. *Eusebius – The Church History: A New Translation with Commentary*, 5, 23-25. Grand Rapids, Mich., Kregel, 1999, pp. 197-200.

[17] Pode-se perguntar se a maneira como a questão é formulada, com uma distinção e tensão entre a igreja enquanto movimento global e suas igrejas constituintes, corresponde à situação pré--constantiniana. Em que medida a igreja como movimento global possui uma unidade e uma identidade nesse período que transcendem as igrejas-em-comunhão?

a igreja deveria ver a si mesma em relação à sociedade greco-romana? Como deveria definir sua ética, seus valores e seu estilo de vida em relação à cultura romana? Um segundo aspecto dessa problemática diz respeito ao mundo, concebido como o império ou governo local e sua estrutura de autoridade. Como os cristãos deveriam se relacionar com a autoridade do império? A terceira seção do capítulo 3 coligirá algumas das respostas a essas questões que surgiram no decorrer desses dois séculos. Passo a contemplar agora os testemunhos.

Análise social e teológica

A despeito do significado e da importância do desenvolvimento da igreja ao longo dos séculos II e III, há relativamente pouca informação descritiva sobre a vida da igreja. Pouco se sabe da igreja de Alexandria durante o século II. A história da igreja desse período, de autoria de Eusébio, é na melhor das hipóteses incompleta. Por exemplo, ele dispunha de poucas fontes sobre a igreja em Cartago. Nos escritos de várias figuras, contudo, encontramos diversas vias de acesso à igreja em vários lugares e momentos fundamentais. A exposição socioteológica que fazemos a seguir baseia-se em alguns desses autores; os textos de sua autoria são lidos como guia heurístico dos elementos básicos das organizações sociais: seus membros, estruturas, atividades, objetivos ou missão, bem como as interações que mantêm com seu ambiente. Como esses autores ou textos não abordam todos esses aspectos da igreja, o método não terá como resultado uma exposição descritiva de qualquer igreja local, ou mesmo uma análise teológica adequada de "toda" a igreja, mas apenas um retrato esquemático e generalizado de uma igreja em desenvolvimento, articulado de maneira compósita a partir de elementos extraídos de testemunhos temporal e geograficamente dispersos.

Inácio de Antioquia

As cartas de Inácio de Antioquia, dirigidas à maioria das igrejas na Ásia Menor, fornecem evidência direta da vida da igreja no princípio do século II.[18] Deve-se ter em mente que as igrejas nessas cidades podem ter sido comunidades modestas, se não minúsculas; em termos de amplitude, um bispo de uma igreja seria, na melhor das hipóteses, o equivalente de um cura em uma pequena paróquia da atualidade.

Unidade da igreja. O tema da unidade domina as cartas de Inácio. As comunidades eclesiais eram ameaçadas de cisma por duas formas de falso ensinamento, docetismo e tendência judaizante. Inácio diz que as pessoas deveriam evitar aqueles que se encontrassem em grupos cismáticos; eles não herdarão o reino de Deus. Isso equivale a uma forma primária da igreja como exclusivo abrigo de salvação: não há salvação fora da unidade da igreja. O bispo singular representa o foco central dessa unidade; o bispo único provê a base da unidade comunitária. Essa unidade não pode se reduzir a uma unidade de espírito, mas consiste em uma unidade de organização, de governo e de instituição (Mag 13). O fiel pertence a Deus se está unido ao bispo singular (Phil 8).[19]

De acordo com Inácio, há três ofícios: o bispo, um clero de presbíteros ou anciãos, não sacerdotes, que eram assistentes e talvez um conselho, e os diáconos. Os diáconos desempenhavam atividades de serviço e tratavam de assuntos temporais (Mag, 2,6). "Sem essas três ordens, igreja alguma faz jus ao nome" (Trall 3). Há igualmente outras ordens como, por exemplo, viúvas e virgens.

O papel do bispo é relevante. Ao que parece, Inácio tampouco pode dizer muita coisa a respeito da posição e da autoridade do bispo. O bispo

---

[18] As referências às cartas de Inácio baseiam-se no texto de Cyril C. Richardson, ed./trad., *Early Christian Fathers*. New York, Macmillan, 1970. As referências no texto são aos parágrafos da carta.

[19] "O que o santo (Inácio) sempre se esforça por ressaltar é a harmonia e a unidade da Igreja, fundada na obediência às autoridades eclesiásticas, mais do que qualquer nexo metafísico entre Deus e o fiel". Cyril Charles Richardson, *The Christianity of Ignatius of Antioch*. New York, Columbia University Press, 1935, p. 33.

goza de autoridade abrangente. É designado não por outras pessoas, mas por Deus (Phil 1). Considere o bispo como um Deus, diz ele; o que o bispo sanciona é a vontade de Deus; quem honra o bispo é aceito por Deus. O papel do bispo compreende três grandes responsabilidades: (1) O bispo desempenha função litúrgica; preside a eucaristia e sobre ela tem poder, muito embora essa atribuição possa ser delegada.[20] Isso provavelmente indica que a igreja local una é subdividida em diversas comunidades menores. (2) O bispo exerce função doutrinal; é o mestre oficial ou reconhecido, em contraposição ao falso ensinamento. (3) O bispo dispõe de autoridade governamental; o que ele prescreve é a vontade de Deus. Todas essas funções asseguram a unidade da comunidade no culto, na doutrina e na organização. Não fica claro, contudo, se Inácio estava descrevendo uma ordem vigente nas comunidades a que se dirigia ou se estava promovendo um programa que envolveria as igrejas no decorrer do século.

Relação com a sociedade. Muitos autores percebem uma espécie de dupla relação das comunidades cristãs com a sociedade, e com diferentes ênfases essa postura prevalecerá ao longo dos dois séculos. Por um lado, o cristão não se sente em casa no mundo; o martírio é um retorno a seu verdadeiro lar. A comunidade tem ligação com um mundo transcendente, e ainda remanescem ideias de uma primitiva parusia. A comunidade também é um grupo minoritário, odiado, ridicularizado ou perseguido. Por outro lado, a autoridade temporal é efetiva autoridade conferida por Deus. Os cristãos devem obedecer aos governantes e por eles rezar; os escravos devem obedecer a seus senhores como se estivessem no lugar de Deus. Deus provê as estruturas da sociedade, e os cristãos participam de seu arcabouço. A dupla relação, portanto, pode ser caracterizada, por um lado, como atrelada a Deus, transcendental, e contracultural, e, por outro, como situada na história, parte da sociedade, e observadora da lei. Os cristãos são bons cidadãos que rezam a Deus pelo imperador.

---

[20] Dá-se bastante ênfase à conexão entre eucaristia e unidade na igreja. "Em cada uma das três importantes passagens sobre o tema, essa ideia da *henosis* da Igreja predomina em seu pensamento". Richardson, *The Christianity of Ignatius of Antioch*, p. 56.

Não se pode deixar de enfatizar a ética nas cartas de Inácio. Uma verdadeira fé se reflete no comportamento, especialmente na falta de dissensão. Quase não há insinuação de uma ética social voltada para o exterior, de participação cristã no mundo ou na sociedade; não se detecta ambição alguma de mudar a sociedade. Boa parte da exortação ética concerne ao comportamento pessoal no âmbito da comunidade, uma ética da unidade, do bem relacionar-se, com ênfase especialmente vigorosa no amor de companheiros cristãos. Em larga medida a exortação ética repete ideais judaicos em comunidades cujos vínculos remetem a Jerusalém. É uma ética estrita e contracultural, na medida em que rejeita o infanticídio, o aborto, a alimentação com comida oferecida aos ídolos. A evitação de elementos veiculadores de falsa doutrina sugere uma pequena comunidade extremamente coesa, autocentrada, perseguida e sitiada.

Um tema decisivo é o martírio. O martírio representa a mais elevada de todas as realizações éticas cristãs.[21] Reflete não só plena dedicação a Cristo e imitação de sua pessoa, mas também anseio de imortalidade e glória em outro mundo. Como reação contra a perseguição da igreja quando ocorria, a glorificação do martírio relativiza o mundo e sugere certa ultramundanidade ou horizonte de existência mais superlativo. Inácio escreve que se deve pensar na vida futura e em Deus, e não nas coisas desta terra (Eph 9). A eucaristia é o remédio da imortalidade, energia para lutar com o mundo e tratamento para escapar da morte definitiva (Eph 20). O mundo é um símbolo do mal (Mag 5).

A eclesiologia de Inácio transcendeu a dimensão prática e retórica e alcançou profundidade metafísica. Em sua visão, a ordem da igreja refletia e se fundava em modelos celestiais. O paralelismo que Inácio estabelece entre a hierarquia do cosmo e as ordens eclesiais é o seguinte: CÉUS (OU COSMO) = Deus, Cristo, anjos conselheiros, espíritos servidores,

---

[21] Ver "The Martyrdom of St. Polycarp", *Early Christian Fathers*, pp. 149-158. A igreja primitiva não se acostumou ao martírio, que jamais se tornou uma coisa corriqueira. O martírio inspirava horror e estupefação. Os poucos que morreram incorporaram o poder de seu Deus. Não era simplesmente uma questão de coragem pessoal, mas do poder de Deus triunfando sobre o poder de quaisquer deuses que estivessem sendo protegidos pela perseguição. Brown, *Rise of Western Christendom*, p. 66.

humanos; EKKLESIA (OU COMUNIDADE) = Cristo, bispo, presbíte-ro, diáconos, membros. Como a segunda ordem era parametrizada de acordo com a primeira, os cristãos eram instados a relacionar-se com os detentores das diversas funções com reverência compatível com sua contraparte transcendente. A hierarquia metafísica foi traduzida para a obediência religiosa e, portanto, estruturava e consolidava a unidade. A visão outorgada à igreja como comunidade envolvia participação em uma missão histórica e cósmica.[22]

Justino

As apologias de Justino e seu *Diálogo com Trifo* contêm boa quantidade de dados que, se analisados, poderiam contribuir para uma reconstituição da autocompreensão dos cristãos em Roma em meados do século II. No entanto, dois aspectos da igreja — sua relação com o império, tal como se reflete no gênero de uma apologia, e sua atividade cúltica, sobretudo a eucaristia — são especialmente pertinentes.

Relação igreja-mundo e ética. As cartas de Inácio dirigem-se às igrejas e preocupam-se com sua vida interior; a apologia destina-se ao público externo e compreende três objetivos ao mesmo tempo: autoexplicação, autodefesa e autoapropriação em relação ao outro. Muito se pode dizer acerca dessa igreja simplesmente com base nesse tipo de literatura. Ela revela certa autoconfiança e maturidade para poder dirigir-se publica-mente ao império. Ela leva o império a sério; não desmerece nem ignora Roma e sua cultura, mas quer ser compreendida por ela. Pode-se ver nesse escrito um passo formal ou autoconsciente para a inculturação, na medida em que, para se fazer entender pelo público externo, deve adotar uma linguagem inteligível a essa audiência. Isso, contudo, afeta a autocompreensão do autor e da comunidade. No caso de Justino, filósofo greco-palestino que se converteu ao cristianismo, percebe-se a linguagem da autocompreensão da igreja alterando-se em termos culturais gregos.

---

[22] Wagner, *After the Apostles*, pp. 151-152.

Daniélou chama essa apologética de literatura missionária do século II dirigida ao mundo pagão do império. Ela trata dos fundamentos; busca paralelos entre o cristianismo e a cultura pagã, continuidades entre a tradição subjacente ao cristianismo e a tradição da cultura intelectual grega; desempenha, portanto, uma função catequética.[23] Apologistas como Justino estavam procurando converter filósofos e líderes pagãos à igreja. A importância disso reside muito mais na ética fundamental e na atitude religiosa para o mundo revelada nessa literatura do que no conteúdo particular, historicamente condicionado.

Assembleia: liturgia e sacramento. Ao final de sua *Primeira apologia*, Justino fornece uma sucinta descrição do que faziam os cristãos quando se reuniam para o batismo de novos membros e para a eucaristia nas manhãs de domingo.[24] Quando se insere sua exposição em uma linha entre as primeiras referências à eucaristia, por exemplo, na *Didaqué* e *1 Clemente*, e a exposição posterior da liturgia na igreja romana tal como se encontra na *Tradição apostólica*, de Hipólito, pode-se ter alguma noção de um desenvolvimento contínuo.

Em *1 Clemente*, que representa a igreja em Roma por volta do ano 95, encontra-se uma longa prece que pode ser associada à eucaristia e que surpreende por seu caráter judaico.[25] A *Didaqué*, que pode representar uma igreja no âmbito de Antioquia ao final do século I, contém breve instrução sobre a administração tanto do batismo como da eucaristia. O batismo deve ser precedido de instrução pública. O batizado, o que batiza e, onde possível, todos os envolvidos na ação devem jejuar. A eucaristia na *Didaqué* é essencialmente uma prece de ação de graças, uma *berakah* sobre o vinho e o pão, seguida de uma refeição, ao final da qual se pronuncia outra bênção de Deus Pai, por meio de Jesus, seu filho (Did 9-10). Ela prescreve que "não se deve permitir a ninguém comer ou

---

[23] Daniélou, *Gospel Message and Hellenistic Culture*, 11.

[24] Uma sucinta análise dos ensinamentos de Justino acerca da igreja e dos sacramentos pode ser encontrada em L. W. Barnard, *Justin Martyr: His Life and Thought*. Cambridge, Cambridge University Press, 1967, pp. 126-150.

[25] *1 Clem*, 59-61. As referências a *1 Clemente* e à *Didaqué* são aos números dos parágrafos dos textos da edição de Richardson, *Early Christian Fathers*.

beber da eucaristia, exceto os batizados em nome do Senhor" (Did 9,5), mas não há nenhuma referência ao corpo e ao sangue de Cristo. "Todo dia do Senhor — seu dia especial — venha partir o pão e agradecer, primeiro confessando seus pecados, a fim de que seu sacrifício possa ser puro" (Did 14,1).

Passando-se à cerimônia do batismo, segundo a exposição de Justino, ela também envolve instrução e jejum prévios. Desenvolve-se em um lugar em que haja água e é concebida como ritual de arrependimento e perdão. A cerimônia promove o renascimento da ignorância e do pecado para a iluminação e a liberdade.[26] Após o batismo, os batizados são apresentados à comunidade reunida, onde preces comuns por todos são oferecidas, ao término das quais todos se saúdam com um beijo. Em seguida, o pão e um cálice de água misturada ao vinho são levados ao presidente (bispo) da comunidade, que oferece a prece eucarística formal, a que todos respondem "amém". Após o serviço da comunhão, os diáconos levam o "alimento eucarístico" aos ausentes (1 Apol, 65).[27] O batismo, portanto, é uma cerimônia e um ritual elaborados; a entrada nessa comunidade é uma momentosa decisão de vida.

Justino explica a crença segundo a qual "o alimento consagrado pela palavra do sacerdote que vem dele [Jesus Cristo], do qual nossa carne e nosso sangue são nutridos por transformação, é a carne e o sangue desse Jesus encarnado" (1 Apol 66). Tem-se, portanto, uma linguagem realística reminiscente do evangelho de João, capítulo 6. Em seu *Diálogo com Trifo*, Justino associa a eucaristia à paixão e morte de Jesus e a ela refere-se como "sacrifício" comemorativo da morte de Jesus.[28] Isso foi

---

[26] Justino Mártir. *Primeira apologia*, 61, em Thomas B. Falls, ed., *Writings of Saint Justin Martyr, The Fathers of The Church*. New York, Christian Heritage, 1948. As referências no texto são aos parágrafos, tal como se encontram nessa edição.

[27] Barnard explica as razões por que o "presidente" de Justino provavelmente seja o "bispo". *Justin Martyr*, pp. 131-133. Ele também observa que essa é a mais antiga referência à prática de os diáconos tomarem uma porção dos elementos eucarísticos para aqueles que estavam ausentes. Ibid., p. 148.

[28] Justino, "The Dialogue with Trypho", 117, in *The Writings of Justin Martyr*. "Essa concepção da eucaristia como sacrifício e memorial da paixão, que se baseia nas palavras paulinas da instituição, é peculiar a Justino entre os escritores do século II" Barnard, *Justin Martyr*, p. 148.

significativo no paulatino desenvolvimento da visão final de que quem oficiava um "sacrifício", o bispo, era um "sacerdote", e, mais tarde, de que seus delegados, os presbíteros, eram sacerdotes.

Justino relata que a assembleia dominical tinha a seguinte ordem: reunião, leitura das "memórias dos apóstolos" ou dos profetas, exortação do presidente, orações em pé, apresentação do pão, do vinho e da água, sobre os quais o presidente oferece preces de agradecimento "da melhor maneira", a que a comunidade aquiesce respondendo "amém", a distribuição e recepção de cada um dos elementos sobre os quais se rezou e seu envio, por meio dos diáconos, àqueles que faltaram à reunião. Segue-se uma coleta para os necessitados (1 Apol, 67). Em toda a exposição, Justino vincula a celebração da eucaristia à ética. Em Justino, portanto, verificamos que a eucaristia é celebrada como rito autônomo, independente de uma refeição, por um presidente que provavelmente seja o bispo ou seu delegado, e uma ordem estabelecida que provavelmente reflita uma prática que transcende a comunidade em Roma.[29]

Irineu

No capítulo anterior, considerei que Irineu reflete alguma forma de fecho na formação primeva da igreja, com ênfase especial no desenvolvimento do cânon das escrituras. Aqui, desejo reiterar sucintamente esse entendimento, sublinhando como Irineu simboliza a unidade de uma igreja universal. Em outras palavras, o valor da unidade que tanto domina Inácio é transposto em Irineu para englobar todo o movimento cristão ou as muitas igrejas. Em sua reação contra a sinistra ameaça dos falsos ensinamentos que infestavam a igreja a partir de seu interior, Irineu defendeu instituições que fossem capazes de abarcar, em alguma forma de unidade, as muitas diferentes igrejas dispersas tão amplamente pelo Império Romano.[30] Essencialmente, aquelas instituições consistiam no

---

[29] Ver Lloyd G. Patterson. "Eucharist, History of, in Early Church", *The New Dictionary of Sacramental Worship*, ed. Peter E. Fink. Collegeville, Minn., Liturgical Press, 1990, pp. 398-410.

[30] O paralelo analógico desse problema em nossa época não é a unidade de uma comunhão internacional de igrejas, mas a unidade ecumênica de todas as igrejas.

único ensinamento "básico" de todas as igrejas, na sucessão dos bispos em função magisterial e em um cânon escriturístico:

> Esta é a verdadeira gnose: o ensinamento dos apóstolos, e a antiga instituição da igreja, disseminada por todo o mundo, e o sinal distintivo do corpo de Cristo de acordo com a sucessão dos bispos, a quem os apóstolos confiaram cada igreja local, e a espontânea preservação, que chegou até nós, das escrituras, com uma completa coleção, sem permissão de adição ou acréscimo; uma leitura sem falsificação e, de conformidade com as escrituras, uma interpretação legítima, cuidadosa, sem perigo de blasfêmia.[31]

Irineu relatou o conteúdo dessa fé básica única, recebida dos apóstolos, em concisas fórmulas trinitárias (por exemplo, AH, 1.10.1, pp. 70-71).[32] Em sua visão, todas as igrejas autênticas compartilham esse conjunto único de crenças; ele forma o coração e a alma únicos de todos os cristãos dispersos pelo mundo; todos viviam no único lar provido por essa visão metafísica. "Pois, se as linguagens no mundo são dissimilares, o poder da tradição é único e o mesmo" (AH, 1.10.2, p. 71). Em Irineu, essa unidade era firmemente assegurada por formas organizacionais e institucionais, mas as transcendia. "Toda a humanidade tem sua primeira cabeça em Adão e sua segunda em Cristo. Essa unidade ontológica da igreja é expressa na identidade de suas crenças acerca de Deus e do propósito salvífico de Deus, e foi a polêmica utilidade do conceito de unidade doutrinária que fez de Irineu um dos primeiros teólogos a celebrar a unidade da igreja

---

[31] Irineu. *Against Heresies*, 4.33.8, in Robert M. Grant, trad., *Irenaeus of Lyons*. London e New York, Routledge, 1997, p. 161. As referências no texto como AH são feitas a essa tradução. A sucessão a que se refere Irineu não consistia na imposição de mãos pelos bispos sucessivos, mas na ocupação legítima da função de ensinar. Em outras palavras, ela era social e funcional. Ver Jay, *The Church*, pp. 45-46.

[32] Uma formulação similar, ainda que um tanto mais extensa, da regra básica da fé da igreja encontra-se em Orígenes, *Origen On First Principles*, ed. G. W. Butterworth. Gloucester, Mass., Peter Smith, 1973, Preface, 4-10, pp. 2-6. Por conseguinte, apostolicidade, sucessão e tradição formam uma única peça. "O Logos garantiu o tesouro da verdade aos apóstolos, que o depositaram na igreja [...], disponibilizando a salvação de Deus a todos quantos se dispusessem a ser disciplinados pela igreja e pelos sucessores dos apóstolos. O tratamento que Irineu deu ao depósito apostólico da verdade tornou-se central para sua luta contra os heréticos, para sua eclesiologia e para sua duradoura influência". Wagner, *After the Apostles*, p. 217.

universal".[33] Admitido que Irineu tenha sido um influente interlocutor grego que também servira em Roma, é notável ainda que um bispo nas províncias, em um posto avançado de Roma em Gaul, tenha atestado a unidade universal da igreja.

Hipólito

A *Tradição apostólica*, atribuída a Hipólito, é um manual de ordem eclesial que responde à necessidade de preservar a "antiga" maneira de fazer as coisas contra a mudança ou contra o esquecimento.[34] Hoje, muitos o consideram como uma compilação de material que data do século II ao começo do século IV.[35] É sintético, conquanto abrangente, por compreender os procedimentos de iniciação, a ordenação de ministros e suas funções, a celebração eucarística, a refeição agápica e um regime de oração. Mas ele é descritivo da igreja ou constitui um conjunto de normas desejadas? Qualquer que seja a resposta a essa questão, o documento transmite alguma ideia acerca da igreja em Roma durante esse período no tocante a três pontos.

Membros. Os novos membros passavam por um período de iniciação ou catecumenato de três anos, como ouvintes da palavra ensinada pelos mestres. Antes disso, os candidatos eram sucintamente esquadrinhados quanto a sua condição geral de vida e profissão e reexaminados antes de serem efetivamente admitidos ao batismo. Toda uma lista de profissões conflitava com a condição de cristão. Pode-se dizer que todas as partes

---

[33] Denis Minns. *Irenaeus*. Washington, D.C., Georgetown University Press, 1994, p. 117. Irineu representa uma verdade comum, unificada geograficamente, disseminada pelas igrejas em diferentes regiões. Essa própria unidade era sinal da verdade; a novidade, o erro, a heresia, a divisão e o cisma implicavam-se mutuamente. "Irineu entendia a igreja como parte do plano cósmico, histórico e geográfico de Deus para recapitular a humanidade e o mundo". Wagner, *After the Apostles*, p. 219.

[34] Hippolytus, *The Apostolic Tradition of Hippolytus*, ed. e trad. Burton Scott Easton. Cambridge, Archon Books, Cambridge University Press, 1962, e *The Treatise on the Apostolic Tradition of St Hippolytus of Rome*, ed. Gregory Dix. London, SPCK, 1968. A obra é referida no texto como TA por números de parágrafos.

[35] Paul Bradshaw. *Early Christian Worship: A Basic Introduction to Ideas and Pratice*. Collegeville, Minn., Liturgical Press, 1996, p. 15.

envolvidas consideravam que ser cristão era uma séria decisão de vida (TA, 16-20).

Estrutura institucional ou organizacional. A ordem eclesial subjaz aos ritos de ordenação ou instalação dos vários ministérios da igreja. A partir deles pode-se discernir o relativo lugar na comunidade, bem como as responsabilidades ou o que se esperava de bispos, presbíteros, diáconos, viúvas, leitores, virgens e subdiáconos. Os bispos eram escolhidos por todo o povo, e em sua ordenação os bispos da área faziam imposição de mãos sobre eles.[36] Pelas orações do rito de ordenação sabemos que um bispo é consagrado para alimentar o povo com o pão eucarístico e para servir como sumo sacerdote de Deus. Deve servir como ministro dia e noite. Tem a autoridade para perdoar os pecados que foi outorgada aos apóstolos. Embora a temática do sacerdócio não predomine, é claramente afirmada (TA, 3).[37] Entre outras tarefas de supervisão, o bispo é encorajado a visitar os enfermos, o que assinala o contexto de uma comunidade ainda pequena. Nas grandes cidades, nessa época, o bispo ainda é comparável ao pastor de uma extensa paróquia atual.

Os presbíteros eram ordenados mediante a imposição de mãos do bispo, incluindo um gesto de seus colegas presbíteros, e os diáconos eram ordenados pelo bispo "para servir ao bispo e para dar cumprimento às ordens do bispo" (TA, 9). O presbítero era ordenado para o presbitera-to, cuja função consistia em governar o povo na igreja. Eram cheios do Espírito de Deus, a exemplo dos presbíteros escolhidos por Moisés. Por contraste, o diácono não era ordenado para o sacerdócio, mas recebia o Espírito por ser conselheiro do bispo e do clero, zelador dos bens e dos dons e executor geral da vontade do bispo (TA, 9). A impressão de uma comunidade relativamente pequena é fortalecida com a indicação de que

---

[36] "Parece haver um padrão claramente universal da eleição de *episkopoi* por volta do final do século II", e isso perdura até a Idade Média. Cooke, *Ministry*, p. 418.

[37] Tertuliano foi o primeiro, na literatura cristã, a associar bispos e presbíteros a sacerdotes, algo que, portanto, surgiu durante o século II. Easton, *The Apostolic Tradition of Hippolytus*, p. 64; David Rankin, *Tertullian and The Church*. Cambridge, Cambridge University Press, 1995, p. 163.

todo dia os presbíteros e diáconos reuniam-se com os membros da comunidade para instrução e oração antes de assumir seus deveres (TA, 33).

Assembleia: liturgia e sacramentos. As principais atividades diárias da igreja consistiam em prece, instrução, liturgia eucarística, refeição agápica e batismos. Diversos parágrafos descrevem como a oração deve ser pronunciada sete vezes ao dia (TA, 35-36). A refeição agápica noturna, que era separada da celebração eucarística matutina, na época de Justino, no século II, é regulada pela ordem eclesial de Hipólito (TA, 26).[38] A descrição que Hipólito faz do ritual do batismo contém duas etapas distintas: a primeira envolve imersão na água e unção; a segunda, a imposição de mãos pelo bispo.[39] A cerimônia como um todo encerra certo número de exorcismos de espíritos malignos que parecem chocantes hoje em dia (TA, 21-23). Em suma, a comunidade de Hipólito provavelmente ainda era relativamente pequena, talvez porque fosse apenas um segmento do todo. Mas era altamente diferenciada e regulada com funções ministeriais claramente definidas e padrões de vida.

Utilizando os textos de Tertuliano e uma leitura crítica da *Tradição apostólica*, Bradshaw representa a estrutura básica dos ritos do batismo e da eucaristia no Ocidente, na virada do século III. Os batismos ocorriam preferentemente na Páscoa, de acordo com a seguinte ordem: preparação mediante jejum e prolongada instrução, oração sobre a água batismal, renúncia ao mal, tríplice profissão de fé e imersão na água, unção pós-batismal, sinal da cruz sobre o batizado para proteção, imposição de mãos acompanhada de prece e as boas-vindas à celebração eucarística da comunidade. A teologia subjacente ao ritual recorre a uma concepção soteriológica da morte e ressurreição de Jesus; aquele que se batiza morre para o pecado na água e ressurge para a nova vida no Espírito destinada à ressurreição.[40]

---

[38] De acordo com Tertuliano, a refeição agápica era um recurso utilizado pela comunidade para proporcionar alívio aos necessitados, aos pobres. *Apologia*, 39, p. 101.

[39] Essa distinção de fases da cerimônia é importante para a compreensão da vertente romana na controvérsia batismal entre Cipriano de Cartago e Estêvão de Roma, em meados do século III.

[40] Bradshaw, *Early Christian Worship*, pp. 16-21.

O sacramento da eucaristia, na virada do século, encontra-se em processo de desenvolvimento. Já em Justino o sacramento era separado do contexto de uma refeição; a bênção do pão e do cálice ocorria em um ritual matutino dominical. A estrutura mais básica consistia em uma rememoração de Jesus e em uma invocação do Espírito. Inicialmente, a prece eucarística concentrava-se em Deus criador; nessa época, a ênfase deslocou-se para a redenção e para uma compreensão da eucaristia enquanto sacrifício. Na *Tradição apostólica*, a prece eucarística rememora a morte de Jesus como sacrifício e sua ressurreição. Disso resulta que o próprio rito torna-se um sacrifício memorial. Em Cipriano, o bispo-sacerdote imita Cristo ao oferecer o verdadeiro e perfeito sacrifício a Deus na igreja.[41]

Didascália dos apóstolos

A *Didascália* ou *Ensinamento dos apóstolos* provavelmente represente uma pequena igreja na região da Síria durante a primeira metade do século III.[42] Muito embora seja parte da linhagem que remonta à *Didaqué* e à *Tradição apostólica*, esse trabalho apresenta uma visão muito mais ampla, efusiva e inspiracional da igreja: instrui e reza; colige leis e urge as vantagens de obedecer-lhes. O tratado pretende ser um consenso dos Apóstolos compilado em um encontro em Jerusalém ocorrido por volta do ano 50,[43] o que lhe confere uma visão universal: o escrito pode ser local, mas projeta uma grande e unificada igreja. Os muitos tópicos ali abordados ressaltam sobretudo os limites das funções ministeriais, seus exercentes e o comportamento ético dos membros da comunidade. A obra fornece, portanto, uma impressão reveladora sobre uma típica comunidade eclesial do Oriente.

---

[41] Ibid., 45-57.

[42] R. Hugh Connolly, ed., *Didascalia Apostolorum*. Oxford, Clarendon Press, 1929, 1xxxix-xci.

[43] "Quando, pois, toda a Igreja cristã estava em perigo de sucumbir à heresia, todos nós, os doze Apóstolos, nos reunimos em Jerusalém e pensamos sobre o que deveria ser feito [...]. E quando ordenamos e afirmamos e estabelecemos (essas coisas) de comum acordo, cada um de nós expôs a sua província anterior, confirmando as Igrejas." *Didascalia Apostolorum*, 24, pp. 204, 214. As citações no texto são por capítulo e número de página dessa edição.

Estruturas e ministérios. A exiguidade de espaço não permite uma reprodução criativa, imaginativa, da vida nessa comunidade que tal fonte possibilita, embora certos detalhes possam ser ressaltados. O bispo é apresentado como completamente encarregado pela comunidade, sua autoridade absoluta. Seu caráter ideal e suas responsabilidades são detalhadamente descritos. Em uma linguagem reminiscente de Inácio de Antioquia, o autor escreve: "Ele é ministro da palavra e mediador, mas para você um mestre, e seu pai depois de Deus, que o gerou através da água. Este é seu chefe e seu líder, e ele é seu poderoso soberano. Ele reina em lugar do Todo-Poderoso" (DA, 9, p. 86). Ele é também o Sumo Sacerdote.

Segundo em poder e autoridade efetiva na igreja parece ser o diácono, que é o braço direito designado do bispo. Devia haver tantos quanto fossem exigidos pelo tamanho da comunidade. E, diferentemente da igreja em Roma, essa igreja tinha uma ordem e um ministério de diaconisas que atendia a mulheres na comunidade, em situações que teriam sido desconfortáveis para os homens (DA, 16, pp. 146-48). Se as pessoas deviam se relacionar com o bispo como o Pai, deviam considerar o Diácono como Cristo e as Diaconisas como o Espírito Santo (DA, 9, p. 88).[44] Dessa perspectiva, o papel e a posição dos presbíteros relativamente aos diáconos parecem menos desenvolvidos. Eles eram os conselheiros do bispo, que devia "ser honrado como os Apóstolos" (DA, 9, p. 90). É possível que, em uma pequena igreja onde o bispo dominava a vida pública de toda a comunidade, os presbíteros tivessem uma autoridade inferior à dos diáconos, que eram uma extensão da autoridade episcopal.[45]

---

[44] De um ponto de vista, as sensibilidades feministas hoje mal seriam confortadas pelo ensinamento da *Didascália* acerca das mulheres: em princípio, o batismo não era permitido às mulheres, e as viúvas são descritas por estereótipos. Todavia, da perspectiva do patriarcado, e deslocando-se à esquerda, a diaconisa é uma função genuína na igreja, com um ministério reconhecido de ordenar a reverência religiosa. Mesmo as viúvas não eram simplesmente consideradas como objeto de solicitude episcopal, mas também exerciam o ministério de visitar os enfermos, rezar com eles e impor-lhes as mãos (DA, 15, pp. 138-140). Sobre a problemática das mulheres na igreja primitiva, ver Francine Cardman, "Women, Ministry, and Church Order in Early Christianity", in R. S. Kraemer e M. R. d'Angelo, eds., *Women and Christian Origins*. New York, Oxford University Press, 1999, pp. 300-329.

[45] Connolly, DA, xl-xli.

Vida e ética comunitárias. A instrução sobre a vida comum e as virtudes religiosas ocupa boa parte desse tratado, de tal sorte que ele transmite a impressão de uma comunidade intencional. Oferece exortação moral aos homens, às mulheres em geral e às viúvas. Instrui sobre como educar as crianças. Insta cada membro da comunidade a fazer-se presente à assembleia eucarística nas manhãs de domingo, a fim de que nenhuma falta "faça com que o corpo de Cristo fique diminuído de um membro" (DA, 13, p. 124). Um importante tema em toda essa exortação moralista concerne à misericórdia e ao poder do bispo para perdoar. A igreja no Ocidente, durante o século II e começo do século III, teve de contender com a possibilidade do segundo arrependimento do pecado após o batismo, especialmente com a questão de se alguém culpado de assassinato ou adultério poderia ser readmitido à igreja após um período de penitência. Essa comunidade recomenda misericórdia: "Compete então a vós, ó bispos, julgar de acordo com as escrituras aqueles que pecam, com magnanimidade e com misericórdia" (DA, 6, pp. 50-52).[46] Esse é um claro balizamento na rota do desenvolvimento de atitudes acerca da vida moral da comunidade com um todo. Também pode sugerir uma experiência de bispos autoritários e severos.

Tertuliano

A tradição escrita da igreja latina começa em Cartago, no final do século II, com Tertuliano, e é continuada em meados do século III por Cipriano. A igreja em Cartago, que parece ter sido uma descendência da igreja de Roma, só adquire algum foco claro nos escritos de Tertuliano. Não se pode falar sobre Tertuliano satisfatoriamente em um curto espaço por causa de seu ardor, ironia, complexidade e evolução. Por exemplo, seus primeiros escritos preconizam o ministério monárquico do bispo, ao passo que seus escritos tardios queixam-se amargamente de um episcopado exorbitante que estava comprometendo a santidade essencial

---

[46] "Mas se tu (bispo) não recebes aquele que se arrepende, porque não tens misericórdia, pecas contra o Senhor Deus." DA, 7, p. 76.

da igreja. Tertuliano não oferece nenhuma compreensão abrangente ou sistemática da igreja. Em seus muitos escritos, contudo, pode-se discernir uma visão característica da natureza da igreja que exerceu considerável influência sobre Cipriano.[47]

Na linha de Irineu, Tertuliano defendia o monoepiscopado, a apostolicidade e os critérios de sucessão para a determinação do autêntico ensinamento. Em sua *Apologia*, Tertuliano fornece uma concisa descrição da igreja. Ela consiste em um corpo religioso de pessoas que se reúnem nas manhãs de domingo para rezar, ler a escritura, encorajar-se e corrigir-se mutuamente. Certos anciãos, aprovados com base em seu bom caráter, presidem a associação. Coletam dinheiro voluntariamente doado segundo a capacidade de cada qual, que é utilizado para boas obras e para ajuda aos necessitados. Os membros partilham em comum, como por ocasião do ágape, que é conduzido com piedoso decoro, e no qual os famintos são alimentados.[48] Tertuliano reconheceu o tríplice ministério do bispo, presbítero e diácono, mas também testemunha outras ordens de ministério no âmbito da igreja de Cartago: havia viúvas, virgens, doutores ou mestres, lentes, profetas e mártires.[49]

Um dos desenvolvimentos mais significativos na igreja durante os séculos II e III foi "a criação de uma estrita divisão entre clero e laicato na igreja cristã".[50] Na concepção tertuliana da igreja, o clero exercia uma posição de autoridade e de dignidade superior à do laicato. A distinção repousava na função e era pragmática: o laicato representava um rebanho necessitado de pastoreio. Na visão de Tertuliano, eles eram muito ignorantes, mal-informados e carentes de orientação. Os clérigos, portanto, eram líderes da comunidade. Ocupavam uma função ministerial, uma

---

[47] Ver David Rankin. *Tertullian and The Church*. Cambridge, Cambridge University Press, 1995, para uma sintética reconstituição da eclesiologia formal de Tertuliano.

[48] Tertuliano, *Apologia*, 39, in *Tertullian: Apologetical Works and Minucius Felix: Octavius*, pp. 98-102. As referências no texto são aos capítulos e às páginas dessa edição.

[49] Rankin, *Tertullian and The Church*, p. 119. As virgens eram mulheres de vida casta. Transcendiam a sexualidade e não usavam véu, que simbolizava a vergonha da própria sexualidade. Essa postura era mais que simples autodisciplina. Ser virgem, "desvelar-se entre os fiéis, era declarar a plenitude da redenção trazida por Cristo". Brown, *Body and Society*, p. 80.

[50] Brown, *Body and Society*, p. 142.

posição formalmente constituída e reconhecida que implicava autoridade em virtude do ofício. O bispo, contudo, era uma figura tão dominante que a identidade dos outros clérigos, presbíteros e diáconos se definia em relação à dele. A exemplo dos pastores, os clérigos protegiam os membros da igreja, forneciam os serviços de culto e funcionavam como líderes, pastores, mantenedores e provedores dos necessitados. Como figura central, o bispo supervisiona a disciplina, presidia os rituais litúrgicos do batismo, da eucaristia e do sepultamento cristão; regulava as admissões à igreja e às ordens; determinava o procedimento do jejum, a penitência pública e a readmissão à assembleia eclesial.[51]

As igrejas de Tertuliano e de Hipólito, no começo do século III, eram, portanto, comunidades bem-ordenadas, e a igreja de Tertuliano em Cartago possuía um caráter desenvolvido e diferenciado. Entretanto, particularmente dois temas nas visões tertulianas da igreja, sua santidade e sua relação com o mundo, refletem o período.

A santidade da igreja. "Para Tertuliano, uma igreja menos que santa não é logicamente possível. Algo menos que santo não pode ser autenticamente a igreja."[52] Em seu tributo aos mártires, Tertuliano escreveu a respeito dos cristãos: "Não importa em que parte do mundo estejam, vocês estão à margem do mundo".[53] A seu ver, os cristãos viviam em uma esfera que transcendia a vida mundana cotidiana. Com o batismo, o indivíduo arrependia-se do pecado e o pecado era perdoado. Em um ponto ele parecia convencido de que quem continuava a pecar daí por diante estava votado ao fogo.[54] Em sua *Apologia*, Tertuliano julgava que os pecadores públicos graves estavam, em função de seu pecado, por assim dizer, automaticamente excluídos da comunidade dos cristãos. Ou podiam ser excomungados pela comunidade em uma de suas assembleias (Apo. 39, 44, 46, pp. 98, 109, 114). Tertuliano admitia um segundo arrependimento

---

[51] Rankin, *Tertullian and The Church*, pp. 115, 142, 190-191.

[52] Ibid., p. 114.

[53] Tertuliano, "To the Martyrs", 2, in *Tertullian: Disciplinary, Moral and Ascetical Works, The Fathers of The Church*. New York, The Fathers of The Church, 1959, p. 20.

[54] Tertuliano, "On Baptism", 8 in *Tertullian's Homily On Baptism*, ed. e comentário de Ernest Evans. London, SPCK, 1964, p. 19.

e uma segunda esperança, que requeria uma franca e pública penitência.[55] Ele parecia admitir, contudo, um segundo arrependimento a contragosto, por temer que pudesse encorajar o pecado. E reagiu veementemente quando um bispo revestiu o poder de admitir adúlteros e fornicadores ao seio da comunhão eclesial. Ao final ele mudou de ideia no tocante ao segundo arrependimento; há pecados irremissíveis pela igreja, e o sexo fora do casamento é um deles.[56] Tertuliano parece ter se deslocado cada vez mais na direção de uma igreja tão imbuída do poder do Espírito que a santidade da comunidade era a reunião da santidade de seus membros individuais. "Em Tertuliano, Lei e Espírito são vistos conjuntamente como amparando e requerendo a estrita pureza escatológica de todas as pessoas na igreja."[57] A santidade de seus membros torna-se a linha divisória entre a igreja e o mundo.

A relação da igreja com o mundo. A visão tertuliana de como a igreja se relaciona com o mundo, em sua *Apologia*, transborda de tensões. Por um lado, Deus criou tudo a partir do nada e o ordenou de acordo com a razão, e permanece seu regente soberano (Apol. 17, 52). Por outro lado, Tertuliano, a exemplo de Justino, funde sua extensiva crença em demônios, cuja "ocupação é corromper a humanidade" (Apol. 22, 69), com a crença dos romanos em sua miríade de deuses, grandes e pequenos (Apol. 23, 71). O resultado é toda uma sociedade cujas práticas são idólatras porque se enredam com conexões religiosas emaranhadas. Analogamente, por um lado, os cristãos tornam-se os cidadãos-modelos (Apol. 36, 94) que são leais ao imperador, rezam por ele (Apol. 30, 85), amparam todo o império

---

[55] "Por conseguinte, ela não deve ser realizada apenas no interior da própria consciência, mas deve se fazer revelar em algum ato externo." Tertuliano, "On Penitence", pp. 8-9, in *Tertullian: Treatises on Penance: On Penitence and On Purity*, traduzida e anotada por W.P. Le Saint. Westminster, Md., Newman Press, 1959, pp. 31-32. Ele prossegue descrevendo a exposição pública em burel e o jejum. Mas a eternidade está em jogo: "Rejeitará o pecador, conscientemente, a exomologese por Deus instituída para sua restauração?" (ibid., 12, p. 36). Presumivelmente, esse segundo arrependimento destina-se aos pecados mais graves. Não fica claro, contudo, se o objetivo da penitência era a plena reintegração à comunidade eclesial.

[56] Tertuliano, "On Purity [or Modesty]", 1-4, ibid., pp. 53-62.

[57] Robert E. Evans. *One and Holy: The Church in Latin Patristic Thought*. London, SPCK, 1972, p. 34.

com suas orações (Apol. 30, 86),[58] misturam-se e participam plenamente das instituições fundamentais da vida cotidiana (Apol. 42, 106-7). Os cristãos são não só parte integrante da sociedade, como também o eixo de sustentação do império contra o advento do fim do mundo (Apol. 39, 98; 32, 88). Por outro lado, contudo, o imperador não é Deus, os deuses romanos simplesmente não existem (Apol. 10, 35), e os cristãos são mais leais ao Deus eterno e todo-poderoso (Apol. 33, 88-89). A moralidade cristã proíbe que os membros da igreja participem de muitas atividades públicas francamente imorais ou idólatras da sociedade (Apol. 38, 97). Em Tertuliano, a dupla relação que define a existência da igreja, sua simultânea relação com a sociedade e com Deus, expressa-se em sua mais pura forma tensiva. A dupla relação assume um caráter dialético em que cada um dos termos é radical e contrário ao outro, e, não obstante, se acha em direta interdependência recíproca.[59]

A exposição a que ora se procede não faz senão tangenciar a superfície de Tertuliano e de sua igreja. Ele requer análise cuidadosa porque as tensões e as nuances que seus escritos comportam correspondem aos dilemas e contrariam forças que impulsionaram essa emergente igreja em diferentes direções. Tertuliano também é significativo pela influência que exerceu sobre Cipriano.

Cipriano

Cipriano foi bom leitor de Tertuliano e reflete a igreja africana, especificamente a igreja em Cartago, em meados do século III. A agitação social afetou o império. Suas fronteiras foram atacadas pelas forças bárbaras ao norte e a leste; inflação, epidemia e rebelião no exército estavam cobrando

---

[58] "Pois, em nosso caso, rezamos ao eterno Deus, ao verdadeiro Deus, ao Deus vivo, pelo bem-estar dos imperadores. Pedimos vida longa para eles, poder sereno, segurança doméstica, exércitos valorosos, um Senado leal, um povo justo, um mundo pacífico e tudo aquilo pelo qual um homem como César reza". Apol. 30, 86.

[59] Por exemplo, a linguagem de Tertuliano ao descrever a relação do cristão com Deus é bastante radical para sugerir separação da sociedade, tal como isso ocorria no movimento monástico. Mas tal comportamento nunca é sugerido por Tertuliano na *Apologia*; a comunidade dos cristãos é simultaneamente participativa na sociedade e nunca destacada nem uma parte do caráter idólatra da sociedade.

seu tributo. O novo imperador, Décio, levou a cabo a tarefa de restaurar o império segundo o axioma "a paz do império depende da paz dos deuses". Em 249, portanto, publicou o edito segundo o qual todos os cidadãos deviam realizar ato público em reconhecimento dos deuses do império. Para os cristãos, essa medida equivalia a uma perseguição; Cornélio, bispo de Roma, perdeu a vida; Cipriano, convertido ao cristianismo na maturidade, batizado em 246, ordenado presbítero em 248 e eleito bispo de Cartago ao final do mesmo ano, foi para um esconderijo. Morreu, porém, como mártir, em 258. Nesse espaço de anos, tornou-se uma autoridade enormemente influente no seio da igreja do Ocidente em razão de suas cartas, de seus tratados e da reputação pela sabedoria do agir.[60]

Os dez anos de Cipriano como bispo de Cartago foram marcados por uma série de crises ou questões das quais três tiveram significado duradouro: a primeira dizia respeito ao conflito de autoridade dentro de sua própria igreja; a segunda concernia àqueles que haviam cometido apostasia ou renegado a fé cristã durante a perseguição; a terceira referia-se à forma de lidar com o batismo administrado em igrejas cismáticas, a chamada "controvérsia batismal" com a igreja romana, que manejara a situação diferentemente.

Estrutura ou organização institucional. *Sobre a unidade da igreja* pode datar da época em que Cipriano ainda estava no esconderijo, durante a primeira perseguição em Cartago, em 250, e um cisma em sua própria igreja constitui seu pano de fundo.[61] Em sua ausência, um grupo de mártires-confessores e presbíteros encarregou-se de advogar a readmissão dos apóstatas à igreja. O texto, portanto, responde à problemática das facções no seio da igreja, ou das igrejas rivais no âmbito de uma cidade. Reitera o fundamento e o valor da unidade na igreja em uma época na qual a perseguição desencadeou forças que a ameaçavam gravemente.

---

[60] Jay fornece uma sucinta exposição da eclesiologia de Cipriano em *The Church*, pp. 65-74. Para um apanhado biográfico do pensamento de Cipriano, ver Peter Hinchliff, *Cyprian of Cathage and the Unity of the Christian Church*. London, Geoffrey Chapman, 1974.

[61] Cipriano. "The Unity of the Catholic Church", in *Cyprian: De Lapsis and De Ecclesiae Catholicae Unitate*, texto e trad. Maurice Bévenot. Oxford, Clarendon Press, 1971. Citado no texto como *Sobre a unidade* por capítulo.

A igreja é una em sua *fonte*. Apelando à apostolicidade, às tradições das origens, Cipriano remete à fonte da unidade da igreja. A unidade da igreja repousa na unidade de seu fundamento e, em última instância, em sua fonte única, Deus. Deus não tencionava múltiplas igrejas. A unidade foi estabelecida na história pela fundação da igreja sobre um único homem, Pedro. O referente, contudo, é a igreja local ou particular, e o bispo local é comparado a Pedro, e não ao bispo de Roma. "O poder conferido a Pedro e aos outros apóstolos serviu primeiro como uma base para a autoridade de bispos individuais em suas igrejas locais, e Cipriano continuou a apoiar a autonomia do bispo local."[62] Outras imagens da unidade da igreja em sua fonte por sucessão são o sol, a árvore e a primavera. As igrejas são como raios, ramos e caudais que defluem da fonte prístina que é una em essência e não pode ser dividida. A igreja não é apenas uma reunião de pessoas em nome de Cristo. Uma igreja deve ser unida com sua fonte à medida que dela se irradia por sucessão (*Sobre a unidade*, 5).

A segunda base da unidade, portanto, é sua *estrutura episcopal*. Como em Inácio e em Hipólito, o bispo monárquico constitui a igreja, e não se teria uma igreja legítima se não houvesse um bispo legitimamente ordenado por sucessão. Essa posição contrasta com a dos rivais, os bispos cismáticos. Além do mais, Cipriano retrata a unidade universal da igreja como sendo mantida pela comunhão dos bispos entre si (*Sobre a unidade*, 5). Pode-se notar um desenvolvimento para além do fundamento da unidade universal que se encontra em Irineu, ou seja, a visão religiosa comum formulada na escritura e sua substância formulada em uma regra de fé. Em Irineu, a sucessão mediava uma unidade de fé. Em Cipriano e na esteira dele, o princípio da unidade torna-se o próprio episcopado. A

---

[62] J. Patout Burns. *Cyprian the Bishop*. London e New York, Routledge, 2002, p. 157. Duas versões de *Sobre a unidade*, 4 aparecem na tradição do manuscrito; uma parece endossar alguma forma de primazia papal, ao passo que a outra não o faz. Bévenot resolveu esse problema com a teoria segundo a qual Cipriano revisou sua primeira versão de *Sobre a unidade* nesse ponto, poucos anos depois, no contexto da controvérsia sobre o batismo com o bispo de Roma. Essa visão geralmente aceita explica a linguagem primordial de Cipriano relativa a Pedro, em uma forma que é consistente com sua não aceitação de um primado jurídico de Roma. Ver Bévenot, *Cyprian*, xi-xv.

unidade do ofício assegura a unidade da visão religiosa.[63] Relativamente à vida cristã, Cipriano reitera as virtudes correlativas da humildade e da obediência aos bispos.

A terceira fonte da unidade reside internamente, como *caridade e amor* (*Sobre a unidade*, 14). Não se pode acusar Cipriano de pensar apenas institucionalmente. O íntimo Espírito de Deus constitui a fonte do amor. A igreja jamais poderia ser reduzida a uma unidade institucional; ela subsiste em uma só fé, um só batismo, um só Espírito de Deus. Analogamente, a vida cristã reflete as correlativas virtudes do amor, da paz, da concórdia e da unanimidade. Coerentemente, Cipriano também instou preocupação e solicitude para com os pobres. O amor devia expressar-se na ação.

Como afronta a essa unidade, o cisma perpetra um dos piores crimes contra a igreja e contra Deus. Tão grave quanto a heresia, o cisma ataca a essência da igreja, ou seja, a unidade derivada de sua própria fonte, tal como sustentada pelo Espírito de amor de Deus e organizada pela estrutura eclesial. Os cismáticos são piores que os apóstatas, que negam a fé e se arrependem. Os confessores que enfrentaram o martírio e até os mártires da fé não serão salvos se testemunharem fora da unidade da igreja (*Sobre a unidade*, 14).[64] As pessoas de bem *não podem* romper com a unidade (*Sobre a unidade*, 9), porque quem quer que o faça é mau. Em suma, não há salvação fora da única igreja, cujas fronteiras institucionais são estabelecidas por comunhão com o bispo único de qualquer cidade e por comunhão entre os bispos. Nesse ponto, Cipriano não está pensando nos não cristãos, e sim naqueles que romperam com a igreja. Ele fala da igreja como mãe; a igreja como instituição e comunhão dá origem à graça e à salvação e as nutre.[65] Não se tem Deus como pai a menos que a igreja

---

[63] Jay, *The Church*, p. 67. Outra maneira de formular esse sutil desenvolvimento pode ser em termos de uma mudança de peso ou foco dentro da funcionalidade das instituições: a mudança é da ênfase sobre o carisma preservado pela função para uma ênfase maior sobre a função que preserva o carisma. Mas a relação tensiva ainda prevalece, como deixa claro o tópico seguinte.

[64] Só se pode perceber a força dessa postulação contra um martírio que era reconhecido como a mais excelsa manifestação do compromisso cristão que extinguia o pecado por completo e introduzia o moribundo diretamente na glória. Essa é a visão de Tertuliano, da *Didascália* e do próprio Cipriano. Ver Cooke, *Ministry*, 60, 69 n. 21, 235.

[65] Cooke interpreta essa imagem como indicação de que a igreja está começando a ser concebida como realidade objetiva distinta de seus membros, "abstração viva dotada de identidade e de

seja a própria mãe (*Sobre a unidade*, 6). Nas igrejas cismáticas, não se encontra batismo, nem eucaristia nem salvação.

Cipriano, juntamente com seus colegas bispos, considerou o caso de bispos indignos na Espanha, onde foram depostos, mas conseguiram ser reconduzidos por recurso ao bispo de Roma.[66] Duas coisas são dignas de nota em seu julgamento: em primeiro lugar, Cipriano descreveu o processo de eleição de bispos. Ele devia ser conduzido com outros bispos provinciais presentes e aprovados por eles e em sua presença. O povo podia também legitimamente depor um bispo. Em segundo lugar, o bispo devia ser santo. Deus não ouve as preces dos pecadores. Se um bispo fosse pecador público ou grave, a igreja e todo o povo poderiam ser contaminados por seu pecado e compartilhar sua culpa. Tampouco o restante das igrejas deveria permanecer em comunhão com bispos desse tipo. A santidade da igreja residia, portanto, especialmente, na classe episcopal. Essa teologia, de par com sua teologia eclesiológica dos sacramentos, propiciou uma base para o cisma donatista.

Os membros da igreja. Muitos cristãos abjuraram ou tornaram-se apóstatas durante a perseguição de Décio.[67] Como Cipriano lidaria com essa questão em grande escala? A situação era complicada pelo fato de os mártires/confessores, com base em sua reconhecida autoridade carismática, terem permitido a readmissão de alguns dos apóstatas à comunhão ou à paz com a igreja. O tratado de Cipriano, *De Lapsis*, descreve como ele lidou com o problema da apostasia, e contém diversos tópicos de interesse. Em primeiro lugar, o tratado fornece uma descrição de como a

---

essência e de destino póprio", "à parte e além das pessoas que a compõem". *Ministry*, 66. A visão cipriana da igreja como mãe provém de Tertuliano, que a toma do Novo Testamento. Tertuliano também utilizava a imagem decisivamente para estabelecer "a Igreja como detentora de uma identidade personalizada, separada de seus membros". Rankin, *Tertullian and The Church*, p. 112. As metáforas tendem naturalmente à objetificação por meio do uso.

[66] Cipriano, *Carta*, 67.1-9, in Cyprian, *The Letters of St. Cyprian of Carthage*, vol. 4, *Ancient Christian Writers*, nn. 43, 44, 46, 47, trad. e anotada por G. W Clarke. New York e Ramsey, N.J., Newman Press, 1984-1989. As referências no texto são a essa edição, por número de página e de parágrafo.

[67] Cipriano, "The Lapsed", na edição de Bévenot. Citado no texto como *De lapsis*, por capítulo. Burns acredita que a maioria dos membros da igreja cometia apostasia, de uma maneira ou de outra, e, portanto, tinha de ser reconciliada com a igreja. Burns, *Cyprian*, 20, 35, 68.

igreja se comportou em face dessa perseguição, bem como uma análise que Cipriano faz dela (*De lapsis*, 4-14). Não é um retrato heroico. Ele observa todos os tipos de graus de infidelidade e de disposição de renunciar à fé, dos que se dispuseram a oferecer sacrifício antes que lhes fosse pedido àqueles que sucumbiram apenas sob tortura. Evidentemente, os números eram grandes, e Cipriano ficou chocado. Sua análise retrata algo como uma igreja de "classe média" cuja fé parece superficial e inexperiente; as pessoas eram apegadas demais às posses e aos bens.[68] Apenas quarenta anos após Tertuliano, essa descrição da igreja parece prefigurar uma igreja domesticada pelo império ao final do século IV.

Não menos importante foi o sistema estabelecido por Cipriano para lidar com a situação. Em primeiro lugar, nenhum apóstata católico podia ser readmitido à igreja sem autorização do bispo. Inicialmente, Cipriano admitiu-os apenas à condição de penitentes, e não de comungantes. Isso envolvia confissão de culpa, de penitência que satisfaz a Deus pelo pecado e, finalmente, remissão do pecado e aceitação por Deus. Os martírios, as orações da igreja e obras de caridade ajudavam a prestar satisfação perante Deus. A certa altura, talvez retoricamente, Cipriano encoraja as obras para colocar Deus a nosso débito (*De Lapsis*, 35). Se a penitência é feita e a satisfação prestada, o indivíduo merecerá não apenas o perdão de Deus, mas também uma coroa (*De Lapsis*, 36). De início, Cipriano não estava disposto a readmitir os apóstatas mais crônicos à comunhão; queria um consenso norte-africano a esse respeito. Mas certamente a penitência, a satisfação e as boas obras granjeariam o perdão definitivo de Deus ao final.

Em sua carta a Cornélio, bispo de Roma, escrita com outros bispos em sínodo um ano depois, nota-se uma clara mudança na resposta de

---

[68] Esses julgamentos podem ser um tanto quanto ásperos. Sob ameaça de execução, o comportamento de muitos testemunhava fraqueza ou compromisso, e não voluntária apostasia. Grant caracteriza os membros típicos da igreja que possuíam propriedades como "classe média", ao mesmo tempo em que inclui também os que se acham no extremo oposto do espectro econômico. O ensinamento da igreja não rejeitava a propriedade privada. Alertava antes para os perigos morais da riqueza, encorajava tanto o trabalho árduo como um ideal ascético, urgindo vigorosamente o socorro aos pobres. Robert M. Grant. *Early Christianity and Society: Seven Studies*. San Francisco, Harper & Row, 1977, pp. 79-123.

Cipriano às novas condições históricas, ou seja, o temor de outra onda de perseguição (Carta 57). Os bispos escreveram que a eucaristia infunde força e, em decorrência disso, eles estavam dispostos a aceitar os apóstatas de volta à plena comunhão com a igreja. É melhor errar pelo lado da misericórdia e reconhecer a diferença entre os apóstatas que abandonaram a igreja juntos e aqueles que desejam permanecer em seu seio. Por conseguinte, eles examinariam a situação de cada um e os admitiriam à eucaristia. Raramente se encontrará um exemplo mais claro de evolução na prática e na teologia em resposta a uma situação concreta.[69]

A controvérsia batismal. A chamada controvérsia batismal dizia respeito tanto à teologia sacramental de Cipriano como à sua relação com o bispo de Roma.[70] Em síntese, a situação era a seguinte: Novaciano, presbítero romano, rompeu com o bispo eleito de Roma, Cornélio, e estabeleceu uma igreja rival. Após apreciar a questão, Cipriano decidiu que Novaciano era cismático, não validamente eleito, e aliou-se a Cornélio. Poucos anos depois, sob a égide de um novo bispo de Roma, Estêvão, surgiu a questão sobre o que fazer quando aqueles cristãos que haviam sido primeiramente recebidos na igreja de Novaciano, ou em qualquer outra igreja cismática, desejassem transferir-se para a igreja católica. Devia alguém que se transferiu de uma igreja cismática para a igreja dotada de bispo legitimamente eleito e válido ser batizado de novo? A política romana mantida por Estêvão era corroborada pela tradição, não prescrevia outro batismo, mas apenas uma imposição de mãos, gesto de conferir o Espírito e perdoar os pecados.[71] O batismo fora da verdadeira igreja ainda era batismo em nome de Jesus Cristo. Essa visão naturalmente facilitou

---

[69] Essa problemática remonta ao século II, bem como à questão do segundo arrependimento, quando os bispos da época estiveram envolvidos na reconciliação dos pecadores. Ver Hipólito, *Tradição apostólica*, 3. O bispo "decidia que penalidade era compatível com o pecado envolvido, e era ele quem oficialmente reconciliava o penitente ao final do processo". Cooke, *Ministry*, 417, 63. Os detalhes do processo, contudo, não são conhecidos, e, no caso de apostasia, adultério e homicídio, a capacidade do bispo de reconciliar o penitente à comunhão com a igreja era contestada. Tertuliano, por exemplo, reagiu veementemente contra ele. Cipriano, nesse ponto, vai além do legado de Tertuliano e da tradição da igreja cartaginesa.

[70] As linhas essenciais do debate podem ser recuperadas em *Cartas*, 69 a 74.

[71] Vale lembrar que o batismo em Hipólito compunha-se de dois estágios: batismo para a remissão dos pecados e imposição das mãos para outorga do Espírito.

o movimento de retorno à igreja legítima, e tal doutrina prevaleceria ao final, especialmente com a ajuda da teologia de Agostinho.

Cipriano, contudo, propôs uma doutrina e uma prática contrárias. Em primeiro lugar, a concepção que Cipriano tinha do batismo decorria, logicamente, de sua visão acerca da igreja. O argumento era absolutamente simples e o mesmo em todas as suas variações: sem o Espírito não pode haver batismo. Mas o Espírito estava contido em uma única e unificada igreja, e não se encontrava em parte alguma fora dessa igreja, a única igreja avaliada por bispos legítimos, sucessoriamente ordenados. Ou se estava dentro ou se estava fora da igreja; e uma dada igreja ou tinha ou não tinha o Espírito. Em resumo, uma igreja cismática não podia dar o que não tinha. Logo, não se tratava absolutamente de uma questão de rebatismo, mas de um verdadeiro batismo pela primeira vez. "Todos aqueles que vêm da parte de adversários e de anticristos para a igreja de Cristo devem, com efeito, ser batizados no batismo da igreja" (*Carta* 69, 11).

Em outra carta a Estêvão, Cipriano simplesmente o informa a respeito de sua prática, que refletia a realidade da questão. Todavia, muito embora discordassem em aspectos fundamentais de teologia e da disciplina, matérias que teriam sido consideradas reguladas pela lei divina, ele não romperia a comunhão com Estêvão. Em última análise, a unidade universal da igreja era baseada na comunhão dos bispos; cada bispo era responsável perante Deus pelo exercício de sua autoridade sobre a igreja local.[72] Em certos pontos, percebe-se a veemência da dissensão entre Cipriano e Estêvão. Não obstante, a unidade e a comunhão representavam um valor mais importante do que a uniformidade da prática. Em outras palavras, no rastro do dissenso, mesmo quando o outro estava certamente equivocado, Cipriano defende a comunhão dentro do pluralismo. Voltarei a Cipriano quando esboçar uma caracterização mais abrangente da igreja de Cartago em meados do século III.

---

[72] "Nessa matéria, não obrigamos ninguém, nem baixamos lei, posto que cada prelado tem, na administração da igreja, o livre-arbítrio de sua própria volição, como alguém que há de prestar contas dos próprios atos a seu Senhor." *Carta*, 72.3

Descrição da igreja pré-constantiniana

Esses autores fornecem certa quantidade de informações acerca do desenvolvimento da igreja primitiva anterior ao gesto constantiniano do reconhecimento imperial. Na sequência, apresentamos um sumário desses dados, encaminhando primeiramente a resposta que a igreja deu aos problemas abordados no início deste capítulo. Em resposta à questão da identidade, coligi as diversas formas institucionais que gradativamente emergiram para estruturar a expansão e a complexificação da igreja à proporção que ela avançava no mundo mediterrâneo no final do período neotestamentário. Caracterizo também a maneira pela qual a igreja concebeu e levou a cabo sua relação com o mundo, ou seja, o Império Romano. Em um segundo momento, então, traço um esboço da igreja ocidental pré-constantiniana de Cipriano em Cartago, sobre a qual dispomos de informação significativa da perspectiva do bispo.

Resposta a crises históricas

Os problemas históricos com que a igreja se deparou durante esse período crítico proporcionaram as ocasiões em cujo bojo muitas de suas instituições fundamentais ganharam forma. Tais instituições se correlacionam com a vida interna da igreja e com as interações que ela estabeleceu com seu ambiente.

Unidade e identidade. A igreja embrionária do século I desenvolveu formas institucionais claras e duradouras durante esses dois séculos. Contrapô-las à problemática da unidade interna e da identidade, evidentemente, não conta toda a história. Mas a simples enumeração de algumas das mais importantes instituições contra esse pano de fundo permite que se perceba sua função sociológica em íntima conexão com a relação teológica que a igreja mantém com Deus.

Em primeiro lugar, no que tange *à adoração e ao culto*: Troeltsch indica que o elemento mais básico que mantém a comunidade cristã coesa é a fé em Deus tal como revelado em Jesus Cristo. Em última análise, portanto, a comunidade cristã está fundada na adoração e, em termos institucionais, na reunião para adoração. Em Justino, observa-se uma ordem regular de tempo e de procedimento para as cerimônias de culto na manhã do domingo. Em Hipólito, tem-se uma ordem, isto é, um conjunto de regras, para batismo, ordenação e eucaristia. A *Didascália dos apóstolos* revela uma comunidade dotada de uma linguagem altamente desenvolvida e autodefinidora, um profundo senso dos papéis na comunidade e uma exortação moral para uma variedade de situações. A comunidade reúne-se em uma instalação eclesial adequada e tem uma profunda noção dos limites.

Em segundo lugar, a única instituição unificadora mais importante em termos organizacionais é o *bispo*. O desenvolvimento iniciado em Inácio está concluído. O bispo é verdadeiramente monárquico: preside a comunidade adorante no batismo, na eucaristia, na ordenação dos presbíteros e dos diáconos, bem como nos regimes penitenciais; é responsável pela instrução no catecumenato e na eucaristia; participa da consagração de outros bispos em igrejas circunvizinhas; é o reconciliador que acolhe pessoas de volta à comunhão na igreja; é o administrador responsável pelas finanças da comunidade, junto com seus delegados diáconos; é o presidente do conselho presbiteral; é o elemento de ligação com as outras igrejas. Pode-se perceber nessas funções efetivas paulatinamente atribuídas aos bispos a base histórica, sociológica e política para as fórmulas teológicas e doutrinárias que caracterizaram o âmbito do poder, da função e da autoridade do bispo como sacerdote, mestre, profeta e governador ou regente. Em termos de sociologia do conhecimento, a função na comunidade tornou-se objetificada e abriu caminho para o ofício. A experiência e a crença na ação do Espírito no seio da comunidade propiciaram bases para a legitimação teológica do ofício. O ofício, por sua vez, exerceu uma medida de supervisão e de controle sobre como o Espírito era encontrado e tornava-se efetivo.

Em terceiro lugar, durante o século II, a igreja desenvolveu um cânon escriturístico normativo que incluía especialmente o Novo Testamento. A ideologia desses documentos constitutivos reside em sua apostolicidade, na capacidade que têm remontar à fonte da verdadeira fé cristã. Quando se percebeu que a significativa verdade "apostólica" estava codificada nesses escritos, eles se tornaram fonte, norma e critério constitucionais da verdade cristã. Esse fato contribuiu para manter a coesão das comunidades individuais em termos cultuais onde eram lidos e em termos doutrinários como fonte de ensinamento. A escritura forneceu a base para a refutação dos erros. A escritura tornou-se, portanto, um bem comum para todo o movimento cristão, em um cânon que por fim englobaria um número definido de escritos; a escritura assegurou a coesão de comunidades distantes mediante uma norma comum de fé, mesmo quando sua interpretação discrepava.

Em quarto lugar, semelhante norma era uma *regra de fé* que por fim se tornou *credo* comum. Derivada da fórmula batismal, constituía um sumário da fé cristã, tendo igualmente congregado os cristãos em torno de um complexo comum de crenças. Nenhum símbolo de fé isolado, universalmente reconhecido, coeriu a totalidade do movimento cristão: pelo contrário, diversas igrejas dispunham de versões variadas de uma regra de fé definidora de uma fé comum. Divisão em matéria de regra de fé significa divisão interna à comunidade. Uma regra de fé definia a comunidade cristã e suas crenças em contraposição à sociedade. Como afirmação pública da crença cristã, ela proporcionava uma fórmula sintética da identidade cristã.

Em quinto lugar, os *ministérios ordenados* estruturavam e contribuíam para alimentar a unidade. Asseguravam que o ministério estava sempre disponível. Os ministérios tripartites de bispo, presbítero e diácono, vistos em Inácio, foram consolidados mais ou menos na época de Irineu, Tertuliano e Hipólito. Cada uma dessas ordens tinha funções definidas, e havia também outras ordens. Em geral, portanto, tem-se um quadro de uma estrutura justamente bem definida da comunidade que foi sacralizada pela ordenação. A exceção interessante disso é o mártir-confessor, que tinha autoridade espiritual e ministério sem ordenação porque se provava pleno do Espírito de Deus. Como observa Hipólito: "Pois ele tem o ofício do presbiterato por sua confissão" (TA, 10.1). Esses elementos de uma liderança carismática na comunidade favoreceram a eclosão do conflito na igreja de Cipriano. Observe-se que todos os três últimos elementos são apostólicos: escritura, regra de fé e ministérios asseguram a apostolicidade: a proximidade com fonte original é a norma definitiva da verdade.

Em sexto lugar, a ordem da comunidade também era estruturada por *padrões de comportamento* rotinizados. A própria obra de Hipólito constitui uma ilustração dos hábitos ou rituais regularizados da comunidade. A exemplo do manual primitivo, a *Didaqué*, ela expressava a necessidade de formas estabelecidas de procedimento na reunião de uma comunidade cultual, seus ministérios, suas ações formais. Todas as igrejas têm esses manuais de ordem. Os das igrejas primitivas transformar-se-iam gradativamente, no decorrer dos séculos, em um corpo de direito canônico para a regulação internacional da igreja. Eles emergiram do passado, da práxis, e assumiram uma espécie de sacralidade porque se pretendiam estribados na tradição.

Em sétimo lugar, o *catecumenato* era uma instituição de instrução e iniciação à fé cristã e, como tal, constituía uma fonte importante de coesão social. O período de dois ou três anos que é indicado em Hipólito revela sua seriedade; ele dotava os membros de uma visão metafísica do todo da realidade; funcionava como bastião defensivo contra as incursões da heresia divisiva; garantia a coesão moral da comunidade.

Por fim, os critérios e o mecanismo de *reconciliação* com a comunidade foram muito significativos para a autodefinição da igreja. A instituição de um segundo arrependimento refletia a aceitação de falibilidade humana. Mas só um segundo arrependimento significava que o ideal de pureza moral ainda era operativo. Pode-se perceber aqui uma tensão em comunidades socialmente expansivas e crescentes. À medida que os números crescem, uma comunidade torna-se menos coesa e mais impessoal, e a pressão social em favor de um comportamento moral diferenciado arrefece. Essa tensão entre os ideais de uma vida moral e a efetividade da finitude e da pecaminosidade humanas manifestou-se na vida pública dos cristãos. Pouco a pouco, a igreja deixou de ser uma pequena comunidade de santidade mutuamente sustentada para tornar-se uma instituição de uma salvação mediada por líderes e por rituais sagrados objetivos, como o batismo, a eucaristia e a penitência.

A relação da igreja com o mundo. Como a igreja se via em relação ao mundo, o mundo no sentido de cultura e sociedade, e o mundo no sentido do Estado? Em ambos os casos, observa-se uma relação ambivalente ou dupla.

Em primeiro lugar, no que tange à sua *relação com a cultura social*, por um lado, a igreja manteve-se contrária à cultura por causa de sua relação com Deus. A igreja estava ligada a outro mundo, e um de seus mais supremos valores era o martírio. Alguns, como Tertuliano, consideravam a cultura romana absolutamente idólatra; cada aspecto da vida social estava impregnado do culto ao imperador, da licenciosidade e da invocação dos espíritos malignos. A santidade da igreja aplicava-se a seus membros. Ela possuía um rigoroso código de ética, e a virgindade, o celibato e o ascetismo eram vistos como valores. A prática de um segundo arrependimento e reconciliação com a igreja indicava o reconhecimento da fraqueza humana, mas só havia uma suspensão, e mesmo ela enfrentava a resistência de muitos. Em suma, a igreja estava inserida em uma cultura estranha, dominada pelos demônios; sentia-se como grupo minoritário perseguido; podia não ajudar, mas definia-se em contraposição à sociedade.

Por outro lado, a igreja estava inserida no mundo, e até mesmo Tertuliano, em seus momentos mais moderados, achava que poderia haver denominadores comuns. Os cristãos participavam de todos os aspectos da vida, exceto da idolatria e da licenciosidade. Pouco a pouco, os cristãos começariam a comprometer o próprio senso da clara diferenciação em relação ao mundo, passando-se a se sentir à vontade na sociedade romana. O tema da santidade da igreja é importante por definir como ela se via em relação à sociedade.

Em segundo lugar, com referência à sua *relação com o Estado*, percebe-se uma atitude dupla e ambígua por parte da igreja. Por um lado, a igreja aceitava o Estado, o imperador e a ordem imperial. O imperador reinava por designação de Deus e os cristãos lhe obedeciam. Os cristãos aceitavam uma visão da lei natural pela qual o mundo estava sob a regência de Deus. O Estado perseguia os cristãos, mas a igreja aceitava essa situação com paciência, pois em última instância o tempo se desenrolava sob a égide da misteriosa e soberana vontade de Deus. Com efeito, os cristãos rezavam regularmente pelo imperador e, ao fazê-lo, eram os maiores aliados do império.

Por outro lado, e ao mesmo tempo, os cristãos viam todo o império como idólatra; de fato, a ordem política achava-se sob o controle dos deuses-espíritos malignos que contrariavam a vontade divina. Deus é Deus e está acima do Estado; o imperador é o imperador, mas não Deus; a igreja está primeiramente sob a égide de Deus. Dessarte, uma força contracultural radical no seio da igreja, quer em sua consciência, quer na efetividade do poder de Deus enquanto Espírito, possibilitou-lhe contrapor-se ao Estado e arrostar a perseguição.[73]

Nesse período, não é possível encontrar o tema da igreja transformadora da sociedade, no sentido que viria a ter depois no período moderno, exceto, talvez, no sentido de "irradiação" e "absorção por conversão". Muitos fatores desautorizavam a possibilidade: o Estado já era governado por Deus; para os que careciam de consciência histórica, a sociedade afigurava-se imutável em suas estruturas; e sociologicamente a igreja era uma força social diminuta demais para contemplar a possibilidade.[74] A exceção aqui era o domínio da vida familiar; a igreja permanecia contrária ao divórcio e ao infanticídio, e a solicitude para com os enfermos e os pobres em seu meio era um valor institucionalizado. O amor ao próximo traduzia-se em zelo pelos pobres, e essa era uma das responsabilidades do

---

[73] Encontra-se na igreja primitiva uma nova compreensão do Estado que não existia antes do cristianismo e que é bem articulada por Tertuliano em sua *Apologia*. O cidadão cristão é obediente ao Estado, mas o Estado já não tem sanção divina contra todos os seus atos, já não é sagrado. A máxima fidelidade do cristão ao supremo governante, Deus, confere-lhe poder contra o Estado, mesmo quando leal a ele. Hans von Campenhausen, *The Fathers of the Latin Church*. London, Adam & Charles Black, 1964, p. 15.

[74] "O crescimento do cristianismo alterou profundamente a textura moral do mundo romano tardio. Não obstante, em questões morais, os líderes cristãos praticamente não inovaram. O que fizeram foi mais crucial. Criaram um novo grupo, cuja ênfase excepcional na solidariedade em face de suas próprias tensões internas garantiu que seus membros praticassem o que os moralistas pagãos e judeus já haviam começado a pregar." Brown, *Late Antiquity*, p. 24.

bispo. A refeição agápica também concretizava essa ativa preocupação. Stark acredita que esse amor prático foi fator de crescimento quantitativo da igreja.[75]

Por fim, então, pode-se encarar a igreja nesse período como uma sociedade paralela, não integrada ao império. Ela proporcionou um estilo de vida alternativo em uma sociedade alternativa no interior da sociedade. Dispunha de estruturas que se assemelhavam às do império: governadores residentes em bispos, lei, sínodos provinciais ou regionais, um sacerdócio emergente e sacrifício.[76] Por enquanto não tinha imperador, mas tão somente o supremo regente do universo, Deus.

Descrição de uma igreja pré-constantiniana

Retomo a análise da igreja de Cipriano, em Cartago, durante os anos 250, para compor uma caracterização concludente de uma eclesiologia que se desenvolveu ao longo dos séculos II e III.[77] A suposição é que esse procedimento nos afasta bastante, cronologicamente falando, da paz constantiniana, e que a igreja se expandiu consideravelmente ao longo da última metade do século III. Mas isso é contrabalançado pelo quadro detalhado de uma igreja que se pode recuperar a partir dos escritos de Cipriano. Muito embora Cipriano não fosse teólogo sistemático, a combinação dos problemas e controvérsias com que ele se deparou e sua extensa correspondência estimulou um corpo de escritos sobre sua igreja e a igreja em geral que produz uma eclesiologia bem coerente e

---

[75] Stark, *The Rise of Christianity*, pp. 73-94.

[76] Robert Grant utiliza a expressão "um Estado dentro de um Estado" para descrever a igreja; "o padrão de governo no âmbito da igreja era semelhante ao do Estado maior em torno dela". Grant, *Early Christianity*, 43. Os sínodos ou concílios locais eram assembleias de bispos de determinada área que se reuniam para debater e decidir políticas comuns. Eram prevalecentes em diversas áreas, não sendo o norte da África, no século III, a menos importante. Serão discutidos em conexão com a teologia cipriana do episcopado.

[77] Nenhuma eclesiologia comum definiu a autocompreensão de todas as igrejas. "A igreja podia ser identificada como alguma coisa de uma comunidade local de fiéis para uma assembleia cósmica que reunia os seres celestiais e humanos em oração e serviço a Deus." Wagner, *After the Apostle*, pp. 236-237. A igreja podia ser concebida como uma escola que preservava e ensinava a fé salvífica de Deus ou como uma comunidade caracterizada pela obediência ao domínio divino da vida. A eclesiologia de Cipriano era uma eclesiologia coerente, mas não a única à época.

compreensiva, a mais detalhada do período pré-constantiniano. A igreja de Cipriano é ocidental e falante do latim, e, como igreja particular, não representa outras igrejas; historicamente, divergia de Roma em questões significativas, para não mencionar as igrejas orientais. Pode ser tomada, não obstante, como exemplo de autocompreensão da igreja e ilustrativa dos tipos de problemas enfrentados por outras igrejas na segunda metade do século III. Seja como for, a influência pessoal de Cipriano e de seus escritos fez com que sua igreja adquirisse importância para além do âmbito meramente local.

O bispo. Cipriano era bispo, e tudo quanto escreveu a respeito da igreja foi a partir de um ponto de vista episcopal. O bispo exercia preeminente posição na igreja, na eclesiologia cipriana. "Cada comunidade tinha apenas um bispo, que servia por toda a vida. O bispo era eleito ou pela comunidade ou pelos bispos das igrejas vizinhas, com o consentimento da comunidade que governaria; era então empossado pelos outros bispos. A eleição podia ser considerada como expressão da escolha divina de um candidato particular."[78] O fato de Deus escolher o bispo, operando por meio de processos humanos, preservava o caráter sagrado do ofício. A relevância do bispo singular far-se-á notar mais claramente na enunciação da missão da igreja. As responsabilidades definidoras do bispo eram locais ou internas, com referência à sua própria igreja, e colegiais, envolvendo responsabilidade com outros bispos por toda a igreja.

As atribuições internas do bispo compreendiam administração, julgamento e liderança na atividade litúrgica. O bispo governava a igreja; detinha autoridade máxima sobre os fundos da igreja. "O bispo era também o principal juiz em sua igreja. Interpretava as exigências comportamentais do evangelho à comunidade e punia aqueles que lhes faltavam com a observância. Supervisionava o arrependimento e a reconciliação dos pecadores, agindo, como alegava, no lugar de Cristo até o último dia e o juízo final [...]. A vida ritual da comunidade também girava em

---

[78] Burns, *Cyprian*, 15. Toda essa exposição sintética baseia-se em larga medida no trabalho de Burns. O processo eleitoral é discutido por Paul J. Fitzgerald, "A Model for Dialogue: Cyprian of Carthage on Ecclesial Discernment", *Theological Studies* 59, 1998, 241-247.

torno do bispo, que presidia pessoalmente o serviço eucarístico em imitação de Cristo e autorizava os presbíteros a fazê-lo da mesma forma. Pela imposição das mãos, admitia novos membros batizados e readmitia penitentes. Dessa forma, Cipriano retrataria o bispo local como Pedro, a pedra sobre a qual a comunidade foi fundada."[79]

Conquanto o bispo, na igreja de Cipriano, gozasse de plena autoridade, exercia-a em regime de consulta. Cipriano consultava-se com os presbíteros, com os confessores, com os leigos em geral. Havia decisões que o bispo não podia tomar sozinho, como a de readmitir alguém à igreja (*Carta*, 17.1.2.) ou a de julgar se os membros do clero eram ou não indignos e passíveis de deposição. Os leigos eram parte do instrumento pelo qual Deus escolhia um bispo, e podiam ser instrumentos para seu novo chamamento.[80]

O bispo comandava um clero estruturado. "Os outros clérigos eram distribuídos por diversos graus, incluindo presbíteros, diáconos, subdiáconos, acólitos e leitores. Cada qual tinha exigências de idade, tarefas específicas e compensações atribuídas. O clero como um todo agia sob a supervisão dos bispos; é possível que os diáconos estivessem à disposição de presbíteros específicos".[81] "A relação que o bispo mantinha com seu clero é a de um magistrado com seus auxiliares: os presbíteros devem receber modesto salário do bispo, em nome da comunidade."[82] Em síntese, relativamente à igreja na aldeia ou na cidade, o bispo constituía presença e autoridade central no seio da comunidade, supervisionando todos os aspectos da vida comum da igreja.

Além de ser responsável pela igreja local, contudo, o bispo também era membro de um episcopado unificado que, tal como um corpo, tinha

---

[79] Burns, *Cyprian*, 15.

[80] Fitzgerald, "Model for Dialogue", 247-250. "Cipriano reivindicava autoridade significativa para o bispo, mas reconhecia o direito da comunidade de escolher, advertir e, em circunstâncias extremas, depor seus líderes." Burns, *Cyprian*, 49.

[81] Burns, *Cyprian*, 16.

[82] Paul J. Fitzgerald. "St. Cyprian of Carthage and Episcopal Authority: The Rule of God", Comunicação inédita à Conferência sobre a Autoridade Magisterial dos Bispos, The Jesuit Institute, Boston College, Novembro 30-Dezembro 2, 2001, 8.

responsabilidade por toda a igreja. Em relação ao conjunto da igreja, o episcopado era singular: "Um poder singular era exercido em comum por todos, e só aqueles bispos compunham a unidade do colégio episcopal. Consequentemente, ele congregava a autoridade dos bispos, a unidade do episcopado e a unidade da igreja".[83] "As igrejas locais jamais foram unidades autônomas, mas sempre parte de um todo, posto que dependiam dos líderes das igrejas vizinhas para o estabelecimento e a remoção de seus bispos. Os bispos singulares efetivamente mantinham e exerciam seu poder para julgar e santificar em união com seus colegas."[84]

A grande igreja ou a igreja em sentido amplo também era una. Compunha-se, contudo, de muitos bispos, que Cipriano, coerentemente, pretendia que detivessem plena autoridade em suas próprias igrejas. "Muito embora o grande rebanho de Cristo fosse efetivamente um, contava, no entanto, com múltiplos pastores. A cada um deles era atribuída uma parcela do rebanho para governar, por cuja condução responderia ao Senhor. Conquanto nenhum deles interferisse no trabalho do outro, todos respondiam solidariamente pelo conjunto e até mesmo por cada uma de suas partes. Portanto, a teoria da unidade da igreja universal continha elementos conflitantes, a cujo equilíbrio se chegava por negociação."[85] A negociação realizava-se por constante intercâmbio: reuniões em sínodos e concílios locais, correspondência por meio de cartas e mensageiros pessoais, participação de bispos na eleição, posse e remoção de bispos indignos. A política comum era constantemente discutida em termos amplos. Essa negociação era efetiva, e nem sempre isenta de dificuldades. É que os sínodos podiam pressionar certos bispos a seguir a política comum, e os bispos podiam apoiar os leigos em outras dioceses e regiões para depor o bispo.[86]

---

[83] Burns, *Cyprian*, p. 159.

[84] Ibid., p. 163.

[85] Ibid., p. 151. Havia um episcopado que se realizava nas muitas igrejas. Nem mesmo um sínodo vinculava um bispo: só Cristo era seu juiz. Hans von Campenhausen, *Ecclesiastical Authority and Spiritual Power in The Church of the First Three Centuries*. London, Adam & Charles Black, 1969, pp. 275-279.

[86] "Muito embora Cipriano e seus colegas enfatizassem regularmente que bispos singulares conservavam o direito de dissentir das decisões comuns, não hesitavam em repreender os dissidentes,

A igreja no norte da África, durante esse período, não reconhecia uma autoridade jurisdicional sobre si mesma. Ao bispo de Roma não era atribuída nenhuma autoridade universal. Entendia-se que a função original de Pedro devia ser exercida no nível local pelo bispo de cada igreja. Cipriano e seus colegas "coerentemente repeliram as pretensões de autoridade do bispo de Roma com base no fundamento apostólico".[87] O primado de um bispo de uma região sobre outros, que se desenvolveu nos séculos IV e V, o sistema patriarcal, seria uma consistente derivação da época de Cipriano, na medida em que ele e outros bispos detinham papéis de liderança em suas regiões. "Cipriano e seus conselhos tenderam a encarar suas igrejas como iguais à de Roma, como uma irmã mais nova considera a mais velha quando ambas atingem a maturidade."[88] O bispo de Roma é *primatus* e desempenha papel vital na igreja universal, mas não detém autoridade jurisdicional direta sobre as demais igrejas em outras províncias. "O papel único do bispo de Roma é ser o agente da comunhão universal por um exercício universal único da caridade e do julgamento prudencial comunal, mas não de comando."[89]

Membros da igreja. Não apenas os clérigos, mas também os membros da igreja, os leigos em geral, eram ordenados. "As viúvas e os indigentes eram cadastrados para receber auxílio financeiro. As dedicadas virgens eram uma ordem estabelecida no interior da comunidade, cuja integridade física era especialmente importante para a igreja como um todo. Essas mulheres possuíam grandes propriedades, mas se abstinham de casar-se e não deviam relacionar-se intimamente com os homens. Eram especialmente honradas como símbolos da separação da igreja em relação ao mundo romano."[90] Os catecúmenos preparavam-se para admissão mediante o ritual do batismo; os pecadores públicos integravam o grupo dos penitentes, que frequentavam um curso de oração, jejum e

---

particularmente quando a disciplina comum estava comprometida." Burns, *Cyprian*, p. 153. Fitzgerald, "Episcopal Authority", pp. 12-13, discute a colegialidade do episcopado.

[87] Burns, *Cyprian*, p. 165.

[88] Fitzgerald, "Episcopal Authority", p. 13.

[89] Ibid., p. 14.

[90] Burns, *Cyprian*, p. 16.

esmolaria sob a supervisão dos clérigos; os pecadores que se recusavam a fazer penitência pública eram excomungados; os clérigos que não desempenhavam suas funções a contento podiam ser reduzidos ao estado laico. Também as categorias ou designações de confessor e mártir eram realçadas por causa da perseguição. Vimos como os membros leigos da igreja participavam e tinham voz ativa em diversos aspectos da vida da igreja. Considerarei os membros da igreja abaixo em termos da relação da igreja com a sociedade romana.

Missão da igreja. A questão dos objetivos de uma organização ou da missão da igreja liga-se intimamente com a natureza da igreja e com o modo como ela se concebe. A autocompreensão teológica afeta particularmente a missão da igreja. Esse aspecto é especialmente enfocado na igreja de Cipriano, no contexto de uma compreensão da igreja enquanto comunidade eucarística que tem o bispo como sacerdote.

"A igreja era uma unidade concreta, um grupo particular de pessoas que compartilhava a confraternidade eucarística e a fé exclusiva em Cristo, sob a liderança de seu bispo eleito e reconhecido."[91] Duas coisas são importantes nessa concisa definição da igreja. Por um lado, só podia haver uma única igreja em qualquer cidade, e essa unicidade, uma igreja singular, correlaciona-se claramente com a unidade integral da comunidade e com o papel da eucaristia em seu meio. Por outro lado, o bispo ou cabeça dessa assembleia eucarística única é o bispo enquanto sacerdote. "O bispo é sempre o principal sacerdote na igreja local", e, enquanto tal, ele é "líder da liturgia, pregador da sagrada escritura, mestre da tradição e juiz dos fiéis".[92] A definição primária da igreja, portanto, recai na comunidade eucarística local, em que o bispo ou cabeça da igreja é primariamente não administrador ou juiz, mas mediador do poder divino da unidade na liturgia e no sacramento.

Se essa designação está correta, pode-se, então, entender a missão da igreja como sendo uma comunidade de salvação escatológica. "No modo

---

[91] Ibid., p. 98.

[92] Fitzgerald, "Episcopal Authority", 7, n. 24. Os presbíteros são também sacerdotes na igreja de Cipriano, mas o são como extensões ou agentes do sacerdócio episcopal. Ibid., p. 9.

de pensar de Cipriano, a igreja local era um grupo social específico de filiação identificável, compartilhando a confraternidade sob a égide de um bispo. Não aceitar fazer parte dessa comunidade sob a liderança de um legítimo bispo era ficar fora da igreja e, por implicação, tornar-se inaceitável para participação no reino de Cristo."[93] Como só existe uma única igreja em qualquer localidade, e como não há salvação fora dessa igreja, segue-se que a missão capital da igreja é cooptar as pessoas para o seio dessa comunidade histórica, que, por seu turno, pode permitir sua salvação escatológica. A igreja é uma comunidade de salvação.[94]

Sacramentos. A missão da igreja correlaciona-se precisamente com a teologia e a função dos sacramentos. Na teologia cipriana do batismo, por exemplo, a fronteira da igreja "delimitava os membros dos não membros, aqueles que estavam autorizados a participar da eucaristia daqueles que não estavam. A essa fronteira social era atribuído significado tanto celestial como terreno: porque especificava os limites da presença e das operações do Espírito Santo, ela também determinava quem podia obter acesso ao reino dos céus".[95] A eucaristia tem a mesma função de nutrir a comunidade na terra, em preparação para sua herança do reino dos céus. O sacramento da reconciliação, especialmente na revisão cipriana que permitiu ao bispo readmitir os pecadores à eucaristia para a resistência em face da perseguição, enfatizava a missão da igreja de preparar os indivíduos para a salvação escatológica.[96]

A igreja e o mundo. Uma descrição da igreja cartaginesa faria observar que ela se compunha de cristãos imbuídos de profundo senso de identidade, separados da cultura religiosa do império, formando um grupo altamente coeso. "A profissão batismal requeria a renúncia a todas as outras práticas religiosas, particularmente a evitação de contato com a

---

[93] Burns, *Cyprian*, p. 97.

[94] A distinção feita por Malina, diferenciando o objetivo da comunidade de Jesus do da comunidade de Paulo, foi fortalecida. Ver capítulo 2, p. 95, n. 65.

[95] Burns, *Cyprian*, p. 128.

[96] Ver J. Roldanus, "No Easy Reconciliation: St. Cyprian on Conditions for Reintegration of the Lapsed", *Journal of Theology for Southern Africa* 92, 1995, pp. 23-31.

idolatria demoníaca que permeava a sociedade imperial romana".[97] Não obstante, as pessoas não se segregavam da sociedade; ricos e pobres, em seu próprio nível, interagiam conscientemente com a sociedade onde podiam. E seria de esperar uma paulatina acomodação à sociedade e um afrouxamento das fronteiras que mantinham os cristãos apartados.

Os escritos ciprianos sugerem, na igreja de Cartago, a existência de uma tensão entre um comportamento cristão que transcendia a moralidade geral da sociedade, um virtuoso padrão de vida cristão que se mantinha acima da sociedade e um comprometimento desse elevado padrão, um gradual relaxamento em uma igreja moralmente mais medíocre e pecaminosa, com maior reconhecimento da misericórdia de Deus. Por um lado, se o percentual de cristãos que cometiam defecção era tão grande como indica Cipriano, e se as razões por ele aduzidas para o comprometimento são exatas, há que se dizer então que a qualidade da vida cristã começou a convergir na direção da sociedade em geral; percebe-se um nivelamento dos ideais éticos à medida que as expectativas se tornavam menos exigentes em comparação às da sociedade. Entretanto, em tensão com esse fato, a igreja cartaginesa ainda representava uma sociedade paralela, bem distinta do império. A igreja tinha desenvolvido fronteiras mais definidas, mais acentuadas e mais elaboradas; continuava autossuficiente e perseguida; e ainda abraçava o ideal escatológico do martírio.

Uma forma de analisar o desenvolvimento nas igrejas à medida que se tornavam gradativamente mais aclimatadas ou inculturadas no ambiente do Império Romano pode ser avaliada na categoria da santidade e na forma como ela é pregada na igreja. Vimos anteriormente que a santidade em Tertuliano parecia referir-se bem especificamente aos membros da igreja enquanto grupo. Tertuliano esperava que a igreja permanecesse contraposta à sociedade pelo poder do Espírito Santo que se manifestava na integridade moral dos respectivos fiéis. Na visão de Cipriano, provavelmente à luz da apostasia de muitos dos membros da igreja, mas talvez por causa das condições socioespirituais que explicavam a própria

---

[97] Burns, *Cyprian*, p. 13.

defecção, a igreja requeria no mínimo santidade em seus ministérios. Isso se aplicava mais diretamente aos bispos.[98]

Em uma discussão análoga, Burns utiliza as categorias das fronteiras que separavam a igreja da sociedade e da cultura romanas. O contraste entre Cipriano e uma posição rigorista de cunho novaciano também serve como marco de mudança de uma comunidade menor e mais intimamente definida em relação à sociedade para uma comunidade que se tornava maior e acomodacionista relativamente aos padrões sociais. Os novacianos ressaltavam a pureza de ministro e de membro de maneira igualitária absoluta; aqueles que pecavam gravemente eram excluídos da comunidade. A mudança com Cipriano foi muito mais matizada e compreendia a confiança na eficácia da reconciliação e, no caso dos ministérios, da remoção do ofício, mas não da comunhão.[99] A eclesiologia de Cipriano afigura-se como de compromisso quando situada entre as visões rigoristas novacianas e as visões laxistas recomendadas por aqueles que admitiam os apóstatas sem pública prestação de contas. "Cipriano pode parecer ter inaugurado uma posição mediadora para preservar a santidade da igreja ao restringir aos clérigos a exigência da pureza que havia se estendido a toda a assembleia: ele argumentava que os apóstatas penitentes podiam ser admitidos à comunhão sem macular toda a comunidade que os aceitasse; não obstante, frisava que o poder santificador da igreja dependia da santidade dos clérigos, particularmente de sua liberdade em relação a toda mácula de idolatria, apostasia ou cisma."[100]

Uma forma de sintetizar a eclesiologia que emergiu da igreja de Cipriano em Cartago seria observar a correlação existente entre seus diversos elementos-chave: episcopalismo, comunhão, Espírito, unidade, santidade. Qualquer um desses símbolos podia ser utilizado para organizar uma síntese da autocompreensão da igreja tal como aparece em Cipriano. O referente primário do termo "igreja" é a comunidade eucarística unida, em termos organizacionais e de liderança, em torno do bispo. Mas

---

[98]   Evans, *One and Holy*, pp. 57-58.

[99]   Burns, *Cyprian*, pp. 67-77.

[100] Ibid., p. 132.

"igreja" também remete e pode referir-se a todo o movimento cristão. Ela se mantém em unidade pela unidade de seus bispos, que, enquanto grupo, exercem responsabilidade pelo todo. Vimos como essa comunhão funcionava na prática: ela envolvia mecanismos práticos de compartilhamento de informações, de concessão de autonomia a cada bispo, estabelecendo, assim, as condições que possibilitavam o pluralismo, mas, ao mesmo tempo, uma ativa interferência quando um consenso de várias vozes indicava grave ameaça às verdades ou à moralidade cristãs. Igrejas locais autônomas eram "erigidas em meio ao rebanho de Cristo também por meio de alianças concretas de seus líderes episcopais, todos eles em linha de sucessão com a comunidade apostólica dos primórdios, todos se reunindo para deliberar acerca do bem coletivo. O Espírito Santo fora conferido a Pedro e aos outros apóstolos e se transmitira a seus sucessores, que, por sua vez, compartilhavam o Espírito no seio de suas comunhões locais".[101] A unidade e a santidade da igreja deviam-se à presença e à atividade de Deus enquanto Espírito em seu interior; a razão pela qual os sacramentos eram eficazes residia na presença e no poder do Espírito no seio da comunidade. No nível teológico mais profundo, a concepção cipriana da igreja poderia ser chamada de eclesiologia do Espírito.

Peter Brown explicita uma série de pontos que mostram em que medida a igreja como todo um movimento estabelecera uma nova relação com o império, por volta do final do século III. A perseguição geral dos cristãos, nos anos 250, 257 e 303, assinalara que as coisas haviam mudado. O império como tal se apercebera da situação e já não deixava a questão em mãos locais. Diversos fatores definiram a percepção pública. A igreja tornara-se um vasto corpo público, unido ao longo de uma grande extensão territorial, dotado de uma hierarquia reconhecível de proeminentes líderes. Percebeu-se isso porque a perseguição tinha os líderes em mira. A única coisa que unificava os cristãos era a escritura comum, um cânon, que se afigurava aos não membros como uma lei comum e que, de procedência divina, requeria uma lealdade incomum. Os

---

[101] Ibid., p. 129.

cristãos estavam começando a erigir igrejas e, portanto, espaços públicos para reunião. Essas igrejas reuniam um variegado grupo que transcendia as barreiras de classe e categoria. As diferenças sociais não se nivelavam, mas as pessoas eram congraçadas em uma unidade mais profunda. As igrejas, em toda a extensão do império, eram plurais e diferentes. Mas esse pluralismo permanecia em tensão com um senso de pertença a um movimento mais amplo que se propagava em torno do império. Os grupos cristãos tinham forte senso de pertença a uma rede de comunidades similares que abarcava o mundo romano.[102] Os cristãos compartilhavam uma antropologia comum que consistia em um senso do pecado e da salvação. A igreja, contudo, oferecia ainda mais, na figura da transformação do eu, como em uma escola de virtude. No batismo e em uma vida de fé e fortaleza moral, a igreja propunha-se a transformar a pessoa humana em um novo ser. A vida da igreja era comunitária e integrada à vida social. Uma manifestação desse aspecto consistia na prática de dar esmola para a remissão dos pecados, prática que os cristãos herdaram do judaísmo. Com isso a rede de apoio aos necessitados expandiu-se para uma rede de auxílio a outras comunidades, de maneira que as igrejas emergiram como instituições notavelmente coesas e solventes. A igreja oferecia um completo espaço de pertença. A religião parecia consistir em um complexo de rituais, um culto dos deuses; as escolas ofereciam filosofia; a moralidade era ensinada em casa. Na igreja, contudo, todas as três estavam integradas. A igreja mantinha uma visão e uma práxis plena e integrada da existência humana.[103]

Princípios para uma eclesiologia histórica

Uma série de princípios que serão proveitosos para a compreensão da igreja como tal pode servir de conclusão para essa descrição interpretativa

---

[102] Há que se interpretar os vínculos que uniam as igrejas, a reiteração acerca da apostolicidade, a preocupação com a sucessão e a tradição, bem como outros critérios de verdade e reta prática, dialeticamente contra o pano de fundo do pluralismo e da diversidade. Ressaltar um dos lados em detrimento do outro é distorcer os fatos.

[103] Brown, *Rise of Western Christendom*, pp. 62-71.

da igreja nos séculos II e III. Essas caracterizações descritivas da igreja a partir de uma perspectiva histórica, sociológica e teológica combinam um aspecto de um princípio geral com um aspecto de ilustração concreta, pois são extraídas das igrejas nesse período de desenvolvimento da igreja. O rol desses princípios poderia ser amplamente estendido.

A unidade como valor supremo

A igreja primitiva atribuía suma importância à unidade; isso parece verdade pelas descrições em Inácio, em Irineu, implicitamente no manual de Hipólito, na *Didascália*, e em Cipriano. Isso se aplica sobretudo à comunidade local, também à igreja regional, e menos fortemente ao movimento cristão como um todo. A preocupação com a unidade de fato nunca desaparece. Quando parece reduzida em virtude do cisma ou da fragmentação em diferentes igrejas, afirma-se mais enfática e explicitamente como experiência negativa de contraste. A igreja local é e só pode ser única. Em Cipriano, contudo, também se observa uma preocupação e responsabilidade pela unidade do movimento cristão como um todo.

A eclesiologia de Cipriano também permite alguma medida de pluralismo. Estamos tratando aqui da cultura clássica, e não se deve interpretar a situação a partir da consciência histórica pós-moderna. Contudo, a despeito da profunda obsessão de Cipriano com a unidade, porque encerra em si mesma boa parte de sua eclesiologia, ele pode pragmaticamente afirmar a comunhão em meio às diferenças. Muito teria de ser dito acerca do *status* das questões debatidas em casos particulares. Por exemplo, a teologia e a prática sacramentais eram questões sérias porque muita coisa estava em jogo aí. Cipriano, contudo, não romperia a comunhão por força de costumes e padrões sacramentais divergentes. Podem-se extrair diversas lições a partir desse caso, mas o seguinte princípio eclesiológico parece razoável: apesar do desacordo, até mesmo sobre questões fundamentais, pode haver comunhão entre os cristãos porque tudo o mais eles compartilham em comum.

Evidentemente, a desconexa estrutura da unidade de toda a igreja tornou a solução de Cipriano mais fácil. Em meados do século III, a estrutura da igreja universal podia ser caracterizada como episcopalismo e intercomunhão. Muito embora se considerasse que o bispo de Roma detinha primazia de honra como sucessor do episcopado de Pedro, não havia nenhum papado universal; o bispo de Roma não exercia autoridade jurídica sobre a totalidade da igreja. Em vez disso, a intercomunhão entre bispos monarquiais, reforçada por sínodos regionais e pela colegialidade, era a estrutura política e institucional oficial da unidade. Entretanto, o padrão histórico-eclesiológico do século III também podia ser utilizado para fomentar outras formas da unidade da igreja como um todo que protegeriam o pluralismo. Em outras palavras, o valor normativo da unidade com o pluralismo do século III podia sugerir para o presente momento novos padrões para a igreja universal.

Desenvolvimento funcional das instituições

A análise da gênese da igreja proporciona o testemunho primordial do desenvolvimento das instituições eclesiais. Mas o desenvolvimento não parou por aqui. Alguns desdobramentos mais importantes compreendiam os seguintes fatores:

Sucessão episcopal. Nem o Novo Testamento nem a evidência histórica e a reconstituição crítica dão sustentação à ideia de que os bispos eram os sucessores diretos dos "doze apóstolos". Não obstante, no decorrer do século II, a preocupação com a apostolocidade focou-se na ideia de uma sucessão episcopal que remontava aos apóstolos e, portanto, a Jesus. No decorrer da história da igreja, daí por diante, uma estrutura monoepiscopal das igrejas tornou-se central para a organização eclesial e hoje é considerada por algumas comunhões como instituição organizacional divinamente estabelecida, sem a qual uma igreja plenamente autêntica não pode existir. Os últimos dois capítulos lançam alguma luz sobre essa questão?[104]

---

[104] Francis A. Sullivan, em sua obra *From Apostles to Bishops: the Development of Episcopacy in The Early Church*. New York e Mahwah, N.J., Newman Press, 2001, aborda esse problema

O desenvolvimento do monoepiscopado a partir do período neotestamentário até o final do século III deveria ser compreendido de maneira simultaneamente histórica e teológica, com uma imaginação teológica que é guiada por e emerge de desenvolvimentos históricos e sociais. Há que se ter cautela para não impor categorias jurídicas ou conclusões teológicas de um período posterior a dados históricos primitivos. Quando essa lente histórico-teológica é aplicada a tal questão, a emergência do monoepiscopado parece ser um desenvolvimento bem natural e espontâneo, quaisquer que tenham sido os eventos efetivos que o engendraram. Os problemas de dissensão e de divisão interna no transcorrer do século II, bem como o desejo de unidade inspirado no Espírito nas igrejas e entre as igrejas e regiões, explicam bem o desenvolvimento da acentuada autoridade que a função episcopal alcançou nas igrejas ora examinadas. Esse desenvolvimento foi histórico e funcional: fez face a uma crise específica e continuou a preservar a unidade da igreja. Essa função pode ser entendida em termos teológicos, portanto, como divinamente desejada, de maneira não exclusiva. Isso significa que, da mesma maneira como o Espírito de Deus estimulou essa estrutura organizacional específica como forma de assegurar o bem-estar da igreja nessa época, assim também pode o mesmo Espírito inspirar um arcabouço diferente em prol do bem-estar da igreja em outras circunstâncias, como propõe o Novo Testamento.

---

de uma perspectiva católico-romana em duas etapas: (1) Historicamente, a instituição do monoepiscopado desenvolveu-se também através de um colégio de presbíteros, estabelecendo um bispo como seu líder, ou através de um homem que tinha supervisão em uma região (como nas Epístolas Pastorais), estabelecendo em uma igreja particular que o aceitava como seu bispo. Em ambos os cenários, o homem teria tido vínculos que remontavam aos apóstolos. (2) Teologicamente, esse desenvolvimento histórico é interpretado como representando a vontade de Deus, de sorte que através dele o monoepiscopado é divinamente estabelecido. Esse julgamento é análogo ao que determinou os escritos que configuraram o cânon do Novo Testamento. Da mesma maneira como o Espírito guiou a igreja no discernimento de seus livros sagrados, assim também o Espírito guiou o julgamento de que o monoepiscopado é uma estrutura eclesial essencial e divinamente desejada. Ver especialmente pp. 217-230. Essa interpretação e teoria teológica legitima exitosamente uma compreensão do monoepiscopado como legítima estrutura eclesial. Mas não conseguiu justificá-lo como estrutura divisória da igreja. A teoria não estabelece que outros desenvolvimentos ou arranjos que podem servir para garantir a apostolicidade também não seriam legítima e devidamente desejados.

Reconciliação. Relativamente à questão da "origem" das funções e dos ministérios ordenados, esse período primitivo mostra que a compreensão sociológica de uma resposta funcional às necessidades descreve precisamente a emergência de ministérios na igreja, por exemplo, as diaconisas, bem como a expansão de certos poderes de uma determinada ordem de ministério, por exemplo, o segundo arrependimento e a reconciliação no seio da igreja. No entanto, essa interpretação sociológica não deve ser dissociada de uma análise teológica. O exemplo da diaconisa é instrutivo: aí a necessidade de tal ordem se fez sentir e se estabeleceu sobre as bases pragmáticas da necessidade. Todavia, a posição de diaconisa foi uma ordem sagrada envolvendo relações que eram descritas em linguagem sagrada ou teológica. Uma análise funcional e uma análise ontológica não são reciprocamente antitéticas. Isso leva a uma concepção simultaneamente histórica, social e teológica da igreja enquanto comunidade repleta do Espírito, normatizada por uma memória de Jesus, que contém em si mesma os meios para "criar" ministérios voltados a seu bem-estar. Os dados históricos dos novos ministérios emergentes são coerentemente teorizados ou correlacionados com uma dinâmica eclesiologia de baixo.

Outra área do desenvolvimento da ação sacramental ou cúltica diz respeito ao perdão ritual e à readmissão à igreja após o pecado, que ou excluía ou marginalizava alguém da comunidade. Essa consideração tem relação direta com a questão da santidade. Pode-se facilmente reconhecer aqui a tensiva relação existencial entre a forma institucional, nesse caso forma ritual, e a efetiva vida histórica da comunidade, à medida que a comunidade ajusta sua disciplina pública às exigências da vida real de fragilidade e pecaminosidade humana. Essa questão torna-se dramática na decisão de Cipriano, em face da renovada perseguição, de alterar a prática ritual e convidar os pecadores penitentes de volta à comunhão eucarística para fins de alimentação e fortalecimento em vista da provação esperada. O desenvolvimento teológico nesse caso segue claramente o rastro da práxis, nesse caso, a decisão e a prática ministeriais. Percebe-se na ação de Cipriano uma mudança em um profundo *habitus* da comunidade cartaginesa que remontava diretamente a Tertuliano. A mudança tornou-se irresistível sob a pressão de novas circunstâncias e eventos.

Sacerdócio. A emergência do sacerdócio na igreja pré-constantiniana proporciona outra área em que esse princípio funcionou. Vimos que esse sacerdócio não era uma categoria aplicada ao ministério na igreja neotestamentária. Não obstante, por volta do final do século III, o cristianismo tem uma ordem de sacerdotes, pelo menos em seus bispos. De onde proveio isso? A resposta pode ser: do "desenvolvimento histórico". Esse desenvolvimento pode ser esquematizado em duas etapas: a primeira, uma aplicação ao bispo como principal presidente ou líder da eucaristia; a segunda, uma extensão ao presbítero, à proporção que as comunidades cresciam e o presbítero passava da condição de eventual delegado do bispo à condição de líder eucarístico de um subgrupo distinto.[105] Foi uma função, ao mesmo tempo, do crescimento e da complexificação das comunidades, da inculturação e da reflexão teológica. Tão prístina quanto Paulo, a eucaristia era associada à paixão e morte de Jesus. Como a mediação salvífica de Jesus era interpretada pela metáfora de uma oferenda sacrifical a Deus, em termos absolutamente judaicos, e como a eucaristia comemorava e recapitulava esse ato redentor, pouco a pouco o bispo como presidente da eucaristia passou a ser encarado como o sacerdote ou sumo sacerdote que oferecia o ato ritual de sacrifício no contexto da comunidade. Isso certamente era inteligível no contexto cultural greco-romano, onde não havia escassez de sacerdotes ou de sacrifícios cúlticos.

Dizer que o sacerdócio cristão era e é produto do desenvolvimento e da interpretação históricos dos séculos II e III, e portanto de liberdade e de construção humana, não significa afirmar que ele seja menos que uma função ministerial desejada ou outorgada por Deus. As razões disso são

---

[105] Cooke explica que, enquanto o bispo é firmemente instituído como sacerdote por volta do final do século III, a ideia de que um presbítero é um sacerdote é muito rara antes de Niceia, apesar do fato de que os presbíteros substituíam os bispos na eucaristia. No período pré-niceno, os sacerdotes enquanto grupo compartilhavam o *sacerdotium* do episcopado sem ser designados sacerdotes. Cook, *Ministry*, pp. 537-539. Ver também Paul Bernier, *Ministry in The Church*. Mystic, Conn., Twenty-Third Publishing, 1992, pp. 58-81, em que ele traça o desenvolvimento do ministério presbiteral para o ministério do sacerdócio.

amplamente explicadas. Cipriano exemplifica como se podem entender a vontade e a escolha de Deus para a história operando-se pelo processo de agência e de deliberação humanas. Mas é importante registrar as mudanças ocorridas na compreensão. O bispo foi equiparado ao sumo sacerdote aarônico, quer como principal celebrante do sacrifício eucarístico, quer como "principal ministro penitencial e disciplinar".[106] Encontra-se também em Cipriano um discurso propiciatório de Deus em nome do povo. Esse linguajar dista bastante do período neotestamentário, em que não havia sacerdotes na comunidade cristã porque só Cristo detinha essa posição. Isso também assinala uma mudança em direção a uma maior divisão entre os bispos e as demais pessoas, em direção a uma ordem ministerial da igreja que é sagrada em si mesma, por assim dizer, que medeia a graça da forma como toda a comunidade fazia anteriormente.[107]

Tensão entre estrutura e communitas

No interior da própria igreja existe uma tensão entre autoridade episcopal oficial e autoridade espiritual não oficial na comunidade. A igreja de Cipriano exemplifica-o bem. Em uma época de crise, quando Cipriano ainda era bispo recente, a reconhecida autoridade espiritual dos mártires e confessores colidia com a autoridade institucional do bispo. Podem-se observar as tensões entre estrutura e *communitas*, ou entre ofício e carisma, manifestando-se em pessoas concretas que enfrentavam questões específicas. Parece importante, pelo menos nesse caso, abster-se de julgamento sobre o que era certo e o que era errado, e reconhecer que tais conflitos são constitutivos de uma igreja histórica, de uma organização que avança em meio a novas coordenadas de tempo e circunstância.

Para concluir, os séculos II e III testemunharam dramáticas mudanças, e os desenvolvimentos da comunidade cristã interpelaram a igreja ao final do século I. A evolução histórica durante esse período fornece lições indispensáveis para a construção de uma eclesiologia de baixo

---

[106] Jay, *The Church*, p. 57.
[107] Ibid., pp. 57-58.

historicamente consciente que utiliza um método genético. Os princípios atuantes podem ser relacionados então por analogia com os problemas enfrentados pela igreja em qualquer época. Não obstante, em meio a essas mudanças pode-se sempre discernir uma substância viva da igreja que se coaduna com a definição extraída da gênese da igreja no século I. A igreja é composta pelos discípulos de Jesus, por aqueles indivíduos que nele encontraram a salvação de Deus, de sorte que a fé dessas pessoas em Deus é estruturada por Jesus. Os discípulos formam uma comunidade baseada nessa fé. São unidos pela fé e pelas estruturas organizacionais e políticas da comunidade em uma igreja, que é, portanto, única, fundada em Cristo, no Espírito e no ofício. A atividade nuclear dessa igreja é o culto dominical: está ancorada, portanto, na palavra e no sacramento, eles próprios intimamente vinculados à ética. A confraternidade no Espírito também transcende a comunidade local. Todos os cristãos do Império Romano constituem uma unidade; juntos, eles se contrapõem aos elementos demoníacos na sociedade.

4. A IGREJA PÓS-CONSTANTINIANA: 300-600

Em sua prolongada gênese desde a morte e ressurreição de Jesus até o século II e em seu desenvolvimento ulterior ao longo dos séculos II e III, a igreja adquiriu sua substancial identidade. Isso pode ser avaliado em termos de organização social, ou pelas várias fronteiras de uma religião, e a partir da própria autocompreensão teológica. Algumas das respostas às crises históricas que ajudaram a constituir essa identidade foram a decisão de não limitar a filiação à comunidade de fé pela circuncisão judaica, a formulação de uma concepção da divindade de Jesus, uma estrutura organizacional monoepiscopal, a formação de um cânon escriturístico e uma convicção internalizada de que a unidade nas igrejas e entre as igrejas encontrava-se entre seus valores mais elevados. Ao final do século III, dir-se-ia que a igreja alcançara o termo de seu desenvolvimento essencial. Não obstante, uma comparação dessa igreja com a do final do século VI revela outro período de desenvolvimento tão "substancial" quanto a primeira metade de sua vida. Em termos de tamanho, extensão, complexidade, identidades culturais, membros, autodefinição da própria fé, teologia sacramental, estrutura organizacional, relação com o "mundo" e ideais de vida espiritual, a igreja atravessara outro período de transformação. O presente capítulo procura, em curto espaço, sintetizar esses muitos desenvolvimentos, em termos históricos, sociais e teológicos, e, a partir desse quadro, recuperar tensões perenes e princípios formais para compreensão da igreja que podem ser relevantes para uma eclesiologia em qualquer época.

Consequentemente, a análise divide-se em quatro partes. A primeira é narrativa; relata a história da igreja e apresenta os autores escolhidos para representar esse período. A segunda parte enfoca aquelas testemunhas fundamentais que em suas vidas e em seus textos registraram os desenvolvimentos sociais e teológicos que tiveram influência significativa sobre a autocompreensão eclesiológica. A terceira parte comporta uma descrição interpretativa da igreja segundo as dimensões de uma organização social esboçadas no capítulo 2. A quarta parte extrai princípios para uma eclesiologia historicamente consciente a partir da vida da igreja nessa época.

Desenvolvimento histórico

Na visão geral do crescimento do cristianismo durante os séculos II e III, fez sentido distinguir o contexto imperial do desenvolvimento da igreja em seu marco. Com Constantino, no entanto, a igreja e o império começaram a caminhar lado a lado e se imbricaram. Consequentemente e *grosso modo*, divido esse panorama por séculos. A narrativa tenciona não uma reconstituição histórica adequada, e sim o estabelecimento de uma matriz histórica para interpretar a comunidade e certos indivíduos, textos e eventos teológicos importantes em seu seio. Campos fundamentais do desenvolvimento eclesial orientam a seleção do que será destacado nessa representação. Entre os mais importantes encontram-se os seguintes: a evolutiva relação entre a igreja e o império e, dentro desse contexto, a acentuada diferenciação entre as igrejas orientais e ocidentais; a unidade da igreja nesse domínio territorial em expansão, incluindo a gradativa emergência do papado; o crescimento do monasticismo no Oriente e sua irradiação para o Ocidente; o desenvolvimento de doutrinas cristológicas e antropológicas basilares; o refinamento da teologia sacramental no Ocidente e, por fim, o caráter e os ideais da vida cristã.[1]

---

[1] As obras a seguir mencionadas foram úteis na análise desse desenvolvimento histórico: Peter Brown. *Religion and Society in the Age of Saint Augustine*. London, Faber and Faber, 1972; *The Cult of the Saints: Its Rise and Function in Latin Christianity*. London, SCM Press, 1981; "Eastern and Western Christendom in Late Antiquity: A Parting of the Ways", *Society and the Holy in Late Antiquity*. Berkeley, University of California Press, 1982; *Late Antiquity*. Cambridge, Mass., Harvard University Press, 1998; *The Rise of Western Christendom: Triumph and Diversity, AD 200-1000*. Oxford, Blackwell, 1996, 2003; Henry Chadwick. *The Early Church*. London, Penguin Books, 1967; *The Church in Ancient Society: From Galilee to Gregory the Great*. Oxford, University Press, 2001; Bernard Cooke. *Ministry to Word and Sacrament: History and Theology*. Philadelphia, Fortress Press, 1977; Jean Daniélou e Henri Marrou. *The First Six*

O século IV

No alvorecer do século IV, o cristianismo sofreu a mais violenta e prolongada perseguição de sua história. Ao final do século, era a religião oficial do império. Não há ninguém mais responsável pelo desenvolvimento do cristianismo do que Constantino.

Constantino e Eusébio. Em julho de 306, por ocasião da morte de Constâncio, general supremo da porção ocidental do império, suas tropas proclamavam seu filho, Constantino, imperador dos territórios ocidentais. Constantino, porém, encontrava-se na Grã-Bretanha, e a posição ainda tinha de ser vencida militarmente. Constantino não entraria vitorioso em Roma até 312, tendo vencido a batalha final em nome do Deus cristão. O império no Ocidente repentinamente se encontrou com um soberano cristão. Nos anos subsequentes, Constantino pouco a pouco consolidou sua posição a ponto de derrotar o imperador oriental e estabelecer-se como único governante. Em 330 ele transferiu sua capital para Constantinopla, a "Nova Roma", onde reinou até sua morte, ocorrida em 337.

Diversas ações de Constantino estabelecem o contexto de todos os futuros desdobramentos. "Seu reinado testemunhou provavelmente a mais importante mudança na história da igreja antes das dos tempos modernos".[2] Constantino pôs fim à perseguição no Ocidente. Em 313, juntamente com o imperador do Oriente, ele promulgou o chamado Edito de Milão, declarando a liberdade de culto religioso. Dessa forma, em princípio, ele legitimava a igreja. A mudança na conjuntura política tanto quanto a guinada psicológica correspondente foram dramáticas. "A igreja passara rapidamente de uma situação em que bispos importantes

---

Hundred Years. New York, McGraw-Hill, 1964; Robert Evans. *One and Holy.* London, SPCK, 1972; W.H.C. Frend. *The Early Church.* Philadelphia, Fortress Press, 1982; *The Rise of Christianity.* Philadelphia, Fortress Press, 1984; Robert M. Grant. *Early Christianity and Society.* San Francisco, Harper & Row, 1977; Eric G. Jay. *The Church: Its Changing Image through Twenty Centuries.* Atlanta, John Knox Press, 1980; Jaroslav Pelikan. *The Christian Tradition, 1, The Emergence of the Catholic Tradition (100-600).* Chicago e London, University of Chicago Press, 1971.

[2] Daniélou e Marrou, *Six Hundred Years*, p. 235.

e honrados haviam sido mártires para outra em que seus líderes eram convivas da mesa do imperador e conselheiros da corte".[3]

Constantino tornou-se, então, o defensor da igreja: revestiu-a de poder e responsabilidade na esfera cívica. Agraciou a igreja com propriedades; construiu templos; isentou a igreja e o clero de impostos, conferindo-lhes *status* cívico.[4] Atribuiu à igreja responsabilidades civis, como a assistência aos pobres, e outorgou jurisdição aos tribunais eclesiásticos para dirimir certos conflitos legais. A igreja tornou-se um instrumento na engrenagem da sociedade.

Constantino também assumiu a liderança na igreja ao administrar algumas das mais importantes crises religiosas, especialmente as que afetaram a unidade do império, e acompanhou sua superação. Convocou as partes envolvidas na querela donatista ao Concílio de Arles, tentou impor a solução teológica e por fim procurou encerrar a questão por meio da força imperial. Acreditava que isso fazia parte de sua função divinamente autorizada. Convocou o concílio ecumênico de Niceia e acompanhou de perto suas deliberações. Sob o regime de Constantino, a ortodoxia, sempre uma preocupação entre as igrejas, tornou-se igualmente um ideal imperial. Ao final, por seus atos, Constantino estabeleceu uma relação inteiramente nova da igreja com o império.[5]

Eusébio, bispo de Cesareia, na Palestina, é retratado como íntimo e conselheiro de Constantino. Não foi nem uma coisa nem outra: viveu a distância, correspondia-se com Constantino, mas é provável que tenha se encontrado com ele apenas quatro vezes.[6] Mas os historiadores, teólogos e panegiristas de Constantino, que viveram durante a perseguição de Diocleciano, ligaram-se totalmente a ele. Para Eusébio, Constantino re-

---

[3] Evans, *One and Holy*, p. 78.

[4] Grant, *Early Christianity and Society*, pp. 44-65, 151-154.

[5] Na visão de Peter Brown, os imperadores não estavam preocupados apenas com a manutenção da paz e da unidade no império, mas no recrutamento dos bispos como uma rede simbiótica de poder para ajudar na reafirmação da autoridade imperial. Brown, *Religion and Society*, pp. 317-324.

[6] Timothy D. Barnes. *Constantine and Eusebius*. Cambridge, Mass., Harvard University Press, 1981, p. 266.

presentava o novo Moisés, e ele formulou essas respostas em uma teologia política imperial que funcionou durante séculos depois e que sempre está disponível quando novas situações parecem exigi-la.

Durante e após o governo de Constantino, a estrutura organizacional da igreja consolidou-se segundo o molde do império. As regiões eclesiásticas coincidiam em larga medida com as do império. "Na maioria dos casos, a cidade capital da eparquia [ou província] tornou-se a cidade sede do bispo, que tinha primazia sobre outros bispos no âmbito da eparquia."[7]

Desenvolvimentos no Oriente. A igreja no Oriente e no Ocidente, respectivamente, ofereceu contribuições específicas ao todo. A começar pelo Oriente, a tradição teológica e o movimento monástico merecem ser ressaltados.

Teologia e doutrina. Muito embora a teologia certamente não fosse prerrogativa exclusiva do Oriente, os teólogos de língua grega estiveram à frente da reformulação das doutrinas clássicas concernentes a Cristo e à trindade no século IV. Já existia uma tradição nos escritos de Justino, Irineu, Clemente e Orígenes. Quando as concepções subordinacionistas de Ário, o presbítero alexandrino, tornaram-se públicas em 318, desencadearam um profundo debate que teria repercussões futuras, em virtude da ampla disseminação de suas ideias. A versão simplificada da visão ariana segundo a qual o Logos divino gerado pelo Pai e encarnado em Jesus era, em última instância, uma criatura, não a distorce. Como Constantino era responsável pela unidade imperial, competia-lhe assegurar que a religião do império não fomentasse divisões. Ele convocou o concílio que se reuniu em Niceia em 20 de maio de 325. Aproximadamente duzentos e trinta bispos, quase todos do Oriente, firmaram a doutrina do credo de que o Logos ou o Filho encarnado em Jesus era consubstancial ao Pai, da mesma substância dele. Ficou ambíguo se "mesma" significava estrita identidade numérica ou identidade de espécie.

Conquanto possa ter resultado claro para muitos que, tomado literalmente, Ário estava errado, não ficou absolutamente claro para todos

---

[7]   Jay, *Church*, p. 75.

que Niceia estava certo. Boa parte da história doutrinal e institucional da igreja do Oriente no século IV gira em torno das diversas facções pró e contra Niceia, que suspeitavam, não compreendiam bem ou simplesmente rejeitavam o outro lado. Além disso, as concepções arianas ou semiarianas acerca de Jesus Cristo alastraram-se pelos movimentos missionários ao norte e ao noroeste. Atanásio, o defensor-mor da ortodoxia nicena, só esporadicamente pôde servir a seu patriarcado de Alexandria quando politicamente factível. Os padres capadócios, Basílio, seu irmão Gregório de Nissa, e Gregório Nazianzeno, foram em grande medida responsáveis pela elaboração de um rol de termos e por uma visão que esclareciam de que maneira os cristãos podiam falar da relação entre Deus enquanto Pai e o Filho, bem como de Deus como Espírito. Eles prepararam o caminho para o Concílio de Constantinopla, de 381, no qual aproximadamente cento e cinquenta bispos, sobretudo da Síria e da Ásia Menor, esclareceram o significado da consubstancialidade do Filho com o Pai. A consubstancialidade não significava que Filho e Pai fossem numericamente idênticos. Eles também expandiram o papel do Espírito como "Senhor e dispensador da vida". Na medida em que isso foi tomado como equivalente de consubstancial ao Pai e ao Filho, a doutrina da trindade efetivamente se estabeleceu. Em 382, o Concílio de Roma explicitou a doutrina da trindade.[8]

Quando estabeleceu sua capital em Constantinopla, Constantino concebeu-a como a Nova Roma. Em um de seus cânones, Constantinopla I reconhecia o primado da sé de Roma, mas reivindicava um segundo primado de honra para Constantinopla enquanto Nova Roma. A reivindicação estabeleceu certo papel de liderança no Oriente, mas não foi aceita no Ocidente.[9]

---

[8] Pelikan, *Christian Tradition*, pp. 172-225; Daniélou e Marrou, *Six Hundred Years*, pp. 249-267.

[9] "O bispo de Constantinopla deve ter primazia de honra após o bispo de Roma, porque Constantinopla é a Nova Roma". Niceia, c. 3, in H.J. Schroeder. *The Disciplinary Decrees of the General Councils*. St. Louis, B. Herder, 1937, p. 65. O cânon sugere que a primazia é uma função do *status* político de Roma, que a princípio Roma rejeitava.

Monasticismo. As raízes do monasticismo, em termos de tradição ascética e de cristianismo radical, remontam ao judaísmo e ao Novo Testamento, mas o movimento floresceu no Oriente durante o século IV.[10] Tempos sociais difíceis, bem como a busca religiosa de salvação, ajudaram a explicá-lo. Clemente e Orígenes haviam descrito diferentes níveis de vida religiosa e encorajado o apego a uma dimensão mais elevada de realidade espiritual. Para ser plenamente aberto à ordem transcendente, era preciso disciplina e *ascese*. O mais importante, contudo, é que o monasticismo afetou a imaginação das pessoas. O prestígio do monge, especialmente o eremita ou o padre do deserto, consiste na solidão de sua vida e no foco de seu compromisso. "Ele personificava o antigo ideal de simplicidade de coração."[11] Pouco a pouco, múltiplas formas diferentes de adesão ao movimento ascético e de realização de seus ideais evoluíram e assumiram forma institucional.

Antão (250-356) tornou-se herói religioso em vida, durante a primeira parte do século IV, no deserto do Egito. Encarnava uma espiritualidade de combate quando enfrentava os demônios. É importante lembrar que as pessoas tomavam a existência desses demônios ao pé da letra. Os demônios "podiam ser responsabilizados pelos males sociais e econômicos, enquanto o martírio [...] era considerado como objetivo figurativo a ser aceito 'em intenção' pelos monges que se batiam contra inimigos espirituais, e não temporais".[12] A região do delta do Nilo tornou-se lar para monastérios conhecidos por seus extremismos ascéticos. Pacômio, contudo, fundou monastérios na região do alto Nilo que combinavam oração e trabalho em uma ocupação útil. Esse estilo de comunidade monástica tornou-se centro de ou interagia com uma comunidade rural mais ampla. Os monges tomavam votos de estabilidade, e assim os monastérios concorriam para um senso de ordem na aldeia, na cidade e na comunidade mais

---

[10] Daniélou e Marrou, *Six Hundred Years*, pp. 269-279; Chadwick, *Early Church*, pp. 174-183; *Church in Ancient Society*, pp. 394-410; Brown, *Rise of Western Christendom*, pp. 80-84.

[11] Brown, *Late Antiquity*, p. 52.

[12] Frend, *Rise of Christianity*, p. 575.

ampla.[13] Os monastérios que seguiam a regra de Basílio na Ásia Menor eram relativamente pequenos, com trinta ou quarenta monges. Basílio também os adaptou à cidade, de sorte que os monges podiam trabalhar em orfanatos, escolas e hospitais; podiam também realizar atividades intelectuais. O monasticismo de Basílio "visava à mudança social e à transformação da religião organizada em uma confissão de fé tanto social como individual".[14] O monasticismo oferecia, portanto, uma gama de espiritualidades.

As origens da vida religiosa das mulheres também começam no Oriente, na esteira do monasticismo. As "ordens" das virgens e das viúvas estavam bem estabelecidas no século II. Juntamente com os grupos masculinos, Pacômio escreveu uma regra para sua irmã Maria e para seu monastério de freiras. A irmã de Basílio e de Gregório de Nissa, Macrina, presidia um monastério de religiosas. A vida religiosa das mulheres no Ocidente começou no século IV quando algumas romanas instruídas, estimuladas por relatos dos padres e madres do deserto, deram início a sua peculiar forma de vida religiosa em comunidade. Mulheres como Marcela, Melânia, a Velha, Paula, Melânia, a Jovem, combinaram oração, trabalho e estudo da escritura. Paula trabalhava bem próxima de Jerônimo e fundou monastérios para homens e mulheres em Belém. Também a irmã de Agostinho serviu como superiora de um monastério de mulheres em Hipona. Após sua morte, por ocasião de uma disputa em torno da organização da comunidade, Agostinho escreveu uma carta que detalhava a visão que tinha a respeito da vida religiosa. Essa carta constitui a base da "Regra de Santo Agostinho".[15]

Desenvolvimentos no Ocidente. Os desenvolvimentos no império do Ocidente e na igreja se processaram no bojo do contexto da nova legitimidade e do patrocínio imperial da igreja. O crescimento quantitativo e a

---

[13] Frend associa Pacômio aos "primórdios de uma comunidade ascética mais ordenada que deveria estender sua influência por todo o mundo grego e, em última análise, fornecer um modelo aos monastérios ocidentais". Frend, *Early Church*, p. 192.

[14] Frend, *Rise of Christianity*, p. 631.

[15] Patricia Ranft. *Women and the Religious Life in Premodern Europe*. New York, St. Martin's Press, 1996, pp. 1-13.

complexidade das novas relações dissolveram todos os vínculos anteriores. Pela primeira vez o cristianismo podia ser a religião de conveniência. Ao mesmo tempo, alguns cidadãos romanos importantes tornaram-se cristãos, e tão profundamente que deram ensejo à gradativa formação de uma aristocracia cristã. Essa foi uma época de notáveis conversos, muitos dos quais se retiraram da vida pública; Agostinho foi o exemplo arquetípico. Outros, contudo, permaneceram leais à tradição pagã de Roma. Três referências assinalam áreas de significativo desenvolvimento social: o donatismo, o papado e a teologia.

O donatismo. O donatismo propicia um modelo de cisma em que o trivial e o profundo se congraçam no mais estreito dos vínculos. Na perseguição diocleciana, os líderes foram forçados a "entregar" as escrituras. No marco da teologia cipriana, qualquer ministro remotamente envolvido com tal ato era literalmente um *traditor* e um traidor da fé cristã. Após a perseguição, um novo bispo de Cartago foi consagrado por três bispos em 312. Quando, porém, se suspeitou que um deles havia sido *traditor*, a facção rival dos bispos da Numídia recusou-se a reconhecer o recém-consagrado Ceciliano, convocou um concílio e elegeu um bispo próprio. Em 313, a facção do bispo rival buscou a mediação imperial, e Constantino obrigou por designação que um tribunal julgasse em favor de Ceciliano. Quando a facção dissidente, agora liderada por Donato, apelou, Constantino convocou o Concílio de Arles em 314 e mais uma vez o julgamento foi contrário aos donatistas. Ademais, a prática cipriana do rebatismo de heréticos fora condenada, e o bispo de Cartago, Ceciliano, fora obrigado a ajustar-se à prática romana.[16]

As diferenças que conseguira tolerar nas igrejas em ambos os lados do Mediterrâneo haviam se tornado agora pomos de discórdia para igrejas concorrentes em todas as cidades do norte da África. Por volta do final do século, Agostinho enfrentou uma igreja rival profundamente identificada com as tradições norte-africanas. De início, Constantino tentou

---

[16] O pano de fundo, a origem e a história do donatismo são relatados e analisados por W. H. C; Frend. *The Donatist Church: A Movement of Protest in Roman North Africa.* Oxford, Clarendon Press, 1971.

novamente resolver o problema à força, confiscando propriedades donatistas e exilando seus líderes, mas essas iniciativas não surtiram efeito, e por volta de 320 os donatistas estavam começando a florescer. O destino deles conheceu altos e baixos, embora tenham continuado a fazer parte do cristianismo norte-africano até o advento do islã.

O papado. Tentar determinar quando o ofício do papado teve início é o mesmo que decidir quando o movimento jesuânico judaico tornou-se autônomo e, finalmente, assumiu uma identidade corporativa ou organizacional própria. A igreja de Roma tornou-se monoepiscopal em algum momento do século II. Quando começou a se afirmar o primado a que Irineu se refere? Quando passou a ser reconhecido? Por quem? Em que matérias? O bispo de Roma foi reconhecido nos séculos II e III como imbuído de prestígio e de primazia, mas quando começou ele a exercer autoridade administrativa e jurídica? Qual era jurisdição dessa autoridade? O exercício dessa autoridade era carismático, constituía uma prerrogativa decorrente da posição política de Roma ou representava uma atribuição do ofício de bispo de Roma? Os sucessivos papados de Dâmaso (366-84) e de Sirício (384-99) representam uma expansão significativa do que se tornaria o poder e a autoridade papais.

As pessoas lembravam-se do papado de Dâmaso, entre outras coisas, pelo extravagante caráter de sua ostentação de riqueza; ele fundiu "o velho orgulho cívico romano e imperial com o cristianismo".[17] Ao mesmo tempo, seu episcopado compreendeu o desenvolvimento de uma burocracia administrativa. Em 378, o imperador Galério, respondendo à solicitação de um concílio romano, outorgou ao papa o direito de acolher recursos de bispos relativos a decisões de seus metropolitanos. Essa extensão conferida pelo imperador alargou o poder jurisdicional do bispo de Roma. Dâmaso também incumbiu Jerônimo de traduzir a Bíblia para uma versão latina uniforme, o que em última análise dotaria o Ocidente de um texto comum de seu documento fundacional. Em 382, o concílio romano que incorporou a doutrina do Concílio de Constantinopla I,

---

[17] Chadwick, *Early Church*, p. 162.

ocorrido no ano anterior, também contestou quaisquer pretensões de primado daquela sé, afirmando o primado da igreja de Roma sobre todas as igrejas, em razão da autoridade petrina do papa, e não em virtude de qualquer decisão conciliar.[18]

O sucessor de Dâmaso deu continuidade a seu programa de ação. Sirício era administrador e escreveu cartas aos bispos "na Gália e na Espanha, no mesmo tom que utilizava para com seus próprios bispos sufragâneos", ou seja, no estilo da chancelaria imperial, incluindo ameaças por desobediência.[19] Aqui se encontra um efetivo poder administrativo. Esses papas começaram a exercer autoridade na Europa ocidental, quando não no norte da África, de uma nova forma.

Teologia. O século IV, especialmente durante sua segunda metade, reluz como "idade de ouro" dos Padres da igreja.[20] A lista de importantes teólogos do Oriente e do Ocidente que floresceram ou nasceram nesse período é digna de nota. A teologia no Ocidente avançou significativamente com Ambrósio e Agostinho. Ambrósio era governador das províncias no norte da Itália quando, em 373, a população de Milão escolheu-o para ser seu bispo. Aristocrata romano de família cristã profundamente leal a Niceia e ainda não batizado, Ambrósio cumpriu em questão de dias as etapas necessárias para a consagração como bispo de Milão. Tornou-se o líder reconhecido do cristianismo no Ocidente, no último quartel do século IV, e muito notavelmente personificou uma relação da igreja com o império que se mantém em nítido contraste com Eusébio e o Oriente em geral.

Em 383, Ambrósio viu-se em uma situação na qual Juliana, a mãe-regente do imperador e uma ariana, reclamava uma basílica para adoração cristã ariana. Ambrósio se recusou a atender ao pedido, alegando simplesmente que não tinha condição de alienar a César o que é de Deus. Alguns anos mais tarde, na esteira do massacre punitivo de sete mil pessoas

---

[18] Frend, *Early Church*, pp. 219-220; Chadwick, *Church in Ancient Society*, pp. 318-322.

[19] Frend, *Rise of Christianity*, pp. 628-629.

[20] Daniélou e Marrou, *Six Hundred Years*, pp. 301-308.

em Tessalônica, ordenado pelo imperador Teodósio, Ambrósio saiu-se bem ao invocar a autoridade espiritual do bispo sobre ele como membro da igreja. Teodósio fez penitência pública, em vez de sofrer excomunhão. O poder simbólico dessas confrontações transcende o precedente legal. A eventual sobreposição das esferas espiritual e temporal de autoridade era inevitável, e a confrontação entre elas, em uma gama de questões, tornou-se típica da relação igreja-mundo no Ocidente.

Agostinho será tratado, a largos traços, na seção seguinte deste capítulo, mas o esboço dessa famosa vida deve ser narrado. Agostinho nasceu na cidade colonial de Tagaste, no norte da África, em 354, de mãe cristã e pai pagão. Não batizado, recebeu clássica educação latina em Cartago e tornou-se professor de retórica. Em sua busca primordial por sabedoria e verdade, aliou-se aos maniqueus durante nove anos. Em 384, após um ano em Roma, foi designado professor de retórica em Milão, onde, sob a influência de Ambrósio e de outros, passou por uma aguda experiência de conversão no verão de 386. Tendo já se separado de sua esposa consensual, batizou-se em 387 e retornou à África em 388, pretendendo levar uma vida tranquila como filósofo cristão. Em 391, contudo, foi ordenado sacerdote, e em 395 consagrado bispo de Hipona. Imediatamente após sua conversão, Agostinho deu início a uma profícua carreira como filósofo teólogo.

Como bispo de Hipona, Agostinho foi imediatamente envolvido no conflito com os donatistas. Mais tarde, após a invasão de Roma, em 410, Agostinho viu-se às voltas com as ideias de Pelágio, reagiu instintivamente contra elas e começou a conformá-las em um corpo doutrinal que atacou e perseguiu, discorrendo a seu respeito praticamente até o fim de sua vida. Sua fama pública baseou-se, contudo, nos clássicos cristãos *As Confissões*, *A Cidade de Deus* e *De Trinitate*. Agostinho levou uma vida longa e ativa, que se estendeu até o século V, e morreu quando os vândalos se encontravam às portas de sua cidade, Hipona, em 430. Esse importantíssimo teólogo cristão ocidental moldou profundamente a antropologia fundamental do cristianismo ocidental, sua teologia sacramental, sua autocompreensão como igreja no mundo. A frustração de Agostinho com o donatismo gerou ainda a base racional para a perseguição política e a supressão da religião.

O século V

O fator externo de impacto mais significativo no desenvolvimento do império e da igreja durante o século V consistiu na gradativa, ou por vezes brusca e intermitente, migração populacional do norte e nordeste. A partir do interior, sob a pressão do cristianismo, a subestrutura religiosa do império foi gradativamente abandonada. Em 391, Teodósio proscreveu o sacrifício pagão e outros ritos religiosos. O que Tertuliano encarara como toda uma cultura maculada de significados pagãos estava sendo despaganizado e remitologizado com símbolos cristãos. Do meio externo, então, chegaram elementos provenientes de uma cultura alienígena que, com seu poderio militar, assumiram o controle das estruturas sociais e políticas. À medida que se removeu a estrutura imperial, pouco a pouco tudo mudou, não por força de uma virulenta insurreição social, mas por um nítido e absoluto "downsizing" à proporção que o poder político do centro romano desapareceu.[21] No Oriente, as invasões foram menos radicais, o imperador tinha maior controle e o cristianismo estava mais consolidado e resistente. No Ocidente, as fronteiras tornaram-se porosas e não conseguiram opor resistência. A igreja reagiu de várias maneiras ao influxo de novos povos. Em certos aspectos, a igreja ajustou-se à nova situação. A igreja também evangelizou as novas populações e, onde elas haviam internalizado um cristianismo ariano de extração oriental, combateu-o. A igreja absorveu as tribos que chegavam, no sentido de que a organização eclesial se manteve, sobreviveu e na realidade se fortaleceu. Na primeira metade do século V, o papado se fortaleceu com uma série de hábeis administradores. Ao longo de todo o século e em todas as cidades e províncias, a posição social e o papel da igreja e os poderes dos bispos foram profundamente reforçados. No Ocidente, a igreja local

---

[21] Brown, *Rise of Western Christendom*, pp. 97-104.

"tornou-se o 'fixador' que manteve populações inteiras assentadas".[22] Os bispos tornaram-se ricos; ergueram igrejas; investiram dinheiro na construção de santuários e concederam assistência aos pobres. Bispos competentes foram eleitos a partir da aristocracia cristã ou vieram dos novos monastérios.

O monasticismo no Ocidente. O monasticismo que surgiu no Oriente paulatinamente avançou no âmbito do cristianismo latino. Martinho de Tours dedicou-se a uma vida ascética antes de tornar-se bispo, em 372; fundou um monastério fora da cidade, às margens do rio Loire. Jerônimo e Pelágio foram, cada qual a sua maneira, defensores de uma vida cristã ascética. O clero de Agostinho viveu uma vida comum. O monastério de Lérins foi fundado em uma ilhota com esse nome, junto à costa mediterrânea, próximo a Cannes, em 410. Outros também foram fundados nos primeiros anos do século V. O fundador de Lérins tornou-se depois bispo de Arles, evento em que se pode interpretar um futuro padrão comum: monastérios como base de treinamento para líderes da igreja.

João Cassiano. João Cassiano desempenhou papel-chave no desenvolvimento do monasticismo no Ocidente. A cronologia de Cassiano é próxima à de Agostinho: nasceu por volta de 360, provavelmente na região oeste do Mar Negro, na moderna Romênia, e faleceu nos anos 430. Quando jovem, ingressou em uma comunidade monástica em Belém e fez voto de lá permanecer. Viajou, contudo, para o Egito e ficou absolutamente fascinado pelo ascetismo cristão e pela vida monástica que encontrou no delta do Nilo. Pretendendo ficar, foi dispensado da promessa que fizera anteriormente. Entretanto, por volta dos anos 399-400, durante uma controvérsia entre os monges no Egito e a campanha episcopal contra os origenistas, em que muitos foram obrigados a partir, Cassiano voltou para Constantinopla, onde foi amparado por João Crisóstomo. Cassiano acompanhou o deposto e exilado Crisóstomo em 403-404 e, subsequentemente, atuou como seu enviado a Roma, em 404. Cassiano aparece em seguida em São Vítor de Marselha como seu fundador, em algum

---

[22] Ibid., p. 107.

momento durante a segunda década do século V. Também fundou um monastério para mulheres. Entre seus escritos encontram-se *Instituições*, que são regras e regulamentos para a vida comunitária em um monastério, e *Conferências*, que transmite a tradição dos eremitas por meio de anedotas e diálogo. Cassiano escreveu a pedido de outros monastérios em processo de estabelecimento e pretendeu transmitir a sabedoria coligida da tradição egípcia. O escrito de Cassiano lançou, assim, a ponte sobre a teoria do ascetismo oriental que chegou ao Ocidente, e as ideias que se encontram em seus textos exerceram e até hoje ainda exercem influência sobre a tradição ocidental.[23]

O problema cristológico.[24] Em muitos aspectos, a fórmula doutrinária que granjeou consenso em Calcedônia em 451, segundo a qual Jesus Cristo é consubstancial a Deus e aos seres humanos, define a fé cristã nuclear. Mas é uma doutrina eivada de tensões. Historicamente, surgiu como fórmula de compromisso que fundia duas avaliações bem diferentes a respeito de Jesus Cristo. Ao criar um híbrido de dois marcos linguístico-conceituais, ela satisfez a muitos na média, mas relegou os cristãos nestorianos e monofisistas aos extremos. Pode-se avaliar sua justeza pelo fato de que ambos os extremos acusaram-na de favorecer o outro; a prova de seu sucesso é que se tornou duradoura. No nível eclesial, contudo, a doutrina representou diferenças e produziu relações tensivas entre as igrejas do Oriente e entre segmentos orientais e ocidentais da grande igreja. Pode-se perceber isso em dois pontos.

Em primeiro lugar, a exemplo dos debates em torno do credo niceno, o debate cristológico foi amplamente oriental. Os principais protagonistas que lideraram a discussão eram teólogos de fala grega. Os concílios de Éfeso e de Calcedônia tiveram apenas um número simbólico de representantes do Ocidente. No caso de Calcedônia, contudo, a influência de Leão I desempenhou importante papel e efetivamente saiu vencedora. Sua

---

[23] Columba Stewart. *Cassian the Monk*. New York, Oxford, Oxford University Press, 1998, pp. 3-26.

[24] O debate cristológico é extensamente revisto em Aloys Grillmeier. *Christ in Christian Tradition, 1, From the Apostolic Age to Chalcedon (451)*. Atlanta, John Knox Press, 1975.

carta ou "tomo" que tratava da questão concernente à concomitante humanidade e divindade proporcionou a imaginação dialética e a linguagem necessária para a solução. A alegação de que Pedro falara por meio de Leão revelou o reconhecimento de uma importante realização teológica e reforçou a função do papado de maneira incomensurável.

Em segundo lugar, também se podem discernir diferenças crescentes entre as igrejas orientais e ocidentais quanto ao resultado do concílio. Política, social e culturalmente, o Ocidente desfrutava de menos estabilidade do que o Oriente, mas a igreja permanecia constante em suas crenças nicenas e calcedonianas. A igreja no Ocidente tornou-se mais autodefinida, em termos organizacionais e teológicos. Defendeu enfaticamente sua reafirmada fé nicena contra as incursões arianas. O movimento em prol de igrejas regionais diferentes começou no século V, à medida que o poder do imperador se enfraquecia. Em contraposição, enquanto o Oriente parecia mais estável culturalmente, os debates cristológicos se prolongaram até o século seguinte e dividiram as igrejas. O cristianismo oriental era mais volátil internamente em questões teológicas do que a igreja ocidental.

A igreja ao final do século. Por volta do final do século V, o cristianismo encontrava-se em uma situação bem diferente, em comparação com o Império Romano, do que em fins do século III. Era a religião cultural dominante da porção oriental do império; estava profundamente entrincheirado em muitas das cidades, povoados e regiões do Ocidente. No Oriente, ainda havia ostensivas divisões internas na igreja quanto às interpretações calcedonianas e anticalcedonianas acerca de Jesus Cristo. O Ocidente se vira às voltas com sérios problemas de ordem política, social e cultural para integrar as diversas ondas migratórias. Genericamente falando, a igreja fora capaz de absorver a convulsão por causa da profundidade da fé do povo, apoiada por uma organização episcopal e paroquial que lhe dava sustentação, e de um contingente de líderes que havia sido preparado para a tarefa em monastérios como os de Lérins e Marselha. A capacidade de a igreja cooptar novos seguidores foi simbolizada em

508 pelo batismo de Clóvis, rei dos francos, juntamente com seu irmão e muitos membros de seu exército.

As diferenças entre a igreja do Ocidente e a do Oriente foram se tornando mais definidas. O ano de 476 assinalou o fim do império ocidental quando o último imperador romano foi deposto por um governante germânico que se autoproclamou rei e foi reconhecido como tal pelo imperador no Oriente. Em 484, o Oriente e o Ocidente romperam a comunhão quando um sínodo romano excomungou o patriarca de Constantinopla, aparentemente em virtude do "tomo" de Leão e da interpretação cristológica. Entretanto, as verdadeiras questões subjacentes ao cisma de 35 anos tinham mais a ver com as diferenças da cultura cristã.

Papa Gelásio. Um aspecto dessas diferenças aparece no intercâmbio, ao final do século, entre o papa Gelásio e o imperador Anastácio, no Oriente, acerca da autoridade espiritual e temporal. O imperador estava interessado em reconciliar as igrejas; o papa externou-lhe a visão que tinha a respeito da relação entre as duas autoridades: "Há, com efeito, dois [poderes], imperador Augusto, pelos quais o mundo é soberanamente [*principaliter*] governado; a consagrada autoridade dos bispos e o poder realengo. Desses dois, o encargo dos bispos é o mais árduo, já que, mesmo pelos governantes dos homens, eles terão de prestar contas perante o tribunal de Deus".[25] A linguagem pode não parecer nova, mas define um novo contexto. Antes dessa época, o imperador convocara concílios e em seu bojo desempenhara papel importante, entre eles o de Niceia e o de Calcedônia; direcionara o curso externo da expansão da igreja, incluindo a autorização para a ampliação da jurisdição do bispo de Roma. No Oriente, uma velha teologia imperial atribuía ao imperador um papel divino e até sacral na proteção e na condução da história externa da cristandade.[26] A resposta de Gelásio simboliza uma visão ampla e abrangente, claramente diferente: as duas esferas são distintas; existem em tensão competitiva

---

[25] Frend, *Rise of Christianity*, pp. 810-811.
[26] Ibid., p. 811.

onde se sobrepõem; e, em um contexto cristão, a autoridade espiritual é a autoridade superior, à qual a autoridade temporal deve obediência.

O século VI

Três áreas que mantêm continuidade com o passado assinalam pontos de mudança incremental na vida da igreja no século VI e são relevantes para seu futuro. Três pessoas representam esses desenvolvimentos sociais. A primeira é Bento, quer por sua regra, quer por seu movimento. A segunda é Justiniano, com suas realizações no campo jurídico e no da cultura. A terceira é Gregório, o último dos grandes papas da antiguidade.

O monasticismo no Ocidente: Bento. Bento começou sua vida ascética como eremita solitário, mas abandonou-a e fundou um monastério em Monte Cassino, sul de Roma, por volta do ano 520. Bento formulou uma regra de vida: "Acompanhou Basílio, Agostinho e, acima de todos, João Cassiano, mas, perpassando-a, havia um elemento de prático bom senso e compreensão do que realmente se podia esperar da média postulante que se tornou monge".[27] Combinava trabalho e oração, com foco na adoração; conquanto deixasse pouco tempo de lazer, não enfatizava práticas ascéticas; era compatível com uma vida plena do camponês italiano da época. Bento acrescentou o voto de estabilidade, que vinculava o monge a sua comunidade por toda a vida, como a uma extensa família patriarcal.

Outros estabeleceram retiros monásticos durante o século VI; por vezes, tratava-se de indivíduos possuidores de bens que queriam afastar--se de uma vida "secular" ativa para dedicar-se a várias fórmulas que combinavam trabalho, culto, serviço em certo local e oração regular. Por volta do final do século, Columbano veio da Irlanda para a Gália e criou monastérios ali, combinando, então, trabalho missionário com a fundação de comunidades monásticas estáveis. Com uma regra mais rígida do que a de Bento, ele propôs uma espiritualidade de autonegação e obediência. Da Gália Columbano se deslocou em direção leste para a

---

[27] Ibid., p. 882.

Suíça e atravessou os Alpes a caminho da Lombardia. No decorrer do século VII, contudo, a regra de Bento provou ser mais exitosa e pouco a pouco tornou-se o padrão para a vida monástica.

Um marco significativo na história das mulheres que se tornaram religiosas é a "Regra das Monjas", primeira regra monástica conhecida, escrita exclusivamente para mulheres. Essa regra foi composta por Cesário, bispo de Arles, no começo do século VI, para seu monastério de irmãs. Dependente de Cassiano e da "Regra de Santo Agostinho", e portanto não diferente, em termos ideológicos, ressaltava a clausura das monjas. A clausura encorajava a piedade pelo isolamento das irmãs em relação à família e às preocupações da vida secular cotidiana, protegendo-as em um ambiente citadino, durante uma época de invasões. A regra sugere pobreza, instrução, trabalho e oração de uma comunidade de mulheres realizadas que também serviu como escola para garotas.[28] Contudo, a mais famosa religiosa antes da Alta Idade Média foi indubitavelmente Brígida de Kildare, cuja vida se estendeu pelos séculos V e VI. Como abadessa, acadêmica e até episcopisa, o legado de Brígida inspira as mulheres até hoje.

Antes de dirigir o foco para o Oriente, vale mencionar um livro escrito na primeira metade do século VI que teve influência significativa sobre a mentalidade medieval, *A Consolação da Filosofia*, de Boécio. Seu autor era membro da administração civil de Teodorico, rei ostrogodo da Itália. Boécio foi acusado de má conduta e sentenciado à morte. Escreveu o livro enquanto aguardava a execução, ocorrida em 523-524. A obra descreve uma visão hierárquica da realidade que fornece uma moldura para o pensamento escolástico. Tanto quanto os escritos de um desconhecido teólogo conhecido como Dionísio, o converso de São Paulo, parecem datar do século VI. Suas reflexões sobre mistagogia e conhecimento de Deus foram traduzidas para o latim no século IX, exerceram considerável influência sobre os teólogos medievais e serão apreciadas no capítulo seguinte deste livro.

---

[28] Ranft, *Women and the Religious Life*, pp. 19-21.

O cristianismo bizantino: Justiniano. Em 518, Justino tornou-se imperador, e seu filho, Justiniano, serviu a sua sombra até 527, quando assumiu plena autoridade. Seu governo durou até sua morte, ocorrida em 565. O impacto de seu quase meio século de serviço imperial dominou o século. Um rol de algumas de suas realizações sugere apenas seu efeito cumulativo. Em primeiro lugar, Justiniano codificou o direito romano; lançou o projeto que resultou em um corpo único de leis para todo o império, mais completo, abrangente e atualizado do que o código teodosiano. Foi publicado em 534 e serviria como ponte entre o Império Romano e a ressurgência do direito na Idade Média.

Justiniano restabeleceu o governo imperial no Oriente e depois no norte da África e na Sicília; estendeu seu alcance até a partes da Itália e de Roma, na tentativa de reunificar o império. Esse grande projeto, evidentemente, malogrou porque seu poderio militar enfraqueceu-se à medida que ele avançava a oeste. A peste, que assolou em 543, e a guerra contra os persas, no *front* leste, restringiram profundamente sua força militar. Mas sua consolidação e unificação do Oriente, a restauração das cidades e da vida econômica no norte da África, bem como a reconstrução geral de igrejas e prédios públicos, estão entre suas principais realizações.

Justiniano supervisionou a reafirmação da arte e da cultura religiosa bizantinas. Determinou a reconstrução da Hagia Sofia, entre 532 e 537, que serviu como espécie de modelo para a igreja bizantina. O altar já não ficava na abside, mas sob uma cúpula octogonal que se erguia do centro das quatro alas da cruz grega, suportada por múltiplos pilares. O domo celeste era dominado por Cristo, e os mosaicos representavam a descensão de seu domínio através de "arcanjos, anjos, evangelistas a governantes terrenos e daí aos próprios fiéis".[29] Isso tornou-se padrão para as igrejas bizantinas, em uma cultura religiosa impregnada de clérigos e de monastérios.

---

[29] Frend, *Rise of Christianity*, p. 835.

Em tudo isso, Justiniano foi o líder; ele "via igreja *e* Estado como parte de um único organismo, com ele próprio como seu regente terreno".[30] Ele epitomizou a teologia política constantiniana. Proscreveu agressivamente o paganismo. As pessoas consideravam o imperador como "a personificação viva na terra de Cristo no céu, observando um calendário fixo de cerimoniais em que ele era associado em todos os tempos ao patriarca de Constantinopla. Igreja e Estado estavam completamente integrados. A religião agora impregnava quase todos os aspectos da vida no império".[31] Os bispos estavam integrados tanto ao sistema político como ao sistema religioso. Como posição de prestígio, a religião atraía homens talentosos.

Tudo isso representa Justiniano a partir de sua perspectiva oriental. Como ele se relacionou com a igreja em geral? No início do governo de seu pai, Justiniano tomou parte no tratamento que se deu ao cisma acaciano. Assumiu posição oficial reconhecendo Calcedônia como um dos fundamentos do império, muito embora suas preferências religiosas fossem monofisistas. Sob seu império, os setores monofisistas da igreja tornaram-se independentes e mais fortes, e os conflitos entre calcedonianos e anticalcedonianos não puderam ser mediados. Justiniano convocou o quinto concílio ecumênico, Constantinopla II, que, no entanto, pouco avançou na determinação de que as duas naturezas de Cristo subsistiam em um único ator divino hipostático. Essa doutrina era aceitável no Ocidente, porque sempre fora interpretada nos termos do "tomo" de Leão, mas não uniu calcedonianos e monofisistas no Oriente.[32] Não obstante, Justiniano deixou para trás uma vibrante cultura religiosa bizantina que em muitos aspectos transcendia essas claras diferenças cristológicas.

Gregório I. Enquanto, no século VI, a igreja do Oriente florescia em uma cultura bizantina unificada, a igreja no Ocidente tornava-se territorialmente fragmentada, mas forte em cada região. Brown ressalta dois

---

[30] Ibid., p. 830.

[31] Ibid., p. 870.

[32] Entre 542 e 578, o bispo monofisista de Edessa, Jacob Baradaeus, "tomou a providência decisiva de ordenar toda uma contra-hierarquia monofisista", constituindo, assim, uma igreja paralela em cada cidade. Brown, *Rise of Western Christendom*, p. 186

episcopados na Gália que representam esse desenvolvimento. Cesário de Arles, produto de Lérins, dirigiu a igreja no sul da Gália por quarenta anos, de 502 a 542. Formado na teologia de Agostinho, integrou as tribos do norte em uma igreja rural e camponesa cada vez mais distante de Roma. Na outra extremidade do século, Gregório de Tours dirigiu sua igreja de 573 a 594. O norte da Gália tornara-se reino frâncico, e Gregório nunca experienciou um Império Romano. Ele e seus colegas bispos eram oriundos de cultos proprietários de terra frâncico-romanos. Desempenharam papel central e poderoso nas respectivas cidades.[33]

A sociedade e a cultura romanas do final do século, durante o pontificado de Gregório I, eram tudo, menos algo unificado ou homogêneo. Roma, com efeito, sobreviveu em um estado de decadência fragmentar, com população de 50 mil habitantes. O governo imperial ocidental findara no século anterior, e só por pouco tempo Justiniano conseguiu estender seu domínio até Roma. Gregório fora servidor público secular antes de ordenar-se diácono; servira então como legado pontifício em Constantinopla. Feito papa em 590, tornou-se a figura central no Ocidente. O estilo desse eficiente administrador era o de "delegar", encarregando-se dos detalhes.[34] Além da esfera da coordenação episcopal, supervisionava um mundo de agronegócios nas propriedades papais que se estendiam entre as províncias do Ocidente. Como líder do mundo ocidental, também se mantinha em contato com o imperador e os patriarcas no Oriente. Seu papado será descrito mais pormenorizadamente na parte seguinte deste capítulo.

Frend fornece uma conclusão para esta narrativa quando descreve a igreja nos primórdios do século VII em seus dois grandes blocos oriental e ocidental alcançando certo equilíbrio. Como coexistência pacífica de primos criados em diferentes culturas, ele vê "duas civilizações diferentes

---

[33] Ibid., pp. 145-165.

[34] Seu registro contém 866 cartas remanescentes, aquelas escolhidas por ele como representativas. Brown estima que vinte mil cartas foram escritas em seu pontificado de catorze anos. Sessenta e três por cento eram respostas a demandas de governos ou outros assuntos administrativos. Brown, *Rise of Western Christendom*, 1996, p. 144.

refletindo distintas interpretações acerca da fé cristã [...], dois estilos de vida e pensamento diferentes que permearam cada nível das respectivas sociedades crescendo à parte, com resultantes tensões, incompreensões e pretensões eclesiásticas conflitantes [...]; a igreja-Estado bizantina baseava-se em princípios de colegialidade que conflitavam com as ideias monarquiais do governo da igreja representadas pelo papado".[35]

Análise social e teológica

Passo agora à análise social e teológica dos desenvolvimentos ocorridos na igreja durante esse período. Tais desenvolvimentos derivam do contexto histórico que acabamos de descrever, e alguma medida de concretude é preservada pela análise dos autores e dos textos representativos. A seletividade reflete-se ainda mais na escolha das questões discutidas. Agostinho domina esse período, muito embora sua influência se fizesse sentir preponderantemente no Ocidente. De par com ele, vários outros desenvolvimentos moldaram significativamente a história da eclesiologia: a formulação de uma teologia política; a concepção donatista da igreja e a resposta agostiniana a ela; a visão que Agostinho tinha dos sacramentos, a condição humana, e a repressão da heresia; a propagação do monasticismo em direção ao Ocidente; a consolidação do papado em Leão I e Gregório I.

A teologia política

A teologia política que surgiu na Europa na última metade do século XX estriba-se nas pressuposições do moderno Estado secular, na

---

[35] Frend, *Rise of Christianity*, pp. 891-892. Brown concebe as igrejas do Oriente e do Ocidente existindo no âmbito de uma cultura mediterrânea comum, que aparece quando contrastada com seus vizinhos ao leste e ao norte. Sem essa visão, podem-se imaginar essas duas igrejas bem distanciadas, sem conseguir reconhecer seu marco comum. Ele argumenta que "a unidade de uma civilização mediterrânea exerce uma constante e discreta pressão para toldar esses contrastes rígidos e convenientes [entre antíteses esmagadoras de duas sociedades]". Brown, "Eastern and Western Christendom", *Society and the Holy*, p. 174. A cultura comum era um amálgama do cristianismo e da cultura clássica; as igrejas do Oriente e do Ocidente reagiram diferentemente à síntese.

separação entre religião e governo, e no princípio da liberdade religiosa. A teologia política do século IV não pressupõe nenhuma separação entre religião e Estado e funciona em um mundo no qual deuses, anjos, demônios, o Deus cristão e o agente humano colaboram na produção da história. Quando se têm em mente tais premissas, pode-se apreciar melhor essa teologia. Mais característica da igreja oriental do que da ocidental nessa época, essa teologia política dependia de uma concatenação de eventos e de crenças e exemplifica bem como a coerência de qualquer teologia repousa na plausibilidade histórica. Tal como representada por Eusébio, essa teologia pode ser sintetizada em quatro pontos, todos os quais pressupõem que, em sua teologia política, as esferas religiosa e política se paralelizam em uma história unificada.[36]

Em primeiro lugar, os eventos históricos ocorridos no império em princípios do século IV encorajavam uma teologia política; a simpatia de Constantino pela igreja antes da entrada em Roma, sua conversão e sua predisposição em favor da igreja cristã após sua entrada em Roma, a construção de igrejas levada a cabo por ele, bem como o apoio material que deu ao cristianismo, seu endosso político a bispos e clérigos em geral, a assunção de liderança na igreja de maneira construtiva para sanar divisões, tudo isso, contra o pano de fundo da longa e rigorosa perseguição de Diocleciano, provocou certa euforia cristã.

Em segundo lugar, os cristãos acreditaram desde o início que o imperador era autoridade legítima; ele governava, às vezes de maneira inexplicável, pela vontade de Deus. A teologia política de Eusébio respaldou-se nesse ponto: Deus governava por meio do imperador. O supremo Deus no céu tinha um invencível guerreiro aqui na terra, um servo, que agia a serviço de Deus; o imperador servia como "o prefeito da Suprema Soberania".[37] Deus atuava por intermédio de Constantino, "cooperava

---

[36] A introdução de uma distinção entre religião e política distorce o significado vinculado aos eventos históricos nesse período. Deus atuava diretamente em todos os assuntos humanos; a questão era saber se se tratava do Deus certo. H. A. Drake. *In Praise of Constantine: A Historical Study and New Translation of Eusebius' Tricennial Orations*. Berkeley, Los Angeles, London, University of California Press, 1976, pp. 13-14.

[37] Eusébio, *Louvores de Constantino*, VII. 13, in H. A. Drake, *In Praise of Constantine*, 97. As referências no texto são a essa tradução da obra, por capítulo e por parágrafo.

com ele", quando destruiu o culto politeísta e restaurou as casas de culto cristão (*Louvores*, IX.14).

Em terceiro lugar, ampliando ainda mais a visão, Eusébio lançou um olhar retrospectivo sobre os primórdios da igreja e percebeu a confluência de forças que em conjunto vieram a formar o Império Romano e a emergência da igreja cristã. Isso gerou um profundo senso do desígnio providencial, bem como a convicção de que igreja e império, agência metafísica divina e agência história, aliavam-se e cooperavam em um grande projeto. "Assim como o conhecimento do Deus Uno se transmitiu a todos os homens e a uma forma de piedade, o salutar ensinamento de Cristo, da mesma maneira e a um só tempo surgiu um único soberano para todo o Império Romano e uma profunda paz predominou sobre o conjunto. Juntos, no mesmo momento crítico, como que oriundos de uma única vontade divina, dois benéficos rebentos foram engendrados para a humanidade: o império dos romanos e os ensinamentos do verdadeiro culto".[38] O poder de Cristo e o poder do governante civil cristão estavam operando consecutivamente, mas em dois diferentes níveis. O poder de Cristo destruiu o politeísmo e a poliarquia dos demônios, e proclamou o reino de Deus a gregos, bárbaros e aos povos até os confins da terra. Ao mesmo tempo, o Império Romano destruiu os múltiplos governos refratários do mundo "para fundir todo o gênero humano em uma unidade e concórdia. Já uniu a maioria dos diversos povos e ainda está fadado a conquistar todos aqueles que ainda não estão unidos, até os limites mesmos do mundo habitado" (*Sepulcro*, XVI, 6).

Um quarto elemento dessa teologia política consiste em um quadro imaginativo ainda mais amplo que, por assim dizer, incrusta os elementos precedentes em um todo coerente. O quadro maior representava o monoteísmo e a monarquia. O Deus único reinava supremo sobre o universo; e a monarquia era a única forma verdadeira de governo modelada sobre o regime de Deus. Deus governava no mundo metafísico por intermédio do Logos; Deus governava na história por meio do imperador, o monarca

---

[38] Eusébio, "On Christ's Sepulchre", XVI. 4, in Drake, *In Praise of Constantine*, p. 120.

(*Louvores*, III, X). Esse quadro metafísico gerou o elemento-chave nessa teologia, ou seja, que nessa agência cooperativa de Deus com a história o governo político civil ocupava o espaço maior e mais inclusivo. A igreja na história operava dentro do marco do governo imperial. Isso se manifestava quer na ordem prática, quer na ordem teorética. Na prática, o imperador detinha poder e autoridade universais. Como o cristão soberano, exercia efetiva jurisdição universal no âmbito do império e no da igreja. Como o monarca soberano, o imperador, agindo "à imitação da Suma Potência [Logos], comanda o timão e dispõe todas as coisas na terra" (*Louvores*, I, 6). Em um nível metafísico, a teologia imperial era legitimada no marco do monoteísmo e dos objetivos da unidade, da paz e da reconciliação, sob a égide do governo onicompreensivo. A perspectiva dominante de *Louvores de Constantino*, de Eusébio, era um monoteísmo que podia também apelar aos pagãos que não eram politeístas e que exaltavam o reinado de Constantino nos termos da unidade compreensiva do reino de Deus.[39]

Essa teologia afigurou-se plausível no Oriente durante esse período. Ela seria retomada no Ocidente muito espontaneamente por Carlos Magno e outros regentes no decorrer da Idade Média. Ainda funciona de várias formas em outras culturas religiosas além do cristianismo. Passamos a abordar agora, no entanto, as questões envolvidas no donatismo.

O donatismo

Retratar a complexidade do donatismo em um curto espaço comporta o risco de caricaturá-lo. A clareza acerca da perspectiva dessa interpretação assume, portanto, alguma importância. Dado o pluralismo cristão contemporâneo, é menos significativo descrever o donatismo como cisma ou heresia do que observar as formas pelas quais ele ilustra algumas características permanentes ou perenes da igreja. A abordagem do donatismo a que aqui se procede é "objetiva" na medida em que pretende

---

[39] *Louvores de Constantino*, consistentemente, compara Constantino a Cristo: "O império de Constantino é uma réplica do reino do céu, a manifestação na terra da monarquia ideal existente no reino celestial". Barnes, *Constantine and Eusebius*, p. 254.

retratar uma igreja específica utilizando as categorias da ciência social e da teologia: seu pano de fundo, sua autocompreensão enquanto comunidade (objetivos), estruturas, teologia sacramental e ética (atividades) e compreensão de si mesmo na história (ambiente). Isso possibilitará um desenvolvimento paralelo das concepções de Agostinho acerca da igreja, pois boa parte do legado agostiniano à eclesiologia provém de sua reação contra os donatistas.

Em grande medida, explicar o pano de fundo da igreja donatista equivale a explicitar sua peculiaridade. O donatismo designa uma igreja latina do norte da África na tradição e sob a inspiração de Tertuliano e de Cipriano que se disseminou então de Cartago para regiões mais remotas e, portanto, assumiu caráter mais local ou nativo. De Tertuliano e de Cipriano ele hauriu o espírito de reação contra a cultura pagã da sociedade romana, a tradição da pequena comunidade em meio a uma sociedade hostil maior. Manteve a tradição de uma piedade que comportava retidão moral, na qual a identidade era reforçada por segregação do comportamento social comum. Isso foi reforçado por um culto dos mártires, como portadores dos supremos valores da comunidade e do ideal de sofrimento pela verdade de Cristo. O ideal do martírio era uma profunda tradição de heroísmo, santidade e plena realização da existência humana.[40]

A autocompreensão da igreja donatista pode ser resumida como a comunhão dos santos, pelo menos como uma designação daquilo a que aspirava ser. O donatismo tornou-se sinônimo de uma espécie de cristianismo puritano, heroico ou perfeccionista. Mas isso deve ser tomado como uma declaração de ideais, pois certamente os donatistas, enquanto se esforçavam por alcançar a perfeição, reconheciam que a comunidade continha pecadores. É duvidoso que as comunidades donatistas parecessem muito diferentes do que as comunidades católicas. Os donatistas, contudo, também sabiam o que haviam sido chamados a ser. A igreja seguia Cipriano ao conceber-se como "irmandade espiritual, com o Espírito manifestando-se na retidão dos membros individuais do sacerdócio,

---

[40] Evans, *One and Holy*, pp. 67-68.

encorajando todos ao martírio e à autonegação, neles permanecendo enquanto administravam os sacramentos".[41]

As estruturas da comunidade conformavam-se mais intimamente a essa autocompreensão. Independentemente do fato de que cada membro fosse ou não santo, os representantes, líderes e ministros da comunidade tinham de ser livres de pecado público. Sem se tratar de mero formalismo, esse aspecto era apoiado, em primeiro lugar, pela compreensão teológica cipriana da igreja como comunidade do Espírito e, em segundo lugar, por sua reiteração na autoridade do bispo na comunidade e em sua dependência da legítima sucessão. A atividade de Deus enquanto Espírito na comunidade tornou-se dinamicamente efetiva nas e através das estruturas jurídicas da comunidade. Um donatista não podia imaginar uma igreja sem pecado ou santa com líderes pecaminosos, ímpios; as estruturas deviam corresponder à natureza e ao objetivo da comunidade. Por conseguinte, tornou-se imperioso à comunidade "apartar-se de um sacerdote pecaminoso, sob pena de contaminar-se com o pecado".[42]

Essa autocompreensão e essas estruturas tinham correlação com a teologia sacramental e com a prática donatistas. Mais digno de nota é o fato de que os donatistas em geral continuaram a prática de rebatismo de conversos de outras igrejas ou de apóstatas que buscavam readmissão na igreja donatista. Sem passar em revista a teologia sacramental de extração cipriana, há que se lembrar que essa teologia sacramental era coerente dentro do arcabouço de premissas e tradições compartilhadas na igreja do norte da África à época. Um ministro não podia conferir uma graça específica do Espírito se ele e sua igreja não a possuíssem.

As características do donatismo a que ora nos referimos situaram tal igreja em uma relação peculiar com o ambiente que projetou a tradição de contrariedade ao mundo. Ela, porém, contrapunha-se igualmente às

---

[41] Frend, *The Donatist Church*, p. 141.

[42] John Anthony Corcoran. *Augustinus contra Donatistas*. Donaldson, Ind., Graduate Theological Foundation, 1997, p. 46. A chamada igreja católica da África não era a verdadeira igreja porque seus bispos, na época da grande perseguição, transmitiram as escrituras, ato equivalente à idolatria. E esses bispos contagiaram de culpa todos quantos estão em comunhão com eles. Evans, *One and Holy*, pp. 68-69.

demais igrejas cristãs, ou à igreja do mundo mediterrâneo. A igreja donatista personificava o cristianismo em sua forma pura, "o jardim fechado e a fonte selada".[43] Ao fazê-lo, assumiu a autodesignação de ser a igreja do norte da África, uma igreja especialmente inculturada, mas de modo algum exclusivamente no meio rural. Ela representava, portanto, a verdadeira antítese da teologia política eusebiana: essa igreja contrapôs-se ao império e à cultura romana e à igreja universal como a verdadeira e santa igreja de Cristo. Esse aspecto foi enfática e paradigmaticamente ilustrado, de início, por sua rejeição às decisões de Arles.

Agostinho

A contribuição de Agostinho à autocompreensão do cristianismo ocidental apequena muitas outras, o que torna mais difícil restringir a apresentação. A sinopse que ora se apresenta da concepção agostiniana de igreja também considera sua antropologia teológica, que ele desenvolveu em oposição a Pelágio, porque influenciou enormemente a espiritualidade e as concepções da vida cristã.

Igreja. A eclesiologia e os demais ensinamentos agostinianos foram desenvolvidos no decorrer de sua vida engajada e prolífica.[44] No tocante aos donatistas, Agostinho dependeu, para boa parte de sua argumentação, de Optato de Mileve, teólogo que serviu de ponte entre Cipriano e Agostinho. É importante observar também que a linguagem de Agostinho acerca da igreja alterou-se à medida que ele passou a abordar novas questões. Pode-se perceber uma mudança de uma base cristocêntrica para uma ênfase maior sobre o papel do Espírito. Essa descrição da doutrina agostiniana acerca da igreja correlaciona-se, *grosso modo*, com a última seção, a fim de implicitamente ressaltar o contraste com a eclesiologia donatista. *Sobre o Batismo*, principal obra agostiniana de cunho antidonatista, constitui a principal, embora não exclusiva, fonte para nossa exposição.[45] Em

---

[43] Corcoran, *Augustinus*, p. 47.

[44] F. van der Meer, in *Augustine the Bishop: The Life and Work of a Father of The Church*. London/New York, Sheed and Ward, 1961, apresenta Agostinho em seu mundo cotidiano.

[45] Hauri das seguintes fontes de Agostinho: *On Baptism, Against the Donatists, Nicene and Post-Nicene Fathers*, 4. ed. Philip Schaff. Peabody, Mass., Hendrickson Publishers, 1994 [Bap]; *De*

contraste com a eclesiologia donatista em geral, Agostinho revela uma ampliação no marco de pensamento, uma profundidade metafísica e uma expansão da visão histórico-mundial e cósmica surpreendentes.

Autocompreensão teológica. O cerne da concepção teológica agostiniana da igreja reside na metáfora do corpo de Cristo. Tal como desenvolvida por Agostinho, a imagem tem uma dimensão mística que revela a íntima união entre Cristo e seus membros, que compõem seu corpo ao longo da história. O raciocínio de Agostinho é o seguinte: "Se Cristo é a cabeça, evidentemente também tem um corpo. Seu corpo é a santa igreja, a respeito da qual disse o Apóstolo: 'Vos sois o corpo de Cristo e seus membros'. Cristo como um todo compõe-se, portanto, de uma cabeça e de membros, como uma pessoa integral".[46] Borgomeo frisa o realismo e a intimidade da união entre Cristo e a igreja, entre cabeça e membros: aí reside o poder da imagem e sua particular relevância como palavra pregada. Tão contundentes são algumas formulações de Agostinho acerca da união entre Cristo e a igreja, que Cristo parece, mas só parece, ser o

---

Catechizandis Rudibus, introd., trad e comentário de Joseph Patrick Christopher. Washington, Catholic University of America, 1926 [DCR]; *The City of God*. New York, Penguin Books, 1986 [CG]; *Enchiridion: On Faith, Hope, and Love*, in Augustine: *Confessions and Enchiridion*, ed. Albert C. Outler. Philadelphia, Westminster Press, 1955 [Enc]; *Grace and Free Will*, in *The Fathers of The Church*, trad. Robert P. Russel. Washington, D.C. Catholic University of America Press, 1968, 1968 [GFW]; *Letters, Fathers of The Church*. New York, Fathers of The Church, 1951-1989 [Let]; *To Simplician — On Various Questions*, in *Augustine: Earlier Writings*. Philadelphia, Westminster Press, 1953 [Sim]; *The Trinity*, trad. Stephen McKenna. Washington, D.C., Catholic University Press, 1963 [Trin].

[46] Pasquale Borgomeo. *L'Eglise de ce temps dans the prédication de saint Augustin*. Paris, Etudes Augustiniennes, 1972, p. 210, citando Agostinho acerca do Sl 138. Diversos outros estudos foram úteis para a sintética interpretação da igreja: Peter Brown, *Augustine of Hippo*. Berkeley, University of California Press, 1969; Yves Congar. *L'Eglise: De saint Augustin à l'époque moderne*. Paris, Editions du Cerf, 1970; Tarsicius J. van Bavel. "What Kind of Church Do You Want? The Breadth of Augustine's Ecclesiology". *Louvain Studies* 7, 1979; pp. 147-171; J. Patout Burns. "Christ and the Holy Spirit in Augustine's Theology of Baptism", *Augustine: From Rhetor to Theologian*, ed. Joanne McWilliam. Waterloo, Ont., Wilfrid Laurier University Press, 1992, pp. 161-172; Michael A. Fahey. "Augustine's Ecclesiology Revisited". *Augustine*, ed. McWilliam, pp. 173-181; Eugene R. Fairweather. "St. Augustine's Interpretation of Infant Baptism", *Augustinus Magister*. Paris, Etudes Augustiniennes, 1954, pp. 897-903; Gérard Phillips. "L'Influence de Christ-chef sur Son corps mystique suivant saint Augustin", *Augustinus Magister*, pp. 805-815; M. Réveillard. "Le Christ-homme, tête de l'Eglise: Etude d'ecclésiologie selon Enarrations in Psalmos d'Augustin", *Recherches Augustiniennes* 5, 1968, pp. 67-94; Eugene TeSelle. *Augustine the Theologian*. London, Burns and Oats, 1970.

verdadeiro sujeito constitutivo da igreja. Esse aspecto coere com a teologia agostiniana dos sacramentos.

Esse Cristo uno, integral e total é animado pelo Espírito, o mesmo Espírito pelo qual Jesus foi constituído Cristo: o Espírito Santo. Estando no corpo de Cristo, o cristão vive no Espírito de Cristo. O sacramento tangível da mesa do Senhor e a comunhão no corpo e no sangue de Cristo são vistos como os meios pelos quais os próprios fiéis tornam-se aquilo mesmo que celebram, ou seja, o corpo de Cristo. Essa concepção teológica relaciona-se diretamente com a espiritualidade que Agostinho pregava a seu povo.[47]

Membros da igreja. A concepção teológica agostiniana da igreja, poder-se-ia dizer "de cima", torna-se mais complexa nos diversos níveis de sentido que o termo "igreja" assume em diferentes contextos. A distinção dos referentes do termo "igreja" ajuda a especificá-lo. Podem-se observar três diferentes significados de igreja correlacionando a igreja com diferentes segmentos de seus membros.

Em primeiro lugar, o termo "igreja" refere-se à comunidade celestial que engloba todos os anjos e santos que adoram a Deus; é a comunidade celestial. Compreende todos os anjos e todos os salvos anteriores a Cristo. Compõe-se dos eleitos destinados a ocupar o lugar dos anjos decaídos (Enc 16.62); é uma comunidade escatológica de caráter transcendente. A igreja, na imaginação de Agostinho, transcendia a histórica; era uma realidade metafísica. "Jamais se enfatizará suficientemente este ponto: a cidade de Deus é por si mesma, essencialmente, uma realidade celestial; e os anjos são seus primeiros cidadãos."[48]

Em segundo lugar, o termo "igreja" também se refere à sociedade institucional situada na terra, a igreja empírica. Essa igreja é uma comunidade mista; contém bons e maus indivíduos, os eleitos e salvos e aqueles que

---

[47] Congar, *L'Eglise*, 13. Ver também Bavel, "What Kind of Church?", pp. 155-159.

[48] Congar, *L'Eglise*, 18. Não se deve confundir a cidade de Deus com a igreja terrena como se fossem sinônimas. A regra básica aqui é reconhecer que Agostinho emprega o termo "igreja" em diferentes contextos com diferentes ênfases, e não se pode simplesmente equiparar a igreja empírica deste mundo ao rico conceito teológico da cidade de Deus. Ibid.

não são nem *eleitos* nem salvos, o trigo e o joio. "Por conseguinte, há duas cidades, uma dos iníquos, a outra dos justos, que existem desde os primórdios do gênero humano e perdurarão até o fim dos tempos, e que se acham agora corporalmente mescladas, mas separadas pela vontade, as quais, além disso, devem ser corporalmente separadas também no dia do juízo" (DCR, 19.31).

Em terceiro lugar, o designativo "igreja" refere-se também a uma igreja interior, uma igreja que existe no seio da igreja empírica, dos eleitos ou dos santos. São essas as pessoas verdadeiramente tocadas pela graça e que vivem pela caridade e pelo amor. Agostinho chamou essa igreja "a Pomba", o grupo do trigo que se acha em meio ao joio, a igreja espiritual, "a pomba incorrupta, santa, casta, sem mácula nem ruga" (Bap IV.4.5.; III.17.22; III.18.23; III.19.26). Essas pessoas constituem ainda a igreja peregrina, que vive neste mundo, não é perfeita, mas está a caminho da perfeição, e em última instância serão salvas.

Agostinho percebia uma comunhão entre a igreja celestial e a igreja terrena; eram duas partes da mesma igreja. "Por igreja aqui devemos entender toda a igreja, e não apenas a parte que peregrina na terra [...], mas também aquela parte que, no céu, desde a criação, sempre se apegou firmemente a Deus, sem jamais experienciar os males de uma queda. Essa parte, composta pelos santos anjos, permanece bem-aventurada e ajuda [...] a outra parte ainda peregrinante" (Enc 15.56).

A partir desse amplo e escalonado painel intelectual acerca da igreja, podia Agostinho discorrer a seu respeito em termos fluidos e matizados. Por exemplo, a igreja existiu desde o começo, e historicamente abarcou a história judaica e cristã (Bap I.15.24; I.17.26). Os indivíduos que se encontram dentro da igreja da nova dispensação em Cristo, ou seja, a igreja empírica, histórica, podem estar fora da comunidade interna ou espiritual; os que se acham fora da igreja empírica podem estar dentro da comunidade espiritual (Bap V.27.38; V.28.39). A pedra de toque da pertença salvífica reside na graça de Deus e na resposta humana de fé, caridade e perseverança. Essas distinções ajudam a explicar vários extremos na forma como Agostinho se referia à igreja: por um lado, a igreja era a casta noiva de Cristo; por outro lado, Agostinho nomeia explicitamente as espécies de pecadores que se encontram na igreja quando adverte os candidatos ao batismo contra o escândalo (DCR, 7.11; 25.48). Não eram poucos. Agostinho era realista; tinha uma doutrina radical acerca do pecado; a igreja empírica não era uma comunidade santa. Na melhor das hipóteses, era um hospital; acolhia os enfermos; oferecia um ambiente de cura e talvez de progressão na santidade, mas não perfeição.[49] Comparativamente à igreja primitiva, a concepção de igreja alterara-se de maneira significativa.

Estruturas. Por todas as cidades do norte da África, as estruturas das igrejas donatistas pareciam mais ou menos as mesmas das igrejas católicas. Agostinho, no entanto, estava revoltado e escandalizado com a divisão e a hostilidade reinantes entre elas: isso estava errado; representava um pecado contra a caridade. Era bastante natural que houvesse diferentes visões acerca de tudo, e até mesmo alguma variação na posse da verdade, mas fragmentar a unidade da igreja era sempre um mal (Bap II.5.6.). Agostinho recorrera a Cipriano: discordara, mas preservara a comunhão com Roma. Para Agostinho, a igreja era católica, ou seja, geograficamente abarcava a totalidade do mundo conhecido, uno em toda a sua extensão. Nesse contexto, ele não podia conceber uma verdadeira igreja alijada da igreja universal.[50]

Agostinho enfatizava as estruturas que reforçavam essa unidade expansiva da igreja como um todo. A escritura era a autoridade absoluta de toda a igreja e, portanto, em uma espécie de ordem ascendente, ele citava a autoridade dos concílios locais, dependendo de sua dimensão e escopo, e finalmente os concílios mundiais ou ecumênicos. Agostinho reconhecia o primado do papa, e ao mesmo tempo parecia confortável no bojo do

---

[49] Brown, *Augustine*, p. 365.

[50] Agostinho, portanto, usava Cipriano contra os donatistas: "Por conseguinte, se a comunhão dos ímpios destruiu a igreja na época de Cipriano, [os donatistas] não têm fonte alguma da qual possam derivar sua própria comunhão; e, se a igreja não foi destruída, eles não têm desculpa alguma para separar-se dela". Bap III.2.3.

episcopalismo de Cipriano (Bap II.3.4.). Entretanto, quando a situação se agravou na África, ele pôde recorrer à autoridade jurisdicional do papa.[51]

Teologia sacramental. Em Cipriano e nos donatistas, a santidade e a eficácia dos sacramentos eram, em alguma medida, relacionadas com a santidade e com a integridade moral do ministro e com a posse do Espírito por parte da igreja. Não se pode conceder o Espírito se não se tem o Espírito. Agostinho propôs uma visão alternativa, respaldada em diferentes premissas, as quais podem ser resumidas em três distinções básicas.

A primeira diz respeito à objetividade dos sacramentos. Agostinho era neoplatônico, e para um platônico a ideia de que o valor transcendente existia como função do ministro não se afigurava correta. Tudo na criação participava do e partilhava do criador; o criador era a fonte imanente da inteligibilidade de tudo quanto existe. A totalidade da criação transborda de sinais da presença de Deus. Os sacramentos, que foram instituídos por Deus, eram santos em si mesmos, objetiva e independentemente da subjetividade do ministro. Deus não tinha necessidade da santidade ou da pureza moral do ministro para conferir a graça. Envolvidos, pois, nos sacramentos estavam Deus, o receptor da graça ou da influência salvífica de Deus e, então, o sinal pelo qual essa era mediada. "O próprio Cristo está atuando nos sacramentos da igreja, e todos os sacramentos são propriedade sua."[52]

A segunda nuance na teologia sacramental de Agostinho distingue entre a santidade do ministro e a efetividade do sacramento. Com base na objetividade do sacramento, sacramentos válidos e concretos existiam fora da igreja. A qualidade ou o estado moral do ministro não afetava a oferta da graça de Deus nem nesse nível de efetividade do sacramento.[53] O batismo, portanto, onde quer que fosse administrado, efetivamente

---

[51] Evans, *One and Holy*, 88.

[52] Bavel, "What Kind of Church?", p. 155.

[53] "Mas o batismo de Cristo, consagrado pelas palavras do evangelho, é necessariamente santo, por mais maculados e impuros que seus ministros possam ser; porque sua santidade inerente não pode ser conspurcada, e a divina excelência subsiste em seu sacramento, quer para a salvação dos que o utilizam corretamente, quer para a destruição daqueles que o utilizam incorretamente." Bap III.10.15.

conferia uma chancela ou caráter indelével permanente sobre o recipiendário. Em sua defesa mais eloquente, Agostinho argumentava nos seguintes termos: caso contrário, mesmo no seio da igreja católica, toda vez que se duvidasse dos motivos do ministro, ter-se-ia de ser rebatizado. Em última instância, nunca se poderia estar certo de que realmente se recebera o batismo ou a ordenação.

Todavia, em terceiro lugar, os sacramentos não poderiam ser frutuosos no sujeito que os recebe a menos que as disposições fossem adequadas, a menos que tivessem sido recebidos em autêntica fé. A distinção aqui reside entre o objetivamente efetivo e o que era proveitoso, frutuoso ou subjetivamente efetivo. Em suma, com essa distinção, poder-se-ia ter um sacramento verdadeiramente conferido e objetivamente efetivo, mas não recebido por causa das disposições inadequadas do sujeito. No batismo, se a fé do recipiendário não fosse autêntica, o pecado não seria perdoado, ou reverteria sobre o eu (Bap III.13.18). Por conseguinte, fora da igreja os sacramentos não eram frutuosos porque haviam sido recebidos em estado de cisma, e portanto faltavam o amor e a caridade com referência aos outros cristãos. Agostinho sempre pressupôs que o cisma e a divisão na igreja significavam ausência de caridade. Dentro da igreja, a efetividade e a frutuosidade dos sacramentos também eram mediadas pelas orações e pela santidade dos santos, o poder intercessório da Pomba.

A distinção entre a efetividade objetiva da ação de Cristo nos sacramentos e a ação do Espírito que leva à fruição fornece um indício de como Cristo e o Espírito combinam-se em uma economia que também descreve a função e o propósito da igreja na história. A igreja é o corpo de Cristo, e Cristo age nos sacramentos. "O Espírito Santo é o princípio que atualiza a igreja em sua realidade; isso quer dizer, em termos equivalentes, em sua *unitas*, mediante a *caritas*."[54] O Espírito constitui a unidade e a caridade dos santificados dentro da igreja, e o grupo dos santos funciona como o meio de graça para os outros.[55] Desse modo, o poder e a presença de

---

[54] Congar, *L'Eglise*, 17.

[55] Burns vê Agostinho trabalhando a relação entre Cristo e o Espírito em sua teologia do batismo em referência aos donatistas. Por si mesmo, o batismo por Cristo não é suficiente para a santificação.

Deus na igreja operam mediante uma economia, um processo que envolve Cristo agindo através do ministério dos clérigos e o Espírito Santo, que concede o dom da caridade que constitui a unidade da igreja; esse grupo dentro da igreja, que efetivamente vivencia essa caridade, funciona como agente da graça de Deus na história. O dom pessoal do Espírito e da "graça" e seu efeito de caridade na pessoa humana são conceitos recíprocos.[56] Até mesmo a defesa agostiniana do batismo infantil não se apoiava unicamente na objetividade da ação de Cristo no sacramento. A autenticidade do batismo infantil depende inteiramente da solidariedade da comunidade na graça. "É o vínculo criado pelo Espírito Santo, que habita nos padrinhos, e vem habitar no batizado, que possibilita aos outros serem padrinhos da criança perante Deus".[57]

O impulso a uma ênfase sobre o Espírito na eclesiologia, sem nenhum abandono da metáfora central, o corpo de Cristo, deflui da preocupação de Agostinho com a efetividade da igreja na história. Ele também tinha a visão de que Cristo e o Espírito deificam o humano. Entretanto, sua tendência era converter o dom divino aos seres humanos em aplicações morais e ascéticas,[58] aspecto que se tornará mais claro quando se tratar da igreja na história e na antropologia de Agostinho.

Ambiente: a igreja e o mundo. Não se esperaria uma simples concepção da relação entre a igreja e o mundo em Agostinho. A distinção de três níveis em seu pensamento indica sua complexidade e serve como contexto ou pano de fundo para suas asserções: o escatológico, o histórico mundial e o social presente (Let 138.3.17). A relação entre a cidade de Deus e a cidade mundana varia em cada contexto.

"Utilizando a noção de caridade como chave, ele vinculou o dom do Espírito, a unidade da igreja, a eficácia da prece de intercessão e o poder de perdoar os pecados. A partir dessa base ele construiu uma nova hipótese que permitiria a Cristo batizar sem os efeitos santificantes do Espírito Santo. Cristo batiza por intermédio do ministro; o Espírito perdoa os pecados por meio dos santos". Burns, "Christ and the Holy Spirit", p. 167.

[56] A fórmula paulina de Agostinho para esse efeito é a seguinte: "O amor, que vem de Deus e que é Deus, em sentido próprio, é o Espírito Santo, por meio de quem a caridade divina é difundida em nossos corações, por meio da qual a trindade como um todo habita em nós". Trin 15.18.32.

[57] Fairweather, "Infant Baptism", p. 903.

[58] Phillips, "L'Influence de Christ", pp. 811-814.

Escatologicamente, as duas cidades eram alternativas radicalmente opostas. Uma cidade ou grupo pode ser considerado um povo, uma unidade social, uma assembleia coletiva vinculada por acordo nas coisas que amam ou nas quais puseram seu coração.[59] A cidade de Deus definitiva é a eterna comunhão celestial de anjos e santos no amor de Deus (CG, XIX.20). A cidade terrena, em sua crua condição humana, constitui a antítese da cidade de Deus; aqui não há nenhuma unidade, exceto no amor egocêntrico que gera discórdia e autodestruição.

Passando agora ao contexto histórico, e abordando em linhas gerais a igreja e o mundo, a igreja empírica não se equipara à cidade de Deus, pois, enquanto comunidade mista, ela participa proporcionalmente do pecado. Funciona, contudo, como âncora da Pomba, os eleitos cujo amor desprende-se do ego para amar a Deus e ao próximo.[60] A cidade humana, como se disse, representa o oposto do reino de Deus. A exemplo de Tertuliano, Agostinho acreditava que o Império Romano encontrava-se sob o domínio de demônios cultuados como deuses (CG, IV.1).[61] Não obstante, a cidade humana não é completamente negativa: ela representa a esfera da vida humana comum, e o governo tem papel construtivo na manutenção da ordem e da paz. A igreja que se desenvolve no âmbito do governo civil também se beneficia dos tempos de paz. Agostinho conseguiu "pensar em nível *imediato* os aspectos positivos da justiça e da paz alcançadas na ordem política".[62]

No mundo concreto do aqui e agora, portanto, a atitude de Agostinho para com o governo civil é ambivalente. Obviamente, a autoridade civil não é absoluta, pode ser corrupta, mas também pode servir ao bem comum e protegê-lo.[63] Por sua vez, a igreja pode exercer um efeito salutar

---

[59] "Mas o que é um Estado senão uma multidão de homens interligados por algum vínculo consensual?" Let 138.2; CG, XIC.24; TeSelle, *Augustine the Theologian*, p. 271.

[60] O título da obra de Agostinho é enganoso porque a ideia de uma cidade parece referir-se a uma entidade política. Na realidade, ele concebeu o título como tradução da "comunhão dos santos". Brown, *Religion and Society*, 25.

[61] Brown, *Religion and Society*, pp. 119-146.

[62] TeSelle, *Augustine the Theologian*, p. 274.

[63] A paz no mundo é salutar para a igreja. Agostinho dá por assente que o propósito do Estado ou império era preservar os interesses e os objetivos ditados pela igreja. Brown, *Religion and*

sobre a existência social neste mundo por causa das virtudes ensinadas pela igreja cristã. Por um lado, então, Agostinho podia julgar a sociedade e o governo civil com base no padrão da cidade de Deus. Por outro lado, podia conceber a realização de gestões junto ao império pelo bem da igreja e pela superação de obstáculos públicos à salvação.[64] Dessa forma, explicitamente ele justificava o uso da força imperial para suprimir as igrejas donatistas.

Essa apresentação não tem por escopo representar a inteireza, a profundidade ou as nuances das concepções agostinianas acerca da igreja, mas fornece as linhas gerais de uma eclesiologia que pautou a igreja no Ocidente durante a Idade Média. Os ensinamentos de Agostinho sobre o *status* da existência humana diante de Deus complementam e arrematam sua eclesiologia.

Antropologia. As considerações agostinianas sobre as doutrinas acerca do pecado humano e da graça de Deus delineiam classicamente, pelo menos para a igreja ocidental, uma antropologia cristã. Tomadas em sua amplitude, poder-se-ia considerá-las centrais para seu pensamento. Elas afetam a visão cristã da realidade como um todo, da natureza e do papel da igreja na história, bem como da espiritualidade cristã individual e coletiva. Correspondendo à importância de cada símbolo, pecado e graça, será proveitoso, primeiramente, distinguir o lado negativo ou pessimista de seu ensinamento e, subsequentemente, o lado construtivo e elevado.

Todos os seres humanos nascem em condição de pecado e culpa, em decorrência do que a liberdade humana carece completamente de poder para libertar-se. Agostinho estava convencido de que, do contrário, a lógica redentora da encarnação de Cristo estaria comprometida. Nesse processo, ele praticamente criou a versão do pecado original, concebido como condição herdada de Adão e Eva e disseminada por meio da

---

Society, p. 44. Mas a visão agostiniana da relação da igreja com o império contradiz em muitos aspectos a de Eusébio. "O destino último do cristianismo católico não está [em princípio] no ínfimo grau ligado às contingências do Império Romano." Evans, *One and Holy*, 112; também 122-123.

[64] TeSelle, *Augustine the Theologian*, pp. 277-278.

procriação.[65] Não obstante, a fenomenologia agostiniana dos efeitos do pecado no sujeito humano é imperiosa: a liberdade humana age como prisioneira de si; essa realidade espiritual reflete-se ou remete-se em busca de si mesma. Toda aparente autotranscendência promove, efetivamente, o autoengrandecimento. Essa condição inicial se fortalece gradativamente pelo condicionamento social e pela constante atuação. O pessimismo de Agostinho reside, com efeito, no fato de que, em sua visão, essa condição jamais será superada na esmagadora maioria dos seres humanos. A graça absolutamente gratuita de Cristo para a salvação definitiva torna-se relativa raridade. A igreja não seguiu a doutrina agostiniana da predestinação ao pé da letra, mas, depois de Agostinho, o efeito do batismo e da iniciação cristã foi cada vez mais entendido em termos de remissão do pecado original.[66]

O lado positivo do quadro aparece na brilhante descrição que Agostinho faz da operação da graça de Deus. Embora se possa imaginar que muitos cristãos se concebessem nesses termos, para Agostinho a história pertencia efetivamente apenas aos eleitos internos da igreja. O drama existencial pode ser esquematizado em termos de uma ascensão neoplatônica. Toda a existência humana aspira inerentemente à transcendência pelos atratores da beleza, da bondade, da verdade e do próprio ser. A graça de Deus, obra do Espírito Santo, opera no bojo desse dinamismo humano implantando o impulso, o desejo e o poder de libertar a liberdade espiritual de si mesma (Sim I.2.21). A graça não só liberta a liberdade humana, como também coopera com ela e a fortalece para realizar ações salvíficas.[67] A missão da igreja consiste em mediar a disponibilidade dessa

---

[65] Essa não foi uma criação a partir do nada. Ver Tatha Wiley. *Original Sin: Origin, Development, and Contemporary Meaning*. New York, Paulist Press, 2001, caps. 1-3. Ela argumenta, convincentemente, que a doutrina do pecado original teve a função de explicar a prática do batismo infantil.

[66] Bernard Cooke. *Ministry to Word and Sacrament: History and Theology*. Philadelphia, Fortress Press, 1977, p. 264.

[67] "Deus, então, opera em nós, sem nossa cooperação, a capacidade de querer, mas uma vez que começamos a querer, e o fazemos de uma maneira que nos leva a agir, ele coopera conosco." GFW 17.33.

graça à história.[68] Na eternidade, na cidade de Deus celestial definitiva, o espírito humano "será liberto de todo o mal e cumulado de todo bem, usufruindo incessantemente do deleite das eternas alegrias" (CG, XXII.30). Esse arcabouço imaginativo de base dominou a concepção da igreja até a época de Lutero.

A espiritualidade monástica: Cassiano e Bento

Cassiano trouxe a sabedoria da vida monástica para o Ocidente no começo do século V, e seus escritos deram uma base aos monastérios que estavam sendo fundados na Europa. No século VI, Bento formulou uma regra que por fim se tornaria o padrão para o monasticismo ocidental. Seus escritos são tomados em conjunto para representar a teoria e a prática que fundamentaram a espiritualidade monástica na igreja ocidental. O termo "espiritualidade", tal como utilizado aqui, alude à maneira como as pessoas ou os grupos pautam suas vidas, de par com seus princípios reflexivos, tudo dentro do contexto de uma relação com a realidade última ou encontro com Deus. Nos termos dessa concepção de espiritualidade, esses dois autores complementam-se, com Bento fornecendo uma regra para viver os princípios articulados por Cassiano.

Cassiano sobre a vida monástica. A tradição que Cassiano transmitiu em suas *Conferências* coadunava profunda base teológica e senso comum prático longamente vivenciado em um *corpus* sapiencial psicologicamente sofisticado.[69] Muito embora não possa ser chamado de sistemático, funcionava a partir de princípios e máximas consistentes. Pode-se ter uma noção disso considerando-se o arcabouço da vida monástica ou ascética,

---

[68] Poder-se-ia sintetizar a eclesiologia de Agostinho em torno dessa concepção da missão da igreja. A igreja era uma sociedade universal que agia como instrumento de Deus para o povo clamante de toda nação como eleito de Deus. Tinha a natureza de uma comunhão de pessoas a quem, através da mediação sacramental da graça, Deus impelia à união definitiva em sua vida na eternidade. Ver Evans, *One and Holy*, p. 81.

[69] João Cassiano. *John Cassian: The Conferences, Ancient Christian Writers*, 57. New York, Paulist Press, 1997. Citado no texto por conferência e parágrafo. Foram escritas por Cassiano, nos anos 420, e precedidas por *Instituições*, em que Cassiano descreveu as regulações externas da vida monástica e a batalha espiritual contra os vícios para alcançar pureza de coração e perfeição na comunidade. Ver também Owen Chadwick. *John Cassian*. Cambridge, University Press, 1968.

bem como a maneira como seus objetivos são alcançados na comunidade e mediante uma vida de solidão.

Escatologia e teleologia. Cassiano explica as metas e os objetivos da vida monástica em um amálgama magistral e inconsútil de escatologia e teleologia. A perspectiva basilar é a escatologia cristã. O fim dos tempos, definindo um ponto de vista que Cassiano e seus mentores simplesmente davam por assente, não pode ser mais enfatizado. "Ele explora a disjunção temporal e experiencial entre experiência presente e esperança futura, e situa o monge na fronteira entre elas [...]. Sua crença no céu e sua decorrente convicção de que a vida monástica é toda ela orientada à preparação com vistas ao céu molda tudo quanto ele escreve."[70]

A teleologia, o senso dos objetivos últimos e dos meios para sua consecução, formava a subestrutura da representação cassiana da vida monástica. Ele retoma a distinção entre meios e fins com o intuito de "deslocar a perspectiva do monge da terra para o céu", de introduzir significados em um quadro escatológico mais amplo. "A grande contribuição de Cassiano para a teologia monástica [...] é uma inflexível ênfase na longa visão. Ele encontra razão para cada ação e para cada aspecto da vida monástica no esforço por alcançar seu objetivo e seu fim."[71] O objetivo último da vida monástica era a vida eterna. O objetivo imediato tornou isso possível, e consistia na "pureza de coração", sem a qual não se poderia entrar no reino de Deus (I.2-4). A pureza de coração, que definia a santidade, consistia em uma permanente orientação ou direcionamento da própria intenção aos objetivos mais elevados para os quais se pautava toda vida (I.5).[72] O supremo valor nessa vida, como participação proléptica no final, consistia na divina contemplação.[73] O pano de fundo da eternidade relativizava

---

[70] Stewart, *Cassian*, 40.

[71] Ibid., pp. 44-45.

[72] "O ensinamento de Cassiano acerca da pureza de coração tem três aspectos principais: purificação ascética, uma equação teológica da pureza de coração com o amor e a experiência de libertação do pecado em serenidade de coração [...]. Ele ancora o objetivo e o fim, biblicamente, em Rm 6,22, 'tendo então seu fruto na santificação, o fim (*finis*) é a vida eterna'." Ibid., pp. 43-44.

[73] "O Senhor, vê-se, situou o principal bem na divina contemplação. Todas as outras virtudes, por mais necessárias e úteis que as consideremos, devem ser situadas em um plano inferior, porque são buscadas no interesse dessa única coisa" (I.8).

a vida neste mundo, incluindo mesmo todo serviço dedicado a aliviar a necessidade humana. No reino dos céus, a contemplação constituía a realização da vida. O monge esforçava-se por antecipá-la na terra (I.10).

A vida monástica em comunidade. A obediência dominava o propósito da vida em comunidade, a destruição da obstinação e do orgulho por meio da submissão à regra, ao superior da comunidade e, por intermédio deles, a Deus (XVIII.10). A autonegação caracterizava a vida em comunidade, e Cassiano contava a história do monge que, quando publicamente insultado e humilhado, aceitava-o de maneira serena e modesta (XIX.1-2). Não obstante, o ascetismo e a disciplina eram meios e deviam subordinar-se sempre à caridade é a pureza de coração (I.7). A totalidade da vida do monge encontrava sentido na oração.[74] O monge em comunidade não desfrutava da solidão do eremita, conducente à experiência extasiada do divino (XIX.9), mas não sentia nenhuma angústia temporal, como o eremita, podendo concentrar-se em cultivar e levar uma vida virtuosa em obediência à vontade de Deus (XIX.14). Em tudo isso, Cassiano forneceu a base lógica para o que veio a constituir-se como os tradicionais três votos da vida religiosa: liberdade em relação à riqueza e aos bens ou pobreza (XVIII.5), castidade para amar a Deus por inteiro (XI.18) e sujeição da própria vontade à de outrem, em obediência (XIX.8). Os três votos forneciam os meios para a pureza de coração no próprio amor a Deus.

O eremita. O objetivo da vida do eremita consistia na pureza de coração e na contemplação de Deus. Por meio da solidão e do ascetismo, a mente libertava-se do mundo e do corpo, e dessa forma o espírito humano podia unir-se inteiramente a Deus em intenção. "O eremita quer libertar a própria mente de todos os pensamentos mundanos e uni-la a Cristo até o limite de sua fraqueza humana" (XIX,8). Essa, contudo, era uma vida de luta por si mesma. O eremita efetivamente entrava em combate; era uma espiritualidade agressiva e até mesmo heroica que enfrentava diretamente os demônios, os quais eram, se não a fonte, pelo menos uma

---

[74] O objetivo da oração é "que a mente possa, cotidianamente, ser transportada da esfera material para o reino do espírito, até que toda a vida e cada vida, inspirando-se no coração, tornem-se uma contínua oração" (X.7).

fonte do mal reinante no mundo. A vida em comunidade era considerada preparação para essa vida superior de ascetismo e de contemplação em solidão e, quando já não se conseguia suportar seus rigores, podia-se retornar à comunidade (XIX.3). Esses tópicos, especialmente a temática da vida em comunidade, influíram na construção da regra beneditina.

A Regra de Bento.[75] A regra beneditina continha um prólogo exortatório e 73 capítulos, cânones ou regras que eram práticas, concretas, específicas e bem detalhadas. Parecem fruto de tradições de prática e senso comum e foram engendradas para lidar com questões cotidianas e para tratar preventivamente os problemas. Quase se podem descrever as comunidades em termos organizacionais a partir do exame da regra beneditina. Os objetivos da comunidade que aparecem formulados em Cassiano, genericamente falando, subsistem na regra beneditina; aqui o foco recai nos monges e na organização de suas vidas.

Quem poderia ingressar em um monastério? De acordo com a regra, eles eram ricos e pobres, embora os ricos tivessem de alienar os próprios bens e riquezas; eram velhos e jovens, incluindo rapazes; eram predominantemente leigos, embora os sacerdotes pudessem ingressar; alguns tinham instrução, enquanto outros eram analfabetos; alguns possuíam talentos ou habilidades e, mediante supervisão, podiam ser autorizados a exercitá-los. Prometiam obediência, estabilidade e pertença pelo resto da vida: deixavam em suspenso a ameaça de danação (58). As principais virtudes de um bom monge eram: obediência, silêncio e humildade.

A estrutura da comunidade era monárquica, com o abade, eleito por unanimidade, que a dirigia. O grande monastério tinha priores e diáconos e outras funções menores, como a de porteiro. O prior era designado pelo abade. A regra exigia assembleias comunitárias para que o abade pudesse ouvir a comunidade como um todo. Estipulava certa senioridade entre os monges, de acordo com o tempo na comunidade, mas geralmente encorajava relações fraternais, proibia briga e previa toda uma gama de

---

[75] "The Rule of Benedict", in *Western Ascetism: Library of Christian Classics*, XII, ed. Owen Chadwick. Philadelphia, Westminster Press, 1958, pp. 290-337. Citado no texto por número da regra e cânon.

punições para pequenos desvios da ordem do dia, infrações à regra ou ofensas mais graves. As punições iam de humilhações públicas leves à excomunhão, passando pela prisão e punição corporal.

A ordem do dia e as regulações da vida cotidiana ocupavam cada recanto e fresta. A comunidade reunia-se para cantar os salmos sete vezes por dia e uma vez no meio da noite. Refeições, adoração, leitura, silêncio e sono eram programados; alimentação, vestuário, comportamento em relação ao outro eram regulados. Por exemplo, as principais refeições eram duas, incluindo cerca de meio quilo de pão ao dia, nenhuma carne e algum vinho. Havia quem achasse que o vinho não era para monges, mas Bento dizia ser "difícil persuadir os monges modernos disso" (40). O monge não tinha bens pessoais; tudo era possuído em comum, mas cada qual recebia segundo suas necessidades. A comunicação com o mundo exterior em cartas ou presentes era supervisionada. As viagens fora do monastério eram reguladas.

Essas regulações aparentemente exaustivas ainda deixavam muito espaço para adaptação a diferentes ambientes. Os membros se diferenciavam segundo culturas, climas e grupos linguísticos distintos. Os monastérios adequavam-se às estações. A clientela e a liderança gerariam uma tradição específica. O tipo de trabalho realizado nos monastérios ajudaria a determinar seu caráter. Os monastérios também ofereciam hospitalidade e, em graus variados, seriam abertos ao próprio entorno, em que podiam desempenhar papel social relevante. Com efeito, o monastério tornou-se um dos mais importantes catalisadores na história ocidental até a Reforma, no século XVI.

O papado: Leão I e Gregório I

A expansão da capacidade administrativa durante os papados de Dâmaso e Sirício, no final do século IV, possibilitou uma crescente ampliação da autoridade jurisdicional. Em meados do século V e no final do século VI, dois grandes papas revelam a crescente autoridade da função.[76]

---

[76] William J. La Due, in *The Chair of St. Peter: A History of the Papacy*. Maryknoll, N.Y., Orbis Books, 1999, pp. 40-61, delineia a amplitude da função papal durante esse período.

Leão I. Pode-se analisar o papado a partir de dois pontos de vista distintos: por sua relação com o imperador e o império e por sua relação com as igrejas no mundo cristão. No tocante ao primeiro aspecto, o fato de haver se tornado a religião do império no Ocidente suscitou a questão da autonomia da igreja, e a teologia do papado foi a resposta, ou seja, preservou a identidade da igreja. A tarefa de Leão foi definir o papado não contra um império anticristão, mas como um governo espiritual distinto em relação ao imperador cristão, "em paralelo com", mas "autônomo em relação a ele". Leão via a igreja como espécie de parceira do império, na condução do desenvolvimento da história. Cada qual possuía sua própria autoridade outorgada por Deus; cada qual contribuía com algo para a tarefa que o outro não tinha. Além de manter a ordem civil, o imperador também desempenhava o papel de guardião e defensor da igreja, mas não tinha domínio sobre ela. Esse último ponto era especialmente delicado, no que concernia ao direito de o imperador convocar concílios.[77] Quando o Concílio de Calcedônia ratificou a afirmação nicena de que Constantinopla gozava de primazia após Roma como a Nova Roma, Leão simplesmente a rejeitou.[78]

Considerando o papado de Leão I com referência às igrejas do mundo cristão, a mais notável realização de Leão I consistiu no estabelecimento de uma base para a autoridade papalina. A posição por ele defendida fundava-se em um argumento composto por dois movimentos, estabelecendo que o papa é Pedro e Pedro é Cristo.[79] O primeiro movimento vincula-se a um argumento jurídico calcado no direito romano, e que se tornou teológico, segundo o qual o papa é o herdeiro de Pedro. De acordo com o direito romano, o herdeiro prolonga o finado. "Legalmente, portanto, não existe diferença alguma entre o herdeiro e o finado: literalmente falando, o finado tem continuidade no herdeiro" (34). O conceito também envolve uma clara distinção entre o herdeiro enquanto

---

[77] Evans, *One and Holy*, pp. 129-136.

[78] Concílio de Calcedônia, c. 28, in Schroeder, *Disciplinary Decrees*, pp. 125-126.

[79] A exposição que segue baseia-se na análise de Walter Ullman, "Leo I and the Theme of Papal Primacy", *The Journal of Theological Studies* 11. New Series, 1960, pp. 25-51. As referências no texto são às páginas desse artigo.

indivíduo ou pessoa e o herdeiro da função. O papa herdou a função, mas não as qualidades pessoais de Pedro. "Ao papa foram transferidos, *via sucessionis*, o ofício, a função e o poder de São Pedro, mas não seus méritos pessoais — como poderiam?" (35).

O segundo movimento consistiu em definir Pedro como o vigário de Cristo. Para tanto, Leão interpretou o múnus de Cristo a Pedro em termos jurídicos. "Pode-se até ir mais longe e afirmar que o aspecto exclusivamente legal da posição de Pedro sugeria, com efeito, que se utilizassem os meios legais para esclarecer sua essência e a continuidade dos poderes petrinos no papa" (41). Nesse contexto, faz-se uma leitura exegética do Novo Testamento em termos de incumbência legal.

Ullmann sintetiza a argumentação de Leão nos seguintes termos: "Foi a natureza jurídica da função que levou Leão a conceber o múnus petrino em categorias jurídicas próprias e secundariamente a utilizar o direito romano para esclarecer a relação entre ele *qua* papa e Pedro *qua* detentor do cargo: e sua maior acurácia — em simplicidade lúcida verdadeiramente romana — resultou na equação segundo a qual Cristo = Pedro = papa, todos os quais nada têm a ver com o carisma, mas simplesmente com o *officium*" (43). Por conseguinte, fica estabelecido o princípio monárquico para toda a igreja, e "a solicitude da igreja universal deve convergir à cátedra única de Pedro, e nada, em parte alguma, deve ser separado de sua Cabeça".[80] O raciocínio formulado por Leão tornar-se-ia, portanto, duradouro.

Gregório I. Gregório não avançou na teoria do papado: "Seu pontificado certamente pouco impacto teve sobre o desenvolvimento do papado enquanto instituição".[81] Não obstante, em suas cartas e em sua implícita autoridade, pode-se ter uma ideia mais concreta de como o papado funcionava. Uma forma de retratar com brevidade esse aspecto consiste em simplesmente enumerar as muitas relações diferentes que definiam suas

---

[80] Leão I, *Carta*, 14.12 in *Leo the Great and Gregory the Great, Nicene and Post-Nicene Fathers*, 12. ed. P. Schaff e H. Wace. Peabody, Mass., Hendrickson Publishers, 1994, p. 19.

[81] R. A. Markus. *Gregory the Great and His World*. Cambridge, University Press, 1997, p. 203.

operações, sem dispensar muita atenção aos múltiplos problemas que ocupavam Gregório em cada aspecto de sua atividade.

A partir do interior da igreja, olhando para fora, Gregório ocupou-se primeiramente do imperador e seu exarca em Ravena. Ele costumava ser respeitoso onde quer que pudesse estar, mas não deixava de expressar seu desacordo quando necessário. Em segundo lugar, Gregório tinha de arbitrar problemas entre a igreja e os vários governantes dos lugares onde a instituição estava bem estabelecida. Ele era uma corte de apelação para diversas questões locais. Em terceiro lugar, havia vários governantes no Ocidente que se encontravam além da esfera do império, na Espanha e na Gália, por exemplo, com os quais Gregório negociava e junto aos quais procurava exercer influência. E, em quarto lugar, Gregório dispensava não pouco tempo defendendo a igreja contra seus inimigos, principalmente os lombardos, que tinham reino livre no norte da Itália. Onde quer que pudesse, Gregório agia como protetor quer da igreja, quer da ordem civil na Itália.

Olhando internamente para o governo de sua própria igreja, verifica--se que uma série de diferentes relações ocupava a atenção de Gregório. Em primeiro lugar, ele tinha de definir e manter relação com outros patriarcas em Constantinopla, Antioquia e Alexandria. É possível que Gregório haja acreditado que tivesse alguma autoridade jurisdicional em relação a essas igrejas, mas, longe de exercê-la, ele tendeu a enfatizar a autoridade local autônoma de tais igrejas.[82] Em segundo lugar, Gregório relacionou-se com essas igrejas, no âmbito de sua esfera de jurisdição no Ocidente, como um metropolita, resolvendo questões eleitorais e outros contenciosos, nomeando e destituindo pessoas de suas funções, bem como

---

[82] Gregório opôs-se encarniçadamente à apropriação do título de "Bispo Universal" pelo Patriarca de Constantinopla, e em seu apelo por apoio por parte dos outros patriarcas ele concedeu a Antioquia e Alexandria uma conexão petrina que embasou sua autoridade autônoma: três cadeiras de um ministério petrino. Em nome da humildade e da comunhão, Gregório não insistiu nas prerrogativas jurisdicionais universais. Ver Gregório I, *Register of the Epistles of Saint Gregory the Great*, Livro VII, Carta 40, in *Leo the Great and Gregory the Great*, 229. As cartas de Gregório são citadas por livro no Registro e, nele, pelo número da carta. Ver também Carta VIII.30, em que Gregório rejeita o título de "Papa Universal" e seu poder de expedir ordens ao Patriarca de Alexandria.

reforçando a disciplina da igreja. Em terceiro lugar, Gregório controlava um vasto sistema de propriedades papais e supervisionava todo um corpo de reitores e outros servidores que administravam as propriedades e arrecadava as receitas. As receitas eram aplicadas em salários dos clérigos e de outros membros da instituição eclesial, na manutenção de prédios da igreja, de cemitérios, de mosteiros, de conventos de freiras, de asilos e de instituições de amparo social, bem como na distribuição de alimentos aos pobres e no atendimento a viúvas e órfãos. A Igreja Romana era a proprietária de terra mais rica da Itália.[83] Os administradores de Gregório geralmente eram monges ou clérigos, e serviam como seus prepostos e embaixadores junto a extensas igrejas nas províncias, o que lhe permitia governar a distância.[84] Em quarto lugar, Gregório enviou Agostinho, monge de seu mosteiro em Roma, junto com um grupo de companheiros, para a Grã-Bretanha, a fim de restabelecer a igreja ali. Enviou-os através da Gália para obter apoio à sua missão e para fortalecer sua relação com a França (*Carta*, VIII.30). Em quinto lugar, Gregório relacionava-se com o povo em todas as igrejas como uma espécie de corte de apelação. Suas cartas são repletas de considerações a casos isolados de todos os tipos. Gregório, o humilde monge, pode ter exaurido sua autoridade com muita rapidez, mas dispunha de uma extraordinária quantidade dela e a utilizou em larga medida. Seu sucessor, Gregório VII, fará o mesmo em uma época, quatro séculos e meio depois, que reclamava, segundo pensava, uma ênfase implacável na jurisdição e na penalidade.[85]

---

[83] Markus, *Gregory the Great and His World*, pp. 112-124.

[84] Ver Gregório I, *Carta*, I,1, a todos os bispos da Sicília, informando-os de que fez de "Pedro, subdiácono de nossa Sé, nosso delegado na província da Sicília". In *Carta*, I,18, a Pedro Gregório dá-lhe ordens para que regule questões nas igrejas de lá.

[85] Um dos legados de Gregório dizia respeito ao uso do poder, quer pelo papa, quer pelo bispo, abade ou rei. Ele forneceu um modelo para o exercício cristão da autoridade, que aprendeu do abade na regra beneditina. Por um lado, era o poder absoluto que esperava obediência resoluta. Por outro lado, exigia do governante absoluta integridade de propósito, clareza de objetivo, conhecimento dos súditos e orientação para a salvação das almas. Ao enfatizar a responsabilidade do governante pelas almas de seus súditos, Gregório cunhou uma linguagem para a elite governante da Europa. Brown, *The Rise of Western Christendom* (2003), pp. 142-144.

Descrição da igreja pós-constantiniana

O desenvolvimento em uma instituição história é contínuo; nenhuma lacuna ou salto em direção a formas completamente novas interrompe o estável processo; tudo se desenrola na mescla de causalidade social, pecado e liberdade agraciada. Não obstante, duas descrições da mesma instituição em diferentes momentos de sua vida revelam, quase que visualmente, mudanças significativas. A presente seção procura fazer uma descrição da igreja segundo a forma que ela assumiu do século IV ao século VI. O contraste com a igreja no século II e começo do século III realçará as mudanças históricas ocorridas. As categorias para consideração correspondem, *grosso modo*, aos elementos de qualquer organização: a autocompreensão da igreja, seus membros, sua missão ou propósito, as atividades em que se envolve, bem como suas relações com o meio circundante. Observar-se-á que a descrição tende para a igreja do Ocidente.

Nada influencia o desenvolvimento de uma instituição mais consistentemente do que a mudança em seu meio. Os três séculos que acabamos de examinar assistiram à divisão do império em dois, Oriente e Ocidente, à ruptura do império no Ocidente e ao peso cada vez maior da igreja no sentido de proporcionar certa coesão social em territórios latinos.

Durante esse tempo, a igreja cresceu numericamente: as comunidades tornaram-se mais numerosas e maiores. À medida que a igreja se estabilizava, cresciam as conversões de conveniência e de uma maneira geral, na média, enfraquecia-se o compromisso de fé intencional. A caracterização que Tertuliano faz da comunidade eclesial em comparação com a sociedade latina já não descrevia as comunidades locais, mas tornou-se, na melhor das hipóteses, a expressão dos ideais do passado. Qualquer igreja podia ser rica ou pobre, mas as igrejas de Roma e da Gália, por exemplo, detinham considerável patrimônio, muito embora seus membros e o baixo clero pudessem ser pobres. Nos termos da distinção troeltschiana entre seita e igreja, a seita tornara-se igreja. Sociologicamente falando, os mosteiros assumiram a forma de seitas dentro dos limites da igreja em sentido amplo.

A unidade e a autocompreensão da igreja

A unidade da igreja é definida em termos tanto organizacionais como teológicos. A organização das igrejas locais e regionais fora estabelecida no começo do século IV; as instituições básicas tinham paralelismo com a organização do império. Um bispo governava as comunidades locais; os clérigos e os leigos eram claramente distinguidos em uma hierarquia: bispo, sacerdote, diácono, subdiácono. As ordens mais baixas e o *status* de viúvas, virgens consagradas e outras funções distinguiam as pessoas dos leigos comuns, mas eles não eram clérigos. Inicialmente, as pessoas elegiam os bispos; com frequência, a escolha era determinada pelos clérigos locais ou pelos bispos vizinhos, ou por designação do metropolita; a política influenciava em parte quando governantes civis ou patronos abastados ou parentes tinham ocasião de pronunciar-se. Acima dos bispos, nas cidades, estava o metropolita, geralmente o bispo da principal cidade da província. Acima dos grupos das igrejas provinciais e dos metropolitas achavam-se os patriarcas, os bispos de Alexandria, Roma, Constantinopla, Antioquia e Jerusalém.[86] Os concílios regionais eram uma característica regular por volta do fim do século IV, e seus decretos começaram a oferecer prescrições para o desenvolvimento do direito canônico.[87] Niceia estatuiu que dois sínodos fossem realizados anualmente em cada província (c. 5), o que foi reiterado em Calcedônia (c. 19).

Organizacionalmente, a comunhão dos bispos e a comunhão dos patriarcas asseguravam a coesão de toda a igreja. Já não se tratava, contudo, do episcopalismo colegial refletido em Cipriano. A igreja

---

[86] Essa organização onicompreensiva está refletida nos cc. 4 e 6 do Concílio de Niceia. Ver Schroeder, *Disciplinary Decrees*, 26-33. Niceia, c. 4, prescreveu que os bispos fossem eleitos pelos bispos da província. O Oriente tendeu a suspeitar das eleições episcopais por causa da interferência política; no Ocidente, o laicato continuou a participar, pelo menos nominalmente, das eleições episcopais até o século XII. Schroeder, *Disciplinary Decrees*, 27. Como não se encontra "nenhuma regra formal sobre a participação do povo fiel na escolha de um bispo, ainda que toda a literatura patrística pressuponha essa participação como requisito eclesial", há que se concluir que havia grande variedade de práticas que não eram universalmente reguladas. Edward Schillebeeckx. *The Church with a Human Face: A New and Expanded Theology of Ministry*. New York, Crossroad, 1985, p. 148.

[87] Daniélou e Marrou, *The First Six Hundred Years*, pp. 239-240, 309-319; Cooke, *Ministry*, 79, pp. 429-430.

pós-constantiniana estruturou-se em ordem descendente, hierárquica e jurisdicional, com o patriarca exercendo algum controle sobre os metropolitas, e os metropolitas sobre os bispos. No Ocidente, com a ascensão do papado, mais e mais igrejas foram subsumidas em uma coordenação jurisdicional, se não sob autoridade direta, do papa em Roma.[88] Todavia, qualquer que tenha sido o conteúdo que os papas romanos imprimiram às suas reivindicações de primado, o bispo de Roma nunca deteve efetivamente, no sentido de exercê-la, autoridade jurisdicional direta sobre as igrejas orientais de Alexandria, Jerusalém, Antioquia e Constantinopla. Só Constantino e alguns outros imperadores possuíam efetivamente autoridade jurisdicional universal na igreja.

Em um nível teológico, Agostinho se preocupava com a unidade da igreja tanto quanto Cipriano. A verdadeira igreja se faz conhecer por seus quatro atributos: é una, santa, católica e apostólica. A catolicidade aqui significa universalidade; a igreja representava o reino de Deus, e Deus pretendia que ela fosse uma sociedade universal, o instrumento divino de reivindicação da eleição de Deus em cada nação. A igreja concebia-se agora como coextensiva ao império, até cindir-se no Ocidente, e a toda a sociedade e ao mundo. Entretanto, esse aspecto institucional da igreja não refletia o cerne da visão decisivamente teológica que Agostinho tinha acerca da igreja. A igreja é o corpo de Cristo no céu e na terra. Ela o é autenticamente na terra naqueles que são animados pelo Espírito, que é amor divino puro e a causa da fé e do amor no seio da igreja. O Espírito é o ponto de distinção entre as igrejas católica e donatista, pois, embora tenham Cristo efetivo nos sacramentos, o Espírito não está presente nas igrejas donatistas. No entanto, a ideia da presença e da ausência do Espírito de amor e de caridade também funciona *no interior* da igreja católica. Em uma igreja pós-constantiniana, deve-se distinguir entre a igreja organizacional visível e a igreja invisível, onde o Espírito era efetivo. Essa é a igreja dentro da igreja. A igreja institucional é uma comunidade

---

[88] Jay, *The Church*, 76.

mista, mas em seu interior encontravam-se aqueles que eram realmente movidos pelo Espírito Santo.

A concepção que Agostinho tinha da igreja supera a de Cipriano em nuance, profundidade e realismo. Ele mantém certo equilíbrio entre as dimensões objetiva e subjetiva da igreja. Ironicamente, Agostinho preserva a tradição de uma comunidade santa, em seus membros, secretamente dentro da igreja mais ampla. Cristo e o Espírito operam consecutivamente através da igreja. Por um lado, a igreja é a instituição objetiva que representa o meio ou o instrumento da graça de Deus. Por outro lado, os santos em seu interior ainda são pecadores, muito embora se empenhem, porque vivem sob o poder do Espírito de amor.

A igreja em seus membros

A concepção agostiniana da igreja correlaciona-se claramente com a nova condição social das comunidades extensas. A antropologia negativa de Agostinho e a visão que ele tinha do pequeno número dos eleitos influenciaram sua concepção acerca dos membros da igreja. A grande maioria dos membros da igreja era bem decisivamente concebida como pecadores; só alguns poucos eram santos e abençoados. Vimos que Agostinho postulou três aspectos da igreja correspondentes a três conjuntos de membros: a igreja escatológica e, neste mundo, toda a igreja de membros inscritos e o círculo interior dos santificados. O círculo interior era pequeno. Certamente essa concepção das coisas conformava-se ao mundo que Agostinho testemunhou a seu redor. É um quadro sombrio. Talvez muitas pessoas imaginassem ou esperassem estar entre os salvos, o que mitigava o pessimismo. Entretanto, o grande impacto dessa concepção faz os santos temer uma das forças propulsoras da pertença à igreja.

Um segundo desenvolvimento na concepção da igreja e de seus membros reside em um deslocamento do atributo da santidade em geral de seus membros para a própria instituição. Esse processo implicou certa objetificação da santidade da igreja. *Grosso modo*, refletindo um modo metafísico de pensar inspirado pelo neoplatonismo, a igreja tornou-se santa porque participava da santidade de Cristo. Enquanto finita, a realidade intramundana participava do mundo da realidade ideal perfeita, da mesma forma como a igreja na terra era o corpo de Cristo por participação: Cristo era a cabeça da igreja, e Cristo vivia na igreja como seu fundamento de santidade.[89] Essa objetificação não era completa, contudo, pois, dentro da igreja mais ampla dos pecadores, a Pomba, aqueles poucos que eram animados pelo Espírito de caridade, convertia essa santidade metafísica em vida histórica, existencial.

Esse amplo quadro imaginativo para compreensão da igreja e de seus membros chama a atenção em dois aspectos. Em primeiro lugar, representava claramente a igreja empírica que efetivamente existia em seus agora numerosos membros: não mais perfeccionismo e elevados padrões morais de uma igreja dos poucos, mas a igreja de todos, de cidadãos e de escravos comuns do dia a dia, a igreja das massas. O segundo traço, igualmente acentuado e significativo, reside no grau de diferença entre essa caracterização da igreja e a do final do século II e começo do século III. Essa não era a igreja de Hipólito, de Tertuliano ou da *Didascália*. A concepção agostiniana da igreja universal na terra estava bem longe dos ideais donatistas. Isso, porém, não representava mudança gratuita na eclesiologia; era a igreja que mudava, e a descrição que dela fazia Agostinho só alcançava as mudanças. Ao tornar-se a religião do império, a igreja começou a ser concebida em termos legais e políticos; ela era a legítima religião do império. Seus privilégios políticos premiam-na em direção à totalidade e à organização institucionais. Crescentemente, a vida da igreja tornou-se mais passiva e centrada no culto litúrgico e nas práticas devocionais.[90]

Objetivos e missão

Por volta do final do século IV, o cristianismo era a religião oficial do império e irradiara-se para vilas e cidades. Mesmo no Ocidente, onde mantinha sua autonomia em relação à organização imperial, a igreja

---

[89] Evans, *One and Holy*, p. 84.
[90] Schillebeeckx, *The Church with a Human Face*, pp. 142-143.

tornou-se mais e mais enviscada com a sociedade civil, transformando-se em principal agente de serviços, organização e até de proteção social. Os grandes papas, após terem ressaltado a autonomia da igreja e a integridade espiritual, não hesitaram em falar da união de interesses e da complementaridade de objetivos entre a igreja e o império. Poder-se-ia falar de um império cristão sob um imperador cristão. Como descrição, contudo, essa maneira de expressar-se era bem mais apropriada ao Oriente do que ao Ocidente, porque os fluxos migratórios na Europa destruíram a unidade militar e política do império do Ocidente.

Pode-se encarar a missão da igreja no nível local e dentro do contexto de uma visão histórica mais ampla. Nos termos da eclesiologia ocidental agostiniana, a missão e a função da igreja podiam ser interpretadas como terapêuticas: o que se fazia no âmbito social, com seus serviços sociais, a igreja também realizava na esfera religiosa ou espiritual, com seus sacramentos. A chave para a compreensão da expressão "a igreja como o sacramento da salvação" repousa na antropologia negativa dominada pelo pecado proposta por Agostinho em reação a Pelágio. Como sacramento, a igreja medeia a graça de Deus às pessoas que compõem as congregações nas vilas e cidades. Esse papel, no entanto, expande-se naturalmente para tornar-se uma teologia da história. A igreja de Cristo fornece os meios pelos quais a providência e a graça de Deus tocam as pessoas na história em vista de sua salvação. O plano de Deus para a criação atribui à igreja a missão de ser o veículo histórico para a restauração da igreja escatológica ou celestial. A igreja hipostasiou-se. Agostinho fez com a igreja o que Paulo fizera com Jesus: da mesma forma como Paulo via Jesus como o Cristo cósmico, assim também Agostinho via a igreja em termos escatológicos cósmicos.[91]

Essa concepção da igreja fornecia um sólido fundamento para a atividade missionária. O impulso para disseminar o evangelho agora incluía, mas excedia o compartilhamento da boa-nova da salvação através de Jesus Cristo, convidando as pessoas a partilhar a própria experiência religiosa

---

[91]   Cooke, *Ministry*, 77.

e fé. A salvação tornou-se dependente da pertença eclesial. Só o batismo perdoaria o pecado mortal em que cada indivíduo havia nascido. Esse significado transcende o sentido contextual da expressão "fora da igreja não há salvação", tal como utilizada por Cipriano com referência ao cisma cristão. Ele é agora cósmico e abarca toda a história humana. Em um contexto agostiniano, admitidas as exceções segundo a providência e a graça de Deus, falta a salvação onde a igreja não funciona como mediadora.

Atividades da igreja

Duas áreas de atividades ajudam a delinear a igreja da antiguidade tardia: uma é a prática litúrgica e sua correlação com a teologia sacramental; a outra é o crescimento do culto dos mártires e dos santos.

Ao final do século IV, a liturgia eucarística era celebrada em toda parte em bases diárias, embora mais solenemente aos domingos e nos dias festivos. Dois polos estruturavam o ano litúrgico: a Páscoa, que era celebrada em diferentes datas no Oriente e no Ocidente, e o nascimento de Jesus. No Oriente, o nascimento de Jesus era celebrado como festa de encarnação e epifania em 6 de janeiro; no Ocidente, a festa emergiu primeiramente no século IV e era celebrada em 25 de dezembro, quando os cristãos cooptaram "o aniversário do deus sol no solstício de inverno no hemisfério norte".[92] Em cada cidade, a igreja, dirigida por seu bispo, reunia-se aos domingos na basílica; esse era seu espaço público.[93] A ordem hierárquica dos membros era refletida na aproximação à comunhão: "Bispos e clérigos primeiro; depois, os castos de ambos os sexos; e, por último, os leigos casados. Em uma área especialmente reservada nos fundos da basílica, mais distante da abside, ficavam os 'penitentes', aqueles cujos pecados os excluíam da participação ativa".[94]

---

[92] Chadwick, *The Early Church*, pp. 126-127.

[93] Dependendo do tamanho e da riqueza da cidade, a basílica podia ser circundada por um complexo de construções com diferentes funções. Ver a reconstituição que Van der Meer faz da igreja agostiniana e de outras no Norte da África em *Augustine the Bishop*, pp. 20-25.

[94] Brown, *Late Antiquity*, 40. "Um sistema público de penitência esteve em vigor ao longo de todo o período. A excomunhão envolvia a exclusão pública da eucaristia, e seus efeitos só podiam ser revertidos por ato igualmente público de reconciliação com o bispo." Ibid.

A teologia sacramental de Agostinho tornou-se a fórmula católica definitiva: a igreja é a santa instituição de Deus, distinta da santidade subjetiva ou pessoal dos membros. Embora isso não faça nenhum sentido empírica ou historicamente, faz bom sentido sociológica e teologicamente. Segundo as categorias de Troeltsch, ela pertence tipicamente a uma igreja enquanto entidade distinta de uma seita. Essa fórmula, como diz Pelikan, perdurará por mil anos.[95]

A teologia sacramental objetiva suscita a questão de como ela foi implementada na prática litúrgica. Bradshaw descreve sucintamente as mudanças ocorridas na linguagem e na performance do batismo e da eucaristia como resultado do influxo de grandes contingentes para a igreja após a legitimação do cristianismo.[96] Nessa nova situação, "o processo batismal tornou-se, pelo contrário, o meio de transmitir uma profunda experiência aos candidatos, na esperança de promover sua conversão. A fim desempenhar esse novo papel, o processo adquiriu caráter muito mais dramático — poder-se-ia dizer até teatral" (22). Os candidatos não eram plenamente instruídos na fé; antes do batismo, as crenças eram secretamente dissimuladas; após o batismo, em um período de instrução pós-batismal chamado mistagogia, eram levados pela instrução à fé que haviam abraçado. A ideia era que as elaboradas cerimônias ajudariam a promover o fervor e a fé religiosa que de outra forma poderiam faltar. Outro desenvolvimento consistiu em um alentado "foco na invisível transformação que se acreditava ocorrer no batismo, em vez de buscar mudanças visíveis na conduta dos novos batizados" (23). Dessarte, a metáfora neotestamentária do selo começou a ser tomada em termos literais ou metafísicos.

No tocante à eucaristia, a segunda metade do século IV testemunhou uma importante mudança na prática eucarística, correspondente à "emergência de uma atitude de grande admiração e temor para com os elementos eucarísticos, de par com um declínio na frequência da recepção

---

[95] Pelikan, *The Emergence of the Catholic Tradition*, p. 312.

[96] Paul Bradshaw. *Early Christian Worship: A Basic Introduction to Ideas and Practice*. Collegeville, Minn., Liturgical Press, 1995. As referências no texto são às páginas nesse texto.

da comunhão" (64). O estilo das celebrações eucarísticas modificou-se. "Tornaram-se mais formais e elaboradas; utilizavam coisas como ações cerimoniais, paramentos, procissões e música para causar impressão na comunidade; e por palavras e atos destacavam a majestade e a transcendência de Deus e a divindade de Cristo presente no mistério eucarístico" (64).[97] Preocupados com os padrões declinantes da vida cristã, os ministros puseram grande ênfase na necessidade de uma vida digna como condição para a comunhão. O resultado foi que muitos "preferiram desistir da recepção da comunhão, em vez de corrigir a própria vida. Teve início, assim, a prática da assistência não comungante à eucaristia" (66). O efeito disso foi uma ruptura entre a ação eucarística e a recepção da comunhão, de modo que assistir a eucaristia sem a recepção da comunhão tornou-se um ato integral. Isso, por sua vez, levou à ideia de que a eucaristia era algo que os clérigos faziam para os leigos, estivessem ou não lá, e não uma atividade comunitária. Além disso, a eucaristia "não só deixou de ser uma ação comunal, como também já não era vista como alimento a ser assimilado. Tornou-se sobretudo objeto de devoção, a ser contemplado a distância" (67). Da pequena igreja com reuniões eucarísticas mais íntimas, essas assembleias transformaram-se em algo mais próximo do teatro, em que o espectador é menos ativamente engajado.

Outro desenvolvimento importante na vida devocional das pessoas na igreja do Ocidente consistiu no aumento da devoção aos santos, especialmente aos mártires, e a suas relíquias, e geralmente uma crença no milagre.[98] Em primeiro lugar, os santos. Os santos proporcionaram um nexo concreto, um *axis mundi* local, entre o céu e a terra, mormente no lugar onde ficavam seus túmulos. O santo no céu também estava presente na terra, situado em seu túmulo, e era atuante. A inscrição no túmulo de São Martinho de Tours diz claramente: "Aqui jaz Martinho, bispo, de venerável memória, cuja alma está na mão de Deus; mas ele se

---

[97] Bradshaw cita a linguagem de Crisóstomo: ele fala de um pavoroso sacrifício, e de uma "terrível e medonha mesa" da qual se deve aproximar com temor e tremor. Ibid., p. 65.

[98] Peter Brown, in *The Cult of the Saints: Its Rise and Function in Latin Christianity*. London, SCM Press, 1981, descreve esses desenvolvimentos. As referências no texto são às páginas nesse trabalho.

encontra inteiramente aqui, presente e manifesto em milagres de todos os tipos" (4). Não se trata de meros heróis a serem emulados, mas de pessoas próximas de Deus, capazes de interceder e de proteger. A lógica desse fenômeno foi demonstrada por Paulino de Nola em seu escrito *Vida de seu patrono São Félix*.[99] Paulino atribui a São Félix "todo o senso de íntimo envolvimento com uma companhia invisível que homens de gerações anteriores buscaram em uma relação com figuras não humanas de deuses, *daimones* ou anjos" (55). A relação revestiu a forma do patrono e amigo da cultura romana, reforçada com o poder que advém da amizade com Deus, suavizada pelo *status* de outro ser humano. Os santos eram privados e públicos, baseados em uma relação pessoal ou em uma relação com um lugar ou igreja específica. Eles ajudavam a manter uma comunidade coesa. Esse fato deve ser interpretado contra o pano de fundo de um pessimismo coletivo, senso de pecado e julgamento, de par com um crescente movimento ascético. As pessoas precisavam de ajuda, e os patronos celestiais proporcionavam direção e apoio.

Nos séculos IV e V, a crença nos milagres nas tumbas ou em conexão com as relíquias de mártires explodiu por todo o mundo mediterrâneo "com força de gêiser" (76). As raízes desse fenômeno residem na crença na ressurreição e no poder do patrono no céu. Os mártires eram especialmente próximos de Deus porque seu próprio martírio não foi ato de bravura humana, e sim manifestação do poder de Deus. A exemplo da presença do santo ou mártir na tumba, a relíquia enquanto peça do corpo do santo forma um nexo situado entre céu e terra; como o sacramento, ele torna o santo ressuscitado muito claramente presente.

Dupla relação com Deus e com o mundo

A dupla relação da igreja com Deus e com o mundo constitui uma estrutura formal *a priori* para compreender a igreja. No período pré--constantiniano, especialmente como refletida em Tertuliano, essa dupla

---

[99] Brown acredita que a obra credita a Paulino "um lugar ao lado do poderoso Agostinho, como fundador da piedade cristã latina". Ibid., 55.

relação estabelece um aspecto tensivo com o mundo da sociedade e da cultura romanas: a igreja estava inserida na sociedade e na cultura romanas, mas não era delas. Essa relação tensiva imprimiu uma coloração existencial à própria vida cristã.

Por contraste, à proporção que a igreja como um todo tornou-se mais e mais a igreja do império greco-romano, os dois termos da dupla relação foram, em certos aspectos, diferenciados e institucionalizados. Uma relação radical com Deus, uma vez vivida de maneira absoluta no martírio, tornou-se institucionalizada no monasticismo e simbolizada no celibato clerical. A relação com o mundo foi institucionalizada no papel do bispo na cidade e no campo e na espiritualidade de segunda classe dos cristãos comuns.

Em relação com Deus. Sempre haverá cristãos que pretendem simplesmente viver sua relação com Deus de maneira quase exclusiva, e várias formas de vida monástica e conventual ofereceram oportunidades reconhecidas e estruturadas para esse compromisso. O monasticismo institucionalizou a antiga tradição de cristãos contraculturais e espirituais. Aqui estava o cristianismo sério, no espírito dos mártires, em continuidade com a primitiva ética cristã e com a luta ascética contra os demônios e as forças da idolatria no mundo.[100] A vida monástica era altamente reflexiva e conscientemente desenvolvida, de sorte que a espiritualidade cristã enquanto tal era em alguma medida cooptada pelas várias formas de vida monástica ou religiosa. A vida dos leigos, no mundo das preocupações cotidianas, parecia, comparativamente, menos religiosa e menos espiritual. Os bispos que haviam despendido tempo como monges defendiam um tipo de espiritualidade para as pessoas que era "de caráter essencialmente monástica" e nessa medida também essencialmente alienante.[101] Essa nova divisão partiu da ideia de uma vida cristã comum única vivida em graus

---

[100] Gregório I tinha a tendência, muito embora nunca o tenha sustentado formalmente, de equiparar os que levavam vida monástica com os eleitos na visão agostiniana da igreja. "A antítese entre eleitos e réprobos dentro da Igreja, condicionada como é pela espiritualidade ascética e perfeccionista, não é diferente da antítese entre Igreja e mundo em Tertuliano e Cipriano." Evans, One and Holy, 148-151.

[101] Bradshaw, *Early Christian Worship*, p. 74.

de perfeição dentro do quadro geral. Representava antes o princípio de formas distintas de vida e um duplo padrão na avaliação da vocação e da perfeição cristã. Havia duas modalidades de vida cristã: uma era heroica em seus ideais, não comprometida com o mundo e com a sociedade imperial; a outra era a vida em uma sociedade pecaminosa, comprometida com o mundo e caracterizada pela moralidade medíocre das massas. Não se tratava de uma distinção entre clérigos e leigos, mas do contraste intrinsecamente irregular entre ideais monásticos e vida efetiva no mundo.

Isso, contudo, não diminui a vitalidade dos valores religiosos e espirituais do monasticismo e da vida enclausurada, para não mencionar as contribuições positivas à sociedade dos mosteiros e dos monges individuais. De início, esse modo de vida não era realmente aceito no Ocidente; sua ideologia era considerada estranha e bizarra. Gradativamente, contudo, tornou-se uma força dinâmica na igreja e assim permaneceu continuamente, através de muitas reformas, até nossa época, um desenvolvimento manifestado em uma variedade de associações religiosas diferentes. Por um lado, o monasticismo fez surgir então, na igreja do Ocidente, um quadro de líderes cristãos sólidos, ativos e responsáveis, formados em uma profunda espiritualidade.[102] Por outro lado, esse fator tendia a minimizar a estimação da possibilidade da santidade da vida cristã "no mundo". Essa tensão subsistiu na igreja durante o curso de sua história; ela existe hoje, mas em grau decididamente maior em algumas igrejas do que em outras desde a Reforma do século XVI.

A questão da ética cristã não pode ser separada da santidade da igreja e de sua relação com o mundo. Independentemente de considerar esse período como uma difusão da igreja no império ou uma absorção do império, a transição envolveu um rebaixamento dos padrões da moralidade cristã. Contra esse pano de fundo, Pelágio tem de ser considerado uma reação honesta mas sociológica e teologicamente antiquada. À medida

---

[102] O monasticismo, reitera Brown, não era apenas para indivíduos incultos, rústicos ou anticulturais. Um monastério também podia ser um centro de educação em que jovens talentosos se dedicavam a servir a Deus e se aperfeiçoavam para ressurgir como abades ou clérigos que eram instruídos e disciplinados. Isso, com efeito, constituía uma nova forma de educação baseada na liturgia e na Bíblia, na quietude e na ordem, na presença de Deus. Brown, *Late Antiquity*, pp. 56-59.

que o cristianismo começou a se tornar uma religião das massas, o pelagianismo representou os ideais ascéticos antigos. De uma maneira mais progressiva assim o fez o monasticismo, e não é de todo estranho que o pelagianismo tenha encontrado alguns aliados entre os monges.[103]

A disciplina do celibato clerical reflete uma concepção de sexualidade, mas também uma concepção da relação do ministro cristão com Deus. Uma prática universal de celibato ministerial, clerical ou sacerdotal não existia na igreja primitiva. Por volta do século IV, contudo, a castidade dos clérigos era uma preocupação universal. O Concílio de Niceia afirmou claramente que os clérigos superiores, os bispos, os sacerdotes e os diáconos não deviam permitir que mulheres vivessem em suas casas, exceto aquelas que estivessem acima de qualquer suspeita.[104] O celibato também foi discutido em Niceia e, muito embora tenha se recusado a torná-lo obrigatório, o concílio proibiu o casamento após a recepção das ordens.[105] Não obstante, como os ministros geralmente eram recrutados dentre os homens casados, preferentemente aqueles de certa idade em que o ardor sexual esfria, a discussão em torno do celibato recaiu sobre a continência sexual ou sobre a abstinência de toda atividade sexual, e não sobre a condição de casado.[106] Isso assumiu diferentes formas no Oriente e no Ocidente.[107]

---

[103] Por exemplo, Cassiano tentou delinear um curso médio entre Agostinho e Pelágio, consistente em uma estimativa mais generosa da extensão da salvação entre os seres humanos, no destino de crianças não batizadas e em algum papel da liberdade humana na possibilidade de voltar-se para Deus. Ver Cassiano, XIII, 7.8.4, 9, 11.1, 16.1.

[104] Niceia, c. 4, in Schroeder, *Disciplinary Decrees*, 21.

[105] Edward Schillebeeckx. *Celibacy*. New York, Sheed e Ward, 1968, p. 33.

[106] O celibato "geralmente foi adotado na Idade Média e em seguida seria imposto aos sacerdotes após os 30 anos de idade". Brown, *Late Antiquity*, 33. Havia muitos que desejavam abster-se do sexo após uma vida sexual plenamente ativa na juventude, a fim de representar a igreja e engajar-se na ordem pública. A continência entre os clérigos demonstrava a distinção da igreja em relação à sociedade. Ibid., pp. 33-34.

[107] No Oriente, a disciplina foi na direção de excluir o casamento após a ordenação; os bispos que eram casados tiveram de viver em continência; posteriormente, decidiu-se que eles se separassem de suas esposas; os sacerdotes e os diáconos podiam continuar com suas esposas e manter relações sexuais normais. Schillebeeckx, *Celibacy*, 35-37. No Ocidente, diversos documentos no século IV, representando a igreja na Espanha, Norte da África e Roma, prescrevem a continência para bispos, sacerdotes e diáconos. Essas fontes e uma plêiade de outras são analisadas por Christian Cochini, *Apostolic Origins of Priestly Celibacy*. San Francisco, Ignatius Press, 1990, pp. 3-17 e *passim*. Leão I e Gregório I permitiram que os sacerdotes vivessem com suas esposas como irmão

A sexualidade e a observância ritual religiosa são frequentemente entrelaçadas, e as motivações para a continência eram muitas. Não poucas tinham relação com o Novo Testamento: a igreja é a noiva de Cristo, e a virgem consagrada vive essa relação explicitamente, de modo que a condição de solteiro é mais intensamente cristã;[108] a continência era dom ou carisma; tinha a ver com o estabelecimento de contato com Deus na oração, como se o amor de Deus e o amor dos esposos fossem competitivos; promovia uma absoluta liberdade, uma resposta angelical a Deus; tinha o mérito ascético de fomentar o autocontrole e de enfocar a própria vida; refletia a virgindade de Maria e a plena disponibilidade à vontade de Deus; possuía alcance escatológico. Mais especificamente em relação ao ministério ritual, o sexo era impuro e devia ser evitado por quem oferecia a eucaristia. Direcionava a atenção do ministro a si mesmo, à família e à procriação.[109] Logo depois, a influência de Agostinho tornou-se importante à medida que a sexualidade, que enquanto realidade criada era boa, foi reinterpretada como área em que o pecado ou a condição decaída da existência humana necessariamente se manifestava. O ardor e a paixão do sexo já não eram considerados como parte de sua função geral, mas como o lado material, corporal e sensual da pessoa que rompia o controle da mente e da vontade e indicava um ego radicalmente dividido

---

e irmã, mas "a prática da continência permaneceu, quanto à maioria, letra morta até o século XI ou mesmo até o século XII". Schillebeeckx, *Celibacy*, 41. O essencial é que se deve assumir que a prática era irregular em toda a igreja, de sorte que não se pode indicar uma *prática* universal de celibato clerical no Ocidente "antes do movimento de reforma liderado por Gregório VII no século XI". Cooke, *Ministry*, 558. Mesmo depois da reforma gregoriana e durante a Idade Média a prática era irregular.

[108] Schillebeeckx, *Celibacy*, p. 30.

[109] Ibid., pp. 55-57. Algumas frases de um decretal promulgado por um sínodo romano no século IV ilustram isso: "Ousaria um homem impuro macular o que é santo quando as coisas sagradas são para as pessoas santas? [...] Se a mescla é corruptora, é óbvio que o sacerdote deve estar pronto para assumir suas funções celestiais — ele que deve suplicar em favor dos pecados alheios — de modo que ele próprio não se ache impuro". Ver Cochini, *Apostolic Origins of Priestly Celibacy*, 15. Frequentemente, encontra-se um apelo às prescrições do ritual de pureza dos sacerdotes no Antigo Testamento. Na lógica monástica de Cassiano, o celibato era a marca principal da peculiaridade social dos monges, e "os processos físicos e psicológicos de crescimento na castidade [tornam-se] uma linguagem privilegiada que expressa a relação do monge com Deus e com os demais seres humanos". Stewart, *Cassian*, p. 62.

contra seu autêntico ser e Deus.[110] Por uma série de razões, portanto, a continência sexual era um ideal explícito ligado ao ministério ordenado.

Em relação com o mundo. "Mundo" aqui se refere à sociedade civil, quer em suas instituições públicas, quer no que tange ao Estado ou à estrutura governamental. Sob certos aspectos, a igreja permaneceu uma sociedade paralela no interior do império, distinta com sua própria autonomia, e portanto em linha de continuidade com o período pré-constantiniano. A tensão entre o papa e o imperador assegurou essa condição no Ocidente. Mudanças momentosas, entretanto, alteraram completamente a situação. Em geral, a transição foi da posição de contrariedade à sociedade à de integração com essa mesma sociedade. A integração se deu de forma mais completa na pessoa do bispo. O poder e a posição do bispo na sociedade, quer no Oriente, quer no Ocidente, conferiram-lhe papel central no campo e na cidade. O bispo tinha tamanha ascendência na sociedade que, na Gália, ao final do século XVI, "ninguém esperava tornar-se bispo sem desembolsar uma soma substancial, em gratidão ao príncipe leigo que havia possibilitado isso".[111] Ele compensaria tal desembolso mediante taxas arrecadadas dos candidatos à ordenação. Os problemas envolvidos na reforma gregoriana tiveram sua origem na antiguidade tardia.

Para sintetizar, três grandes proposições podem servir de fecho a essa sumária descrição da igreja na antiguidade tardia. Em primeiro lugar, o desenvolvimento da igreja ao longo desses três séculos foi gerado por uma interação dialética das forças sociais com a própria vida interna da igreja. A igreja conformou-se aos padrões sociais e políticos que caracterizaram esses séculos no Oriente e no Ocidente, ao mesmo tempo em que preservou uma autonomia engendrada a partir de seu interior. Em segundo lugar, ao longo de todo o período, o bispo continuou a ser a principal instituição centralizadora e consolidadora da igreja, e essa posição foi fortalecida de diferentes maneiras no Oriente e no Ocidente. O papa e o patriarca exerciam importantes papéis na manutenção da coesão das igrejas, mas

---

[110] Brown, *Late Antiquity*, pp. 71-74.
[111] Chadwick, *Church in Ancient Society*, p. 663.

na vida concreta da igreja sua importância permaneceu secundária em relação à do bispo. Em terceiro lugar, a estratificação da vida e dos ideais religiosos em duas grandes categorias, cristãos profissionalmente sérios comprometidos com alguma forma de vida ascética, por um lado, e aqueles indivíduos que viviam no mundo, por outro, teve influência importante no sentido da vida cristã que perduraria no Ocidente até a Reforma do século XVI.

Princípios para uma eclesiologia histórica

Em sua obra *As variedades da experiência religiosa*, William James estabeleceu o princípio segundo o qual se pode estudar melhor a natureza das reações humanas considerando as formas extremas; em seu caso, isso significava exemplos de experiência religiosa de grande magnitude. Este capítulo fornece uma visão panorâmica de um período da história em que a igreja passou por grandes mudanças; em alguns casos, de um extremo ao outro. Que princípios formais podem ser derivados desses desenvolvimentos materiais a serviço de uma eclesiologia geral? Os tópicos abordados na sequência são altamente exaustivos, e muitos deles são reiterações, mas revestem-se de alcance maior a cada nova concretização histórica.

Desenvolvimento: a emergência do papado

A primeira e mais importante premissa para a compreensão da igreja na história é a própria dinâmica do desenvolvimento. Uma comparação entre a igreja no ano 300 e no ano 600 corroborará essa afirmação: naqueles três séculos, a igreja passou de religião minoritária a religião estabelecida do império, deixou de ser mais um tipo de seita, na acepção de Troeltsch, para tornar-se um tipo de igreja do cristianismo. E essas mudanças abrangem uma série de áreas em que ocorreram adaptações significativas.

Um exemplo desse desenvolvimento histórico é a emergência do poder e da autoridade jurisdicionais do papado. Desde o começo do século II, a igreja e o bispo de Roma mantinham certo "primado" de posição entre as igrejas, bem como a competência de receber apelações e arbitrar disputas. A exemplo de todas as sés metropolitanas, o bispado de Roma detinha autoridade relativamente às igrejas situadas em sua esfera. Gradativamente, o poder e a autoridade jurisdicionais do bispo de Roma expandiram-se no Ocidente, região de fala latina. A extensão da burocracia e da capacidade administrativa propiciou um intrínseco elemento que possibilitou o efetivo exercício da autoridade religiosa pelo papa em Roma. Nos papas Leão I e Gregório I, pode-se perceber como o desenvolvimento do sistema administrativo e uma teologia da função petrina combinam-se para estabelecer e consolidar a instituição do papado. Entretanto, quaisquer que tenham sido as pretensões de papas individuais, eles jamais desfrutaram efetivamente de um poder jurídico universal.

O princípio evolutivo reveste-se de importância quando se tenta reformular a teologia do papado. O entendimento da função do papado há que se dar dentro do contexto do desenvolvimento histórico. Muitos exegetas bíblicos argumentam contra a historicidade de que Jesus tenha estabelecido um ministério petrino tal como veio a ser compreendido posteriormente, o que obriga a uma mudança no arcabouço imaginativo para apropriar a linguagem que era tradicional até o século XVI.[112] Por outras palavras, a função se desenvolveu. A assimilação entre o papa e Pedro consiste em uma linguagem simbólica que medeia a compreensão religiosa do papel do papa; essa percepção religiosa e esse julgamento teológico eram autênticos. Todavia, o liame entre Pedro e o papa não pode ser estabelecido em termos de transmissão histórica de jurisdição religiosa e eclesial ou de direito divino exclusivo. Pelo contrário, o desenvolvimento dessa instituição foi resultado da evolução histórica, para o bem da igreja, impelida e ratificada por Deus enquanto Espírito a partir de dentro da comunidade, e aberta ao desenvolvimento subsequente.

---

[112] A suposição, nesse ponto, é que a liderança de Pedro entre os discípulos e um ministério petrino em uma igreja cristã constituem duas questões bem diferentes, muito embora a segunda possa ter se desenvolvido parcialmente a partir da primeira.

Inculturação

Pode-se isolar uma série de diferentes desenvolvimentos que ocorreram durante esse período e analisá-los pelo aspecto de uma adaptação a um novo contexto social e cultural. Decerto, talvez uma das mais importantes inculturações tenham sido as fórmulas doutrinais desenvolvidas em Niceia e em Calcedônia, em que os Padres conciliares traduziram as confissões básicas dos cristãos em categorias gregas derivadas da filosofia, em resposta às questões de uma cultura intelectual. Essas doutrinas refletiam uma experiência cristã universal de salvação em Jesus Cristo. Quando as formulações das doutrinas centrais do cristianismo são reconhecidas como exemplos de inculturação, já não se afiguram como proposições absolutas ou a-históricas, e sim como exemplos clássicos e paradigmáticos do princípio de inculturação que não podem ser desconsiderados por causa do papel que continuam a desempenhar na definição das crenças da igreja.

O desenvolvimento da teologia do sacramento fornece outro exemplo de inculturação. Isso pode ser mais bem ressaltado porque ambos os termos do desenvolvimento, *a quo* e *ad quem*, eram plausíveis em seu contexto. A igreja de Tertuliano ainda era pequena. A teologia sacramental de Cipriano fazia sentido em sua igreja, pelo menos até o momento em que a crise de uma perseguição revelou alguma necessidade de adaptação na prática.

De um modo geral, a teologia da eficácia sacramental, baseada no dinamismo do Espírito Santo, coadunava-se com uma igreja relativamente pequena que se contrapunha à sociedade. Era coerente com a prática efetiva, com a identidade autoconsciente da comunidade e com sua necessidade de disciplina e de elevados padrões de moralidade. Entretanto, a teologia de Cipriano não fazia sentido na igreja empírica, estabelecida, da época de Agostinho. A efetiva igreja tal como existia então urgia uma prática diferente e exigia uma nova teologia. Não se poderia fiar na pureza moral do ministro em uma grande igreja estabelecida. A polaridade entre o ideal e o real arroja luz sobre esse desenvolvimento da teologia sacramental: ela descreve acuradamente uma das linhas ao longo das quais ocorreram a concepção da metafísica e o funcionamento dos sacramentos. Metafísica e idealmente os sacramentos mediavam a graça de Cristo. Agostinho, contudo, podia lançar o olhar sobre sua comunidade e dizer com certeza que, muito embora os sacramentos sejam sempre objetivamente eficazes, eles nem sempre eram frutíferos ou subjetivamente efetivos. A igreja na história é a história da contínua inculturação do movimento ou da comunidade em uma história sempre nova.

Amálgama de forças conservadoras e progressistas

A mudança contrapõe ao "mais do mesmo"; ela consiste no deslocamento de um estado de coisas ou estrutura para outro, um ponto "do qual" e um termo "para o qual". A história sempre envolve movimento e é, portanto, caracterizada pela continuidade e pela mudança. As forças conservadoras são alinhadas com a continuidade; as forças progressistas, com a adaptação aos novos ou diferentes aspectos de situações novas. Ambas as forças existem no interior da sociedade ou de um grupo, e pode-se entendê-las como existindo em relação polar ou reciprocamente tensiva. Essa polaridade formal pode funcionar como lente heurística para identificar forças e, portanto, iluminar as dinâmicas de uma igreja mutante.

É interessante considerar o lugar de Agostinho nesse contexto evolutivo particular. Por ter sido tão influente no estabelecimento do curso da igreja ocidental por séculos sucessivos, Agostinho geralmente parece ser uma força tradicional, conservadora, e não progressista. De uma maneira mais fundamental, contudo, Agostinho era um inovador progressista. Ele se revela como tal na relação com os donatistas, que se esforçavam por preservar os ideais tradicionais tão clara e autoritativamente articulados por Cipriano. Agostinho era sensível a isso e de fato preservou muita coisa de Cipriano, mas o fez reinterpretando-o e reapropriando-o. De maneira semelhante, Pelágio preservou os valores do cristianismo ascético, e a doutrina agostiniana do pecado foi inovadora.[113] Agora essas ambas ob-

---

[113] Paul Ricoeur. "'Original Sin': A Study in Meaning", *The Conflict of Interpretations*, ed. Don Ihde. Evanston, Ill., Northwestern Press, 1974, pp. 269-286.

servações carecem de maior discussão e nuance, mas, mesmo em sua face, o reverso da "localização" dessas figuras mostra que se devem entender as coisas de maneira contextualizada. O que parece ser conservador de uma perspectiva pode afigurar-se inovador de outra.

Além disso, o amálgama dessas forças revela que sua interação dialética pode ser considerada como uma estrutura catalisadora positiva. Uma situação pós-moderna fornece uma perspectiva mais ampla a partir da qual é possível perceber como essas duas forças podem coincidir. Uma avaliação positiva do pluralismo permite a existência de grupos que representam e até institucionalizam valores tradicionais e progressistas conflitantes. A pós-modernidade, para não mencionar as noções modernas de tolerância religiosa, torna difícil apreciar as razões pelas quais uma igreja donatista não podia ter subsistido dentro de uma instituição maior. As igrejas católica e donatista se separaram. Não obstante, no caso análogo do monasticismo, o mosteiro conseguiu existir no seio de uma unidade administrativa de uma igreja local, muito embora estabelecesse uma maneira significativamente diferente de vida cristã. Em algumas formas elementares, da mesma maneira como o conceito agostiniano de igreja espiritual oculta no interior da igreja promoveu os ideais donatistas em um nível teológico, o movimento monástico promoveu os ideais espirituais dos donatistas em termos institucionais no âmbito da estrutura organizacional da igreja. O desenvolvimento revela em que medida as acomodações são possíveis em qualquer época.

Objetificação institucional

A igreja é uma instituição histórica objetiva. O cristão tem de acreditar que a instituição humana de forma alguma esgota a realidade da igreja; mas não se pode negar nem minimizar as dimensões objetivas da igreja, o comportamento padronizado e as estruturas contratuais ou legais. As dimensões existencial, vivencial e comunal da igreja, as efetivas interações dos seres humanos, sempre coexistem com as dimensões objetivas. O período em foco fornece exemplos dessa polaridade em uma gama de níveis diferentes.

Robert Evans chama a atenção para o desenvolvimento, do século II ao século V na igreja latina, de como ou onde o atributo da santidade aplica-se à igreja. Tertuliano defendia uma igreja existencialmente "santa" manifestada no alto tom moral de toda a comunidade. A pureza religiosa e moral em Cipriano e nos donatistas era esperada pelo menos nos ministros. Mais ou menos na época de Agostinho, a santidade da igreja reveste um sentido mais objetivo: o quadro de membros como um todo dificilmente é santo, e os clérigos podem ou não sê-lo, mas a igreja enquanto instituição objetiva ainda é a igreja santa em sua doutrina, em seus sacramentos e em seu núcleo santificado. A teologia sacramental de Agostinho fornece um claro exemplo de como os sacramentos objetivos, porque pertencem a Cristo e são seus instrumentos de graça, transmitem seus efeitos espirituais e religiosos, independentemente do fato de o ministro ser digno ou de a fé e o amor dos membros subjetivamente recebê-los.

A objetificação também se aplica às funções e à autoridade. Vimos anteriormente como o carisma rotiniza-se em funções contratuais ou padronizadas, e como esse processo também estabelece uma permanente tensão entre as dimensões objetivas e subjetivas de uma função. Um líder que detém uma função também pode ser carismático, mas o líder também pode ser um administrador insípido ou, pior, incompetente e disfuncional. Não obstante, a função pode comportar autoridade, apesar do detentor da função. Tornar-se-á claro no transcorrer dos capítulos seguintes que, sem essa distinção, a função do papado jamais teria sobrevivido a seus ocupantes.

Por conseguinte, essa distinção é de considerável importância na compreensão da igreja. Por causa de sua ambiguidade ou de seu caráter polar, ela leva a asserções paradoxais e até a abusos. Por exemplo, como se pode dizer que uma igreja é santa quando se revela flagrantemente pecaminosa em seus membros ou líderes ou em ambos? Ou que um papa tem autoridade quando o que ele diz comporta pouca exigência religiosa para membros da igreja? No entanto, existe o senso de que a igreja pode simbolizar e mediar um poder transcendente, apesar de seus membros e das pessoas que ocupam funções em dado momento.

Uma perspectiva que reduza a tensão entre uma concepção objetiva e uma concepção existencial da igreja a qualquer dos polos, excluindo-se mutuamente, acarretará inevitavelmente uma *reductio ad absurdum*. Por um lado, santidade objetiva sem nenhuma santidade entre os membros não é absolutamente santidade. Por outro lado, o desenvolvimento da igreja durante os primeiros séculos mostra que não é possível fiar-se na santidade subjetiva da comunidade para se sustentar na história sem objetificação.

Distinção entre a igreja empírica e a igreja santificada em seu interior

Essa distinção de Agostinho tornou-se fonte de diversas distinções semelhantes na história da eclesiologia, nem todas igualmente claras nem igualmente reconhecidas. Muito embora a distinção de Agostinho, por mais objetiva que pareça, possa dar margem a abuso, ela também pode servir a um propósito digno. Por mais inseparáveis que possam ser, há que se poder distinguir a igreja enquanto coletividade e instituição externa de sua vida interior, que a igreja confessa estar submetida à influência de Deus em seu bojo. Para Agostinho, elas não eram mutuamente extensivas; a igreja santificada constituía uma minoria no seio da igreja maior. Essas linhas não serão claramente demarcadas nas eclesiologias subsequentes, mas é essencial distinguir o humano e o divino no âmbito da igreja, mesmo quando permanecem inseparáveis, um mediado pelo outro. Essa distinção permitiu a Agostinho tomar distância em relação à instituição; possibilitou-lhe distinguir entre elementos que eram humanos e pecaminosos daqueles que eram divinos; permitiu-lhe falar realisticamente acerca da igreja institucional; deu-lhe ferramentais para pensar dialeticamente a respeito da igreja e para fazer asserções que pareciam ser opostas: a igreja é o corpo de Cristo, e a igreja é pecaminosa. Essa distinção precisa ser utilizada cautelosamente, mas sem alguma forma de distinção a igreja institucional poderia ser idolatrada.

A dialética do todo e da parte

O princípio dialético do todo e da parte pode ser simplesmente enunciado, mas sua relevância varia. O princípio afirma que a igreja como um todo existe em qualquer parte; qualquer igreja local pode personificar toda a igreja. Ao mesmo tempo, entretanto, a igreja como global ou universal consiste em uma comunhão de igrejas. Isso significa que o objeto da eclesiologia é sempre o movimento cristão como um todo; nenhuma igreja individual exaure a igreja, muito embora a igreja subsista em princípio em toda igreja. Apesar disso, não pertencemos ao todo exceto em e através de uma igreja local. Esse princípio revestir-se-á de maior importância à medida que a igreja se torna mais dividida. O próprio princípio, contudo, pode ser iluminado pela reflexão sobre a cisão entre o catolicismo e o donatismo, e sobre o começo da separação das igrejas do Ocidente e do Oriente.

O donatismo representa um interessante caso de divisão interna na igreja. Por um lado, os eventos que lhe deram origem parecem um tanto comuns. Retrospectivamente, tende-se a pensar que as contraposições deveriam ter sido submetidas a negociações e a mútuas concessões. Abriram, ainda, uma fratura mais profunda e grave que percorreu todo o norte da África cristão. O conflito era tão intratável que os analistas tiveram de buscar uma série de afluentes profundos que de alguma forma explicassem o caráter duradouro da turbulência observada na superfície. Quaisquer que tenham sido as causas profundas, contudo, o donatismo suscita a questão eclesiológica de se essa divisão era necessária. O donatismo, em outras palavras, leva a perguntar, em termos mais gerais, quais seriam os méritos de semelhante divisão e se as razões que justificaram a divisão no passado seriam válidas hoje. Não se trata de dar respostas históricas a essas problemáticas históricas, mas simplesmente de suscitá-las contra o pano de fundo da consciência histórica e da aceitação do pluralismo que caracteriza a cultura intelectual pós-moderna. A divisão entre donatistas e católicos na igreja pós-constantiniana pode ser um interlúdio negativo que deixa uma lição positiva: essa espécie de coisa pode ser evitada.

A igreja no Oriente e no Ocidente será "oficialmente" associada no século XI, mas já se podem perceber as duas culturas cristãs separando-se gradativamente, a começar, particularmente, com a mudança do imperador Constantino para sua nova capital no Oriente. É surpreendente que tenham se mantido unidas por tampo tempo. Entretanto, se essas duas igrejas se reconheceram mutuamente por um período tão longo, a despeito dos vários cismas que foram tratados e apesar das crescentes fraturas em sua autocompreensão, em seu etos e em sua prática, uma vez mais não teremos terreno fértil para compreender como essas igrejas foram também substancialmente contínuas uma à outra e para apreender a unidade de toda a igreja através e em meio a diferenças significativas entre as partes? A história da igreja revela continuamente um processo de inculturação, quer conscientemente pretendido, quer não. Mas isso inevitavelmente significa diferenciação entre as partes. A eclesiologia histórica busca continuamente a unidade substancial da igreja através de suas diferenciações históricas, ou seja, apropriando-as quando possível e não imediatamente erigindo-as como obstáculos à unidade.

A relação da igreja com o Estado e com a sociedade

Por fim, a relação da igreja com o mundo designa o lugar onde ocorreu a maior mudança na transição de uma igreja pré-constantiniana para uma igreja pós-constantiniana. O contraste entre a igreja do século II e a igreja do século VI é total: a primeira compõe-se de pequenos conventículos que povoavam as cidades em torno do império; a segunda é a religião do Estado, em alguns lugares encarregada de desempenhar muitas funções civis básicas além de sua função explicitamente religiosa. Não foi possível à igreja primitiva engajar-se construtivamente na sociedade; não foi possível à igreja evitar tal responsabilidade após os imperadores efetivamente "estabelecerem" a igreja, direcionarem-na ao atendimento de necessidades humanas concretas e delegarem a seus líderes parte de sua própria autoridade. Observamos no decorrer da exposição que parte das crescentes diferenças entre a igreja no Oriente e Ocidente estava relacionada a diferentes percepções acerca da sinergia entre a igreja e o Estado. Uma vez mais, portanto, podemos discernir, nesses desenvolvimentos, a máxima segundo a qual a igreja assumirá diferentes relações com a sociedade e com o Estado segundo o tempo, o lugar e as constelações sociopolíticas da distribuição do poder. Não há norma concreta firme ou estável para a relação entre a igreja, de um lado, e a sociedade e o Estado, do outro.

PARTE III

A IGREJA NA IDADE MÉDIA

5. A REFORMA GREGORIANA E A NOVA IGREJA MEDIEVAL

Imagina-se se Gregório I teria reconhecido a igreja como a mesma que ele presidira se houvesse sido transportado para o IV Concílio Lateranense, em 1215, e se tivesse testemunhado Inocêncio III na cátedra de Pedro. A igreja percorrera um longo caminho nessas seis centenas de anos, e a justaposição das duas igrejas fornece um exemplo marcante de analogia histórica. A igreja na alta e na Baixa Idade Média, de muitas maneiras, diferia tanto da de Gregório I como a sua da de Inácio de Antioquia.[1]

Os dois primeiros capítulos descrevem e analisam a igreja medieval, com especial atenção para a igreja do Ocidente. Tal abordagem restringe o foco dessa eclesiologia histórica, mas é inevitável, se o trabalho tiver de se manter dentro de certos limites. Em princípio, uma eclesiologia histórica deve ser aberta e inclusiva em seu escopo. Mas outros fatores ainda claramente restritivos estão interferindo. Com efeito, não se pode relatar a história do desenvolvimento da igreja de 700 a 1500 em poucas páginas. A narrativa aqui procede com base em uma seleção de certos personagens-chave, situações históricas, eventos e textos como forma de representar esquematicamente o que está contido em um mar de literatura histórica. Com isso pretende-se retratar alguns dos traços distintivos da igreja medieval na Europa que era diferente de qualquer coisa antes ou depois dela. O capítulo 5 delineia a igreja no século XIII, quando ela atingiu o apogeu de seu poder na Europa, enquanto o capítulo 6 descreve a igreja até o começo do século XVI. Muitos caracterizam esse período mais tardio como de declínio, mas esse julgamento frequentemente se

---

[1] Peter Brown escreve: "O século VII, e não a inconclusa crise política que denominamos 'Invasões Bárbaras' do século V, testemunhou a verdadeira ruptura entre o mundo antigo e o que se seguiu". "'Nosso' cristianismo foi criado no século VII e não antes". Peter Brown. *The Rise of Western Christendom*, 2. ed., Oxford, Blackwell, 2003, pp. 219-220.

refe ao poder político e à probidade moral dos papas. Ao longo de todo esse período a igreja continuou a influenciar a vida das pessoas.

Esse capítulo segue uma estratégia agora familiar. A primeira parte tece comentários sobre alguns desenvolvimentos históricos fundamentais que ajudaram a definir a era e a igreja em seu bojo. Dado o contexto, a segunda parte analisa mais de perto pessoas e textos que testemunham a autocompreensão da igreja durante esse período. A essa luz, a terceira parte oferece uma caracterização descritiva da igreja como um todo, enquanto organização religiosa de massa. O capítulo encerrar-se-á extraindo alguns princípios ou axiomas operantes na igreja nessa época e que serão úteis para uma interpretação construtiva e historicamente consciente da igreja.

Desenvolvimento histórico

Qualquer tentativa de caracterizar o desenvolvimento da igreja na Alta Idade Média em curto espaço limita-se a responder à seguinte questão: que eventos históricos e que pessoas seriam incluídos em uma pequena lista dos fatores-chave que definiram essa realidade social? Na exposição que se segue, o evento organizador fundamental é o prolongado processo da reforma gregoriana durante a segunda metade do século XIX. Tomando-o como evento central, pode-se narrar a história desse período em três estágios: o período que conduz à reforma gregoriana e prepara o cenário para sua instauração, sua representação como uma espécie de ponto crítico na história da igreja, bem como o florescimento da igreja ocidental como cristandade nos séculos XII e XIII.[2]

---

[2] As fontes para esta seção histórica incluem as seguintes obras: John Binns. *An Introduction to the Christian Orthodox Churches.* Cambridge, University Press, 2002; Uta-Renate Blumenthal. *The Investiture Controversy: Church and Monarchy from the Ninth to the Twelfht Century.* Philadelphia, University of Pennsylvania Press, 1988; Peter Brown. *The Rise of Western Christendom: Triumph and Diversity, AD 200-1000,* 2. ed., Oxford, Blackwell, 2003; Yves Congar. *L'Eglise: De Saint Augustin à l'èpoque modern.* Paris, Editions du Cerf, 1970; Bernard Cook. *Ministry to Word and Sacrament: History and Theology.* Philadelphia, Fortress Press, 1977; H. E. J. Cowdrey. *The Cluniacs and the Gregorian Reform.* Oxford, Clarendon Press, 1970; Eric G. Jay. *The Church: Its Changing Image through Twenty Centuries.* Atlanta, John Knox Press, 1980;

A igreja europeia de Gregório I ao século XI

Quando Gregório I morreu, em 604, a igreja estava se expandindo na Europa. E por essa época a reforma gregoriana estava completa, praticamente toda a Europa Ocidental era cristã na superfície, com a exceção da minoria de judeus que viviam ao lado dos cristãos e dos muçulmanos que viviam com os cristãos na Espanha. Esse longo período de transição pode ser encarado como intenso processo de inculturação em que a igreja assumiu uma relação simbiótica com a sociedade e com a estrutura política, de tal sorte que a própria Europa tornou-se cristã. Mas quem absorveu quem nessa síntese? Começando com a reforma gregoriana, um constante equilíbrio de poder entre papas e governantes seculares criou uma tensão no nível macropolítico. A integração cultural mais profunda, entretanto, começou bem mais cedo. O crescimento do islã no século XVII proporcionou um pano de fundo para o extenso processo de desenvolvimento. À medida que se difundia, suprimindo o cristianismo no norte da África e movimentando-se dentro da Espanha, atravessando profundamente os territórios do cristianismo oriental, o islã estabelecia uma clara fronteira externa da igreja europeia. A própria presença do islã, presença por vezes agressiva, exercia continuamente uma influência sobre a autocompreensão e um comportamento agressivo igualmente frequente da igreja.

O desenvolvimento da igreja primitiva no Império Romano revelou em que medida aquilo que pode ser chamado de história secular ou sociopolítica geral domina a forma da igreja em qualquer época dada. A história continua no começo da Idade Média. As invasões provocaram a ruptura da estrutura unificada do Império Romano. As estruturas e os órgãos administrativos, a lei e o governo, os sistemas de comunicação e comércio que interligavam os elementos da sociedade europeia mais ampla

---

David Knowles, com Dimitri Obolensky. *The Middle Ages*. New York, McGraw-Hill, 1968; Joseph H. Lynch. *The Medieval Church*. London, New York, Longman, 1992; John Meyendorff. *The Making of The Middle Ages*. New Haven, Yale University Press, 1959; Brian Tierney. *The Crisis of Church and State 1050-1300*. Englewood Cliffs, N.J., Prentice Hall, 1964; Ernst Troeltsch. *The Social Teaching of the Christian Churches*. New York, Harper Torchbooks, 1960; Walter Ulmann. *A Short History of the Papacy in The Middle Ages*. London, Methuen, 1972; Timothy Ware. *The Orthodox Church*. London, Penguin Books, 1997.

deram azo à emergência de um sistema feudal de sociedade. O governo centralizado pela lei abriu caminho para relações privadas e pessoais, largamente ditadas pela riqueza e pelo poder individual. No lugar da adesão comum a um corpo objetivo de leis, as relações políticas entre as pessoas tornaram-se mais uma função de força e poder. A estrutura de qualquer palco de acontecimentos pode ser concebida em termos de relações bilaterais entre os poderosos e os fracos, o senhor e o vassalo, o mantenedor da ordem e da proteção e os provedores de serviços e tributos. Essa mudança na estrutura da sociedade acarretou três desdobramentos para a igreja.

Um desdobramento significativo consistiu na emergência de igrejas de propriedade. Durante os séculos VII e VIII, igrejas individuais tornaram-se propriedade privada; pertenciam ao senhor que as construía e as possuía e eram consideradas como bem patrimonial; uma igreja podia ser comprada, vendida ou dividida entre herdeiros. Isso não foi o resultado de uma sinistra conspiração, mas ocorreu como desenvolvimento natural. O senhor feudal, que constituía uma comunidade rural, por exemplo, podia construir uma igreja para seus vassalos e, portanto, tornar-se proprietário desta igreja. Em consequência disso, o sacerdote passou a ser empregado ou dependente do dono da igreja. Uma igreja podia ser propriedade de um rei, de um príncipe, de um particular, de um bispo ou de um consórcio. Essas igrejas, geralmente vinculadas a terra e receita, tornaram-se, portanto, parte do sistema feudal, e seus ministros relacionavam-se com os proprietários sob a égide da estrutura feudal.[3]

Um segundo desdobramento colocou o poder temporal nas mãos dos bispos. A trajetória de Gregório I, de certa forma, prefigurou a estrutura básica dessa transição. No esboroamento da autoridade central e no vácuo de poder deixado pelas invasões, os bispos, naturalmente, satisfizeram a necessidade de liderança com uma base organizacional. Os filhos das famílias abastadas que tinham acesso à educação tornaram-se bispos, e

---

[3] Knowles, *The Middle Ages*, pp. 51-55.

os bispos tornaram-se autoridades locais; eles governavam as cidades e administravam a justiça.[4]

Em terceiro lugar, com o esfacelamento do império, a igreja do norte dos Alpes permaneceu à parte de qualquer administração concreta ou prática de Roma. O papa nunca se relacionou com as igrejas do norte da forma como fazia com as igrejas na Itália. A desordem social generalizada, se não o caos, impediu qualquer comunicação tranquila na Europa que permitisse o desenvolvimento de uma relação. Desse modo, a igreja do Ocidente situou-se entre as igrejas regionais mais ou menos autorreguladas. Roma não controlava o desenvolvimento durante esse período, e as estruturas da igreja tendiam a mesclar-se com a contextura da sociedade. No decurso dos séculos VII e VIII, "as igrejas cristãs haviam se tornado profundamente regionalizadas. O cristianismo era uma mixórdia de 'microcristandades' adjacentes, mas separadas".[5]

O período carolíngio e suas consequências. No ano 750, o papa sancionou a tomada do reino de França por Pepino, tendendo, doravante, a identificar-se com o Ocidente, e não com o Oriente, em certos aspectos, em contraposição ao imperador no Oriente. A igreja ocidental então deslocou-se mais na direção do estabelecimento de uma autocompreensão e identidade próprias. No ano 800, o papa Leão III coroou Carlos Magno, o rei frâncico, Imperador de Roma, acontecimento que alguns consideram o mais significativo incidente isolado de toda a Idade Média. Ele estabeleceu um precedente: os imperadores do Ocidente, os imperadores romanos, eram constituídos por coroação papal.

O reinado de Carlos Magno consolidou a integração da igreja europeia com a sociedade feudal. Criou uma extensa igreja territorial que era efetivamente controlada e governada pelo próprio rei, o que não deve ser entendido em termos de competição com Roma, com o papa ou com os

---

4   Ibid., pp. 29-30. Esse desenvolvimento já se encontrava em pleno progresso durante o século VI na França. Ver Brown, *Western Christendom*, pp. 145-165.

5   Brown, *Western Christendom*, p. 364. O trabalho de missionários como Willibrord (658-739) e especialmente Bonifácio é importante para a compreensão do processo pelo qual a igreja expandiu-se na Europa e começou a adentrar o interior.

bispos. Carlos Magno seguiu o modelo imperial estabelecido por Constantino, Eusébio e Justiniano. Com efeito, a igreja propiciou um instrumento para galvanizar o império: politicamente, Carlos Magno governou mediante "uma 'aristocracia gerencial', composta de leigos poderosos, bispos e grandes abades".[6] Os bispos tornaram-se os administradores do reino; eram consultores, legados, educadores, administradores. Carlos Magno nomeava bispos, convocava sínodos, legislava sobre questões de natureza doutrinária e litúrgica. A essa altura, a situação afigura-se radicalmente diferente do que ocorria sob Leão I e Gregório I: muito embora Gregório I fosse social e politicamente parte integrante do funcionamento do império, em assuntos da igreja ele gozava de autonomia e de relativa influência em relação à autoridade imperial. Na igreja carolíngia, uma clara distinção entre a igreja enquanto instituição e o Estado enquanto instituição praticamente não existia. Uma sociedade cristã era governada por um rei ou por um imperador cristão com os bispos.

O período posterior à morte de Carlos Magno, ocorrida em 816, foi de gradativa desintegração. O soberano dividiu o império entre seus filhos, os quais lutaram entre si, e a unidade administrativa que Carlos Magno forjara ruiu. O esboroamento do império carolíngio no decorrer do século IX também assinala o início dos dias mais sombrios do papado. Com algumas notáveis exceções, os papas, durante o final do século IX e ao longo de todo o século X até o século XI, foram pouco mais que bispos locais instalados no poder por um imperador ou por uma das famílias rivais de Roma. Relatos escandalosos de papas individuais são abundantes. Com a ascensão dos reis germânicos no século X, o papa tornou-se títere na rivalidade entre os reis romanos e os reis germânicos que conquistaram o título de imperador romano. Os imperadores germânicos, em troca da coroação, nomeavam e depunham papas e recebiam juramento de fidelidade dos papas. Em suma, Roma tornara-se uma igreja territorial. O imperador germânico governava um império feudal do qual a Igreja

---

[6] Ibid., p. 437. Carlos Magno utilizou as instituições da igreja para integrar seu império em termos políticos, legais, educacionais e, por fim, culturais, da mesma forma como promoveu o latim, a língua da igreja romana. Ibid., pp. 437-452.

Romana era parte. "De fato, entre 955 e 1057, houve vinte e cinco papas, doze dos quais pelos menos foram indicações imperiais diretas e os outros criações da aristocracia romana, enquanto cinco pontífices foram depostos ou destituídos pelos imperadores."[7] Essa situação prevaleceu até o começo da reforma gregoriana.

Renascimento geral. A reforma gregoriana foi parte do renascimento muito mais geral que começou aproximadamente no ano 1000.[8] A data é arbitrária e não corresponde a nenhum evento isolado. Muitos fatores contribuíram para esse renascimento no que diz respeito à igreja, dos quais o monasticismo não foi o menos importante, que experimentou uma ressurgência durante o século X. A Abadia de Cluny, discretamente iniciada no ano 909, exemplificou uma reforma monástica baseada na independência política e na autenticidade religiosa. A chave de seu sucesso reside em sua autonomia e em sua lealdade a Roma. Seus fundadores estabeleceram-na como independente de todo controle laico ou episcopal, e diretamente dependente da igreja de Roma. Cluny pôde florescer, então, com eleições simplesmente internas de abades e perseguir uma vida religiosa reformada. O movimento propagou-se rapidamente e foi acompanhado por outras revivescências monásticas na Inglaterra, na Normandia e na Alemanha. A partir desses monastérios brotariam tanto os ideais da reforma gregoriana como os efetivos reformadores.[9]

---

[7] Ullmann, *Papacy in The Middle Ages*, p. 128. "Sentimentalmente, Roma ainda era o coração da Europa, mas, do ponto de vista econômico e administrativo, era um coração que havia cessado de bater". Southern, *Middles Ages*, p. 135. Southern retrata uma cidade coberta de vegetação, pontilhada de monumentos do passado. "No interior dos muros, que outrora abrigaram um milhão de pessoas, uma pequena população se reunia em grupos na cidade baixa, junto às margens, e na ilha entre as margens, do Tibre" (p. 135). Não obstante, tinha centenas de igrejas e sua principal indústria eram as peregrinações. As pessoas visitavam o centro de espiritualidade e as relíquias. O papa "presidia com dignidade patriarcal, em uma posição em que um legislador teria se frustrado e em que um administrador não haveria encontrado nada para administrar" (p. 136).

[8] Os fatores sociais, econômicos e políticos que contribuíram para o renascimento cultural fornecem a base para uma avaliação realista do que se passou. Como exemplo, ver a exposição da evolução da cidade medieval em Joseph e Frances Gies. *Life in a Medieval City*. New York, Thomas Y. Crowell, 1969, pp. 1-22.

[9] Cowdrey mostra como Cluny, o papado e os reformadores gregorianos ajudaram-se reciprocamente. Os dois movimentos de reforma tinham diferentes objetivos, mas se complementavam e se reforçavam mutuamente. Durante o curso da reforma gregoriana, a liberdade de Cluny

Gradativamente escolas e centros de estudo começaram a reaparecer. Carlos Magno estabelecera um sistema de escolas nos monastérios e nas catedrais e restabelecera um currículo escolar. Essas instituições declinaram com o colapso do império carolíngio, mas começaram a emergir novamente por volta do ano 1000. A educação, o estudo da gramática e outras aptidões básicas de aprendizagem, tanto quanto o estudo da teologia, foram fator do renascimento da sociedade e da igreja. Em meados do século XI, surgiu uma séria controvérsia em torno da natureza da eucaristia que pode ser tomada como marco dos primórdios de uma teologia medieval específica.

Mas mais significativo para a vida da Europa em geral e da igreja em particular foi o crescimento do estudo do direito. A burocracia e os arquivos de Roma e de outros centros sobreviveram às rupturas do passado, preservando toda uma riqueza de documentação. O estudo focou-se tanto no antigo direito romano como nas leis da igreja. Pouco a pouco, um corpo de leis a que se podia recorrer como autoridade objetiva começou a exercer influência. Em todo esse estudo, o instrumento básico de aprendizado era o texto. Era o renascimento: um olhar retrospectivo e um aprendizado a partir da sabedoria do passado, bem como uma projeção e uma aplicação ao presente. O argumento era a interpretação de textos passados; a demonstração começava e se apoiava na autoridade e no precedente. Em parte alguma esse procedimento é mais evidente do que nas cartas de Gregório VII.

Nenhum desses desenvolvimentos simultâneos ocorreu espontaneamente; foram intrincadamente dependentes das expansões histórico-sociais ocorridas na Europa. A abertura da economia, o crescimento dos fluxos migratórios e do comércio, assim como o desenvolvimento das cidades, proporcionaram a matriz social em que esses outros desdobramentos se verificaram. A intensa simbiose entre a igreja e a sociedade seria formidavelmente manifestada na arquitetura gótica. A catedral

---

exemplificou um ideal. "Quando os gregorianos aspiraram a concretizar a liberdade da igreja, Cluny, acima de todas as outras instituições doravante, forneceu um padrão ao qual aprovaram." Cowdrey, *Cluniacs*, 51; também xxiv-xxv. Congar concorda em *L'Eglise*, p. 91.

simbolizava a visão cristã na pedra, e a estrutura física "encarnava" um *mythos* para a sociedade citadina. A catedral criava um nexo entre uma representação imaginativa da narrativa e da doutrina cristãs e a economia da região. A igreja física abrigava os fiéis que se reuniam para a liturgia e para as festas; trabalho e culto se amalgamavam; a catedral estabelecia a identidade local e forjava relações com outras cidades catedrais. Esse aspecto, porém, será abordado mais à frente.

A reforma gregoriana

A reforma gregoriana, designada pelo epíteto de seu mais proeminente protagonista, Gregório VII, foi, *grosso modo*, contemporânea da segunda metade do século XI. Independentemente de ter sido uma reforma ou uma revolução, a reforma gregoriana foi animada a partir de cima quando os papas se confrontaram com governantes e bispos europeus. O meio século foi repleto de atos legislativos, de eventos simbólicos e de jogos de poder espirituais que, de muitas maneiras fundamentais, transformaram completamente a igreja ocidental em um nível estrutural e em sua perspectiva básica. Os eventos aqui revestem-se de significado à luz das questões, e as questões assumem significado e importância dentro do quadro heurístico utilizado para sua interpretação.

Interpretando a reforma gregoriana. Nenhuma perspectiva isolada acerca da reforma gregoriana pode abarcar o pleno significado do que aconteceu e as razões de sua ocorrência. Não obstante, a distinção entre duas grandes diferentes interpretações pode servir aos propósitos de uma eclesiologia de baixo: uma interpretação historicista, não sem importância teológica, e uma interpretação teológica particular da lógica dos eventos.

O historiador vê a reforma gregoriana como uma mudança na administração e na organização da igreja provocada pelas transformações sociais, econômicas e políticas ocorridas na Europa ocidental.[10] A mudança na teologia e na estrutura da igreja guarda, portanto, analogias

---

[10] Southern, *Middle Ages*, pp. 118-134.

com a mudança que se verificou de Cipriano a Agostinho. Diversos fatores compõem esse ponto de vista. Em primeiro lugar, há que se ver a reforma no contexto da terra, da renda da terra e do legado do império carolíngio. O ponto de partida é o sistema de propriedade da igreja, em que a propriedade da igreja e os bens eclesiais são reais e incontestes. Entretanto, esse sistema e a maneira paradigmática de encarar as coisas estavam em decadência, enquanto surgia algo novo. Em segundo lugar, no antigo sistema, todo mundo pensava que o governante secular tinha a responsabilidade ou o privilégio de ocupar a função eclesial com a pessoa certa.[11] A ideia não era conferi-la a pessoa errada ou a alguém menos qualificado. Henrique III deu início à reforma gregoriana a partir da preocupação da igreja com a designação da pessoa certa para ser papa.[12] Em terceiro lugar, no decorrer do conflito, a igreja, no sentido de seus líderes clericais, procurou proteger seu patrimônio, de que necessitava, por sua vez, para preservar sua integridade. O resultado, contudo, foi uma mudança de cosmovisão. Os soberanos divinamente nomeados e o clero administravam conjuntamente os bens da igreja em um sistema que assegurava às partes uma posição mais ou menos equivalente. A concepção de que o clero por si só podia designar para função eclesial engendrou um sistema novo e diferente. Então, em quarto lugar, uma vez vigente esse paradigma, a investidura afigurou-se sinônimo de simonia e toda a prática foi tratada como abominação, o que explica as contundentes alusões feitas contra ela na última metade do século XI.

A interpretação teológica desenvolveu-se no decorrer da própria reforma gregoriana em torno do *slogan libertas ecclesiae*. Nessa visão, o que estava em jogo na reforma, de uma maneira mais geral, era a liberdade

---

[11] "O rei não era um leigo comum. Pelo contrário, era o governante eleito por Deus, que detinha não apenas o direito, mas também a responsabilidade de intervir na igreja, posto que a proteção e a supervisão da igreja, no sentido de senhorio, constituíam parte do *ministerium* que Deus havia conferido a ele." Blumenthal, *Investiture*, p. 34.

[12] Na visão comum, o soberano, como Carlos Magno, sentia-se responsável pela igreja e designava bispos, pastores e capelães apropriados. "Indubitavelmente, era errado entregar por dinheiro uma igreja a uma pessoa indigna: mas era descabido entregá-la a um estranho por nada." No antigo sistema, eles não estavam "vendendo coisas sagradas — estavam lidando apenas com temporalidades ligadas a coisas sagradas". Ibid., pp. 124-125.

da igreja.[13] A liderança da igreja, em qualquer nível, imbricava-se com a sociedade secular. O papado, objeto de disputa entre o imperador e a aristocracia romana, fora incapaz de exercer sua autoridade em toda a Europa. Os bispos agiam como senhores feudais temporais, vassalos dos lordes ou administradores que, na pior das hipóteses, haviam comprado as próprias funções. Os sacerdotes fora das cidades frequentemente agiam e viviam como servos, parte da igreja particular de alguém, ordenavam camponeses que serviam em níveis de subsistência. Essa situação não refletia um leque de normas leigas nem uma estratégia planejada; como produto do desenvolvimento histórico, esse quadro simplesmente representava a maneira como as coisas eram. O sistema, porém, carecia de reforma em três pontos específicos.

As questões da reforma. A reforma da igreja girava abertamente em torno de três pontos. O primeiro dizia respeito à simonia, "a venda e compra de ofícios, bens ou funções eclesiais".[14] Não se sabe ao certo como essa prática se disseminou. Seja como for, considerando-se que o bispo também era governante temporal, a muitos se afigurava adequado que aquele que assumisse o governo temporal remunerasse o próprio senhor pela posição, de acordo com a prática feudal.[15] Ao mesmo tempo, contudo, o sistema claramente colocou em risco a liberdade da igreja; um bispo era controlado pelo senhor de quem adquirira a função. Além disso, a função do bispo se degradaria facilmente se as posições fossem para o maior arrematante.

Uma segunda questão concernia ao celibato, que esteve longe de ser resolvido no período patrístico. O concubinato e o casamento de

---

[13] "A liberdade na Idade Média só podia ser concebida no contexto da soberania, que era um ponto de referência teológico" (ibid., p. 51). A proteção real significava liberdade da igreja ou do monastério em relação à intervenção por parte da aristocracia; a proteção ou soberania papal significava liberdade em relação à interferência ou grilagem de bispos ou nobres, e assim por diante. O ideal de liberdade dos reformadores, portanto, tinha níveis de significado, da reivindicação de domínio sobre a propriedade eclesial ao nível de liberdade para escolher homens para o ministério da igreja com base em critérios espirituais e religiosos.

[14] Ibid., p. 48.

[15] Uma vez mais, as práticas diferiam de acordo com o local. "O *servitium reale* de forma alguma pode ser comparado com as somas de dinheiro que mudavam de mão nas transações de bispados e abadias no sul da França." Ibid., p. 49.

sacerdotes estavam bem disseminados, o que comprometia um ideal ascético duradouro, embora se tratasse de um comportamento socialmente aceitável à época. Os mosteiros, contudo, estavam estabelecendo novos padrões de vida cristã. O mosteiro forneceu o modelo de cristianismo para uma região. "Foi dos mosteiros que os camponeses aprenderam sua religião."[16] Os monges, portanto, encorajaram a reforma do clero, de sorte que os clérigos, por sua vez, pudessem ter mais influência espiritual sobre a sociedade. Outras questões sociais envolvendo herança e alienação da propriedade de um senhor ou da igreja por herança aos filhos complicaram as coisas. Os lordes leigos geralmente preferiam manter sacerdotes celibatários.

A prática da investidura tornou-se a mais séria de todas as questões. A investidura, que fora autorizada pelos papas no passado, envolvia uma série de compromissos. O governante secular nomeava o bispo, que só depois era aprovado pelo metropolita e pelo povo. Na cerimônia de posse, o governante recebia juramento de lealdade em troca da concessão dos símbolos de autoridade *antes* que o indivíduo fosse consagrado ou ordenado bispo. Todo esse sistema permitia que um governante secular mantivesse cogovernantes não hereditários leais em contraposição a senhores leigos ou príncipes concorrentes cujo poder se ampliara com os sucessores hereditários. Em termos gerais, no entanto, deve-se observar que a relação entre bispos e governantes variava entre as igrejas regionais. Por conseguinte, a controvérsia da investidura e as negociações com Roma assumiram formas um tanto quanto diferentes na Alemanha, na Inglaterra e na França. Como essas questões eram sistêmicas, sua mudança envolvia equilíbrios desconcertantes de poder e padrões elaborados de comportamento social.

O movimento da reforma. A reforma gregoriana, que deixou um legado de acirrada luta entre papas e imperadores, começou no ano 1049 por instigação do imperador germânico Henrique III. Naquele ano, ele nomeou um papa germânico, um parente, Leão IX. Leão levou consigo para Roma

---

[16] Southern, *Middle Ages*, p. 158.

diversos colaboradores competentes, de mentalidade reformista, dos quais fez cardeais, ou seja, seus conselheiros e administradores. Trabalhando em conjunto com eles, Leão condenou o crime ou a heresia da simonia e o concubinato clerical, viajando então pela Europa para presidir sínodos locais e executar decretos. Estabeleceu também um sistema de legados, representantes residentes do pontífice, dotados de plenos poderes papais. Leão IX morreu em 1054, o ano da ruptura entre as igrejas do Oriente e do Ocidente. O zelo pela reforma e a afirmação do poder papal estenderam-se ao Oriente e formalizaram uma ruptura que perdura até hoje, a despeito das diversas tentativas de restauração da unidade.

O movimento pró-reforma prosseguiu em 1059, quando o papa Nicolau II publicou um decreto sobre a eleição do papa. O papa seria eleito pelos cardeais-bispos, com o apoio dos outros cardeais, e aprovado pelo clero e pelo povo de Roma. Isso equivalia a uma declaração de independência do papado em relação ao imperador e às famílias romanas. No mesmo ano, o papa promulgou um decreto condenando a prática da investidura. Outra declaração de autonomia, essa iniciativa propunha uma hierarquia eclesial livre do controle dos governantes ricos ou poderosos.[17] Com esses decretos, foram assentadas as ideias básicas do programa de reforma. A importância de Gregório VII é que ele colocou em prática as ideias da reforma, implementou-as.

Hildebrando nasceu entre 1020 e 1025, na Toscana, e tornou-se monge. Quando Leão IX foi nomeado papa pelo imperador, em 1049, Hildebrando era o mais jovem dos reformadores que ele levara consigo para Roma. Ele desempenhou as funções de tesoureiro da igreja romana e de legado pontifício, e influiu na eleição de seus predecessores. Em 1073,

---

[17] Os reformadores papais e as potestades imperiais podem ter cooperado em uma luta contra o casamento clerical e até contra a simonia. Mas, gradativamente, a reforma tornou-se uma luta contra a influência laica na igreja. O cardeal Humberto da Silva Cândida, um dos reformadores originais, foi o principal teórico e protagonista nessa guinada: tanto a simonia como a investidura eram vistas como usurpação das prerrogativas eclesiásticas por partes dos leigos. Ele relacionava a simonia com as potestades seculares que se enriqueciam por meio da propriedade da igreja e a investidura com uma completa subversão do processo canônico de eleição dos bispos. As fontes revelam um quadro mais complexo. Blumenthal, *Investiture*, pp. 87, 89-91.

por ocasião da morte do papa então reinante, Gregório foi primeiro eleito por aclamação popular em Roma e depois canonicamente.

Seus doze anos de papado foram marcados por sua histórica luta contra Henrique IV, da Alemanha. Nesse acirrado conflito, Gregório VII primeiro adquiriu o controle por sua excomunhão do rei e pela suspensão de seu reinado.[18] Entretanto, após suspender a excomunhão, a maré se voltou novamente para Henrique, e ao final ele expulsou Gregório de Roma antes da morte deste último, ocorrida em 1085. Por essa época, no entanto, o padrão de liderança papal autônoma se consolidara.

Que resultados obteve a reforma gregoriana? A simonia adquiriu *status* de heresia e crime grave. O ideal de celibato clerical foi reafirmado e posteriormente seria normatizado nos Concílios Lateranenses pelos dois séculos seguintes. No tocante à investidura, contudo, a reforma resultou em um compromisso ou *modus vivendi*. Os reformadores ressaltaram que um governante secular não podia nomear bispo, o qual deveria ser canonicamente eleito pelos clérigos da região e acolhido pelo povo. Devia ser consagrado por outros bispos, com a aprovação do metropolita. O rei ou governante não podia investir um bispo de autoridade. A função episcopal era de índole espiritual e, portanto, distinguia-se da investidura laica. Todos aqueles que haviam sido investidos por governante leigo não eram bispos legítimos. Essas medidas reformadoras, contudo, não foram nem poderiam ter sido aceitas por nenhum governante secular, porque, *de fato*, os bispos possuíam autoridade tanto espiritual como temporal. A função tornara-se e permanecera uma posição no âmbito do ordenamento civil e envolvia o governo temporal. Por causa da confusão de poderes na pessoa dos bispos, as duas linhas de poder poderiam conflitar-se, especialmente no tocante à propriedade. O bispo era responsável pela lei da igreja e obedecia ao metropolita e ao papa; enquanto senhor, era

---

[18] A excomunhão de Gregório VII e a deposição de Henrique IV tiveram importante significado simbólico. Alteraram a doutrina gelasiana das duas autoridades paralelas para a supremacia de uma sobre a outra. O ato de Gregório "reverteu o antigo conceito da dualidade igreja e monarquia, introduziu profundas mudanças e destruiu para sempre o ideal medieval da única *res publica* cristã, muito embora o próprio Gregório VII ainda estivesse inteiramente ligado a esse conceito". Ibid., p. 124.

responsável por seu governante leigo. Quanto aos governantes, aceitar a medida reformadora equivaleria a submeter-se a autoridade temporal efetiva à igreja.

No final, esse conflito efetivamente não se resolveu, mas o acordo a que se chegou na Concordata de Worms, em 1122, permitiu às partes viver em uma tensão de interesses concorrentes. Em outras palavras, os bispos eram eleitos canonicamente, e os governantes continuaram a influenciar ou a determinar essas eleições. Basicamente, a concordata promoveu a reconciliação entre o imperador Henrique V e o papado. Ficou estipulado o seguinte: "O imperador renunciou à investidura com anel e báculo, permitindo assim a livre eleição canônica e a consagração. O papa, por seu turno, concedeu aos bispados e às abadias germânicas eleições em face do soberano ou de seus representantes. O monarca tinha o direito de intervir nas eleições disputadas e, o mais importante, o imperador podia investir candidatos às sés germânicas antes da consagração com a *regalia* [não definida no documento] da diocese, usando o cetro, em vez do anel e do báculo".[19]

A emergência da cristandade

A reforma gregoriana propiciou base e impulso histórico-social para a criação da cristandade, uma unidade da igreja e da sociedade na Europa. Pode-se avaliar a abrangência dessa unidade em diversos aspectos. Mas mesmo a contínua rivalidade e conflito entre *sacerdotium* e *regnum* desenvolveu-se sob o âmbito ou no âmbito de um contexto religioso em que todos conferiam autoridade divina aos governantes. A exposição que se segue tenta refletir o escopo dessa síntese enumerando várias das instituições que gradativamente vieram reforçá-la no decorrer dos séculos XII e XIII. Uma descrição sincrônica mais abrangente da igreja far-se-á na terceira parte do capítulo.

---

[19] Ibid., p. 173.

O papado fortaleceu-se com uma série de competentes pontífices. A reforma gregoriana transformou inteiramente o múnus papal. A partir dela, lideranças fortes e competentes promoveram os interesses da igreja durante os séculos XII e XIII e consolidaram a função. A implacável resistência dos governantes seculares acarretava frequentemente maior determinação dos papas.

Aproximadamente ao final do movimento reformador, em 1095, o papa Urbano II pregou sua primeira cruzada, lançada com o objetivo de libertar os lugares sagrados das mãos do islã. As cruzadas começaram, portanto, ao término do século XI e se estenderam até o século XIV. A primeira cruzada captou a imaginação religiosa de toda a Europa; exemplificou e ao mesmo tempo consolidou uma autoridade direta e simbólica do papa sobre toda a igreja ocidental. De certa forma, a primeira cruzada foi o clímax da reforma gregoriana.[20]

Os papas continuamente exerceram sua autoridade por meio de carta e decreto. Mas também consolidaram seu poder e exerceram sua autoridade através de concílios. O concílio era uma forma de legislar publicamente para o conjunto da cristandade. Quatro Concílios Lateranenses foram realizados em Roma durante o século XII e começo do século XIII; durante o restante do período medieval, os concílios foram realizados fora de Roma, em lugares diversos por várias razões. Cada Concílio Lateranense aprovou uma extensa quantidade de legislação geral ou universal, especialmente o Quarto Concílio Lateranense, ocorrido em 1215.

A lei expandiu-se continuamente através da legislação conciliar e do decreto papal. E, de maneira mais geral, a lei continuou a ser estudada e codificada. A interpretação da lei e a reconciliação de leis conflitantes fizeram desse estudo uma disciplina cada vez mais complexa e significativa.

---

[20] Chenu observa que o Antigo Testamento alimentou a imaginação na concepção da igreja como reino de Deus. Como a igreja, no Novo Testamento, não forneceu modelos para um povo de Deus integrado às estruturas da sociedade, era natural voltar-se para as escrituras judaicas. Um argumento claro em questão eram as cruzadas: "Claramente, foi no Antigo Testamento que a cruzada, esse peculiar empreendimento de toda a cristandade, encontrou sua inspiração, sua base, suas regras, bem como todas as ambiguidades concernentes ao messianismo terreno que configuram parte usual da imagética dos livros proféticos". Marie-Dominique Chenu. *Nature, Man, and Society in the Twelfth Century*. Chicago, University of Chicago Press, 1968, p. 158.

Mais do que os teólogos, os canonistas mediaram a visão fundamental da igreja. A lei objetivava as normas disciplinares à medida que eram estabelecidas em códigos escritos e padronizados. À medida que se expandia, o corpo jurídico abrangia outros aspectos da vida, quer eclesial, estritamente falando, quer social, em sentido amplo.

Com a lei surgiram novas funções administrativas. A gestão da totalidade dos aspectos da igreja simplesmente se ampliou, tornando-se mais complexa. O crescimento da burocracia central em certa medida atingiu a escala das dioceses, das cidades e dos monastérios.

De maneira geral, a sociedade encarava a igreja como provedora de educação. A igreja, portanto, funcionava como agência socializadora da sociedade pela mediação da educação geral e superior. Isso começou a mudar durante o século XIII, com o crescimento das cidades e com o surgimento das universidades. As autoridades eclesiásticas, contudo, exerciam a supervisão dessas universidades. Além do mais, a teologia da igreja ingressou em uma nova fase significativa com o desenvolvimento de uma síntese medieval que moldaria a autocompreensão dos cristãos, especialmente dos cristãos católicos, em meados do século XII. Ligada a isso estava a linguagem comum da educação, o latim, que funcionava como outro elemento galvanizador da Europa ocidental como um todo.

A educação enquanto agência socializadora refletia e transmitia à elite as bases teológicas da civilização cristã. O mundo era encarado teocraticamente e concebido como hierarquicamente organizado. A concepção que se tinha do cosmo era a de uma realidade que se hierarquizava em ordens ou níveis de existência que se relacionavam em um padrão descendente, dos mais elevados aos mais ínfimos. A autoridade provinha da suprema instância, de Deus, e descendia em forma escalonar. Por exemplo, as pressuposições teocráticas subjaziam ao fato de que papas e reis justificavam a própria autoridade com base na vontade de Deus tal como mediada pela revelação.

A Inquisição foi organizada inicialmente no século XIII. Refletia uma cultura cristã unificada em que os hereges eram temidos e perseguidos no interior da igreja e da sociedade e tratados como criminosos. Em vários lugares, a Inquisição era representada pelo centro, pelo papa, havendo se tornado, portanto, outro braço do controle papal. Para contraditar o magistério pontifício, bastava constituir heresia. A reflexão de Peter Brown sobre uma cultura anterior é oportuna: "Devemos nos lembrar de que na *quaestio* [inquérito] romana tardia, a tortura não era um fim em si mesma: era aplicada apenas para chegar à verdade. O dramático diálogo entre juiz e réu comportava uma sinceridade que só a dor podia garantir".[21] Muito embora a Inquisição inspirasse temor e terror, nenhum clamor público se levantou contra ela. A instituição era congruente com a cultura religiosa e com a sociedade da época.

Uma grande expansão da vida religiosa ocorreu durante esse período, especialmente através de novas fundações de ordens religiosas. Os franciscanos e os dominicanos, ordens fundadas no princípio do século XIII, eram apostólicos, ou seja, não estáveis, isolados e contemplativos, mas alcançavam pessoas na sociedade que detinham funções especiais de pregação e ministério de uma ou outra maneira específica. Mesmo a vida monástica, conquanto primordialmente dedicada a Deus, constituía parte integrante da sociedade. Enquanto instituições, por exemplo, os monastérios contribuíam para com a sociedade por sua atividade ligada à agricultura e por seu papel na educação.

A igreja servia principalmente para ministrar a salvação. A expressão "ministério da salvação" alude ao ministério sacramental concreto da igreja ao povo. A igreja, por meio de seu clero, mediava a salvação a cada pessoa na sociedade. Troeltsch aponta a confissão e o perdão dos pecados como veículo de influência sobre a população em geral. A prática penitencial tornou-se universal durante a Idade Média e consistia na confissão privada, na reconciliação e em uma penitência cada vez mais padronizada atribuída aos pecados cometidos. O poder de negar a salvação por excomunhão era o alicerce da autoridade hierárquica.

---

[21] Peter Brown. *The Cult of the Saints: Its Rise and Function in Latin Christianity*. London, SCM Press, 1981, p. 109.

A arte e a arquitetura ajudavam a mediar a integração da experiência de vida na esfera imaginativa. A construção de igrejas e catedrais constituía projetos de cidades e povoados que ocupavam as pessoas durante longo tempo e operava, à sua maneira, um quadro imaginativo integrador através da ação social. As catedrais eram pontos focais da vida econômica das cidades.[22]

Chenu descreve o contraste entre a imaginação religiosa e a imaginação científica que começou a surgir no século XIII com a preocupação com a natureza. Ele se refere aos métodos de pesquisa que buscavam as causas das coisas. A ciência estava vinculada à descoberta da natureza como esfera universal da realidade que operava segundo as leis. A ciência consistia em encaixar as coisas nesse padrão de necessidade: "Já não eram as ocorrências extravagantes que lhes interessavam, aquelas maravilhas que haviam extasiado e arrebatado seus antepassados a um mundo inteiramente mais real a seus olhos em razão de seus próprios caprichos. Pelo contrário, estavam interessados nas sequências regulares e determinadas, especialmente na esfera da atividade vital".[23] Esse interesse em explicar as coisas gradativamente ganhou espaço no campo da teologia. Chenu traça a evolução da disciplina tal como praticada por um corpo de mestres em teologia que ensinava nas escolas das catedrais no século XII. Por intermédio deles, a teologia tornou-se pouco a pouco profissionalizada à medida que eles questionavam o significado dos textos sagrados, encontravam diferentes respostas e desenvolviam métodos padronizados de solução dos conflitos. Cresceu o interesse pela produção de sumas ou *summae* do conhecimento cristão, a exemplo da *Summa Sententiarum*, de Pedro Lombardo. A transição da teologia monástica para a teologia das universidades, no século XIII, passou pela atividade vital do século XII.[24]

---

[22] J. e F. Gies, *Life in a Medieval City*, pp. 135-153, relata a história da descoberta das técnicas que levaram à construção de catedrais góticas e como sua edificação funcionou em termos econômicos e sociológicos.

[23] Chenu, *Nature, Man, and Society*, p. 18.

[24] Ibid., pp. 270-309.

A filosofia de Aristóteles coadunava-se bem com essa preocupação com a natureza e fornecia um instrumental para uma nova integração ideológica e teológica da igreja e do mundo. A lógica aristotélica proporcionava uma forma de raciocínio, e desse modo sua filosofia da natureza e sua metafísica, ao final do século XII, focavam atenção com nova precisão na ideia de natureza. Aristóteles fora recuperado pelo contato com o mundo islâmico, traduzido para o latim e introduzido nas escolas e nas universidades que começaram a ser instituídas por volta do ano 1200.

O pensamento de Aristóteles refletia e reforçava o novo modo de pensar. Em vez explicar tudo em relação a Deus, quer pelo viés místico-meditativo, quer com base na autoridade da revelação, Aristóteles explicava a realidade nos termos da natureza intrínseca das coisas. Tudo o que existe tem um princípio endógeno ou intrínseco de inteligibilidade, bem como uma forma de comportar-se ou de operar que lhe é própria, segundo sua natureza. A natureza intrínseca das coisas explicava por que elas operavam dessa forma e não daquela. Aristóteles tornou-se assim a base para a síntese medieval desenvolvida na teologia das escolas. Essa teologia possuía uma qualidade objetiva na medida em que procurava entender as coisas "em si mesmas" por meio da análise de sua natureza e a partir das causas que as produziam. Os escritos de Tomás de Aquino proporcionaram o exemplo máximo da escolástica. Para Aquino, a natureza humana era uma natureza, mas uma natureza que também possuía uma capacidade e um dinamismo tendente ao aperfeiçoamento por Deus na ordem sobrenatural da revelação e da graça. A graça baseava-se e era teleologicamente integrada na ordem natural da realidade. Entendia-se, portanto, que o ordenamento cristão como um todo era perfeitamente correspondente, complementar e congruente com o mundo aristotélico natural.[25]

Essa enumeração das várias instituições e aspectos da sociedade cristã na Alta Idade Média não retrata a dinâmica vida dos cristãos em seu

---

[25] Um tratamento generalizado e abstrato dessa questão é fornecido por Troeltsch, de um ponto de vista sociológico, em *The Social Teaching*, pp. 257-280.

meio. Essa descrição será mais bem delineada em seguida. Por ora basta diferenciar claramente a igreja da Europa medieval em relação à igreja do império da antiguidade romana tardia. O imperador germânico cooptara o nome romano, mas as regiões norte e oeste dos Alpes forneceram energia e crescimento em todas as áreas da vida da igreja. A igreja se articulava pela comunhão com o bispo de Roma, que tudo consolidava pela autoridade simbólica e pela disciplina legislada. Cada vez mais, no entanto, o centro de gravidade era toda a Europa, com seu equilíbrio de poderes regionais. E, à proporção que a igreja romana tornou-se mais europeia, distanciou-se da Igreja grega.

A igreja grega

A fundação de Constantinopla por Constantino deu início a um processo no qual a igreja no Oriente e a igreja no Ocidente começaram a assumir diferentes identidades. Justiniano consolidou uma cultura cristã grega cujo centro espiritual era a igreja grega. Essa breve descrição da igreja grega no começo da Idade Média focaliza Constantinopla como distinta de outras igrejas orientais que permaneceram do lado antioqueno ou alexandrino da fórmula calcedoniana.

O crescimento e a difusão do islã durante os séculos VII e VIII transformaram o Império Romano no Oriente no império cristão de Bizâncio. O domínio político do Egito, da Palestina, da Síria e de extensas regiões da Turquia foi perdido para o islã. Os cristãos não deixaram de existir sob o domínio muçulmano, mas durante todo o período as populações foram gradativamente absorvidas em uma nova cultura e religião árabes. "No centro de uma sociedade drasticamente simplificada, Constantinopla ficou sozinha. Outras cidades haviam se tornado meras fortalezas e entrepostos comerciais. Mas mesmo Constantinopla era uma cidade depauperada. Sua população reduzira-se a cerca de 60.000 habitantes".[26] Pouco a pouco também ela se isolou do Ocidente europeu, latino e romano cada vez mais autônomo. Depois que os avares e os eslavos começaram

---

[26] Brown, *Western Christendom*, p. 386.

a migrar para a península dos Bálcãs, no final do século VI, "O ilírico, que costumava servir como ponte, tornou-se [...] uma barreira entre Bizâncio e o mundo latino".[27] A peculiaridade dessa igreja oriental pode ser caracterizada, *grosso modo,* por três grandes eventos temporalmente contínuos: a crise iconoclasta, o movimento missionário e o cisma entre as igrejas do Oriente e do Ocidente.

A crise iconoclasta (726-843). O conflito iconoclasta reflete os dois lados do caráter dialético do símbolo ou sacramento religioso, que remete à realidade transcendente do sagrado, presentificando essa esfera sagrada ao incorporá-la. Os iconoclastas eram impressionados com a transcendência de Deus e temiam a idolatria; os iconoclastas experienciavam a imanência de Deus no mundo e reverenciavam, não adoravam, as imagens sagradas pelo que elas representavam. Não obstante, o imperador Leão III desencadeou o despedaçamento de imagens no ano 726. A imperatriz Irene suspendeu-o cinquenta anos depois, e o Concílio de Niceia II (787) defendeu o lugar dos ícones. Entretanto, uma segunda onda de iconoclastia foi ordenada por Leão V, em 815, e perdurou até 843, quando os ícones foram definitivamente restaurados.

Esses simples fatos praticamente não transmitem a profundidade religiosa dessa controvérsia; alguns de suas consequências indicam pelo menos o que estava em jogo. Antes de mais nada, o resultado ajudou a estabelecer alguns princípios basilares na espiritualidade cristã oriental. O mundo da matéria, a realidade física, é simbólico; pela encarnação, ele foi guindado ao poder salvífico de Deus, de modo a poder participar da transcendência e transmiti-la. É o que ocorre com o ícone. Pela mistagogia, a transposição do espírito e da consciência humana à esfera da transcendência, os símbolos podem, dialeticamente, representar o divino.[28] Quando a crise por fim se encerrou, a energia represada foi liberada, e a arte religiosa, a

---

[27] Ware, *The Orthodox Church*, p. 45.

[28] "Em tempos idos, Deus, ser sem forma ou corpo, não podia ser representado, mas hoje, como Deus se manifestou na carne e viveu entre os homens, posso representar o que é visível em Deus. Eu não cultuo a matéria, mas cultuo o criador da matéria que se tornou matéria por meu bem e que, através da matéria, operou minha salvação." João Damasceno, *Apologia*, 1.16, citado por Binns, *Christians Orthodox Churches*, pp. 101-102.

liturgia e a devoção a relíquias reacenderam a espiritualidade. Além disso, em um nível político, a posição do patriarca em relação ao imperador foi fortalecida. Após o século IX, os imperadores "já não estavam em condições de impor sua vontade doutrinária à igreja bizantina".[29]

A igreja ortodoxa grega refere-se a si mesma como a igreja dos sete concílios, ou seja, os sete primeiros concílios ecumênicos, o último dos quais foi Niceia II; nesses concílios, a eclesiologia fundacional, a espiritualidade e as "doutrinas da fé foram estabelecidas e aceitas pelas alas oriental e ocidental da igreja".[30] Uma síntese de alguns desses princípios basilares ajudará a ressaltar sua unicidade, especialmente no tocante à igreja ocidental. Em primeiro lugar, e quase pressupostos como básicos e essenciais, estão os princípios eclesiológicos extraídos de Inácio de Antioquia e de Cipriano antes de Niceia (325): com respeito a um, a centralidade do bispo em cada igreja local, seu papel como ministro eucarístico, e o papel central da eucaristia na constituição da comunidade eclesial; com relação ao outro, a unidade do episcopado, a assembleia regular dos bispos de uma região em sínodo e a comunicação entre os bispos em geral. Em segundo lugar, o conteúdo doutrinal dos concílios define as crenças centrais subjacentes a essa eclesiologia: a pessoa e a natureza de Jesus Cristo como Filho encarnado de Deus; o divino Espírito em ação na igreja em geral e animando suas assembleias sinodais; a doutrina da trindade tal como se expressa no credo niceno do Concílio de Constantinopla (381). Em terceiro lugar, os cânones conciliares estabelecem os cinco patriarcas que a igreja concebia como "constituindo uma pentarquia. Os cinco patriarcas eram investidos de uma espécie de primado coletivo na igreja e consagravam os metropolitas em suas respectivas áreas".[31] Dos

---

[29] Meyendorff, *The Orthodox Church*, p. 23.

[30] Binns, *Christian Orthodox Churches*, p. 62. "O Ortodoxo considerava o período dos concílios ecumênicos como período *normativo*. Foi então, de maneira geral, que as normas dogmáticas e canônicas da fé ortodoxa foram estabelecidas, como as conhecemos hoje em dia." Meyendorff, *The Orthodox Church*, pp. 31-32.

[31] Ibid., p. 64. "Os cinco patriarcados entre eles dividiam em esferas de jurisdição de todo o mundo conhecido, com exceção de Chipre, que se tornou independente pelo Concílio de Éfeso e, portanto, permaneceu autogovernado desde então." Ware, *The Orthodox Church*, pp. 26-27. A pentarquia não foi concebida contra Roma; pelo contrário, "traduziu o sentimento da igreja

cinco patriarcados, contudo, Roma gozava de um primado entendido não em termos de poder ou jurisdição, mas mais vagamente como acreditada corte de apelação. Pode-se perceber nesses princípios gerais uma igreja cuja unidade primal é constituída pelo bispo e cuja unidade geral é definida menos por vínculos jurídicos do que por assembleias sinodais e pela confiança no Espírito operante em seu seio. Em quarto lugar, a igreja abrangia a totalidade da vida, e "não existia linha rígida de separação entre o religioso e o secular, entre a igreja e o Estado: ambos eram vistos como partes de um único organismo. Era inevitável, portanto, que o imperador tivesse ativa participação nos assuntos da igreja".[32] Durante esses primeiros séculos, o equilíbrio entre esses dois poderes distintos, o temporal e o espiritual, oscilou entre o patriarca e o imperador.

O movimento missionário. O movimento missionário, efetivamente iniciado com a obra de Cirilo e de Metódio, nos anos 860, proporcionou outro momento definidor no desenvolvimento da igreja grega. A história é simples, os efeitos foram profundos e duradouros. Morávia solicitou a Constantinopla que enviasse missionários capazes de propagar a mensagem cristã na região em uma linguagem que pudesse ser entendida pela população. Constantino, que assumiu o nome de Cirilo ao final de sua vida, e seu irmão Metódio, criado na Tessalônica, conheciam um ramo macedônio da língua eslava. Com ele, criaram um alfabeto e traduziram passagens evangélicas e a liturgia para o que se tornaria a "igreja eslava". Muito embora, ao final, a missão moraviana haja sido suplantada pelos missionários germânicos, que introduziram o rito latino, os discípulos de Cirilo e de Metódio voltaram para a Bulgária, onde restabeleceram a língua grega, ininteligível para os búlgaros, com formas eslavas. A missão decolara.

A disseminação de uma combinação de cristianismo bizantino, eslavo e nativo na Sérvia e na Rússia foi análoga à da Bulgária.[33] A igreja

---

no Oriente, colegial e sinodal, uma forma de comunhão das igrejas entoando a mesma nota". Congar, *L'Eglise*, p. 79.

[32] Ware, *The Orthodox Church*, pp. 40-41.

[33] Dimitri Obolensky, in Kowles. *The Middle Ages*, pp. 302-318, fornece uma sucinta exposição da formação das igrejas búlgara, sérvia e russa.

búlgara contava com um patriarcado que se iniciara em 927 e se tornara independente em 1235; o arcebispo da igreja sérvia era independente em 1219 e tornara-se patriarcado em 1346. A conversão da Rússia, após tentativas no século IX e começo do século X, acelerou-se quando, por volta do ano 988, o príncipe Vladimir de Kiev (980-1015) "converteu--se ao cristianismo e casou-se com Ana, irmã do imperador bizantino. A ortodoxia tornou-se religião de Estado da Rússia, e [...] Vladimir empenhou-se resolutamente em cristianizar seu reino: sacerdotes, relíquias, vasos sagrados e ícones foram importados; batismos em massa foram realizados nos rios; as cortes eclesiais foram estabelecidas e os dízimos instituídos".[34] A igreja russa tornou-se autônoma em 1448 e patriarcado em 1589. O significado da obra de Cirilo e de Metódio transcende muito seus resultados imediatos: eles foram responsáveis pela introdução de todo um grupo linguístico nas fontes cristãs e forneceram as bases para sua cultura medieval;[35] simbolizam a relevância universal da igreja cristã por sua inculturação em igrejas históricas particulares, criando, assim, a possibilidade de uma família pluralista de igrejas.

O cisma Oriente-Ocidente. O cisma entre a igreja oriental e a igreja ocidental não deve ser entendido como se tivesse ocorrido pelas excomunhões recíprocas que puseram fim à missão do cardeal Humberto junto ao patriarca de Constantinopla, Miguel Cerulário, em 1054. Esse evento foi apenas um incidente em uma história muito mais longa e ampla envolvendo fatores culturais, políticos e teológicos. Por exemplo, a fórmula *Filioque* foi acrescida primeiro ao credo niceno na Espanha para contrapor-se às tendências arianas no cristianismo visigótico; a partir daí, infiltrou na França e na Itália. Carlos Magno deu grande importância a ela e pressionou a questão contra a igreja grega. Mas "os papas Adriano I (772-95) e Leão III (795-816) defenderam o Concílio de Niceia e formalmente rejeitaram a interpolação no credo".[36] Em seguida, a disputa entre

---

[34] Ware, *The Orthodox Church*, p. 78.
[35] Obolensky, "Cyril and Methodius and the Moravian Mission", in Knowles, *The Middle Ages*, p. 25.
[36] Meyendorff, *The Orthodox Church*, p. 43.

o patriarca Fócio e o papa Nicolau I, durante os anos 860, envolveu duas questões teológicas: a jurisdição universal do papa compreendia o poder de decidir por autoridade própria entre dois pretendentes em disputa pela função patriarcal, e a fórmula *Filioque*, que os missionários germânicos estavam trazendo para a Bulgária antes da missão dos gregos. Essa disputa foi resolvida pelos eventos, mas colocou duas questões teológicas importantes sobre a mesa. As evidências mostram que Roma começou a adotar o *Filioque* no começo do século XI em sua liturgia e que esse fato foi notado pela igreja grega. E a fracassada missão de 1054, que também foi politicamente motivada, não ajudou as relações entre as igrejas grega e romana. Hoje, contudo, poucos duvidam de que ela se aproveitou do saque de Constantinopla, em 1204, pelos cruzados para finalmente selar a ruptura entre as duas igrejas: "A cristandade oriental jamais esqueceu aqueles três terríveis dias de pilhagem".[37]

Em última análise, contudo, muitos pensam que, conquanto o cisma tenha se complicado por toda sorte de dificuldades políticas e culturais, o problema fundamental continua sendo teológico: "As causas teológicas estão na raiz da questão porque todas as tentativas de conciliação e reunião foram frustradas pela incapacidade de superar tais obstáculos".[38] Esses problemas teológicos podem ser reduzidos a dois: a teologia do Espírito Santo, representada pela interpolação unilateral do *Filioque* no credo niceno, bem como a concepção teológica da natureza e da estrutura da igreja. A diferença nas eclesiologias pode ser vista no contraste entre um papa com jurisdição universal e uma combinação de superestrutura patriarcal com uma eclesiologia de comunhão episcopal e sinodal análoga à que se encontra em Cipriano.

---

[37] Ware, *The Orthodox Church*, p. 60.
[38] Meyendorff, *The Orthodox Church*, p. 40-41.

Análise social e teológica

O breve comentário sobre o desenvolvimento histórico da igreja durante a primeira metade da Idade Média revela uma face externa da vida interior. A análise agora se desloca para a interpretação de algumas figuras-chave tal como aparecem nos textos do período. Essas figuras são testemunhas do que se passava à sua volta. Em alguma medida, são representativas: embora outras figuras pudessem ter sido escolhidas, os personagens e os textos selecionados participaram da construção histórica da igreja. Refletem uma grande variedade de influências em diversos níveis. Gregório VII foi um papa que implementou de tal sorte a reforma da igreja no século XI que deu o próprio nome ao movimento; os concílios legislativos do período institucionalizaram o ordenamento da igreja medieval; o Pseudo-Dionísio foi uma figura muito mais antiga que, por recuperação, ajudou a moldar o quadro imaginativo da autocompreensão de toda a igreja; Bernardo de Claraval exemplificou o papel do monasticismo à época ao cristalizar os valores espirituais básicos que deviam ter alicerçado a operação da igreja de cima a baixo; Francisco reviveu e, em certos aspectos, cristalizou um desenvolvimento revolucionário na espiritualidade da igreja; Tomás de Aquino permaneceu no topo dos teólogos escolásticos que articularam uma concepção sintética e integradora do mundo da cristandade.

Gregório VII

A leitura das cartas dos papas, com o intuito de compreender a igreja em determinado período, funde, de maneira única, dimensões da eclesiologia de cima e de baixo.[39] Por um lado, testemunha-se, literalmente em primeira mão, o exercício da autoridade e do poder a partir de cima. Muitos dos documentos são diretrizes papais de natureza executiva. Por outro lado, ingressa-se nesse mundo pela subjetividade e pela experiência

---

[39] As cartas de Gregório VII que fornecem a base da sintética exposição que se segue encontram-se em *The Correspondence of Pope Gregory VII: Selected Letters from the Registrum*, ed. e trad. Ephraim Emerton. New York, Columbia University Press, 1932, e *The Epistolae Vagantes of Pope Gregory VII*, ed. e trad. H. E. J. Cowdrey. Oxford, Clarendon Press, 1972.

do exercício único desse poder e autoridade. As cartas fornecem uma visão interna íntima da atuação da igreja, apesar do homem que enquanto papa tentava controlar toda a igreja ocidental. As cartas de Gregório VII refletem uma visão global do que se passava na cristandade. Como no caso de Gregório I, o leque de questões a que Gregório VII responde é surpreendente: vão de um decreto de deposição do rei da Alemanha à tentativa de ordenar o casamento de um cavaleiro que recorrera a ele em Roma. O espectro de pessoas, posições, preocupações e questões de que se encarregava Gregório dá ideia do caráter litigioso da Europa medieval e da complexidade da burocracia administrativa ou da cúria da igreja romana.

Que se pode dizer a respeito da pessoa de Gregório? Em certo sentido, isso é irrelevante para a eclesiologia, mas poucos podem se recusar a tomar posição com referência ao caráter de Gregório. Em ambos os extremos, ele é visto ou como governante temporal sequioso de poder, ou como santo religiosamente orientado. Outros tentam unificar ambos os extremos em um quadro compósito.[40] Algumas qualidades pessoais refletem-se nas cartas. Gregório profere exortações pias e espirituais. Reclama do peso do cargo e se sente inadequado mesmo quando trata com líderes de toda a sociedade ocidental. É pessimista em relação ao mundo e à própria igreja em seus membros. Em todas as suas ações, percebe-se uma equidade básica; em alguns casos, ele permite que os legados se abram à realidade da situação local e revela disposição de ouvir argumentos que possam justificar aparente desobediência, embora em geral valorizasse a uniformidade. O ser humano frequentemente transparece no autocrata. Dessa forma, ao julgar o homem e o cargo, será importante adentrar esse mundo e admitir que Gregório acreditava no que dizia. A exposição que a seguir se faz do conteúdo das cartas de Gregório, de acordo com os diversos temas nelas tratados, tem por objetivo caracterizar o exercício da autoridade controladora pelo homem que se achava no topo de uma estrutura hierárquica, bem como a concepção da igreja aí implícita.

---

[40] Por exemplo, Tierney, *Crisis*, 46, e Knowles, *The Middle Ages*, pp. 177-178.

A relação política da igreja com o mundo secular. As cartas mostram a igreja e especialmente o papado não apenas profundamente envolvidos nos assuntos do Estado, mas também como autoridade de comando. Gregório escreve a distantes reinos reivindicando autoridade sobre territórios cristãos vinculados por lealdade à Sé Apostólica. A igreja romana encerra a única autoridade unificadora sobre toda a Europa. Gregório também exerce autoridade militar; organiza o poder militar para resolver problemas políticos e religiosos. Manifesta o desejo de conquistar militarmente o Oriente e submeter essa igreja ao domínio papal. Gregório urge os bispos a convocar reis ou governantes temporais para prestar contas. A igreja é livre, e em questões morais sua lealdade aos reis não deve impedi-la de corrigir os abusos dos monarcas.

Mais incisivamente, Gregório ameaça reis com deposição, e de fato depõe Henrique IV. Seus argumentos para essa autoridade são encontrados em carta ao bispo Hermann de Metz.[41] Em última análise, a lógica é bem simples: o pressuposto dessa visão é a unidade da cristandade, uma sociedade cristã única e integrada. Essa sociedade encerra duas esferas de poder: o poder temporal e o poder espiritual. Intrinsecamente, contudo, a esfera espiritual e religiosa é superior à esfera temporal. Por via de consequência, o poder temporal é subordinado ao poder espiritual.[42] Esse argumento lógico encontra esteio no ordenamento de Deus, tal como estatuído na escritura. Gregório entende que o poder conferido a Pedro de ligar e desligar aplica-se a toda a esfera da história e da sociedade, quer temporal, quer espiritual. Por conseguinte, a sociedade como um todo deve ser governada pela lei de Deus. Pedro, o papa, é a suprema autoridade, e todos os cristãos lhe devem obediência. O papa pode depor um rei se ele desobedecer à autoridade papal.

---

[41]   Essa carta encontra-se em Emerton, *Correspondence*, pp. 166-175. Parte da carta, de par com outras no intercâmbio com Henrique IV, e um comentário são apresentados por Tierney, *Crisis*, pp. 53-73.

[42]   Frequentemente se observa que o erro encontra-se aqui: superior não implica subordinação, pois ambos podem existir paralelamente, como no ensinamento gelasiano.

A igreja e a sociedade. A relação da igreja com a sociedade não é tema de nenhuma carta específica de Gregório, mas o pressuposto, o horizonte e o pano de fundo de todas elas. Em termos simples, a igreja permeia a sociedade. A igreja é uma sociedade religiosa, e a Europa cristã constitui a única igreja. Antes da reforma gregoriana, a igreja podia ter se desintegrado em padrões sociais de uma forma que comprometesse o caráter espiritual dos líderes eclesiais. Os bispos eram governantes temporais; os sacerdotes eram vassalos de senhores temporais. Gregório agora pressupõe a liberdade e a integridade espirituais da igreja e seu controle moral e espiritual conferido por Deus sobre todas as relações.

A organização da igreja. Pelo menos em sua estrutura mais geral, a organização da igreja consistia em uma sociedade hierárquica. O papa situava-se no topo, em posição central de autoridade, com uma cúria administrativa. Um corpo de cardeais agora constituía uma estrutura administrativa de nível superior e os bispos entre si eram os eleitores do papa. Havia arcebispos locais nos principais centros, e bispos a eles subordinados em cidades menores. Os sacerdotes ordenados pelos bispos subordinavam-se a estes. Havia ainda os monastérios, dependentes ou autônomos em relação ao bispo e obedientes a um escalão superior. Mais importante para manter a coesão do todo era o sistema de legados em várias regiões que regularmente se reportavam a Roma e agiam localmente com a autoridade do papa.

A estrutura de autoridade da igreja. Um dos mais interessantes aspectos das cartas reside na estrutura e na extensão da autoridade de Gregório e nas várias formas pelas quais ele a exerce. Há que se notarem alguns dos pressupostos da autoridade papal. Em primeiro lugar, a igreja era única. Havia apenas uma igreja, e a unidade aqui tendia a traduzir-se em uniformidade. As cartas revelam a reiteração de Gregório quanto à uniformidade. Em segundo lugar, a igreja era governada pela lei. As tradições da lei remetiam aos primitivos manuais. Em terceiro lugar, o papa era a autoridade suprema. Com efeito, toda a igreja do Ocidente era governada pelo papa da maneira como um bispo do século III governava uma igreja local. Gregório reforçou esse esquema na igreja ocidental de uma maneira sem precedentes. Em quarto lugar, não havia salvação fora da igreja. A unidade com o papa definia a unidade no seio da igreja da qual dependia a salvação. Em quinto lugar, portanto, o poder de excomungar era a arma definitiva e a alavanca de poder do papa. Ele manejava o poder espiritual que concernia à própria salvação. Esses não são apenas pressupostos de Gregório, mas as crenças compartilhadas de toda a igreja ocidental.

A extensão da autoridade papal. Quais eram as pretensões do papa? Elas se encontram no documento intitulado *Dictatus papae*, sob a forma de um pequeno rol de proposições.[43] Geralmente são aceitas como expressão do pensamento de Gregório. Todas elas eram mais ou menos "tradicionais", exceto o poder de depor imperadores e reis. Mas a força do documento consiste em articular, de forma direta e concisa, toda uma série de pretensões dispersas de diferentes épocas. Em conjunto, as proposições indicam algo próximo à autoridade absoluta sobre a igreja e, em última análise, sobre a sociedade. Não se deve presumir, contudo, que todas essas pretensões fossem universalmente aceitas.

O método de governar. Fundamentalmente, Gregório governava por meio da legislação, da promulgação de decretos; recorria às tradições e aos precedentes da lei pretérita e criava nova norma. Sua lei era universalmente vinculante porque ele tinha poder universal de governo. Gregório tinha uma equipe. "Os principais auxiliares do papa eram os cardeais, que incluíam, nessa época (1073), sete bispos, vinte e oito sacerdotes, dezoito diáconos e possivelmente vinte e um subdiáconos."[44] Seus dois instrumentos de governo eram o concílio local e os legados. Os concílios eram convocados duas vezes ao ano, durante a primeira semana da Quaresma, e novamente, quando não era suficiente, em novembro. Com o sistema de legados, especialmente o legado em geral com poderes plenipotenciários, Gregório trouxe o sistema para os próprios problemas.[45]

---

[43] Tierney, *Crisis*, pp. 49-50.

[44] Southern, *Middle Ages*, p. 143.

[45] Ibid., pp. 145-151.

As cartas revelam como o papa reforçava a lei. Ele censurava pessoalmente os bispos ou os convocava a Roma para comparecerem perante seu sínodo. Em casos de flagrante desobediência, Gregório ameaçava com excomunhão e por fim efetivamente excomungava. Recorria a bispos contra príncipes, bem como a príncipes contra bispos, e ao clero e ao povo contra os bispos. Liberava as pessoas dos juramentos de fidelidade. Ameaçava com excomunhão aqueles que apoiassem um bispo já excomungado, ou aqueles que assistissem aos serviços de sacerdote não celibatário. Em uma carta, Gregório concedia remissão geral dos pecados a todos os fiéis a Roma contra um bispo rival.[46] Em outros momentos, Gregório governava recorrendo ao contrato comum senhor-vassalo ou feudal, ou mediante apelação pessoal. Frequentemente se percebe uma combinação de apelo pessoal e autoridade oficial. Qual era o escopo da autoridade de Gregório? Em termos bem simples, ela se estendia a toda área imaginável da vida.

Finalmente, os papas convocavam concílios. Nos séculos XII e XIII, eles reuniram seis.

Concílios da Alta Idade Média

Os seis concílios da Alta Idade Média foram o Lateranense I (1123), o Lateranense II (1139), o Lateranense III (1179), o Lateranense IV (1215), Lion I (1245) e Lion II (1274). Juntos, eles descortinam, de certa forma, a dinâmica da vida da igreja. Isso não significa que as leis promulgadas por esses concílios fossem imediatamente traduzidas para a vida prática; boa parcela dessa legislação era ignorada por muita gente, ou observada parcial ou irregularmente em diferentes lugares. Percebe-se nesses documentos, portanto, não uma descrição da vida elementar da igreja, mas a forma como a lei e os sistemas legislados se desenvolveram para formar uma organização ou sociedade juridicamente estruturada. Uma vez codificada, a legislação conciliar cultuava ideais, fornecia regras para a solução de casos ou problemas à medida que surgiam e ajudava a moldar

---

[46] Emerton, *Correspondence*, p. 134.

a ética da igreja. Pode-se ter também uma vaga ideia de alguns dos aspectos problemáticos da vida da igreja, como em um negativo fotográfico, pelo menos em um nível formal e sem nenhuma ideia estatística de quão preponderantes podiam ser os abusos.

Boa parte da legislação conciliar era de natureza disciplinar. Praticamente todo mundo do norte da Espanha, na Europa ocidental, exceto os judeus, era membro da igreja, de sorte que a legislação conciliar afetava a todos. A estrutura hierárquica das funções na igreja estava fundamentalmente estabelecida e a legislação atingia todos os escalões. No início do século XII, a legislação conciliar tendeu a fortalecer os ganhos da reforma gregoriana; pelo Concílio Lateranense IV, todo o âmbito da vida na igreja e na sociedade estava em consideração. Uma crescente complexificação da lei e do processo jurídico oficial era bem visível na superfície dos cânones.[47] Não obstante, as leis codificam a dinâmica social da vida na igreja. A presente descrição da igreja pela ótica desses concílios está organizada em três áreas: em primeiro lugar, as diversas associações da igreja reguladas pelos cânones; em segundo lugar, a relação mais geral entre igreja e sociedade que aqui se reflete; e, em terceiro lugar, a missão e o objetivo da igreja tal como aparecem funcionalmente nesses concílios.

Das várias funções na igreja. As questões em torno das quais girou a reforma gregoriana continuaram a ser tratadas durante o século XII e até bem o século XIII. A análise aqui tem por objetivo verificar como os ideais da reforma foram consolidados no âmbito da vida institucional orgânica da igreja por meio da legislação que afetava várias pessoas ou grupos.

Do papa. No decorrer dos séculos XII e XIII, o processo de eleição de um papa era sofisticado. Há quem pense que, por ocasião do Concílio

---

[47] Por exemplo, Lateranense IV, cânon 8, estabelece três procedimentos que podem ser adotados para desagravar ou recorrer contra os clérigos que abusam do próprio poder ou de algum modo violam a lei. São esses a "acusação", ou representação aos superiores, a "denúncia" ou (após advertência em particular) a ciência de um crime ao superior, e o "inquérito", ou uma investigação baseada em queixas. "Até a Revolução Francesa, esse decreto foi de considerável importância, tanto para o direito eclesiástico como para o direito penal civil". H. J. Schroeder, *Disciplinary Decrees of the General Councils*. St. Louis, B. Herder, 1937, 250, comentando o cânon em questão, pp. 248-250. As referências aos decretos canônicos dos concílios no texto, por concílio e cânon, são a essa obra.

Lateranense II, a competência de escolher o papa era restrita aos cardeais, eliminando assim a competência ratificadora do baixo clero e do povo de Roma que também fora estipulada em 1059.[48] O Concílio Lateranense III decretou então que uma eleição papal válida requeria maioria de dois terços dos eleitores presentes (c. 1). Por vezes, no entanto, era difícil cumprir essa exigência, e antes da eleição de Gregório X, em 1272, o cargo ficou vacante por dois anos e nove meses. Lion II instituiu então o conclave, que praticamente recluía os cardeais-bispos até que se desincumbissem de sua tarefa, cortando gradativamente sua alimentação se se delongassem (c. 2).

Dos bispos. De maneira geral, os concílios resguardavam, por meio de regulações diversas, a função episcopal contra elementos não qualificados. Um homem precisava ter trinta anos de idade para ser eleito bispo, e tinha de receber ordens dentro de certo período após a eleição. Aos bispos era vedado tributar em excesso, e mesmo sua comitiva era controlada para que a demasia de cavalos durante uma visitação não onerasse a comunidade visitada (Lat III, cc. 2-4). O Concílio Lateranense IV concitava os bispos a iniciar a reforma nos próprios ofícios e nos costumes de seus súditos (c. 7). O mesmo concílio revelava certa preocupação com as eleições episcopais: alertou que a interferência secular tornaria uma eleição inválida e advertiu contra candidatos indignos. Essa legislação não descreve a prática geral por alguns séculos vindouros.

Dos sacerdotes. O Concílio Lateranense I deu continuidade à luta pela liberação dos sacerdotes e de seus dízimos do controle laico: todas as atribuições sacerdotais requeriam aprovação episcopal (Lat I, c. 18; Lat III, c. 19). Os sacerdotes não devem receber uma igreja de um leigo (Lat III, c. 14). O celibato é reafirmado, com uma citação de Niceia, e o casamento e o concubinato são proibidos: não convém que um clérigo esteja ligado a "casamento" ou "impurezas". Os leigos são instados a evitar missas de sacerdotes associados a mulheres (Lat I, cc. 3, 21; Lat II, cc. 6,7; Lat IV, c. 14). O sacerdócio é vedado aos filhos de clérigos (Lat II, c. 21). A simonia relativa ao ofício sacerdotal e aos ministros continua a

---

[48] Schroeder, *Disciplinary Decrees*, p. 196.

ser condenada (Lat III, c. 7). Um sacerdote só deve se incumbir de uma pluralidade de igrejas e de títulos eclesiásticos por dispensação (Lat III, c. 13; Lion II, c. 18).[49]

O Concílio Lateranense III decretou que ninguém deveria ser ordenado sem título de renda, a menos que dispusesse de recursos próprios (c. 5). Edward Schillebeeckx vê nesse cânon a influência de uma momentosa mudança em curso na concepção e na prática do sacerdócio: da ordenação baseada na ligação e na liderança de uma comunidade para a ordenação "absoluta", ou seja, independente de uma comunidade concreta. A percepção depende de um contexto feudal, o distanciamento das igrejas de proprietários, e se reflete na problemática geral dos sacerdotes errantes. O cânon em questão não afirma positivamente a ordenação absoluta, mas não consegue defender Niceia contra a tendência prevalecente em prol da ordenação absoluta.[50] Essa propensão foi apoiada pelas teologias da eucaristia e por um sacerdócio definido pela recepção de um sagrado poder de consagrar.[51]

O Concílio Lateranense IV continha um rol de decretos reguladores da vida do sacerdote, da seleção dos candidatos a toda uma série de atividades impróprias ao sacerdote, como frequentar tabernas, caçar, jogar, farrear, passando por formas de suspensão de sacerdotes indignos mediante sínodos provinciais (Lat IV, cc. 15-20, 27-31). Decretos como esse podem ser considerados como dispositivos que fornecem contrastivamente alguma indicação de possíveis padrões de comportamento mais ou menos predominantes nos povoados e cidades. Lion II decretou que um sacerdote deve ter no mínimo 25 anos de idade, conhecimento e costumes apropriados (c. 13).

---

[49] O abuso não consistia na sobrecarga de trabalho em virtude da escassez de sacerdotes, e sim na acumulação de riquezas em razão da avareza.

[50] Niceia, c. 15, e o Concílio de Arles antes deste, em 314, dispuseram que bispos, sacerdotes e diáconos não deviam mudar de uma cidade ou igreja para outra. Eles tinham vínculo espiritual com a comunidade para a qual foram ordenados.

[51] Edward Schillebeeckx. *Ministry: Leadership in the Community of Jesus Christ*. New York, Crossroad, 1981, pp. 52-58. Lat IV, c. 1, contém um credo no qual a noção de transubstanciação aparece pela primeira vez em um documento conciliar. A ordenação para o sacerdócio conferia o poder de efetuar essa transubstanciação do pão e do vinho no corpo e no sangue de Cristo.

Dos monastérios e dos monges. Não se pode exagerar o papel do monasticismo no desenvolvimento da igreja na Idade Média: os monastérios preparavam os líderes da igreja, ajudavam no desenvolvimento da Europa rural e funcionavam como centro religioso em muitas áreas. O crescimento dos dominicanos e franciscanos no século XIII esteve correlacionado com o desenvolvimento das vilas e cidades e com a expansão geral na mobilidade. O monasticismo, de muitas maneiras, constituiu um sistema religioso paralelo ao governo episcopal e diocesano, especialmente quando os monastérios possuíam alguma autonomia ou isenção do controle episcopal, o que estabeleceu a possibilidade de uma tensão entre autoridades ou influências que pode ter sido criativa ou improdutiva. Essa tensão transparece em alguns dispositivos da legislação conciliar, mas é sistêmica e perdura até hoje.

As duas principais mudanças legislativas ocorreram ao longo do século XIII. Nos termos do Concílio Lateranense IV, "proibimos estritamente quem quer que seja, no futuro, a fundar uma nova ordem" (c. 13). O pano de fundo dessa vedação foi a proliferação de grupos religiosos que não requeriam nenhuma aprovação oficial. Entretanto, logo após o Concílio Lateranense IV, primeiro os dominicanos e depois os franciscanos foram oficialmente reconhecidos por Roma.[52] Em Lion II, as ordens mendicantes fundadas após o Lateranense IV que não tinham sido oficialmente aprovadas pelo papa foram abolidas, e as que foram aprovadas não deveriam receber novos membros, mas extinguir-se. A constituição poupou dominicanos, franciscanos, carmelitas e agostinianos (c. 23). O decreto reflete a tensão entre as ordens religiosas e a linha mais direta da autoridade episcopal.

Do laicato. Boa parte da legislação conciliar voltada para o laicato empenhou-se em liberar a função e a propriedade da igreja de todo controle do laicato. Por conseguinte, todas as igrejas e os dízimos da igreja deviam

---

[52] Estritamente falando, a legislação do Lateranense IV tentou prevenir a proliferação de regras religiosas. Os franciscanos argumentavam que a primeira regra de Francisco fora aprovada anteriormente por Inocêncio III, enquanto os dominicanos alegavam que a deles era a regra de Santo Agostinho e, portanto, não nova.

reverter aos bispos, ainda que tivessem sido dados a leigos. "Ordenamos também que os leigos que mantêm igrejas devem igualmente devolvê-las aos bispos ou incorrerão em excomunhão" (Lat II, c. 10). Ninguém deveria reivindicar, por hereditariedade, quaisquer "igrejas, prebendas, decanatos, capelanias, ou quaisquer funções eclesiais" (Lat II, c. 16). Em geral, toda alienação de propriedade eclesial por leigos sem aprovação legítima era proibida (Lat IV, c. 44; Lion II, c. 22). Os governantes seculares não eram autorizados a apoderar-se de rendas de igrejas ou monastérios durante transições de liderança (Lion II, c. 12). Preocupação mais positiva com o laicato aparece nas seguintes considerações do impacto da igreja sobre a sociedade.

A relação da igreja e da sociedade. A legislação conciliar desse período reflete a relação peculiar entre igreja e sociedade durante a Idade Média. Da perspectiva da história institucional da Europa, o período é célebre pela batalha dos papas, e por vezes bispos, contra imperadores, reis, e governantes seculares. Entretanto, da perspectiva geral da sociedade e da cultura, a igreja e a sociedade afiguravam-se simplesmente unas. Diferentemente dos imperadores, esses concílios legislavam para toda a Europa. Isso não quer sugerir que todo mundo aceitava a legislação da igreja sem murmurar. Mas os decretos refletem a simbiose em três diferentes níveis: a espiritualidade pública, o ordenamento social e a esfera mais ampla de um apelo à ação comum de uma cristandade unida.

Partindo da esfera da espiritualidade, o real impacto da igreja ocorreu no âmbito das igrejas nas liturgias nas comunidades e povoados rurais. Os concílios alcançaram esse nível popular concitando ao reavivamento geral da fé da cristandade e incumbindo os bispos de pregar, instruir o povo e assegurar que os sacramentos fossem bem administrados (Lat IV, c. 10). O Concílio Lateranense IV decretou confissão e comunhão uma vez por ano (c. 21). Regulou ainda a pregação, dispôs sobre vários aspectos da piedade popular, tal como o uso das relíquias e a concessão de indulgências, e estabeleceu regras de proteção contra a simonia (cc. 62-63). A igreja estava onde o povo se reunia, e Lion II decretou o decoro básico: dever-se-ia entrar nas igrejas com humildade e contrição: "Onde os ofícios divinos são celebrados com paz e quietude, ninguém crie distúrbio, excite comoção ou cometa violência" (c. 25). A imaginação pode reconstituir as cenas que se destacam dessa legislação.

O impacto da igreja sobre a sociedade era fundamental e de grande alcance. Em uma sociedade marcada por algum nível de violência, a igreja era um instrumento da lei e da ordem legislando o "armistício de Deus", que muitos governantes leigos ajudaram a reforçar ao assumir responsabilidade como garantidores de viagem segura por seus territórios. As leis da igreja promoviam a proteção, contra lesões corporais, de clérigos, viajantes inocentes e mercadores. A excomunhão era utilizada para reduzir brigas e banditismo (Lat II, c. 12; Lat III, cc. 21-22). A igreja também tentava proscrever torneios populares (Lat II, c. 14; Lat III, c. 20). Proibiu casamentos entre certos graus de relações consanguíneas (Lat II, c. 17; Lat IV, c. 50). Propôs severas penalidades contra incêndio criminoso, meio comum e devastador de destruir o inimigo (Lat II, cc. 18-20). Frequentemente condenava a usura ou o empréstimo de dinheiro a juro (Lat II, c. 13; Lion II, cc. 26-27). Promoveu a educação em catedrais, monastérios e em todas as igrejas, e encorajava a livre educação para clérigos e para os pobres (Lat III, c. 18; Lat IV, c. 11).

No nível mais abrangente da capacidade da igreja de canalizar o curso da vida europeia, ambos os concílios de Lion continham extensa deliberação e provisão para outra cruzada à Terra Santa (Lion I, c. 18; Lion II, c. 32). Lion II foi convocado pelo menos em parte para forjar uma reconciliação com a igreja grega. Muito embora ambos os projetos tenham fracassado em última instância, tais iniciativas constituíram exemplo da capacidade da igreja em enlear toda a Europa em um projeto comum, não enquanto autoridade externa, mas a partir de uma identidade cristã comum.

A missão funcional da igreja. Como se podem caracterizar a missão e o objetivo da igreja em termos funcionais a partir desses seis concílios dos séculos XII e XIII? A missão tem uma série de dimensões nesse sentido. Em primeiro lugar e acima de tudo, a missão da igreja que está implícita mas não formulada nesses concílios toma forma na atividade religiosa diária e semanal das paróquias e comunidades monásticas. A igreja fornecia os meios de salvação em suas assembleias litúrgicas, nos sacramentos e na vida paroquial em geral. Toda a superestrutura funciona nesse sentido; a organização tem seu *télos* último na condução do povo à salvação da vida eterna. Em segundo lugar, a igreja também procurava preservar a mensagem da fé. O Concílio Lateranense II reafirmou uma condenação sinodal anterior de uma heresia específica (c. 23). E o Concílio Lateranense IV começa com um credo bem elaborado e com um conciso tratado catequético acerca da trindade (cc. 1-2). Em terceiro lugar, a igreja agia como consciência da sociedade, instância preservadora dos costumes, guardiã dos valores, e até mesmo como reforçadora da lei e da ordem sob a ameaça de sanção religiosa. A igreja era a reguladora espiritual da ordem social na medida em que o direito canônico abarcava o funcionamento geral da sociedade. E, por fim, a igreja erigiu as fronteiras entre cristandade e não cristãos. Estabeleceu a legislação que marginalizou agressivamente os judeus e auxiliou as cruzadas a repelir os sarracenos (Lat IV, cc. 67-69).

Passamos a abordar agora o conjunto de textos que influíram na moldagem da cosmovisão que encerrava e de certa forma justificava ou legitimava essa legislação prática.

Dionísio Areopagita

Lucas diz que, após Paulo ter pregado em Atenas, certo Dionísio Areopagita se converteu, e um autor do final do século V e começo do século VI, talvez um monge sírio, escreveu uma série de obras místicas em seu nome. O Pseudo-Dionísio influiu no apoio que João Damasceno deu ao uso de ícones; ele foi traduzido para o latim por João Escoto Eriúgena em meados do século IX e novamente no começo do século XIII por Robert Grosseteste. Dionísio foi lido nos séculos XII e XIII e teve influência significativa no campo do misticismo, da espiritualidade, da epistemologia, da igreja e da sociedade.[53] Esses textos, portanto, são lidos

---

[53] Chenu especifica como o estudo do Pseudo-Dionísio intensificou-se bastante na segunda terça parte do século XII. Três aspectos de suas obras foram especialmente influentes: a estrutura hierárquica

com lentes medievais e no contexto do período pós-reforma gregoriana, que incluiu a unidade da igreja e da sociedade, um sistema sacramental mais ou menos estável nas igrejas da zona rural, das vilas e cidades, bem como um ordenamento hierárquico da igreja. Se se trata de saber que teria significado tal ordenamento hierárquico da igreja e da sociedade, Dionísio forneceu uma resposta que influenciou muita gente. A presente seção traça sucintamente o perfil dessa resposta, em termos do que seja hierarquia, como se estrutura e o que opera.[54]

Dionísio define hierarquia como "ordem sagrada, estado de compreensão e atividade que se aproxima quanto possível do divino. Eleva-se à imitação de Deus à proporção do esclarecimento" (CH, 153). Hierarquia é uma disposição ordenada de tarefas, deveres, funções, ordens ou níveis de realidade e compreensão. Nessas ordens cada membro imita Deus e, tanto quanto possível, torna-se colaborador com ou para Deus, segundo papéis diferenciados específicos: uns são purificados, enquanto outros purificam; uns recebem iluminação, enquanto outros originam-na; uns são perfeitos, enquanto outros realizam a perfeição. Portanto, os membros efetivamente imitam a Deus da forma adequada a seu papel (CH, 154). Mas essas caracterizações da hierarquia ficam aquém da extensão do termo. A hierarquia, para Dionísio, é conceito análogo a aplicações plurais que compartilham um caráter comum.

Toda hierarquia possui estrutura tripartite: "A sacratíssima operação dos sacramentos, os dispensadores divinos das coisas sagradas, e aqueles por eles guiados, segundo a capacidade, ao sagrado" (EH, 235). Portanto,

---

da realidade, a estrutura simbólica da realidade e o tema do conhecimento negativo de Deus. Chenu, *Nature, Man, and Society*, p. 80. A noção de "hierarquia" é especialmente importante como uma teoria de base cuja influência é de todo pervasiva. "De meados do século em diante, a concepção 'hierárquica' do universo enfeitiçaria a mente dos homens comparavelmente ao que fizera o *mythos* científico da evolução no século XIX. A chave para o entendimento do universo, e do homem no universo, era dada pelo encadeamento ordenado, dinâmico e progressivo de todos os seres — um encadeamento em que a causalidade e o sentido incidem conjuntamente e no qual cada ser é uma 'teofania', uma revelação de Deus." Ibid., p. 23.

[54] As referências a Dionísio são a *Pseudo-Dionysius: The Complete Works*, trad. Colm Luibheid. New York, Paulist Press, 1987. Inspiro-me sobretudo em *The Celestial Hierarchy* ["A hierarquia celeste"] e *The Ecclesiastical Hierarchy* ["A hierarquia eclesiástica"], que serão citados como CH e EH, respectivamente, com a referência às páginas na edição Paulist.

essa visão da hierarquia terrena gira em torno dos sacramentos: há (*a*) sacramentos, (*b*) aqueles que são inspirados por Deus para entendê-los e administrá-los e (*c*) aqueles que são iniciados em seu mistério sagrado (EH, 233).[55] Além disso, cada um desses três membros de uma hierarquia é ele próprio diferenciado de maneira tripartite. Os sacramentos, por exemplo, têm cada qual três poderes ou dimensões. O sacramento purifica, ilumina e inicia os que são purificados e aperfeiçoa aqueles que o recebem (EH, 235).[56]

Os que administram os sacramentos formam uma hierarquia tripartite diferenciada por função e classe: a ordem superior é o hierarca, que é, por assim dizer, a chave de abóbada do arco, pois as demais ordens descendem através dele pelo poder da consagração e são perfeitas por ele (EH, 236-37). O termo "hierarca" refere-se "ao homem santo e inspirado, alguém que compreende todo o conhecimento sagrado, alguém em quem uma hierarquia inteira é completamente perfeita e conhecida" (EH, 197).[57] A ordem dos sacerdotes é portadora de luz e iluminadora; ela guia, inicia e torna conhecidas as obras de Deus pela explicação e pela condução à contemplação (EH, 237). O papel dos diáconos é purificar. A ordem dos diáconos "tem a incumbência de purificação e eleva os que são purificados aos puros atos sagrados dos sacerdotes" (EH, 238). Por conseguinte, essa tríplice ordem simbolicamente representa e medeia a atividade tripartite de Deus: purificar, iluminar e aperfeiçoar. A divisão tripartite transmite então "uma imagem da ordenada e harmoniosa natureza das atividades divinas" (EH, 238; também 239).

Aqueles que ingressam nas ordens do ministério clerical também compõem uma hierarquia tripartite. Os mais ínfimos são aqueles que permanecem no nível da purificação. A ordem intermediária é formada

---

[55] Existe também uma estrutura tripartite na hierarquia celestial, mas ela consiste em três grupos de seres superiores e não gira em torno de sacramentos.

[56] Os diferentes sacramentos também podem ser entendidos e classificados de acordo com suas funções predominantes de purificação, iluminação ou perfeição.

[57] Nesse sentido, a hierarquia é sinônimo de bispo. Mas os bispos nunca são mencionados, como tampouco há referência à igreja. No entendimento do autor, a igreja pode exemplificar a hierarquia, mas a hierarquia é concebida em um contexto filosófico, epistemológico e religioso mais amplo.

por aqueles que compartilham a visão sagrada e são, portanto, iluminados e contemplativos. "A ordem daqueles que se tornaram perfeitos é a dos monges que levam vida simples. Dessarte, nossa própria hierarquia é abençoada e harmoniosamente dividida em ordens, de acordo com a divina revelação e mostra, portanto, a mesma sequência das hierarquias celestiais" (EH, 248).

O arremate da elaborada visão de Dionísio reside no papel e na função da hierarquia, aquilo que a hierarquia opera. O Deus trino é a fonte da hierarquia, e seu objetivo ou propósito é comunicar a salvação aos seres racionais por meio de um processo de divinização que se estende pela hierarquia. A divinização dos salvos consiste em tornar-se semelhante a Deus e a ele unido (EH, 198). Deus "concede a hierarquia como dom para assegurar a salvação e a divinização de todo ser dotado de razão e de inteligência" (EH, 198). O cerne da hierarquia, portanto, é a economia, o divino processo de mediação do poder salvífico de Deus no céu e na terra. O hierarca coopera com Deus na mediação de sua tríplice atividade salvífica de purificar, iluminar e aperfeiçoar (CH, 155).

Na terra, esse processo desenvolve-se pela mediação simbólica. Os símbolos são imagens ou realidades internas à esfera do perceptível, por meio das quais as criaturas racionais são elevadas à esfera do divino (EH, 234). A hierarquia celestial é superior, suprema, incorpórea, não perceptível, mas transcendente e conceitual. A hierarquia neste mundo é perceptível e se manifesta em uma multiplicidade de formas. Essas formas perceptíveis são simbólicas porque nos elevam à unidade da esfera divina. São mistagógicas, ou seja, conduzem ou atraem ao divino mistério. Para os seres humanos na terra, "é por meio das imagens perceptíveis que somos elevados, tanto quanto possível, à contemplação do que é divino" (EH, 197). Uma distinção platônica entre alto e baixo, entre o divino e o criatural, explica a necessidade de mediação simbólica, e a hierarquia funciona como o grande meio ou estrutura dos meios simbólicos. Não se trata de uma dicotomia, e sim de uma ponte, precisamente por causa da mediação simbólica e da economia da hierarquia. A hierarquia deste mundo é "simbólica e adaptada àquilo que somos. De modo divino, carece das coisas perceptíveis para elevar-nos ao campo das concepções" (EH, 199).

É importante saber em que nível Dionísio elabora sua proposta. Em primeira instância, não se trata de eclesiologia, muito embora parecesse ajustar-se muito congenialmente à igreja pós-reforma gregoriana. Trata-se de uma visão platônica da realidade em termos de imaginação cristã e economia da salvação. A visão é concebida em chave cosmológica e epistemológica.[58] Hierarquias não são estruturas estáticas, e sim dinâmicas; não representam, funcionam. Hierarquias são estruturas de símbolos e ofícios que medeiam o mundo divino e remetem as pessoas a Deus. Pela iniciativa de Deus, o terreno torna-se simbólico do celestial, do transcendente, do divino. A catedral de Chartres mostra que seus construtores sabiam exatamente do que Dionísio estava falando. E a descrição que Boaventura faz das Ordens Sagradas em meados do século XIII revela como essa imaginação metafísica aplicava-se ao pensamento eclesiástico: o poder das ordens é hierarquizado; o poder acima do poder é superior e mais excelente; a perfeição do poder existe em todos aqueles que podem conferir poder aos outros. "E porque a excelência se dilui à medida que desce e se unifica à medida que ascende, há muitos bispos, poucos arcebispos e pouquíssimos patriarcas, e um padre dos padres que é corretamente chamado papa, o único, primeiro e maior padre espiritual de todos os padres, e na outra extremidade o fiel, o hierarca distinto, o esposo singular, a cabeça indivisa, o sumo pontífice, vigário de Cristo, fonte, origem e soberano de todos os principados eclesiásticos. Dele, o superior

---

[58] O ponto de vista de Dionísio Areopagita "é completamente dominado pela busca do conhecimento espiritual. Todo o seu projeto é fundamentalmente uma epistemologia, quer no que tange aos divinos nomes, aos símbolos bíblicos para os anjos, quer aos símbolos litúrgicos da tradição eclesiástica". Paul Rorem. *Pseudo-Dionysius: A Commentary on the Texts and an Introduction to Their Influence*. New York, Oxford University Press, 1993, p. 93. Também é metafísico. "A integração — a um só tempo ontológica e noética — de todos os seres que contêm em sua ordem hierárquica implica uma 'continuidade' que é ao mesmo tempo dinâmica e estática em princípio. Entre cada um desses seres em seus níveis isolados existe um íntimo nexo: a intensidade maior do ser superior exerce uma força atrativa sobre o seguinte abaixo dele e o impele para seu próprio nível superior; e dessa atração surge a realização do ser inferior ou, em se tratando de um ser espiritual, sua felicidade". Chenu, *Man, Nature, and Society*, p. 24.

de todos, o poder ordenado deriva para baixo até o mais ínfimo membro da igreja como a grande dignidade na hierarquia eclesiástica requer".[59]

Bernardo de Claraval

Bernardo de Claraval foi monge e místico, abade e fundador de mosteiros, conselheiro de reis e papa, teólogo e escritor espiritual, pregador da segunda cruzada à Terra Santa e líder eclesial de sua época. Nascido em 1090, Bernardo ingressou no então recentemente fundado mosteiro de Cîteaux, aos 22 anos de idade. Três anos mais tarde, foi enviado como abade de uma nova fundação em Claraval e lá permaneceu até sua morte, ocorrida em 1153. Tornou-se inspiração da notável difusão dos cistercienses. Sua extraordinária experiência e proeminência fazem dele boa testemunha da vida da igreja em meados do século XII. Seu conselho ao papa Eugênio, antigo monge de seu mosteiro, dá ideia de alguns dos problemas da igreja, o que um papa ideal deveria ser, e um exemplo de espiritualidade monástica e de teologia.[60]

Problemas na igreja. Bernardo descreveu diversos problemas na igreja em seu apelo à responsabilidade do papa para com a igreja. Tratava-se essencialmente de abusos que a seu ver podiam ser corrigidos pelo poder administrativo do papa. Cinco desses problemas sobressaem na descrição de Bernardo, o primeiro dos quais diz respeito à heresia. A heresia gerava medo porque era um inimigo interno e, embora detectado, tal qual uma doença, podia proliferar-se. A principal delas, nessa época, era a dos cátaros, que constituíam uma presença notável no sul da França. Bernardo também estava preocupado com a reconciliação com os gregos, questão recorrente na Idade Média (III, 2-5, 81-85).

O sistema de apelação ao papa representava um abuso sistêmico. As decisões em nível local eram sistematicamente recorridas à instância superior. As decisões episcopais de que se recorria ao papa gradativamente

---

[59] Boaventura, *Breviloquium*, trad. E. E. Nemmers. St. Louis, B. Herder, 1946, VI.12.5, pp. 209-210.

[60] Bernardo de Claraval. *Five Books on Consideration: Advice to a Pope, The Works of Bernard of Clairvaux*, 13, trad. J. D. Anderson e E. T. Kennan. Kalamazoo, Mich., Cistercian Publications, 1976. As referências a essa obra no texto são por livro, número de parágrafo e página.

minaram a autoridade episcopal. Os papas tendiam a encorajar essas medidas como forma de fortalecer seu próprio poder. Muitos dos recursos, segundo Bernardo, não eram de boa-fé. Sobre essa questão Bernardo pergunta categoricamente a Eugênio: Por quanto tempo ignorarás ou te recusarás a perceber as queixas de todo o mundo? Por quanto tempo dormirás? Por quanto tempo tua consideração fará vista grossa à confusão e ao abuso das apelações?" (III, 7, 87 [III, 6-12, 85-93]).

O sistema de isenções também parece ter se disseminado. Tal sistema consistia em liberar um nível específico de autoridade do escalão imediatamente superior, por vinculação direta à Santa Sé. Dessa forma, a autoridade imediatamente superior ficava destituída de autoridade e de rendas. "Os abades eram liberados da jurisdição dos bispos, os bispos da dos arcebispos, os arcebispos da dos patriarcas ou dos primados. Isso parece bom?" (III, 14, 97). O papa podia fazer isso, mas não devia, pois ele era eleito "não para denegar, e sim para preservar os graus de honra e de dignidades, bem como as posições próprias de cada qual" (III, 14,98). O resultado era que a parte isentada tornava-se altiva e independente, e a parte de quem a isenção era concedida enraivecia-se. Não era uma boa situação (III, 16, 100). Bernardo encarava esse sistema como acintoso à hierarquia, ou seja, ao escalão das ordens, o sistema orgânico. Da mesma forma como existe ordem no céu entre os anjos, assim também na terra "os primados ou patriarcas, arcebispos, bispos, sacerdotes ou abades, e todos os demais são dispostos sob um supremo pontífice" (III, 18, 103).[61]

Bernardo queixava-se do descumprimento das leis da igreja. Por exemplo, relativamente aos requisitos de idade para promoção eclesiástica e indumentária clerical, as sanções de suspensão ou privação de benefício eram ignoradas ou simplesmente negligenciadas (III, 19-20, 104-7).

---

[61] Observe-se como a necessária e positiva função da proteção papal por meio da isenção, na época que antecedeu a reforma gregoriana, transmutara-se em uma nova situação. Cluny floresceu por causa dessa isenção. No decorrer do tempo, uma prática positiva degenerava em abuso. "Mas quem não sabe que situados em várias dioceses há diversos monastérios que pertencem, de maneira especial, à Sé Apostólica desde as próprias fundações pelo desejo de seus fundadores. Existe. Contudo, diferença entre um privilégio concedido à devoção e um privilégio que a ambição, intolerante à restrição, esforça-se por obter" (III, 18, 103). A legislação conciliar tratou do problema, que era uma questão de cumprimento.

Por fim, Bernardo deplorava a opulência e o fausto da igreja romana. Seu sarcasmo se extravasa. "A vida dos pobres é tramada nas ruas do rico [...]. Em meio a tudo isso, tu, pastor, sais adornado de ouro e cingido de vistosos atavios. O que a ovelha recebe? [...] Sem dúvida, Pedro envolveu-se na mesma prática, e Paulo surpreendeu-se consigo mesmo assim! Tu vês todo o zelo da igreja inflamar-se apenas para proteger sua dignidade. Tudo se concede à honra, pouco ou nada à santidade" (IV, 5, 115). Bernardo também acusava a liderança da igreja de avareza, embora poupasse Eugênio dessa acusação. Mas a principal razão pela qual muitos deixavam a igreja era a avareza (III, 13, 93-96).

Um papa ideal. Pode-se delinear um pequeno esboço, não um retrato cabal, do que um papa ideal devia ser, segundo o conselho de Bernardo. Isso é importante por duas razões. Uma delas é que as reflexões de Bernardo teriam considerável peso no futuro. Outra é que os historiadores frequentemente retratam o papado durante esse período em termos de luta com os governantes temporais por poder. O conselho de Bernardo revela simpatia por um ofício mais complexo.

Em primeiro lugar, a eclesiologia de Bernardo era centrada no papado. Os dois elementos estruturais que galvanizavam a igreja enquanto organização eram o papa e os bispos em comunhão com ele. "O grande esteio e arrimo da igreja como um todo é o papa [...]. Depois do papa vêm os bispos, que são 'colunas da igreja de Deus'."[62] Bernardo tinha uma visão exaltada do poder e da autoridade do papa. Em sua concepção, o papa era o sumo sacerdote, Supremo Pontífice, príncipe dos bispos, investido do poder de Pedro, vigário de Cristo por unção. Ele endossava o argumento segundo o qual o papa era Pedro, o único pastor a quem era confiada a unidade de todo o rebanho. A esfera de ação do papa não era uma igreja local, mas a igreja universal. O papa tinha responsabilidade universal pelas almas e jurisdição universal, ou seja, sobre toda a igreja e sobre todas as igrejas (II, 15-16, 66-68). "O poder dos outros é demarcado por limites definidos; o seu estende-se até sobre aqueles que receberam poder sobre

---

[62] G. R. Evans. *The Mind of Bernard of Clairvaux*. Oxford, Clarendon Press, 1983, p. 194.

os outros. Se houver motivo, podes não fechar o céu a um bispo, depô-lo do episcopado e entregá-lo a Satanás?" (II, 16, 68).[63]

A preocupação de Bernardo era que o papa equilibrasse a árdua e desgastante responsabilidade administrativa com a vida pessoal, moral e espiritual. Acreditava que as injunções do cargo, as exaustivas atribuições administrativas, podiam despersonalizar seu ocupante, endurecer-lhe o coração, insensibilizar ou empedernir um "senso do justo e útil sofrimento" (I, 3, 27). A atividade de um papa consistia em gerir uma enorme e infindável série de casos, recursos e litígios. Mas a responsabilidade também exigia tempo para o lazer e para as questões de ordem espiritual. Um papa deve reservar tempo para si mesmo (I, 4, 29; I, 6, 34). Ele não devia se deixar sobrecarregar pelas atribuições do cargo, mas reservar tempo para a meditação (I, 7, 36; I, 8, 37).

Talvez a principal questão ressaltada por Bernardo seja a de que o ofício representava um ministério e não uma posição de poder; conferia um múnus, e não uma propriedade (II, 9, 56). Competia-lhe administrar, servir, aconselhar, e não ser senhor, proprietário ou governante (III, 1-2, 80). O cargo envolvia responsabilidade e não uma posição estática de glória e opulência (II, 10, 57). "Eis o precedente estabelecido pelos Apóstolos: o poder é proibido, o ministério é imposto" (II, 11, 59). Um papa deve ser humilde; quanto mais humilde, mais acima das pessoas comuns estará (II, 13, 63).

Quanto à forma de um papa gerir a cúria e corpo de assistentes, e no tocante aos problemas de incompetência e de corrupção, a mensagem de Bernardo era simples: o papa devia contar com auxiliares bons, experientes e confiáveis em sua cúria. Geralmente, era necessário um corpo

---

[63] Essa visão organizacional da igreja tinha uma convicção teológica subjacente. "A certeza de Bernardo acerca da natureza da autoridade da igreja repousa em sua convicção de que por trás de todo ato da igreja encontra-se Cristo" (ibid., p. 192). Bernardo também utilizava a imagem das duas espadas (Lc 22,36-38), e sua visão possui algum peso. "Bernardo argumenta que ambas pertencem ao papa, mas o papa não pode cometer os atos de violência que são obra da espada temporal, mesmo quando legitimamente empregada em guerra justa. Ele deve confiar a tarefa a alguma outra pessoa. Dessa forma, a espada do soldado pertence ao papa, mas, conquanto possa ser desembainhada a seu comando, não deve ser sacada por sua própria mão." Ibid., p. 198.

de assistentes internacionais para a realização de operações universais. Se os ocupantes dos cargos fossem bons, tudo funcionaria automaticamente (IV, 9-16, 120-29). Quanto à gestão, o papa não deveria preocupar-se com os detalhes, mas escolher alguém e delegar-lhe autoridade absoluta (IV, 17-21, 130-35).

Espiritualidade monástica e teologia. Bernardo fornece um excelente contraponto para o desenvolvimento dos itinerantes e apostolicamente engajados mendicantes e o florescimento da teologia das universidades do século XIII. Bernardo transmite a tradição de Cassiano em sua espiritualidade e um espírito contemplativo em sua concepção teológica.

No tocante à espiritualidade, Bernardo equilibrava a responsabilidade e o poder do papa, por um lado, com sua consideração enquanto pessoa, por outro. A espiritualidade afigurava-se como consideração do tipo de pessoa que o papa é chamado a ser. O papa deve lembrar-se de que é uma criatura, chamada à existência a partir do nada; deve considerar se, enquanto pessoa, encarna as virtudes cristãs fundamentais, se tende a agir a partir da sabedoria e da virtude, se busca o meio-termo entre a inatividade e a frivolidade, se tem discernimento ao julgar as pessoas com que lida (II, 17-23, 69-78). Bernardo, então, deduz princípios monásticos fundamentais radicados no discernimento psicológico, no cultivo das virtudes e na formação de uma pessoa em termos de autoconhecimento e de reflexão.

A despeito da ativa vida do papa, Bernardo não hesita em lembrá-lo da tradição mística. Há três modos de ascensão às coisas do alto. O primeiro é pela vida dos sentidos ou mediante o contato sensível com as coisas deste mundo. É o meio prático. O segundo modo é pelo uso da filosofia e da reflexão, e pode ser chamado de científico. O terceiro é ocasional, quando nos elevamos na contemplação do sublime, "não por etapas graduais, mas por êxtases abruptos". O terceiro modo de ascensão é denominado especulativo. Os dois primeiros conduzem ao terceiro, que consiste em saborear o divino e é de caráter mais místico (V, 3-4, 141-43).

A concepção bernardiana de teologia não é tão dissociada da vida espiritual. Ele se refere a três maneiras de inquirir acerca de Deus e dos anjos. Essas três maneiras de ascensão à esfera transcendente da realidade são como que três modos de fazer teologia. A primeira maneira é pela opinião; a segunda, pelo entendimento; e a terceira, pela fé.[64] Bernardo frequentemente cita a escritura, às vezes como mero adorno, empréstimo de palavras, outras vezes propondo um argumento de precedente ou exemplo.

Nessa obra, Bernardo desenvolve antes uma elaborada angelologia, uma descrição cabal do mundo dos anjos, bem como o modo como são dispostos segundo sua hierarquização de dignidade e de função. A exposição como um todo dá uma ideia de como a teologia era feita no monastério como exercício contemplativo baseado em vários ditos ou passagens da escritura (V, 7-12, 146-54). Ele também desenvolve, em termos sucintos, uma teologia contemplativa de Deus e da trindade (V, 13-19, 155-64). Essa teologia de Deus é uma narrativa descritiva de Deus que recorre à escritura e é estruturada por uma série de questões acerca de Deus. Por exemplo, o que é Deus? Onde está Deus? Se todas as coisas estão em Deus, onde está Deus? Quais são os atributos de Deus, como sua simplicidade? Que se deve dizer acerca da unidade e da trindade de Deus? Aplica-se o número a Deus? Ao responder a essas questões, Bernardo estabelece a tradição da concepção cristã de Deus tal como se encontra nas escrituras, nos Padres e nos monastérios.

Francisco de Assis

Tanto Francisco como Domingos tiraram proveito da vaga de um despertar evangélico que se manifestou durante o século XII. Decorrente da reforma gregoriana, ela remetia aos ensinamentos de Jesus, especialmente os relativos à pobreza, bem como a uma igreja primitiva menos obstruída pela sociedade. Apelava aos sentidos literais das narrativas

---

[64] "A fé é uma espécie de prelibação voluntária e segura da verdade ainda não evidente; o entendimento é um conhecimento seguro e manifesto de alguma coisa não vista; a opinião é sustentar alguma coisa como verdadeira que não se sabe ser falsa [...]. Muito embora a fé não seja mais incerta que a compreensão, ela ainda está envolta em mistério que o entendimento não está" (V, 6, 145). A representação dessa teologia contemplativa plena de fé ilustra o tipo de teologia feita em um ambiente monástico e em que medida a teologia acadêmica constituía uma nova guinada.

evangélicas e dos ensinamentos de Jesus, tornando-os, portanto, radicais em certos pontos. A revivescência era um fenômeno urbano que, diferentemente da reforma gregoriana, envolveu os leigos tanto ou mais que os clérigos.[65] "O movimento apostólico leigo desenvolveu-se nessa nova classe urbana, ligada à economia do mercado e do comércio, não sem ressentimento contra a sociedade feudal."[66] Também envolveu estudantes e os intelectuais "clientela das escolas urbanas em rápido crescimento das quais a Universidade de Paris se tornaria, no princípio do século XIII, a realização prototípica".[67]

Francisco não era estudante universitário, mas foi inspirado pelo movimento evangélico. Os fatos mais conspícuos de sua vida são os seguintes: nasceu em 1181, em família italiana que não era pobre, passou por um extenso processo de conversão em seus primeiros vinte anos. Por volta de 1206, aos 24 anos de idade, Francisco comprometeu-se a viver uma vida ascética de pobreza. Dois anos mais tarde, em 1208, recebeu mais uma inspiração do evangelho de que deveria ser apostólico, ou seja, empreender um ministério de pregação. Foi incorporado então por seus primeiros companheiros. Por volta de 1209 formaram um grupo de doze, para o qual Francisco escreveu uma concisa regra de vida que foi aprovada por Inocente III, em Roma. O movimento franciscano estava, assim, oficialmente lançado e cresceu rapidamente.

Os outros eventos significativos da vida de Francisco ocorreram no princípio dos anos 1220. Francisco renunciara ao cargo de administrador da ordem, mas foi solicitado a escrever uma regra mais adequada para um movimento muito mais amplo; não mais um pequeno grupo de doze pregadores ascetas, os franciscanos haviam se tornado uma ordem religiosa em expansão. A primeira tentativa de uma nova regra em 1221 não foi aprovada; a segunda tentativa, feita em 1223, conseguiu aprovação. Também a denominada Segunda Ordem de mulheres franciscanas formara-se sob a liderança de Clara, amiga de Francisco. Os anos

---

[65] Chenu, *Nature, Man, and Society*, pp. 258-259.

[66] Ibid., p. 243.

[67] Ibid.

remanescentes de Francisco foram caracterizados por suas experiências místicas, a prolongada doença e, por fim, a morte em Assis, em 1226, aos 45 anos de idade. Ele foi declarado santo pouco mais de um ano depois, mas reconhecido como tal durante sua vida.

O impacto de Francisco não consiste tanto no que ele fez, no sentido de realizações, e sim no ideal que exemplificou em sua vida. Ele personificou uma existência evangélica que era simples e reta, e chamou a atenção de todos. Madre Tereza, no final do século XX, ocupou posição semelhante à de Francisco. Os ideais de pregação evangélica despojada estavam no ar durante o século XII, por vezes em forma herética. Francisco conferiu nova legitimidade a esses temas, especialmente quando sua ordem foi oficialmente aceita pela igreja. A pessoa de Francisco, o que ele representava, e sua aceitação pelo papa, tudo concorreu para mobilizar a imaginação de todos e imprimir novo impulso ao movimento. O ideal que Francisco projetou era, com efeito, tão simples e radical que suscitou conflito entre os próprios franciscanos durante sua vida. Ele exigia efetiva pobreza. Não obstante, a tentativa de rotinizar a pobreza efetiva em uma instituição de grande porte revelou-se difícil. Assim sendo, quase desde o início, manifestou-se uma tensão que acabaria finalmente dividindo os chamados franciscanos espirituais e o elemento mais comprometedor da ordem.

Pode-se captar o espírito de Francisco a partir de alguns dos textos clássicos saídos de sua pena ou a ele atribuídos. São todos curtos, mas captam o ideal que ele representou. Um desses textos é *A Regra de 1221*, a primeira regra ampla que Francisco escreveu, mas não foi aceita em Roma. Sua regra anterior, de 1209, não subsistiu, mas supõe-se que tenha sido incorporada a essa regra de 1221. *O Testamento de Francisco*, de sua autoria, foi composto pouco antes de ele morrer. Encerra certa tensão entre regra e ideal, pois, no fecho do texto, Francisco veda qualquer interpretação desse documento ou da própria regra. Outro documento franciscano importante é a *Carta a todos os fiéis*, de autoria de Francisco. O texto contém a concepção franciscana da vida cristã em geral. Os ideais de Francisco não se destinavam apenas a sua ordem. Por conseguinte, encontra-se na *Regra para a Ordem Terceira*, que não foi escrita por

Francisco, embora frequentemente lhe seja atribuída, uma tentativa de institucionalizar uma espiritualidade franciscana para além dos limites da própria vida religiosa. Já no século XII, grupos de leigos formaram-se em torno dos valores do ascetismo e do serviço. Dessa forma, a *Carta a todos os fiéis*, de Francisco, e os princípios formulados na subsequente *Regra para a Ordem Terceira* inspiraram um espírito religioso já vigente, moldado segundo os ideais espirituais de Francisco, e ajudaram a mediá--lo na sociedade em geral.

Como se pode descrever essa espiritualidade? Cinco temas, por demais básicos para envolver muitos outros, caracterizam o espírito de Francisco.[68] O primeiro é a *pobreza*. Francisco expressava o que equivalia a uma aversão ao dinheiro. O franciscano não deve tocá-lo. No reverso dessa repugnância, a pobreza é idealizada e personificada como "Senhora Pobreza". A pobreza funciona como meio de identificação com Cristo.

O segundo tema é o da *humildade*.[69] A humildade oferece outro meio de identificação com Cristo. É a típica virtude cristã. Nela implicada encontra-se a suspeita de todas as coisas que causam orgulho, como, por exemplo, ocupação ou instrução. Inicialmente, se um franciscano tivesse de estudar, teria de ter livros e um ambiente para fazê-lo, o que, no entanto, parecia comprometer a pobreza absoluta. Esse fato exemplifica os graves problemas ligados aos ideais à medida que os membros da ordem assumiram várias formas de ministério.

O terceiro tema é o da *simplicidade*. A simplicidade caracteriza a vida franciscana e a mensagem cristã pregada. Os textos de Francisco preconizam uma espécie de piedade evangélica literal do discipulado, do seguimento próprio de Jesus. A espiritualidade franciscana representa um retorno a certos ideais do Novo Testamento diretamente relacionados com o zelo na comunicação do evangelho.

---

[68] A melhor tradução dos textos de Francisco encontra-se em *Francis of Assisi*, 4 vols., ed. Regis J. Armstrong, J. Wayne Hellman e William J. Short. Hyde Park, N. Y., New City Press, 1999-2002. A caracterização da espiritualidade franciscana que a seguir apresentamos é extraída dos quatros textos retromencionados.

[69] Ver John R. H. Moorman. *Saint Francis of Assisi*. London, SPCK, 1976, pp. 25-27.

O quarto tema é o da *oração*. O próprio Francisco era místico. Poderia tranquilamente ter se retirado do mundo, em um estilo de vida enclausurado. Mas direcionou sua oração para o ministério. Relacionadas com essa atenção para com a oração estão as práticas do ascetismo e da autodisciplina.

A quinta virtude franciscana pode ser denominada *mobilidade*, em contraste com a estabilidade monástica. Francisco não lhe deu origem; a pregação itinerante surgira mais de um século antes. Aqui, no entanto, a mobilidade era formulada no estilo de vida de uma ordem religiosa. Compartilhada pelos dominicanos, a mobilidade criou uma nova espécie importante de vida religiosa no interior da igreja: os religiosos itinerantes, apostolicamente comprometidos com a realização de objetivos específicos no âmbito da sociedade, atingiam diretamente as pessoas para além das fronteiras da paróquia ou do monastério, isentos do controle episcopal direto e, portanto, a contrapelo do conselho de Bernardo de Claraval, ainda que peculiarmente apropriados às cidades europeias em processo de expansão. Ordens religiosas como a dos franciscanos e a dos dominicanos, que se reportavam diretamente ao papa ou ao centro, exerceram uma espécie de energia catalisadora que transcendeu as divisas das dioceses. A pregação progrediria nas paróquias quando os mendicantes demonstraram como poderia ser feita. Eles ajudaram a efetivar a adaptação da igreja à nova vitalidade da cultura europeia.

Tomás de Aquino

Tomás de Aquino nasceu na Itália em 1225 ou talvez antes. Na juventude, foi apresentado ao pensamento de Aristóteles, talvez em tenra idade, em Nápoles, quando Aristóteles estava sendo traduzido, e posteriormente, como dominicano, sob a tutela de Alberto Magno. Seja como for, juntou-se aos dominicanos, estudou em Paris e lecionou lá durante dois extensos períodos, tanto quanto na Itália. Estava na Itália quando foi convocado ao Concílio de Lion II, mas morreu em 1274. Tomás de Aquino representa um ponto culminante na teologia medieval.

Podem-se discernir as grandes linhas da eclesiologia agostiniana em Tomás de Aquino: o termo "igreja" em Aquino tem significados diferentes quando visto por diferentes perspectivas. No limite, a igreja transcende o tempo e o espaço; encontra sua máxima realização no céu; seus membros transcendem as pessoas neste mundo: a igreja da glória, a igreja celestial, a igreja triunfante. A pertença à igreja na terra inclui a pertença à igreja empírica, mas também transcende os cristãos; abarca todos os que são salvos, a igreja empírica interna ou externa, os anjos e os seres humanos.[70] Em que pese essa doutrina agostiniana, a teologia aquiniana da igreja transformou por completo a de Agostinho quando esse ensinamento foi acolhido em uma nova moldura teológica. A teologia contemplativa dos monastérios experimentou uma completa transição com a formação das escolas catedrais, a redescoberta da lógica aristotélica, a constituição das universidades por volta do começo do século XIII e a introdução da filosofia da natureza e da metafísica de Aristóteles na linguagem teológica. Como resultado, Aquino exemplificou uma cultura intelectual nova, socialmente construída, que transformou a concepção teológica agostiniana da igreja. Alguns dos elementos característicos da teologia de Tomás de Aquino foram o uso que ele fez da lógica aristotélica e da linguagem metafísica, sua epistemologia realista ligada aos dados sensíveis, sua projeção da teleologia em cada natureza individual ou espécie de ser, sua concepção de natureza como princípio de ação teologicamente orientado, a apropriação que ele faz, por analogia, da esfera sobrenatural, sua definição das virtudes como orientadas para a ação, seu princípio da necessidade de uma mediação mundana da graça, sua concepção de salvação como vivenciada no comportamento ético humano, sua concepção dionisiana da hierarquia das ordens da realidade, sua exaltada noção de monarquia como forma de governo e de papado, sua visão de Cristo como cabeça da igreja, a congruência da igreja como o corpo de Cristo e

---

[70] Avery Dulles. "The Church according to Thomas Aquinas", *A Church to Believe In*. New York, Crossroad, 1982, pp. 151-152.

o sacramento da eucaristia, e a clara correspondência de sua eclesiologia com a cidade medieval, e com uma Europa pós-reforma gregoriana.[71]

Tomás de Aquino é de não pouca importância para a compreensão da igreja cristã por duas razões. A primeira delas consiste em sua eclesiologia enquanto tal; ela representa bem a dimensão teológica da autocompreensão da igreja no apogeu da teologia medieval. A segunda razão consiste na grande síntese teológica efetuada por Tomás de Aquino; ela vai além de sua eclesiologia e ilustra todo o período da teologia das escolas.

A igreja em Tomás de Aquino. Congar sintetiza a eclesiologia de Tomás de Aquino em torno de três grandes temas: "A igreja pode ser considerada como centrada no espírito e ética, ou como centrada em Cristo ou como institucional e sacramental".[72]

Em primeiro lugar, a igreja é a comunidade dos fiéis repleta do Espírito e animada pelo Espírito. Aquino compartilhava a concepção, também comum aos canonistas, que denominavam a igreja como *congregatio fidelium* (E, 231-232). O Espírito de Deus habita a igreja, os membros individuais e, por intermédio deles, a totalidade, tornando-a uma espécie de organismo vivo. Conquanto não seja uma entidade, a igreja é, contudo, mais que uma realidade sociológica, na medida em que o Espírito constitui um vínculo de unidade. O Espírito operante nos membros também funciona como um princípio de santidade. Nesses membros animados pelas virtudes da fé, da esperança e do amor, que se voltam para Deus em suas vidas, a igreja possui uma santidade mais do que meramente objetiva. A ideia do *télos* da graça está em jogo aqui: "Só Deus pode elevar-nos à vida de Deus; só um princípio 'dinâmico' genuinamente

---

[71] Para uma exposição da redescoberta e integração das obras de Aristóteles às faculdades e universidades, ver Fernand Van Steenberghen. *Aristotle in the West.* Louvain, E. Nauwelaerts, 1955. Marie-Dominique Chenu, *Toward Understanding Saint Thomas.* Chicago, Henry Regnery, 1964, fornece um guia para a forma e a lógica do pensamento de Tomás.

[72] Yves Congar. "The Idea of The Church in St. Thomas Aquinas", *The Mystery of The Church.* Baltimore e Dublin. Helicon Press, 1965, pp. 72-73. Aquino nunca compôs um discurso sistemático cabal acerca da igreja, de sorte que sua eclesiologia deve ser reconstituída a partir de material pertinente disperso em seus escritos. É o que Avery Dulles faz no ensaio retrocitado, tanto quanto Ives Congar no ensaio que acabamos de mencionar e em *L'Eglise*, pp. 232-241. Extraio a síntese da apresentação que se segue principalmente de Congar e cito suas duas obras no texto, respectivamente, como MC e E.

divino pode direcionar-nos e mover-nos em direção aos objetos da vida divina" (MC, 58). A eclesiologia de Aquino comporta um forte elemento antropológico e ético que complementa a perspectiva teocêntrica: os seres humanos retornam a Deus vivendo eclesialmente. A igreja desempenha um papel histórico dinâmico.

Em segundo lugar, a eclesiologia de Aquino também tem uma dimensão cristocêntrica. Remetendo às imagens neotestamentárias de um Cristo cósmico e de Cristo cabeça de toda a igreja, e projetando essas imagens a partir de Agostinho, Aquino sustenta que toda graça tem seu fundamento em Jesus Cristo. Todos os que recebem a graça salvífica o fazem em dependência e por participação na graça de Cristo. "Nada existe na economia do retorno a Deus que não provenha de Cristo, que não seja produzido em nós por ele e primeiro conhecido e desejado por ele, que nele não tenha seu padrão nem se assemelhe a sua perfeição como imagem do Pai" (MC, 62).

Em terceiro lugar, as dimensões "interna" e "externa" da igreja imbricam-se para conformar uma entidade única. Essa proposição serve para articular as dimensões mística ou teologal da igreja e as considerações da igreja em termos sociológicos e enquanto organização jurídica. A fusão das dimensões eclesiais interna ou espiritual e externa ou material é sintetizada em duas dessas por Congar: "(1) a igreja-enquanto-Instituição é a própria forma existente do Corpo Místico e da nova vida em Cristo; (2) ela é, ademais, o sacramento e o ministério — em uma palavra, a concreção — do Corpo Místico" (MC, 66).

A igreja enquanto sociedade, enquanto organização de ajuda mútua ou colaboração organizada sob uma estrutura de autoridade hierárquica, "não é uma realidade diferente do Corpo vivo que dá nova vida em Cristo, com o Espírito Santo como sua alma. A última é a dimensão interna daquilo que se manifesta exteriormente como comunidade organizada e dirigida pela hierarquia" (MC, 67). Essa identidade veicula o papel de ministério e os sacramentos: esses são os comportamentos que tornam efetiva a vida teológica interna da igreja. "A igreja visível e institucional é o ministério da fé e dos sacramentos da fé, pelos quais os seres humanos são enxertados em Cristo e edificam o Corpo Místico, que é a identidade interna da igreja" (MC, 70). A eucaristia assume papel central aqui. Esse é o sacramento basal que mais fortemente constitui a igreja; o realismo e a profundidade da concepção eucarística conferem à igreja enquanto Corpo de Cristo uma dimensão teológica realista e quase literal (E, 235). Em suma: "Todo o propósito da igreja, tal como o concebe Santo Tomás, é unir a Deus. Essa união ocorre primariamente mediante a graça santificadora, que é efetivamente transmitida pelos sacramentos".[73]

Outros aspectos da eclesiologia de Santo Tomás refletem sua época. Aquino via no corpo de estudiosos e professores que surgiu na Alta Idade Média uma fonte de autoridade. Por conseguinte, havia dois *magisteria* ou autoridades, não concorrentes, mas convergentes, o dos que detinham o poder de ofício para lecionar, e o daqueles que eram especialistas em conhecimento crítico (E, 241-242). Ele tinha uma grandiosa noção do papado, que tinha paralelo com sua visão de que a monarquia era a forma superior de governo. Essencialmente, o papa, segundo a concepção aquiniana, era o bispo de toda a igreja, dotado de autoridade jurisdicional direta.[74] Aquino também ensejou o raciocínio que acabaria levando à visão de que o papa era infalível. Muitos concordaram com a infalibilidade da igreja. Dessarte, com base no papel do papa na igreja, Aquino concebeu um carisma de ofício que implicava a infalibilidade (E, 244-248).[75] Com relação ao equilíbrio da autoridade papal e do governo civil, Aquino propugnou uma posição moderada que reconhecia, com Aristóteles, o direito natural ou intrínseco de um povo ou de uma sociedade a seu governo.

O impacto da síntese tomista. Mais influente do que sua eclesiologia foi a síntese teológica produzida por Aquino. Sua *Suma Teológica* exemplifica, da melhor forma e em termos mais abrangentes, o profundo ajuste na teologia que se verificou durante a Idade Média. Ela passou

---

[73] Dulles, "The Church according to Thomas Aquinas", p. 158.

[74] "Santo Tomás estava preocupado com a igreja universal unida sob o primado do papa. Ele considerava as dioceses como distritos administrativos ou segmentos do povo de Deus, e não como igrejas no sentido teológico e sacramental da palavra." Ibid., p. 167.

[75] Uma clássica referência a esse aspecto em Aquino é *Summa Theologiae*, II-II, 1, 10, em que ele discute a autoridade do papa para decidir questões concernentes ao credo.

a ser então um sistema, ou tipificou um sistema, e tornou-se referência para uma linguagem teológica que ao longo dos séculos moldou a igreja ocidental, continuamente no catolicismo romano e em alguma medida, por reação, nas igrejas da Reforma do século XVI. Essa linguagem, que foi inspirada por Aristóteles, carreou várias formas da síntese medieval para o catolicismo através dos concílios de Trento e do Vaticano I até o Vaticano II.

Descrição da igreja ocidental na Alta Idade Média

A estratégia deste capítulo exige crescente abstração. O primeiro nível abordou a história social e mapeou alguns dos grandes eventos do desenvolvimento da igreja. O capítulo esboçou de certa forma uma análise de autores influentes e representativos. A seção que ora se inicia apresenta uma ampla descrição da igreja do período medieval até o século XIII, fazendo alguma referência específica à igreja na Inglaterra. Só o objetivo dessa análise organizacional e teológica seria capaz de justificá-la, que é implicitamente compará-lo e contrastá-lo com o que se passou anteriormente e o que virá em seguida. A igreja medieval, tanto quanto a igreja dos primórdios e a da antiguidade tardia, era também um *novum*, uma igreja que fora única e jamais existirá novamente.

Estrutura organizacional

Essa análise emprega as categorias da estrutura organizacional, mas, diferentemente da igreja primitiva, em que os referentes eram pequenas igrejas domésticas, aqui a igreja é uma organização de massa que se cindiu da metade oriental da igreja e abrangia a Europa ocidental. O marco inicial da análise é a estrutura organizacional, pois em um mundo hierárquico essa sagrada estrutura organizacional dominou a compreensão da igreja. A organização hierárquica da igreja era constituída por suas ordens de administração e de ministério.

Papado. A primeira função do papado relaciona-se *ad intra*, com a governança da igreja.[76] No começo do século XVII, a igreja precisava desesperadamente de reforma, e só o papa podia realizar essa reforma. David Knowles defende explicitamente esse ponto de vista. Os imperadores da Alemanha não poderiam ter levado a cabo uma reforma porque a Europa ocidental estava dividida em seu poder temporal. Eles não se relacionavam com o papado da maneira como o fazia o monarca Carlos Magno. A igreja estava sob controle leigo e só o papa detinha poder espiritual e simbólico e jurisdição universal. A reforma teria de partir do centro, para ter efeito sobre a totalidade da igreja; teria de partir do papado.[77]

Na qualidade de ponta-de-lança da reforma, Gregório deu surgimento ao "moderno" papado, ou seja, ao que não existia antes dele e que perduraria até o presente. As pretensões de Gregório haviam sido suscitadas antes dele, mas ele lhes conferira efetividade no Ocidente. Por intermédio do movimento que Gregório, mais que qualquer outro, levou a cabo, o papado adquiriu controle sobre toda a igreja ocidental. Suas reivindicações tornar-se-iam cada vez mais exageradas, e a supremacia seria gravemente desafiada no movimento conciliarista. Na época, contudo, a autoridade papal tornara-se tão arraigada que sobreviveria ao mais rigoroso teste. A unidade da cristandade repousava simbolicamente no papado. A causalidade simbólica refere-se à influência possibilitada pela vinculação ou identificação religiosa de pessoas significativas com o papa para além da autoridade jurídica. Em certo sentido, o papa estabeleceu sua autoridade religiosa pan-europeia quando convocou a primeira cruzada, em 1095. As cruzadas representam um exercício de liderança que transcendeu toda autoridade regional e reuniu a Europa como um todo.[78]

---

[76] A função do papado *ad extra* aparece no topo da igreja e do mundo.

[77] Knowles, *The Middle Ages*, p. 168. Esse tópico merece maior discussão; os historiadores estão divididos; mas essa afirmação é mínima em sua intenção. Desejo ressaltar duas coisas: a primeira é que a reforma gregoriana foi realmente uma reforma, apesar de o sistema anterior não ser intrinsecamente errado e de a reforma haver acarretado alguns resultados negativos. A segunda coisa é que, muito embora as razões da reforma estivessem disseminadas entre as condições sociais mutantes e uma gama de agentes, o papado conduziu a reforma.

[78] André Vauchez. *The Laity in The Middle Ages: Religious Beliefs and Devotional Practices.* Notre Dame, Ind., University of Notre Dame Press, 1993, p. 48.

Cardeais. De par com a autoridade jurisdicional e simbólica do papa, a reforma gregoriana desenvolveu ainda a centralização administrativa da igreja. A estruturação do cardinalato em conselho administrativo internacional que também controlava a eleição do papa facilitou o processo. Essa forma de eleição não só começou a dar ao papado alguma independência do controle secular, como também marcou o início de um sistema administrativo efetivo. A burocracia arrecadava impostos e por intermédio dos legados chegava às regiões distantes. Expandir-se-ia em sua eficiência durante o século XIV. Mas mesmo à época de Gregório é possível ver o papa governando a igreja universal de maneira análoga à que Cipriano utilizava para governar sua igreja regional. O papa tornara-se bispo de Cipriano governando a totalidade da igreja por meio de carta, sínodo e decreto.

Bispos. A controvérsia da investidura encerrou-se em compromisso e compreensão mútua em 1122. Mas o acordo não quis dizer que os governantes seculares já não tivessem nenhuma influência sobre a escolha de bispos, nem significou que os bispos deixaram de ser governantes seculares ou agentes seus. O novo era o incremento na autoridade e no poder papais: os bispos eram ligados jurisdicionalmente a Roma, e, tudo sendo politicamente igual, o papa podia remover um bispo ou restringir sua autoridade. A igreja tornara-se uma entidade organizacional de grande porte e relativamente coesa de uma maneira extraordinariamente nova.

Ser bispo na Inglaterra do século XIII envolvia múltiplas relações e atividades. "A vida era muito repleta, pois um bispo tinha de combinar suas obrigações pastorais com as responsabilidades de um proprietário de terra ou senhor feudal, de juiz e de magistrado, conselheiro do rei e membro do Parlamento."[79] Boa parte das rendas da diocese provinha das propriedades da igreja que deviam ser administradas; os bispos da

---

[79] John R. H. Moorman. *Church Life in England in the Thirteenth Century.* Cambridge, University Press, 1955, p. 179. Citado no texto como CL. Como é impossível traçar o perfil, em qualquer detalhe, do bispo ou do sacerdote na Europa, volto-me para os estudos da igreja inglesa no século XIII. Além de Moorman, recorro a Colin Platt. *The Parish Churches of Medieval England.* London, Secker & Warburg, 1981, e a Frances e Joseph Gies. *Life in a Medieval Village.* New York, Harper & Row, 1990. Essas obras são citadas no texto como PCME e LMV, respectivamente.

Inglaterra, durante o século XIII, com frequência se encontravam bastante endividados em razão dos custos da casa episcopal e dos serviços que ela oferecia, em contraposição à dificuldade de coletar dízimos (CL, 171-176). A principal obrigação de um bispo era atender às paróquias. Ele o fazia principalmente através da visitação paroquial, "uma ocasião para inspecionar e examinar a paróquia e seu clero [e] uma oportunidade para o bispo dirigir-se a seu clero e ao povo" (CL, 194). Um bispo, portanto, despendia muito tempo viajando com sua comitiva, visitando paróquias e casas religiosas em sua diocese e cumprindo suas responsabilidades seculares.

Paróquia e sacerdotes. Um dos frutos da reforma gregoriana foi a emergência definitiva do clero como classe claramente identificável em contraposição ao laicato. "No decorrer dessa campanha", escreve Knowles, "surgiu no Ocidente, pela primeira vez, uma classe organizada, o clero ou grande corpo de clérigos, estritamente vinculado a bispos, eles próprios estritamente ligados ao bispo de Roma, com uma lei e interesses que os separavam do laicato, que devia ocupar um lugar mais baixo".[80] Isso representa um salto quantitativo em relação à sugestão de uma distinção de papéis que se encontra em *1 Clemente* no final do século I. O contexto é a totalidade da igreja ocidental, com um vigoroso governo central. Uma teologia de ordenação absoluta, que conferia o sagrado poder de consagrar a eucaristia, gerou uma concepção de sacerdócio que deixa de ser função de uma comunidade específica. Os sacerdotes, portanto, constituem um grupo que detém com exclusividade o poder espiritual sagrado, acima da esfera temporal, e se unifica por se ligar ao centro por meio dos bispos. De certa maneira, esse desenvolvimento segue, natural e logicamente, o resultado da disputa entre o poder espiritual e o poder temporal. Da mesma forma como a igreja, em seu alto clero, gradativamente se desvencilhava do controle leigo, assim também seu baixo clero pouco a pouco se distinguia como classe dotada de sacro poder.

---

[80] Knowles, *The Middle Ages*, p. 169. Congar nota evidências em várias práticas litúrgicas, na época de Carlos Magno, de que as pessoas já haviam começado a pensar na igreja como constituída pelo clero. Congar, *L'Eglise*, p. 57.

Esse processo, ademais, demandou tempo antes de influenciar as paróquias nos povoados. Cerca de 90% dos cristãos, na Europa do século XIII, viviam em povoados (LMV, 1). A paróquia inglesa média cobria uma vasta extensão que incluía o centro da população e as fazendas, vilarejos e aldeias adjacentes. Havia capelas em áreas distantes cobertas por um capelão sacerdote que possivelmente morasse lá. Uma igreja paroquial era a um só tempo a igreja física, a terra e as rendas correlatas.[81] O pároco podia viver na paróquia e assumir o encargo de seu ministério, ou ausentar-se por uma gama de possíveis razões. Um vigário assumia o lugar de um pároco ausente e pastoreava a paróquia por um salário. Durante o século XIII, mais párocos estiverem ausentes do que presentes, e "a proporção dos que estavam em ordens sacerdotais era frequentemente não mais do que 20% ou 25%"; outros clérigos, a maioria, eram diáconos ou subdiáconos que nunca avançaram no sacerdócio (CL, 48).[82] Uma prática regular surgida no século XII, chamada "apropriação", envolvia a atribuição da renda da paróquia a um monastério que, por sua vez, pagava salário a um vigário, geralmente não um monge, para o ministério nesse lugar.[83] O sistema de vicariato foi regularizado no século XIII quando se garantiu aos vigários "a segurança da posse e uma renda mínima" (CL, 45). Antes disso, eles frequentemente viviam na pobreza. Os párocos ou vigários que serviam às paróquias rurais tendiam a ser homens locais da classe dos artesãos ou dos camponeses e, portanto, de baixo nível educacional; os párocos ausentes tendiam a ser membros instruídos das classes abastadas ou de proprietários de terras que usufruíam de parte substancial da renda das

---

[81] Como resultado da reforma gregoriana, os bispos assumiram controle sobre as igrejas paroquiais, e patronos leigos encontraram mais dificuldade em reivindicar suas benesses. A estrutura proprietária não desapareceu de todo; reis e proprietários de terras ainda detinham o direito de designar sacerdotes, mas, por volta do final do século XII, na Inglaterra, "a propriedade particular da igreja havia se tornado raridade". PCME, pp. 6-9, citado à p. 9.

[82] Havia também um excedente de clero na Inglaterra, assim como muitos homens viviam à margem do sistema. Estima-se que 2% da população encontravam-se em ordens. Moorman confirma essa cifra aproximada: de uma população de três milhões, "havia pelo menos quarenta mil clérigos seculares nesse país, tanto quanto aproximadamente setenta mil monges e frades" (CL, p. 52).

[83] "Por volta do final do século XII não havia dúvida de que pelo menos metade das igrejas paroquiais da Inglaterra havia sido apropriada dessa forma, tendo a maioria decididamente ido para as casas religiosas" (CL, p. 42). A vida na aldeia em geral e a vida do sacerdote paroquial em seu meio são recriadas em algum detalhe pelos Gieses em LMV, especialmente pp. 155-171.

paróquias (CL, 24-51). Muito embora os clérigos refletissem a classe na sociedade, um indivíduo de talento podia ascender dentro do sistema clerical. A grande quantidade de bispos oriundos dos estratos humildes é prova disso (CL, 158).

No que diz respeito ao nível educacional dos sacerdotes, Moorman considera que "a imensa maioria dos que serviam às paróquias no século XIII deve ter sido apenas parcialmente instruída, ao passo que alguns eram sem dúvida praticamente iletrados" (CL, 90). Um pouco mais precisamente, pode-se perceber a seguinte gradação: nas cidades ou próximo a elas, um jovem podia obter educação básica na escola e o clérigo podia ser mais instruído; nos vilarejos isolados, ter-se-ia apenas um conhecimento superficial, que os aprendizes obtinham de um "sacerdote simpático, mas talvez pouco instruído" (CL, 109).

Por volta do século XIII, os bispos viviam de acordo com a disposição do celibato, mas nos vilarejos, entre o baixo clero, a disciplina estava longe de ser uniformemente seguida. Enquanto alguns sacerdotes levavam vida celibatária, outros casavam-se publicamente ou viviam com mulher, embora não fossem casados, ou, ainda, mantinham relações promíscuas com paroquianas (CL, 62-67). Houve acirradas críticas à moralidade do baixo clero durante o século XIII por parte de críticos imparciais (CL, 214).

A relação do sacerdote com a população era complexa. Por um lado, "o sacerdote da paróquia do século XIII era mais intimamente ligado a seu povo do que o clérigo moderno jamais sequer esperou ser" em razão da vida comum, isolada e densa que vivia em comunidade (CL, 83). Ao mesmo tempo, contudo, o sacerdote arrecadava dízimos de seu povo, geralmente pobre, dízimos esses que eram constantemente contestados ou escassos, constituindo-se, assim, em fonte de atrito (CL, 83, 138; PCME, 55-56).

Concílios, sínodos e lei. A lei, os sínodos romanos regulares e os concílios gerais estruturavam e davam sustentação à autoridade simbólica da igreja, racionalizavam-na e canalizavam-na para a administração. A igreja pós-gregoriana possuía uma unidade que se aproximava cada vez mais de uma uniformidade governada pela lei universal. O princípio da unidade estabelece, como cabeça, o papa, que refletia a liderança de Cristo, de quem toda a graça deflui. O papa postulava jurisdição universal, que, em graus diversos, podia ser exercida em efetiva governança, projetando, a partir do centro, uma disciplina universal. Essa não era uma igreja que conscientemente tolerasse a unidade em meio a diferenças, mas sim uma unidade reforçada, pelo menos, por um respeito formal ao crescente corpo jurídico. Em uma situação pós-moderna, pluralista, marcada pelo individualismo, uma ênfase na lei pode parecer repressiva. Mas em relação ao fluido, se não caótico, sistema feudal, baseado no poder individual e na força física, a lei objetiva proporcionava a sementeira da civilização.[84]

Membros da igreja

Os membros da igreja compreendem o papa, os bispos, os sacerdotes e grande contingente de subdistinções entre diáconos e outras ordens menores. Muitos monges também eram sacerdotes; e as religiosas eram segregadas da vida mundana. O conjunto de todos os outros que não os clérigos que se enquadravam na categoria "membros da igreja" é, portanto, arbitrário.

Monges. A Alta Idade Média afigura-se como idade de ouro do monasticismo. Em primeiro lugar, o movimento cluníaco dos séculos X e XI alimentou a reforma gregoriana. O século XII assistiu a uma notável difusão dos cistercienses. O rápido crescimento desses sucessivos movimentos refletia os ideais espirituais da época: um maior ou menor afastamento do mundo, mas não o total isolamento, em lugar da dedicação ao trabalho, à oração e à adoração pública.[85] O *status* do monge não era nem extraordinário nem contracultural: ele tinha uma posição

---

[84] Troeltsch observa que a própria igreja medieval foi o primeiro exemplo de Estado moderno. Ela tornou-se uma instituição que era soberana, dotada de um corpo de autoridades designadas ou eleitas e de uma administração, utilizando uma lei escrita formal e calcada na obediência e na fidelidade, uma unidade coletiva com vontade moldada independentemente das vontades individuais, com respeito aos direitos individuais. Antes da igreja não havia nenhum Estado soberano, nenhum corpo político a que o povo devesse fidelidade como valor espiritual último. A igreja tornou-se o modelo dos valores incorporados ao moderno Estado. Troeltsch, *The Social Teachings*, pp. 252, 325-326.

[85] Vauchez, *Laity in The Middle Ages*, p. 97.

reconhecida na sociedade. Não obstante, a tomada de votos e o hábito eram o equivalente de um novo nascimento e de um compromisso sério. Os monastérios tinham diversas funções sociais, do desenvolvimento agrícola à estabilização social.[86] Entretanto, a razão mais profunda pela qual existiam consistia na prece pública. A vida do monge era estruturada pela liturgia; o monastério estava onde a oração era feita corretamente. Por trás disso havia a convicção religiosa e cultural de que a oração funcionava e de que as pessoas podiam prestar assistência recíproca e a toda a sociedade por meio da oração. Em uma cultura religiosa, em uma sociedade impregnada de uma perspectiva religiosa e de um conjunto de comportamentos, os monges e as freiras "eram reconhecidos por viver a forma de vida mais sagrada acessível aos seres humanos".[87]

O crescimento dos mendicantes e de sua vida apostólica engajada representou um novo desenvolvimento na vida religiosa organizada, e os dominicanos e franciscanos, juntamente com outros grupos, floresceram até o dia de hoje. Menor afastamento, maior engajamento na sociedade; mais urbano e menos rural; menos estável e mais móvel. Essa adrenalina espiritual afetou a hierarquia, a teologia, as cidades e as paróquias por meio das atividades concretas dos membros dessas ordens e dos ideais e valores que representavam.

Mulheres e religiosas. As profundas mudanças na igreja e na sociedade, entre os séculos XI e XIII, afetaram as mulheres e a vida religiosa das mulheres. A discussão hodierna dessas mudanças sempre implica duas questões distintas. Uma questão envolve aquilo que as mulheres faziam

---

[86] Fatores religiosos e não religiosos conjugaram-se para estimular a expansão e a viabilidade da vida monástica. Falando acerca do monasticismo nos séculos X e XI, antes, portanto, de Cîteaux, Southern descreve-o não como uma vida retirada do mundo, não como uma vida de pobreza, e não como uma vida de autonegação ascética. A pequena nobreza que fundava um monastério não queria encontrar "marcas de pobreza nas edificações, no hábito ou na bagagem intelectual dos monges". *Middle Ages*, p. 161. Não era por isso que se fundava o monastério. Os monastérios não representavam fuga dos ideais da sociedade, e sim sua expressão religiosa. Uma boa porcentagem dos monges era de conscritos, entregues ao monastério como crianças; alguns encontravam sua vocação à medida que cresciam. Mas não constituía uma árdua conscrição porque era uma vida nobre altamente valorizada em termos sociais. Southern fornece uma sucinta caracterização da vida em um monastério burgundiano que é religiosa e humanisticamente atraente. Ibid., p. 163.

[87] Lynch, *The Medieval Church*, pp. 130-131; Knowles, *The Middle Ages*, pp. 117-128.

na igreja, para a igreja e para a sociedade por intermédio da igreja. Outra diz respeito àquilo que a igreja fazia pelas mulheres. Essas ambas questões estão em jogo nos três aspectos desse complexo desenvolvimento.

Em primeiro lugar, a vida religiosa das mulheres experimentou um ressurgimento antes e durante o período da reforma gregoriana, em termos de números e fundamentos. Certa diversificação significava ainda que surgiram mais opções por diferentes estilos de vida religiosa. Por exemplo, os gilbertinos na Inglaterra abriram a possibilidade da vida religiosa de irmãs leigas às mulheres pobres e sem instrução.[88] Outros grupos, fundados quer independentemente, quer em associação com outras ordens religiosas, como os premonstratenses e os cistercienses, liberaram a vida religiosa das mulheres da hegemonia da regra beneditina. A vida religiosa proporcionou às mulheres uma opção à margem do casamento que era respeitada pela igreja e pela sociedade e que desenvolveu os talentos das mulheres e contribui para a sociedade.

Em segundo lugar, um dos desenvolvimentos mais significativos durante esse período começou ao final do século XII. Provenientes dos movimentos do século XII, as mulheres leigas reuniam-se em grupos a fim de desenvolver obras de caridade na sociedade sob a inspiração do evangelho e dos valores cristãos, sem as restrições do monastério ou dos votos religiosos formais. A peculiaridade de tais grupos, que tinham diferentes inspirações e nomes em diferentes lugares, reside na maneira como forjaram uma espécie de via intermediária entre vida religiosa formal e estado laico ordinário. As beguinas talvez sejam o melhor exemplo. A etimologia dessa palavra é controvertida, mas refere-se às mulheres que "se apartavam do mundo para levar vida austera, pobre, casta, em que o trabalho manual e o serviço de caridade se juntavam à adoração (que não era, contudo, rigidamente prescrita como nos conventos). Inicialmente, pelo menos, sua prática contrastava claramente com o monasticismo tradicional, posto que elas não faziam votos nem dispunham de organização e regras complexas, de qualquer ordem que vinculasse as casas, de qualquer

---

[88] Patricia Ranft. *Women and the Religious Life in Premodern Europe.* New York, St. Martin Press, 1996, pp. 52-54.

hierarquia funcional, de quaisquer fundadores ou líderes abastados".[89] As beguinas surgiram da "nova burguesia ou da baixa nobreza ligada às cidades".[90] A vida afigurou-se como uma nova e atraente alternativa à vida mais tradicional do claustro. Para muitas das jovens mulheres, "era a presença, e não a ausência, de um esperado noivo que ativava o desejo de perpétua castidade".[91] A virgindade não era escape da família, mas "era vista tanto pelos homens como pelas mulheres como ideal religioso positivo e irresistível".[92]

Uma terceira fase do desenvolvimento no papel das mulheres na igreja consistiu na influência das ordens terceiras. Vimos anteriormente que Francisco alcançara todos os cristãos em sua *Carta* e que seu espírito fora utilizado na composição da regra para aquilo que veio a ser chamado de ordens terceiras. Essas terciárias eram mulheres leigas que permaneceram retamente no mundo e que se associaram à vida das ordens religiosas do século XII dedicadas à atividade apostólica. As ordens terceiras tiveram raízes nos movimentos entre leigos que remontavam ao século XI. Representam tanto apoio eclesial à atividade apostólica laica como, em outro sentido, uma monasticização do laicato.[93]

---

[89]   Caroline Walker Bynum. *Holy Feast and Holy Fast: The Religious Significance of Food to Medieval Women*. Berkeley, University of California Press, 1987, p. 17. Ranft oferece a seguinte descrição das beguinas: "Em seu mundo imediato, as beguinas ofereceram às mulheres um equivalente ortodoxo aos grupos heréticos *vita apostolica*. Em segundo lugar, eram grupos que as próprias mulheres dirigiam. Não se submetiam ao controle monástico e, originalmente, do controle diocesano; as beguinas eram mulheres independentes. Em terceiro lugar, algumas beguinas eram poderosas fora de seu próprio círculo de mulheres [...]. Em quarto lugar, elas ofereciam às mulheres uma modalidade de vida religiosa adaptável ao novo ambiente urbano da época. No sul da Europa as mendicantes satisfaziam essa necessidade (juntamente com grupos de mulheres como as beguinas, mas com diferentes nomes no sul), mas foram as beguinas que forneceram a solução no norte. Por fim, o movimento beguino foi, por ocasião de seu surgimento e assim permaneceu até os últimos dias, uma *via media*, uma vida para mulheres intermediária à de uma enfermeira e à de uma leiga". Ranft, *Women and the Religious Life*, p. 74.

[90]   Bynum, *Holy Feast*, p. 18.

[91]   Ibid., p. 20.

[92]   Ibid.

[93]   Vauchez, *Laity in The Middle Ages*, p. 72. Há que se notar que "a tendência dos historiadores mais recentes a identificar as mulheres pias com uma ordem particular obscureceu à medida que, especialmente no século XIII, a filiação e a estrutura institucionais eram, para as mulheres, desimportantes ou constantemente mutantes". Bynum, *Holy Feast*, p. 24.

Laicato. Desde o período carolíngio, a igreja, em maior ou menor medida, englobou toda a sociedade europeia ocidental, com exceção da minoria judaica e dos muçulmanos na Espanha. Na distinção entre o clero e o laicato, portanto, o laicato refere-se a todos os demais, ao conjunto da sociedade. A percepção comum diz que, no rastro da reforma gregoriana, o fosso entre o clero e o laicato ampliou-se.[94] Mas essa generalização provavelmente teria de ser matizada à luz da diferenciação sociológica. Tal diferenciação, proposta no século XI, dividiu a sociedade entre aqueles que rezavam, os que guerreavam e aqueles que trabalhavam.[95] Se se considerar uma crescente aristocracia fundiária que não guerreava, além de uma classe instruída de burocratas e comerciantes, pode-se trabalhar com três diferentes grupos de leigos.

Decerto as massas de cristãos nas fazendas e povoados da Europa que não tinham instrução permaneceram claramente em contraposição à administração clerical da igreja como consumidores passivos. Cresceram, contudo, em participação consciente na vida eclesial durante esse período. Gregório recorreu explicitamente ao laicato contra os sacerdotes que escarneciam do celibato. As cruzadas cooptaram muitas dessas pessoas para ativa participação em uma aventura "sagrada". Esse grupo de pessoas participou ativamente dos movimentos heréticos da época. Mas só os clérigos tinham acesso à escritura e, mesmo que eles próprios não fossem instruídos, um verniz de cultura latina e exposição à teologia bastava-lhes para considerar os fiéis teologicamente ignorantes.[96] Ao mesmo tempo, pode-se suspeitar de que, nas áreas rurais, o fosso entre o povo e os clérigos aplicava-se mais ao bispo e outros clérigos elevados do que ao sacerdote paroquial.

---

[94] "Por um lado, a igreja lutou por sua autonomia e conquistou-a progressivamente, afirmando a própria independência em relação a imperadores e reis cujo poder dessacralizou. Por outro lado, contudo, ela acentuou a tendência dos clérigos a considerar a igreja como própria e a identificar-se com ela. O laicato, relegado a suas tarefas temporais, não representava, nessa visão, senão o simples objeto do ministério pastoral dos clérigos". Vauchez, *Laity in The Middle Ages*, p. 43.

[95] Ibid., p. 30.

[96] Ibid., pp. 101-102.

Nos séculos XII e XIII, um grande número de movimentos envolveu segmentos de homens e mulheres leigos que assumiram ativo papel na vida comum da igreja. O movimento penitencial compunha-se de leigos que procuraram viver uma espécie de vida religiosa sem abandonar a vida em sociedade e o trabalho em suas atividades; introjetaram um ideal penitencial e se empenharam em conformar-se a ele.[97] Vauchez relata a vida de grande número de santos no século XII que granjearam reputação de santidade precisamente como leigos dedicados a certo ascetismo, ao trabalho com peregrinos e outras obras de caridade.[98] Outros exemplos do século XIII, tais como as beguinas e aqueles que levavam a vida como terciários, indicam um setor do laicato que era ativo na igreja.

Por fim, no tocante à outra classe dos que lutavam, as cruzadas e o monasticismo estiveram associados em diversas ordens militares de cavaleiros, das quais os Cavaleiros do Templo ou Templários são os mais famosos. Esses cavaleiros juravam ser pobres, obedientes e castos e se dedicavam à proteção da Terra Santa. Essas ordens também aceitavam mulheres que não lutavam, mas realizavam obras de caridade entre outros deveres monásticos.[99] Em suma, em decorrência da reforma gregoriana, os clérigos assumiram um senso mais claro de identidade e de posição na igreja. Embora as massas ignaras possam ter permanecido passivas, o período também testemunhou grande crescimento na ativa espiritualidade leiga e na participação na vida da igreja. Dessa forma, a vida religiosa do laicato pode ser compreendida mais precisa e diversamente em termos de diferenciação social do que simplesmente por referência à predominância clerical.

---

[97] Ibid., p. 119. A penitência, nesse caso, refere-se a uma atitude e estilo de vida. "Significava assumir uma postura humilde e contrita, a única adequada a um pecador perante Deus que desejasse estar unido a ele pelo amor". Ibid., p. 122.

[98] Ibid., pp. 51-72. Esses grupos de leigos antecedem, portanto, o terceiro movimento e mostram como este último erigiu-se sobre correntes na igreja e na vida social que floresceram a partir de baixo, por assim dizer.

[99] Lynch, *The Medieval Church*, 208; Ranft, *Women and the Religious Life*, pp. 57-58.

Autocompreensão e missão

Muito embora não tenha escrito um tratado intitulado "a igreja", Tomás de Aquino tinha uma concepção teológica bem desenvolvida a seu respeito. Os pensadores mais preocupados com a natureza da igreja eram canonistas, mas suas reflexões jurídicas eram entremeadas de suposições teológicas.[100] A reflexão eclesiológica era, portanto, bem desenvolvida na Alta Idade Média, mas permaneceu assistemática. A ideia da igreja como *congregatio fidelium* ou comunidade de fiéis proporcionou a metáfora determinante para a compreensão da igreja como um todo. Isso permitiu que a igreja fosse concebida organizacionalmente nos termos legais dos canonistas e teologicamente como o corpo de Cristo. Entretanto, a instituição legalmente estruturada era enfatizada como nunca antes. Congar observa como "Gregório VII esboçou os elementos de uma eclesiologia jurídica dominada pela instituição do papado. Sua ação constituiu a grande mudança que a eclesiologia católica jamais conheceu".[101] Ele explica ainda como esse desenvolvimento se inscreveu na lógica adotada pelos reformadores. "Falando de maneira geral, a reforma do século XI consistiu nisto: para desvencilhar-se do controle dos governantes temporais e para sair da ambígua situação carolíngia em que a igreja era identificada com a sociedade e o império cristãos, a igreja tinha de reivindicar sua própria lei em uma estrutura que fosse completamente autônoma."[102]

Sem passar em revista a concepção teológica de Aquino acerca da igreja, pode-se perguntar como a visão que ele tinha a seu respeito representou uma peculiar concepção medieval. Parece plausível imaginar que, pela primeira vez na história, o termo "igreja" pode ter tido como

---

[100] Congar discerne duas diferentes tendências ou tipos de pensamento que ele, *grosso modo*, relaciona aos teólogos e canonistas: os teólogos são mais holísticos e idealistas, ao passo que os canonistas são mais históricos e realistas. Na igreja enquanto o corpo de Cristo, o teólogo focaliza o topo e a linha de autoridade de Cristo ao papa que a articula; o canonista, por sua vez, tende a pensar o corpo como realidade social. Na igreja e no Estado, o teólogo tende a pensar a unidade da sociedade que é diferenciada; já o canonista tende a ser mais dualista e historicamente consciente. Congar, *L'Eglise*, pp. 178-179, 218-219.

[101] Ibid., p. 103.

[102] Ibid., p. 112. Ver também pp. 92-98 para uma caracterização mais plena da eclesiologia dos reformadores.

seu referente terreno uma organização internacional densa e claramente definida. Sua infraestrutura organizacional tinha suporte ideológico em um plano metafísico e divinamente desejado. No universo hierárquico de Dionísio, a estrutura superior-inferior originava-se no céu, e a estrutura terrena simbolicamente instruía a imaginação, informava a mentalidade e pautava o comportamento humano, de tal modo que a igreja podia reconduzir a existência humana a Deus. A palavra "igreja", no período medieval, mais do que em qualquer outra época, referia-se a uma estrutura hierárquica universal.

"Santificadora da sociedade" caracteriza uma maneira de entender a missão da igreja nesse período.[103] Sua capacidade torna-se evidente quando se traduz a concepção metafísica que Aquino tinha do papel da igreja para os termos descritivos da existência histórica concreta da igreja. Na concepção teleológica aquiniana da realidade, a existência humana era chamada não apenas a um fim natural de felicidade, mas também à união sobrenatural com Deus. Por conseguinte, Tomás de Aquino concebia conceitualmente uma ordem sobrenatural de realidade, mediada por Jesus Cristo, com uma parcela do gênero humano participando dessa mesma ordem; isso incluía um nível cristão de existência que compartilhava uma nova natureza sobrenatural ou princípio de ação constituído pela graça habitual, bem como uma vida de comportamento sobrenaturalmente orientado, estruturada por virtudes sobrenaturais ou agraciadas que conduzem a esse fim abençoado. A igreja forneceu o meio histórico dessa metanarrativa que estruturou a totalidade da história. Mas essa grande visão implementava-se concretamente na igreja em cada cidade e povoado. O sistema sacramental estruturava todo o ciclo vital, e a igreja mediava o sistema sacramental. Aqui se encontrava uma missão tão grandiosa quanto a própria história e tão concreta quanto o batismo na Páscoa, a eucaristia aos domingos e o sepultamento cristão.

---

[103] Essa sucinta enunciação formal será subsequentemente desenvolvida em termos sociais mais completos, com a consideração das atividades da igreja e sua relação com a sociedade. Observe-se, contudo, que a expressão "santificadora da sociedade" não implica que, de fato, todas as pessoas participavam fervorosamente da igreja. Mesmo nos vilarejos não está claro que a participação na igreja era universal, ativa e intencional.

Atividades

O que a igreja operava enquanto organização? Como desempenhava sua missão? Na igreja de base, prevalecia certo hiato entre os bispos, especialmente os das grandes cidades ou dioceses, e a gente do povo, mormente os camponeses da zona rural. A igreja institucional incorporou-se nos sacerdotes e monges nas comunidades paroquiais, onde presidiam a eucaristia e administravam os sacramentos. Nessas atividades pode-se vislumbrar a influência da vida cotidiana.

Assembleia eucarística e culto. A celebração da eucaristia constituía o centro da existência da igreja: a cada domingo, em toda a igreja, da catedral à capela de pedra de piso sujo. A crença na presença de Cristo na eucaristia, na imaginação popular, tendeu a um realismo físico: o Concílio Lateranense IV endossou essa posição mediante a terminologia da transubstanciação; a festa de Corpus Christi do século XIII, com suas procissões pelas ruas, confirmou-o. A contemplação da hóstia, na elevação durante a missa ou por ocasião da bênção, tocava as pessoas; teologicamente, era uma comunhão espiritual concreta. A compreensão da própria eucaristia centrou-se em um sacrifício ligado à paixão e morte de Jesus. Ao celebrar a missa, "o sacerdote ficava de costas para a comunidade, geralmente atrás de uma tela que, parcial ou inteiramente, bloqueava a visão [das pessoas]. Ele falava em latim e baixava a voz como se murmurasse em momentos particularmente solenes da missa. Os leigos eram encorajados a adotar uma atitude de reverência em presença de tão tremendo evento quanto a presença física do salvador".[104] A simples transcendência da eucaristia parecia proibir a comunhão frequente. A legislação do Concílio Lateranense IV sobre a comunhão uma vez por ano, por ocasião da Páscoa, fez disso uma pedra angular da solicitude pastoral da igreja.[105] Em termos mais gerais, em que pese a atividade regeneradora da Ordem dos

---

[104] Lynch, *The Medieval Church*, p. 281. Ver também Cook, *Ministry to Word and Sacrament*, pp. 116-118.

[105] Lynch, *The Medieval Church*, p. 283. Ver Bynum, *Holy Feast*, pp. 50-67, para uma descrição da piedade eucarística no século XIII. No próximo capítulo, descreverei, em maior extensão, a prática eucarística.

Pregadores e dos Frades Menores, a qualidade da pregação nas paróquias não era elevada. O objetivo era inspirar a reta crença e o reto comportamento "pela transmissão de algumas noções doutrinárias essenciais e especialmente pela recomendação de práticas pias ou devocionais".[106] Além da doutrina da presença real, duas outras crenças caracterizaram a piedade do período: a consciência do pecado, de par com o temor pelo inferno, e a devoção à Virgem Maria (CL, 74-77). Ao mesmo tempo, a vida do "aldeão medieval era impregnada de superstições, algumas das quais constituíam resquícios da era pré-cristã" (CL, 82).

Os demais sacramentos compunham o quadro de toda uma vida. Na Idade Média, aproximadamente, sete sacramentos estavam em vigor: o batismo, a confirmação, a eucaristia, a penitência, o matrimônio, as ordens sagradas e a extrema-unção. Com o batismo, o indivíduo era introduzido em uma existência eclesial e em uma forma de vida superior; com a unção final e um sepultamento cristão, o fiel era amparado no purgatório e a caminho do céu. O matrimônio era constituído pelo consentimento mútuo, mas o testemunho da igreja fazia dele um sacramento, e a igreja desempenhava papel significativo na regulamentação dos matrimônios, frequentemente concorrendo com os interesses das famílias: alianças, heranças e políticas gerais.

Ética. A influência que a igreja exercia sobre o comportamento humano na sociedade não era pequena. Por intermédio de teólogos como Tomás de Aquino, a igreja adaptou boa parte da virtude ética e social de Aristóteles à doutrina cristã. No nível prático, a igreja agiu como a consciência da sociedade através do púlpito e da prática da confissão. Reitera-se que a prática da confissão dotou a igreja, por meio do sacerdote, de forte medida de controle social.[107] "Uma importante função do sacerdote paroquial era instruir seus paroquianos. Competia-lhe ensinar às crianças o credo, o pai-nosso, a ave-maria e os dez mandamentos" (LMV, 169). O pároco também podia instruir o povo nos hábitos comuns e na moralidade

---

[106] Vauchez, *Laity in The Middle Ages*, p. 104.
[107] Lynch, *The Medieval Church*, p. 283.

cotidiana. "A instrução sacerdotal dos adultos era largamente veiculada pela confissão, na qual o sacerdote examinava não só os costumes do penitente, mas também seu conhecimento religioso" (LMV, 169). Os sacerdotes utilizavam os manuais de confissão como guia para o exame da consciência do penitente.

As necessidades dos pobres eram sempre grandes nas paróquias rurais, não apenas em época de escassas colheitas, mas também em razão da falta de um sistema de bem-estar social, em caso de acidente, enfermidade ou morte. O sistema de apropriação exacerbou o problema ao drenar os fundos paroquiais, uma das principais fontes de bem-estar social, da paróquia (CL, 43). O modesto salário do vigário não lhe permitia ajudar a sustentar os pobres. Em épocas passadas, os pobres tinham direito a um quarto do que era pago em dízimo; isso foi suprimido pelo sistema de apropriações (CL, 138-139).[108]

A relação da igreja com seu mundo

Preliminarmente, convém esclarecer o que o termo "mundo" significava no período medieval. Pode-se admitir que mundo e igreja designavam esferas distintas? Troeltsch propôs que a igreja não se via em "contraposição" ao mundo, mas simplesmente em unidade com ele. Igreja e mundo eram realidades coextensivas; cada qual compreendia a outra; simplesmente nunca se cogitou que a igreja pretendesse mudar a sociedade ou o mundo. Pelo contrário, o mundo enquanto realidade criada era fundamentalmente bom. As estruturas da sociedade eram produto da lei natural e coincidiam mais ou menos com o que Deus pretendera. Esse mundo natural era potência da graça, do sobrenatural, da revelação e da lei divinamente revelada que era mediada pela escritura e pela igreja. Verifica-se, portanto, uma ampla integração, com o cristianismo compatibilizando-se com a sociedade, com a natureza e com o mundo. Mas a igreja não se via nem

---

[108] "Sob o sistema de 'apropriações' pelo menos dois terços da renda de muitas paróquias iam para o caixa de algumas casas religiosas, que podiam situar-se a muitos quilômetros de distância." CL, p. 139.

utilizava sua autoridade como agência para reformar o mundo ou para mudá-lo; a igreja era não contracultural, e sim a realização da cultura.[109] Tendo em mente esse amplo pano de fundo, como essa relação prosperou em termos de Estado e de sociedade?

Igreja e Estado. O termo "Estado" é ambíguo no período medieval; nenhum Império Romano autônomo avultou sobre a igreja como nos primeiros séculos. Os Estados soberanos em sentido moderno começaram a desenvolver-se mais claramente no século XIV. O termo "Estado" refere-se aqui, portanto, à esfera de poder e de autoridade temporais exercidos por governantes individuais. Abstraindo a complexidade regional e considerando os conflitos dos papas com os governantes seculares como definindo um tipo amplo, a controvérsia da investidura revelou Gregório reivindicando autoridade sobre os governantes seculares, imperadores e reis em matérias atinentes à igreja, e os papas que o seguiram fizeram o mesmo. Em certa medida, eles conseguiram granjear essa autoridade. Quase todos os comentaristas apontam a ironia desse desenvolvimento. Em certo sentido, a igreja não pretendia reivindicá-la. A doutrina tradicional fora a de que havia duas espadas, a espiritual e a temporal, duas autoridades em paralelo, cada qual divinamente sancionada. Agora, contudo, a velha doutrina existia em uma nova situação, na qual, de fato, dois poderes coexistiam na pessoa do bispo, no âmbito do feudalismo.[110] Por conseguinte, quando o papado reivindicou a superioridade

---

[109] De maneira geral, Troeltsch apoia sua tese na teologia de Aquino e na efetiva sociedade que se formou na Idade Média e que gerou a síntese tomista em primeiro lugar. Ver sua longa discussão em *The Social Teaching*, p. 257ss. Nesses termos gerais, sociais e metafísicos, pode-se concordar com Troeltsch. Sua tese, contudo, deve ser dialeticamente equilibrada pelo reconhecimento de que a vida era árdua, de que a natureza podia ser cruel, de que a história era contaminada pelo pecado, ou seja, não era "boa", e de que a igreja influenciava agressivamente a sociedade e moldava a cultura em um nível histórico. Quer na igreja de então, quer na de agora, quando a igreja torna-se uma minoria, o caráter destrutivo e pecaminoso das estruturas sociais do mundo evidencia-se mais. Nessas situações, a teologia é mais inclinada a aceitar o papel contracultural da igreja e a reagir contra os arranjos sociopolíticos a partir de uma perspectiva escatológica que permite à igreja ser crítica da vida secular.

[110] Na situação criada pela sociedade cristã de Carlos Magno, a ideia das duas autoridades modificou-se com o senso da identidade e da sociedade. Para Gelásio, o poder temporal e o poder espiritual eram distintos com relação ao mundo e à igreja; na época de Carlos Magno, eram entendidos como dois poderes distintos *dentro* da igreja; os governantes eram concebidos como legítimos governantes da igreja. Congar, *L'Eglise*, p. 53.

do espiritual e sua intrínseca autonomia, de fato estava subordinando a autoridade temporal dos governantes civis episcopais a si próprio. Gregório VII também postulou o direito de os bispos corrigirem e censurarem reis. Se a liderança da igreja estivera nas mãos do laicato governante, as pretensões gregorianas moveram-na na outra direção. A aplicação de uma antiga doutrina em novas circunstâncias frequentemente gera resultados revolucionários.

Diversos fatores, contudo, descartam qualquer ideia de que a igreja adquiriu o controle do governo secular ou temporal. O papa nunca reivindicou pleno poder.[111] A resolução da controvérsia da investidura representou uma compensação, um compromisso, e os soberanos ainda exerciam influência na nomeação dos bispos. O poder secular, coerentemente, resguardou suas próprias pretensões de governar por direito e autoridade divinos. E, pragmaticamente, embora o papa reivindicasse autoridade espiritual sobre os governantes civis, essa autoridade nunca foi absoluta, mas amiúde só podia ser exercida em conjunção com o poder político. Uma teologia comum estribava o exercício da autoridade em matéria espiritual e religiosa. Muitos governantes cristãos eram simplesmente obedientes ao papa. Mas as pretensões extremas dos papas, e implicitamente da igreja, sobre o governo temporal também eram constantemente rechaçadas. Percebe-se, portanto, que, sem *poder* temporal, a igreja não teria sido capaz de exercer *autoridade*. Com efeito, quando o equilíbrio de poder foi subvertido em seu favor, os monarcas aproveitaram-no para adquirir domínio em assuntos temporais. O papa podia não ter sobrevivido como autoridade espiritual sem poder temporal.

A posição única da igreja em relação ao governo civil, nesse período, manifesta-se por contraste com os modernos Estados ocidentais. Em sociedades democráticas e abertas, caracterizadas pelo pluralismo religioso e pela plena autonomia da autoridade civil em face da religião, é impossível a qualquer igreja utilizar o *poder* espiritual. Na melhor das hipóteses, uma igreja pode recorrer à razão, com base na *autoridade* espiritual, arguir

---

[111] Tierney, *Crisis*, p. 57.

conclusões que apelam, elas próprias, à experiência religiosa comum e à liberdade. A distinção aqui é precisamente entre poder espiritual e autoridade religiosa intrínseca. A igreja medieval, por ser coextensiva com a sociedade, podia exercer autoridade espiritual como poder dominante. Ela combinava tanto o poder espiritual, por exemplo, o de excomungar, como o mero poder político. Sua autoridade em relação ao Estado era mais do que simplesmente religiosa ou espiritual, ou seja, um apelo à liberdade espiritual em bases intrinsecamente religiosas; imbricava-se com o poder de tipo político.[112]

Igreja e sociedade. O desenvolvimento mais impressionante da Idade Média, segundo Troeltsch, foi a criação de uma sociedade cristã unificada. Isso ocorreu em dois estágios: o primeiro foi a evolução para o sistema Estado-igreja, exemplificado no império de Carlos Magno, que se desenvolveu a partir das igrejas de propriedades e das igrejas regionais ou territoriais. A igreja não era tão dominada pelos carolíngios como um instrumento de civilização. O segundo estágio, após um período de declínio, se deu com o surgimento do papado e, por seu intermédio, de uma diferenciação, mas não separação, da organização clerical da igreja em relação à sociedade, e de uma universalização da influência da igreja sobre toda a Europa Ocidental. O papado tornou-se o eixo simbólico de uma sociedade unida.

Muitos fatores ajudaram a consolidar essa unidade. A igreja e a sociedade tornaram-se integradas. A diferenciação da igreja em relação aos governantes temporais não significou a liberação da sociedade em relação à igreja. Como consciência, a igreja regulava a sociedade por sua onipresença interna. A igreja já não servia a imperadores e reis; ela animava uma civilização religiosa unificada. A igreja ajudou a moldar a sociedade ocidental na Idade Média pelo poder acumulado de muitas agências por intermédio das quais interagia com a vida cotidiana. A igreja percebia-se não apenas una com a sociedade, mas também guiando, se

---

[112] Discuto essas categorias de poder e de autoridade, bem como o poder espiritual e a autoridade espiritual, na última seção deste capítulo.

não controlando, a influência sobre todas as esferas da vida humana: pessoal, familiar, social, moral, religiosa, econômica e política. Ela exercia pressão regulamentar interna. A igreja exercia influência sobre os níveis político, educacional, religioso e ideológico ou simbólico. A igreja desempenhou papel de liderança na política europeia. A igreja tornou-se educadora da Europa. A igreja controlava os meios de salvação em uma cultura religiosa. O monasticismo, que na igreja primitiva preservava os valores espirituais do cristianismo e se contrapunha à sociedade, tinha caráter diferente na Idade Média. Tornara-se estilo de vida interno ou colateral à sociedade, *status* e missão reconhecidos. Os monastérios eram centros de formação de papas, repositórios da cultura intelectual, polos de educação e de desenvolvimento da agricultura e da atividade rural. Ideologicamente, Troeltsch revela de que maneira a cosmovisão intelectual de Aquino, sistema de mútua interpenetração entre natureza e graça, reflete o mundo social. Em síntese, nas palavras de Troeltsch: "O efeito global desses eventos era a interpenetração entre a igreja e o Estado, entre o espiritual e o temporal, entre os aspectos ascéticos e sociopolíticos da vida, que conferiu à igreja da Idade Média um caráter bem diferente do da igreja primitiva".[113]

Uma razão pela qual se hesita em face da ideia de que a igreja podia até controlar a sociedade pode consistir na tendência natural a encarar a igreja como entidade social separada, contrapondo-se aos assuntos temporais, como ocorre no período moderno. No século XIII, tal separação não existia: a igreja era intrínseca ao corpo social como estrutura esquelética, muscular e mental. Ela regulava intimamente como alma, visão utópica, motivo e fonte de energia, muito embora, concretamente, em suas ações nem sempre vivesse de acordo com seus próprios ideais. A vida medieval era impregnada da religião e da igreja: os símbolos religiosos estavam em toda parte. A igreja possuía as mais impressionantes edificações e as pessoas influentes que eram reconhecidas por todos nas ruas. O tempo era medido pela igreja: o tempo cotidiano pelos sinos e pelo ofício; o tempo

---

[113] Troeltsch, *The Social Teaching*, p. 223.

semanal, pelo culto dominical; o tempo anual, pelas festas religiosas. Havia tempos para jejuar e tempos para festejar; dias de abstinência de alimento, de trabalho e de sexo. Em suma, toda a história era enquadrada pela criação, pela redenção e pelo fim dos tempos.[114]

Princípios para uma eclesiologia histórica

Na reforma gregoriana e nos dois séculos que se seguiram a ela, a igreja no Ocidente passou por uma transformação só ligeiramente menos momentosa do que o realinhamento constantiniano. Como fecho dessa representação de sua vida e de sua autocompreensão, a enumeração de alguns dos princípios e axiomas que atuaram na igreja durante esse período será útil para a eclesiologia enquanto tal.

A igreja na Alta Idade Média era única

Evidentemente, todo período histórico possui uma identidade irrepetível. Mas qualquer época pode ser considerada clássica, uma particularidade cujos contornos exemplificam normas que se perdem em sua passagem e operam como ideais ou objetivos futuros. A intrincada tessitura da religião cristã com a vida temporal cotidiana pode funcionar como ideal romântico. Parece extremamente importante, pois, insistir no que pode parecer óbvio a muitos: a igreja da Europa Ocidental, nos séculos XII e XIII, não é normativa; não representa nenhum ideal universal de organização e existência eclesial e não é mais próxima da vontade de Deus do que qualquer outra manifestação histórica particular da igreja.

Um simples contraste entre a forma organizacional da igreja na Alta Idade Média e a igreja das grandes épocas antes e depois dela revela com bastante clareza que tal igreja nunca existiu antes daquele tempo e nunca existirá novamente, enquanto tal, na Europa. Os pontos de contraste entre a igreja indicados na seção anterior e a descrição da igreja no século III

---

[114] Lynch, *The Medieval Church*, p. 302.

são impressionantes. Não obstante, de uma perspectiva eclesiológica, uma não é, de forma alguma, "mais" a igreja cristã do que a outra. E, no que tange ao futuro, enquanto a unidade e a homogeneidade do cristianismo e da cultura parecem atraentes de um ponto de vista estrito, elas se afigurariam dominadoras e totalitárias na situação atual de pluralismo de fato e em uma cultura na qual a diferença continua bem-vinda como valor em princípio. Já no final do século XIII, podem-se identificar elementos na situação europeia que estão solapando o controle da igreja sobre a sociedade.

A reforma gregoriana favoreceu e fortaleceu a objetificação da igreja

Essa proposição ressalta um aspecto da nova igreja criada pela reforma gregoriana. O termo "objetificação" guarda paralelo com a rotinização e é sempre operativo na vida histórica de uma organização. Mas a reforma gregoriana ensejou um movimento que desencadeou uma série de desenvolvimentos em uma rígida organização de dimensão abrangente. A estrutura da igreja consistia em uma organização hierárquica de funções que descendiam do papa, em Roma, ao sacerdote paroquial, na zona rural. Essa igreja contava como membros seus a grande maioria da população. A igreja constituía a única estrutura organizacional que efetivamente abrangia toda a Europa Ocidental. A teologia e uma concepção metafísica da ordem hierárquica estribavam os componentes da estrutura. Um desenvolvido código de leis, estudado e posto em prática por um amplo corpo de canonistas, sustentava ainda o arcabouço. A igreja dispunha de uma burocracia desenvolvida para administrar a organização em sua complexidade praticamente até seus confins territoriais. As funções agora transcendiam claramente seus ocupantes. A reforma gregoriana pretendera "liberar" ou pelo menos diferenciar a igreja ocidental em suas funções e administração em relação à forma carolíngia de simbiose com a vida secular; ao fazê-lo, criava uma instituição religiosa maciça e autônoma. O referente primário do termo "igreja", na igreja ocidental da Idade Média, é toda a igreja, com o papa como seu líder terreno, muito embora sua definição teológica primária fosse *congregatio fidelium*. Isso se mantém em profundo contraste com o referente primário do termo "igreja" na antiguidade, que era a igreja local como parte de um movimento de âmbito mundial. A grande igreja no Ocidente transmutara-se a partir de uma comunhão de igrejas.

A igreja medieval ilustra a relação dialética entre doutrina e prática

O princípio de instituição e de compreensão, sendo gerado pela prática e, por sua vez, regulando a prática, liderou o desenvolvimento nos séculos I e II e subsequentemente. O funcionamento desse princípio na igreja medieval não é menos instrutivo. O desenvolvimento ulterior dos sacramentos ilustra-o claramente: as práticas da igreja pouco a pouco se consolidaram em sete diferentes sacramentos na igreja medieval. Um exemplo menos óbvio e mais complexo pode ser visto na consolidação medieval da função e do poder pontifícios. As pretensões pluripotenciárias dos papas podem ser observadas antes da reforma gregoriana, já nos séculos IV, V e IX. Houve, porém, todo um conjunto de condições sociais e econômicas, desenvolvimentos religiosos como Cluny, novos princípios no campo da educação e do estudo da lei etc., para que se estabelecessem as condições de possibilidade ao exercício dessas pretensões. Mais importante ainda, a detenção de autoridade depende da capacidade de exercê-la, e esse exercício é administrativo. A plausibilidade das pretensões papais à autoridade dependia das estruturas administrativas que possibilitavam seu exercício. No Ocidente, essas estruturas foram de fato construídas durante o período carolíngio, no qual a igreja da Europa Ocidental foi unificada segundo um modelo justiniano. Os papas posteriores conseguiram definir e estabelecer a autoridade papal na e sobre a igreja ocidental de uma maneira nova e diferente na reforma gregoriana e subsequentemente. Ao mesmo tempo, contudo, o papado não conseguiu estabelecer sua autoridade sobre a igreja oriental. Em uma eclesiologia de baixo, devem-se pensar as prerrogativas teológicas como mediadas e condicionadas pelas possibilidades históricas concretas.

A tradição tem poder revolucionário em novas situações

As pretensões papais à autoridade espiritual ilustram essa simples máxima histórica. Segundo o ensinamento tradicional, com efeito, o reino espiritual era superior e excedia em importância o domínio do material e do temporal. No passado, porém, prevaleceu uma espécie de separação e equilíbrio de poderes: na fórmula gelasiana, o temporal era temporal e o espiritual, espiritual. Nos séculos IV e V, no Ocidente, a igreja, em graus variados, ainda se contrapunha à cultura. No período carolíngio, entretanto, a igreja tornou-se instrumento no governo do império, levando à frequente fusão dos dois tipos de autoridade ou poder na pessoa única do governante-bispo. Para um papa ou bispo, reivindicar a superioridade do espiritual nessa situação equivalia a uma subordinação do temporal ao espiritual, que por vezes, em um dado caso, equivalia a uma reivindicação ao próprio poder temporal. A repetição de fórmulas do passado em novas situações altera seu significado; o exercício de antigos preceitos em novas situações pode ter consequências revolucionárias. Não se pode simplesmente repetir o passado para preservá-lo; deve-se reinterpretá-lo constantemente. A igreja, com efeito, necessariamente o faz, conscientemente ou não.

O papado exerce vários tipos de poder e de autoridade

Um estudo da igreja na Idade Média revela que os papas exerciam o poder e a autoridade de muitas maneiras diversas. A análise das cartas de Gregório mostra que o pontífice adotava uma série de estratégias para atingir seus objetivos. Sem pretender aprofundar esse aspecto da questão, algumas distinções óbvias e importantes vêm à tona nesse período histórico. A primeira é uma distinção entre poder e autoridade; uma segunda é uma extensão análoga dessa ao nível espiritual e religioso, uma distinção entre uma autoridade espiritual que é dominante e outra que apela à liberdade religiosa.

Pode-se distinguir entre autoridade e poder. Enquanto o poder alude à capacidade de controlar o comportamento de outras pessoas por alguma forma de coerção ou de pressão externa vinculante, independentemente de sua livre aceitação, a autoridade pode ser considerada precisamente como a capacidade de levar os outros a agir mediante apelo à sua liberdade. O princípio segundo o qual a genuína autoridade apela à liberdade evidencia-se mais na liderança carismática, mas não é de todo ausente em uma organização racionalizada. A liberdade pode ainda caracterizar instituições no consentimento coletivo de viver segundo as regras. De maneira análoga, a autoridade religiosa ou espiritual é exercida na esfera ou no contexto da própria relação com Deus. Não obstante, a autoridade espiritual pode ser exercida de tal forma que, no contexto da religião organizada, coage ou confia apenas na lei, ou pode apelar à liberdade, convidando ao compromisso do sujeito. A autoridade religiosa é bem--sucedida como verdadeiramente religiosa e espiritual quando atrai a liberdade em certa direção. No primeiro caso, a autoridade reduz-se ao poder espiritual ou à autoridade espiritual dominante. No último caso, a autoridade religiosa é genuinamente espiritual em seu apelo à liberdade.

Considerando-se essa específica polaridade na concepção da autoridade religiosa, podem-se perceber esses dois exercícios de autoridade em ação no papado, bem como em outras funções eclesiásticas. Por um lado, posto que todos pertenciam à igreja, a igreja funcionava como organização necessária. Era socialmente difícil, se não impossível, não pertencer à igreja. Nesse contexto religioso, a autoridade frequentemente era exercida como espécie de autoridade espiritual dominadora, que apelava mais à lei que à liberdade, e dentro dos limites da lei ela podia ameaçar com punição espiritual. O exemplo mais claro e extremo era a penalidade da excomunhão, que podia implicar, em virtude da exclusão dos sacramentos, a condenação definitiva. A mais potente arma do arsenal pontifício era a excomunhão. Por contraste, a autoridade religiosa podia recorrer exclusivamente à liberdade com apelos que seduziam pelo valor religioso. Foram dessa ordem as convocações papais para as cruzadas, muito embora tenham envolvido valores comerciais e possivelmente apelado a alguns instintos elementares. O primeiro tipo de autoridade, que em seu extremo é dominadora, ancora-se na lei; é mais objetiva e racionalizada, depende mais do cargo do que da personalidade do detentor do cargo. O segundo tipo de autoridade propende ao carismático, e pode ser chamado de autoridade simbólica porque representa ou medeia os valores e ideais que atraem a liberdade. Esses ambos tipos de autoridade foram importantes para o papado. Com efeito, eles se intersectaram e combinaram-se. É digno de nota, entretanto, que a autoridade religiosa dominadora frequentemente parece ser mais estimada ou buscada, enquanto a autoridade simbólica é amiúde negligenciada, minimizada ou reduzida aos confins da lei. Ambas foram operativas durante a Alta Idade Média, e é difícil dizer qual delas era a mais importante.

A reforma gregoriana acarretou alguns efeitos ambíguos

O pressuposto dessa observação é que, de maneira geral, a reforma gregoriana foi uma genuína reforma da igreja. Alguns podem, a partir de vários pontos de vista, discordar dessa conclusão geral. Até a apreciação mais otimista normalmente levará em consideração alguns aspectos negativos daquilo que, a partir de certas perspectivas, parece ter sido salutar ou pelo menos necessário. A liberação da função do sacerdote das injunções seculares é um bom exemplo desse princípio. Para a igreja impor respeito, era necessária uma elite que possuísse alguma estatura moral, educacional e espiritual. O princípio sacramental de que a efetividade dos sacramentos não depende da personalidade do ministro seria reduzido ao absurdo se socialmente aplicado a uma elite de todo corrompida. Mas o estabelecimento de uma identidade mais distinta do sacerdote resultou na sutura das sementes do clericalismo. Os desenvolvimentos na teologia da eucaristia, e das atitudes em relação a ela, de par com uma teologia das ordens, e as concepções sociais da identidade social do sacerdote acarretaram uma visão ontológica objetiva das ordens que afrouxou os vínculos do sacerdote a uma comunidade particular. Um grande hiato separa a noção de sacerdote na igreja de massa do século XIII da de sacerdote na igreja do século IV. O vínculo do ministro ordenado para com sua comunidade particular do Espírito foi gravemente enfraquecido na teoria e na prática. Sacerdotes itinerantes eram um problema não apenas teológico, mas também prático. Por contraste a continuidade e a analogia históricas da igreja primitiva com a igreja medieval aparecem mais vigorosamente na comunidade paroquial quando o pastor está efetivamente oficiando à comunidade.

As categorias "igreja" e "seita" são úteis para a compreensão da unidade e da divisão na igreja

Em seu estudo analítico sobre a igreja ao longo da história, Troeltsch introduz essas categorias após descrever a igreja na Idade Média.[115] Não é necessário desenvolver aqui esses tipos bem conhecidos, bastando dizer que a Igreja Católica da Idade Média representa bem, caso não fosse o modelo, o tipo igreja. As igrejas identificam-se com a sociedade e têm uma relação simbiótica com ela. Por contraste, na terminologia de Troeltsch, a seita geralmente é uma pequena comunidade, contraposta à sociedade, talvez profética e preocupada com sua pureza moral, e mais igualitária em sua composição.[116] Essas categorias ajudam a discutir a divisão da igreja em duas "igrejas" separadas, a igreja oriental e a igreja ocidental, bem como a capacidade da igreja ocidental una de conter os movimentos monásticos em seu próprio bojo, ao mesmo tempo em que repelia cátaros e valdenses como heréticos.

É absolutamente claro que a igreja oriental e a igreja ocidental principiaram a se separar desde a fundação mesma da capital oriental do Império Romano em Constantinopla, no século IV. A cisão entre essas duas igrejas, no século IX, simplesmente ratificou algo que era realidade havia muito tempo. A igreja ocidental, especialmente na e por sua liderança

---

[115] Troeltsch, *The Social Teaching*, pp. 331-343.

[116] Os dois tipos de Troeltsch são mais bem desenvolvidos por H. Richard Niebuhr, teologicamente, como distintos do ponto de vista sociológico em seu *Christ and Culture*. New York, Harper and Row, 1951, em que ele distingue uma forma extrema e outra moderada de cada um dos dois tipos de Troeltsch, propondo então um tipo ponte da igreja como transformadora da cultura.

papal, internalizou um conceito de autoridade jurisdicional universal que projetava soberania sobre todo o movimento cristão. De fato ou pragmaticamente, o papado nunca conseguiu exercer tal autoridade. Nos termos das categorias troeltschianas, as igrejas patriarcais do Oriente e a igreja do Ocidente são todas "igrejas", e é difícil imaginar essas igrejas claramente diferenciadas reunidas em uma unidade organizacional firmemente articulada sob uma égide jurisdicional única.

Por contraste, os movimentos monásticos, ao longo do desenvolvimento da igreja ocidental, compartilham muitas das características do tipo seita de igreja, na terminologia de Troeltsch. Em seus primórdios, tais movimentos frequentemente refletem alto grau de idealismo e de fervor moral, e o mais das vezes expressam bastante alguma forma de ímpeto contracultural, pelo menos na prática do recolhimento. Refletem decerto o desejo de seus membros de levarem intensa vida cristã. Não obstante, esses movimentos são inteiramente contidos nos confins da igreja institucional em cujo seio existem. Se encerram uma crítica à acomodação da instituição maior em relação à sociedade, tal crítica permanece implícita. Por contraste, os cátaros, em seus esforços de pureza moral, definiam a si mesmos como externos e contrapostos à Igreja Católica ocidental, enquanto sobre os valdenses pesava a suspeita de que assim o fossem. A questão suscitada por essas distinções concerne aos critérios para decidir quando a unidade é possível e quando deve ser rompida. Segundo as concepções da atual cultura intelectual pós-moderna ocidental, com seu apreço pela diferença histórica e pelo pluralismo, os padrões da Idade Média não parecem tão fluidos. Isso representa outra razão pela qual a igreja criada pela reforma gregoriana nunca pode ser considerada universalmente normativa. Não obstante, sua integração com a sociedade sempre propiciará uma atração romanticamente sedutora à imaginação católica.

6. O CONCILIARISMO E A IGREJA NA BAIXA IDADE MÉDIA

Alguns consideram os séculos XIV e XV como período de declínio. No que diz respeito à igreja, tal julgamento pode avaliar o prestígio e a autoridade do papado. Todavia, de maneira mais geral e com referência à Europa, esses séculos assistiram ao crescimento e à consolidação dos Estados-nações, como na França e na Inglaterra; as artes e as letras desfrutaram de um renascimento em larga escala; a vida espiritual da igreja foi fortalecida pelo misticismo e por novas formas de vida religiosa. Não pode haver dúvida, contudo, de que a estatura do papado decresceu, e esse fato teve impacto de longo alcance na vida da igreja e da sociedade em geral. O consistente desejo geral de reforma durante todo esse período correlacionou-se com a perda de boa parte da autoridade estritamente religiosa por parte da liderança central da igreja ocidental, uma deterioração que culminou no papado da renascença.

Um dos focos da exposição histórica da eclesiologia desse período encontra-se no conciliarismo, e há diversas razões a sugeri-lo. Em primeiro lugar, o movimento conciliarista floresceu precisamente no interregno desses dois séculos. "Evento" significativo ocorrido durante longo período, o conciliarismo engajou completamente os líderes da igreja de toda a Europa e afetou o futuro da igreja de base. Em segundo lugar, conquanto amiúde seja concebido como oposição ao papado, porque os papas e os conciliaristas combatiam-se ferozmente, o conciliarismo nunca se empenhou em derrotar ou destruir o papado. Durante o cisma do Ocidente, o objetivo do movimento conciliarista foi restaurar o papado; ao conseguir o intento, ele salvou a instituição. Quanto ao outro objetivo dos conciliaristas, a reforma da igreja, o movimento teve menos sucesso e por fim malogrou. Em terceiro lugar, muito embora uma eclesiologia católico-romana centrada no papado tendesse, doravante, a declarar o conciliarismo como heresia, repudiando-o em base doutrinal particularista, uma eclesiologia de baixo deve considerá-lo como importante movimento histórico na vida da igreja que seria altamente apreciado por outras confissões. Em quarto lugar, alguns elementos do conciliarismo permanecem coerentes e dignos de crédito hoje em dia, e não se pode descartar a possível relevância de lições de outra época.

O conciliarismo, portanto, constitui uma espécie de núcleo na eclesiologia narrativa e na análise de textos que se segue. Eles confluem para o conciliarismo, em seguida se afastam ou vão além dele até o final do século XV. A terceira parte do capítulo descreve a igreja em termos que transcendem a problemática conciliarista, mas a quarta parte sugere que o conciliarismo contém diversos princípios que seriam muito valiosos para a compreensão da igreja universal hoje e em qualquer outra época.

Desenvolvimento histórico

Para muitos, na Europa, durante esse período, a vida era difícil. "Fome, peste, guerra, violência social, recessão econômica, colapso das instituições políticas e religiosas e angústia religiosa assolaram a Europa por mais de cento e cinquenta anos."[1] Prevalecia uma constante tensão entre os papas e os governantes seculares. Como em um enorme jogo de soma zero, reis e outros governantes adquiriram mais autonomia na Europa, e o papado perdeu muito do escopo universal de seu poder. O crescimento dos Estados nacionais permanece no pano de fundo dessa crônica de dois séculos como movimento trifásico: os eventos que levaram ao cisma do Ocidente, o conciliarismo, entre 1378 e 1418, que possibilitou a resolução desse problema, e os desenvolvimentos que se verificaram durante o restante do século XV.[2]

---

[1] Joseph H. Lynch. *The Medieval Church: A Brief History*. London e New York, Longman, 1992, p. 303.

[2] Essa narrativa esquemática baseia-se em uma série de fontes, incluindo sobretudo as seguintes: Bernard Cooke. *Ministry to Word and Sacrament*. Philadelphia, Fortress Press, 1976; Eric G. Jay. *The Church: Its Changing Image through Twenty Centuries*. Atlanta, John Knox Press, 1977; Hubert Jedin e John Dolan, eds. *Handbook of Church History*, 4, *From the High Middle Ages*

Tensões no interior da cristandade

A metáfora das "tensões" oferece um enquadramento para amplas afirmações acerca desse dinâmico período da história da igreja que não deixam de ter ligação com os eventos concretos. As tensões simbolizadas por Francisco e pelo movimento franciscano representam um bom ponto de partida. A difusão das ordens religiosas ativas, especialmente os franciscanos e os dominicanos, capturou e impulsionou um movimento de vitalidade cristã e de idealismo que surgira antes deles e se prolongou além deles. Os novos valores, especialmente os que envolviam o ideal franciscano, funcionavam como plataforma para a crítica interna das instituições eclesiais existentes. A pobreza, a simplicidade e a humildade ao estilo de Cristo contrastavam com toda ostentação de riqueza e de poder por parte da igreja institucional. Teólogos como John Wyclif exemplificaram o modo como os ideais franciscanos forneceram critérios para a crítica da estrutura do ministério paroquial na igreja inglesa.

As concepções de Aristóteles exerceram papel integrador significativo no pensamento europeu em geral e na teologia da igreja, mas também desempenharam uma função nitidamente desintegradora. Aristóteles era subversivo, e a igreja instintivamente reconheceu esse fato quando reiteradamente condenou seu pensamento durante o século XIII. Aristotélicos e agostinianos digladiaram-se durante o período em que Tomás de Aquino esteve à frente da Universidade de Paris. A razão do embate encontra-se nos diferentes marcos imaginativos de compreensão da realidade: a concepção aristotélica da "natureza" das coisas como princípios intrínsecos de operação implicava visões secularizantes. O mundo não era puramente sacral nem guiado diretamente por Deus; as razões das coisas encontravam-se no âmbito da esfera natural, e a mente podia entendê-las de maneira clara e

---

to the Eve of the Reformation. New York, Herder and Herder, 1970, citado doravante como Handbook; David Knowles e Dimitri Obolenski. The Middle Ages. New York, McGraw-Hill, 1968; Lynch, The Medieval Church; Francis Oakley. The Western Church in the Late Middle Ages. Ithaca e London, Cornell University Press, 1979; John A. F. Thompson. The Western Church in The Middle Ages. New York, Arnold e Oxford University Press, 1998; Ernst Troeltsch. The Social Teaching of the Christian Churches. New York, Harper Torchbooks, 1960.

convincente. O recurso às causas intrínsecas das coisas, à lei natural, ao direito natural de uma sociedade autogovernar-se etc., não só nega uma visão eclesiástica ou divina, como a subverte, ou revoluciona, a partir de novos pressupostos.[3] Esse desenvolvimento era mais evidente em sua aplicação à sociedade e ao governo, tal como refletido em uma linha de pensamento que se estende de Tomás de Aquino, passa por João de Paris e adquire forma extrema em Marsílio de Pádua. Guilherme de Ockham compatibilizou um realismo aristotélico com uma sensibilidade franciscana à pobreza em concepções fundamentais concernentes à natureza da igreja.

Essas tensões filosóficas e teológicas refletiam desenvolvimentos sociais e políticos na igreja e nos centros políticos da Europa. Um dos principais fatores para o desencadeamento da mudança na sorte do papado consistiu em um desenvolvimento ulterior de um contrapoder e autoridade.[4] Da mesma forma como a igreja havia promovido o estudo da lei e desenvolvido um sistema de burocracias administrativas, assim também os Estados-nações gradativamente responderam às exigências da administração e desenvolveram governos racionalizados. Como a igreja aprendera do Estado, no período patrístico, aqui a igreja liderou o processo.[5] O gradativo crescimento em direção às nações, centros nacionais dotados de sistemas de lei e de administração, levou o poder político na periferia a contrabalançar o poder religioso no centro. Mas outra razão para o começo do declínio do poder papal pode ser situada nas próprias pretensões dos papas à autoridade: elas se tornaram excessivas e não de todo dignas de crédito. À medida que a situação histórica se modificou, os argumentos não corresponderam à realidade tal como experienciada em novos contextos. À proporção que a situação social e política da Eu-

---

[3] Brian Tierney. *Crisis of Church and State: 1050-1300*. Englewood Cliffs, N.J., Prentice-Hall, 1964, p. 159.

[4] Ibid., pp. 159-160.

[5] Troeltsch, em *The Social Teaching*, descreve a igreja medieval como modelo para um emergente Estado moderno, caracterizado por uma unidade institucional, com uma burocracia administrativa, um corpo de leis e uma vontade coletiva, dedicado a respeitar os direitos individuais e o bem comum.

ropa mudava, a mera repetição das pretensões de Gregório VII já não se afigurava persuasória.

Esses fatores atuaram no dramático conflito entre Filipe IV, rei da França na virada do século XIV, e Bonifácio VIII, papa de 1294 a 1303.[6] O conflito deflagrou-se em torno do direito do governante local de submeter as propriedades da igreja a tributos e gradativamente adquiriu escala em um teste de lealdade última da hierarquia nacional, a Roma ou à nação. A batalha ilustra que a tensão entre um centro romano da igreja e governantes leigos no perímetro ainda prevalecia; a eclosão resultou em derrota para o papado. Por sua parte, Bonifácio declarou solenemente a mais extensa pretensão de autoridade, e todo o período medieval do poder papal atingiu uma espécie de *crescendo* literário na última sentença da bula papal *Unam Sanctam*, de 1302: "Portanto, declaramos, afirmamos, definimos e pronunciamos que é inteiramente necessário à salvação de toda criatura humana sujeitar-se ao romano pontífice". O rei francês, por seu turno, distorceu deliberadamente a posição papal em uma campanha pública de desinformação, com ataques de sicários e agressão física ao papa. Alguns veem a humilhação do papa pelo rei francês como ponto crucial na história política do papado. "Em uma confrontação direta entre um papa e um rei, os indivíduos que eram súditos de ambos optaram por apoiar seu rei."[7] Esse episódio, portanto, encorajou os governantes leigos a afirmar maior influência sobre a igreja local.

Bonifácio VIII morreu em 1303 e foi brevemente sucedido por Bento XI e depois por Clemente V, que transferiu a corte papal para Avignon em 1309 e convocou o Concílio de Viena. Iniciado em outubro de 1311, esse concílio tencionava a realização de uma tríplice tarefa: tratar da Ordem dos Cavaleiros Templários, garantir apoio à Terra Santa e considerar meios de reformar a igreja e preservar sua liberdade. Embora por vezes chamado de concílio da reforma, a verdadeira pressão para sua convocação adveio de Felipe IV. O rei queria a eliminação dos templários, que estavam

---

[6]   Ver, dentre os muitos relatos desse conflito, Hans Wolter, "Celestine and Boniface VIII", *Handbook*, pp. 267-281.

[7]   Lynch, *The Medieval Church*, p. 322.

baseados em Paris, por causa de suas riquezas e do controle que tinham sobre o fluxo financeiro. Ele perseguira ativamente os membros da ordem durante vários anos. Quando o concílio, após investigações, manifestou-se contra a eliminação dos templários, Clemente viu-se capturado entre o concílio e o rei, e como saída suprimiu a ordem por autoridade própria em 1312.[8] No que tange à reforma da igreja, esse concílio não produziu nenhuma legislação marcante. Alguns dos tópicos tratados e das decisões tomadas por ele foram os seguintes: tentou conciliar a disputa entre os franciscanos espirituais e a facção mais moderada dentre eles; tratou das tensões entre clero secular e clero regular; suprimiu as beguinas, a quem, no entanto, João XII, sucessor de Clemente, deu nova vida; coibiu os abusos na reverência e no decoro litúrgico; coordenou as atividades da Inquisição e os tribunais episcopais locais; tentou regular a indumentária e o estilo de vida dos clérigos nas ordens menores.[9]

A história do declínio do papado prosseguiu durante a residência em Avignon. Quaisquer que tenham sido as causas ou razões para o papado de Avignon, era anômalo que o bispo de Roma governasse a igreja a partir de uma cidade fortificada ao norte dos Alpes e no âmbito da esfera política da França. Além de ser chamada de "Cativeiro da Babilônia" (Petrarca) do papado,[10] os quase setenta anos em que lá permaneceu foram marcados por um crescimento da burocracia administrativa da corte papal e pela eficácia na arrecadação de tributos para sua manutenção.[11] Durante esse mesmo período, de 1347 a 1351, a peste negra, introduzida na Europa

---

[8] H. J. Schroeder. *Disciplinary Decrees of the General Councils*. St. Louis, B. Herder Book Co., 1937, pp. 365-369.

[9] Schroeder, *Disciplinary Decrees*, pp. 372-442.

[10] Os sete papas sucessivos em Avignon foram todos franceses, circundados por um colégio de cardeais predominantemente francês e por uma burocracia administrativa cada vez mais francesa. Dos cento e trinta e quatro cardeais designados durante o papado de Avignon, cento e treze eram franceses. Ver Thompson, *The Western Church*, p. 170; Lynch, *The Medieval Church*, p. 326.

[11] Ver Karl August Fink. "The Curia at Avignon", *Handbook*, pp. 333-344, para uma concisa exposição das finanças curiais, dos procedimentos administrativos e da extravagância palaciana dos cardeais em Avignon. "As incessantes e impensadas exigências de dinheiro e a deficiente administração do sistema de benefícios e das finanças provocaram escândalo. Toda possibilidade de obtenção de dinheiro [suspensão, excomunhão, interdito por taxas não pagas] era impiedosamente explorada." Ibid., p. 343.

pelo comércio marítimo com a Rússia, dizimou a Europa. De maneira geral, esses não foram tempos jubilosos.[12] Por fim, em 1377, por persuasivo incitamento de Catarina de Siena, Gregório XII retornou a Roma.

Contudo, 1378 foi um ano decisivo, pois Gregório XI morreu, e os dezesseis cardeais eleitores, com volátil premência dos cidadãos romanos, escolheram como seu sucessor um italiano de fora do colégio de cardeais que foi entronizado como papa na Páscoa. Entretanto, nos meses que se seguiram, o novo papa aparentemente agiu com ardor imoderado contra os cardeais e juntou italianos à sua composição. Sem nenhuma influência canônica sobre um papa, os não italianos (onze franceses e um espanhol) deixaram Roma e em agosto resolveram declarar a eleição papal não livre à luz da pressão da cidadania romana. Em setembro, os cardeais elegeram um de seus próprios membros franceses como papa, que se transferiu de volta para Avignon. O resultado foi a existência de dois papas canonicamente eleitos pelos mesmos cardeais eleitores. Aproximadamente metade da Europa era obediente a um papa e a outra metade a outro. O problema não tinha fácil solução.

As coisas ficaram mais complicadas com o Concílio de Pisa, que se reuniu após trinta anos de cisma. Por meio de várias negociações políticas, os papas de ambas as linhas quase convieram em aposentar-se simultaneamente. Por fim, no entanto, recusaram-se a encontrar-se, e os cardeais de ambos os lados se revoltaram, reuniram-se em 1408 e anunciaram a realização de um concílio geral em Pisa, no mês de março de 1409. Ambos os papas foram convocados, mas não compareceram. O concílio contou com ampla representação e elegeu novo papa, Alexandre V, após a deposição dos outros dois. Os dois papas, entretanto, recusaram-se a ser depostos, e vastas regiões continuaram leais a eles, e dessa forma três papas reinaram, com diferentes áreas da Europa leais a cada um deles. Pisa, contudo, não foi um fiasco completo. Pavimentou o caminho para o

---

[12] Para um sucinto relato da peste ver Lynch, *The Medieval Church*, pp. 306-311. A representação da "Dança da Morte", mural de uma morte esquelética conduzindo pessoas de todas as classes e posições sociais, de mãos dadas, a seu destino emoldurou capelas e igrejas e transmitiu o clima do período.

Concílio de Constança ao indicar o que poderia ser feito e o que deveria ser evitado.[13] Em última instância, o cisma seria tratado pelo conciliarismo.

O conciliarismo e a solução do Grande Cisma do Ocidente

O conciliarismo representa um movimento, um complexo de ideias e iniciativas que medrou durante os séculos XIII e XIV e foi amplamente aceito durante o grande cisma do Ocidente e posteriormente no século XV.[14] A apreciação do conciliarismo como movimento mais difuso de pensamento e de ação permite considerá-lo em termos mais objetivos, porque menos ideológicos. Delinearei aqui o movimento das ideias, de que maneira elas inspiraram a ação em Constança e em Basileia, e, na segunda parte deste capítulo, tratarei da eclesiologia envolvida em seu contexto.

A pré-história do conciliarismo começa quando certos elementos do pensamento conciliarista aparecem nos "decretistas", os canonistas que comentaram o *Decretum* (1140) de Graciano, e posteriormente.[15] Essas raízes se encontram nas respostas a questões como as seguintes: pode o papa ser deposto? Quando? Por quem? E se o papa for considerado herético? Algumas das respostas a essas questões foram as seguintes: o papa podia ser deposto por heresia ou grave escândalo. Logo, seu poder não é absoluto. A igreja não pode ser considerada como simples entidade jurídica baseada em uma extensão da autoridade papal; pelo contrário, ela é uma corporação, um todo comunitário, o Corpo de Cristo. A função

---

[13] Thompson, *The Western Church*, p. 183.

[14] Brian Tierney define o conciliarismo da seguinte maneira: "O conciliarismo é uma doutrina segundo a qual um concílio geral constitui a suprema autoridade na Igreja". "Conciliarism", *New Catholic Encyclopedia*, IV. New York, McGraw-Hill, 1967, p. 109. Em minha análise, considero o conciliarismo como um movimento histórico, de que são parte várias versões da teoria geral da supremacia de um concílio em relação a um papa.

[15] Essa é a descoberta de Brian Tierney em seu *Foundations of the Conciliar Theory: The Contribution of the Medieval Canonists from Gratian to the Great Schism*. Cambridge, University Press, 1955, que é importante para explicar a origem do conciliarismo. Existe uma gama de explicações acerca de sua gênese: algumas o veem surgindo com o cisma; algumas com Marsílio de Pádua e Guilherme de Ockham. Outras, ainda, o veem como subproduto cultural do constitucionalismo nos governos nacionais. Tierney demonstra que o conciliarismo tem raízes no direito canônico e em seguida as delineia.

na igreja não existe por si mesma, mas a serviço da corporação. Essas ideias existiram na tradição canônica, especialmente a ideia da unidade da igreja enquanto totalidade como corpo de fiéis. Essa ideia se manifestou de maneira mais proeminente quando se confrontou com o cisma.

A importância da tese de Tierney é simples, mas fundacional. Admitindo-se as demais explicações, o conciliarismo afigura-se como anomalia, como excentricidade que se manifestou bruscamente e à margem da tradição. Ou pode afigurar-se como proveniente de fora da igreja. Tierney prova que o conciliarismo brotou de uma tradição interna da igreja.[16] É importante lembrar que os canonistas promoveram a tradição da reflexão eclesiológica mais extensivamente do que os teólogos.

Os temas conciliaristas continuaram a se desenvolver em torno da questão da igreja em relação ao poder temporal. A tese de Tierney não exclui outros fatores não eclesiais que influenciaram o movimento. Os próprios canonistas estavam aproveitando os desenvolvimentos dos séculos XI e XII. Durante as polêmicas em torno da questão da igreja e do Estado, no século XIV e no papado de Avignon, os temas conciliaristas foram desenvolvidos em um nível mais amplo. Por exemplo, Marsílio de Pádua desenvolveu a ideia aristotélica do direito natural de uma comunidade ou sociedade a ter seu próprio governo. Para Marsílio, a autoridade do legislador consiste realmente na sociedade como um todo, ou sua parte de maior peso. Essas ideias não eram exatamente tradicionais, pois foram influenciadas pela sociedade e pela cultura e instruídas em uma concepção aristotélica da natureza das sociedades. Ao mesmo tempo, contudo, eram congruentes com certas ideias da tradição canônica. A autoridade provém de Deus, mas essa autoridade estava começando a ser vista como canalizada, por assim dizer, a partir de baixo, ascendendo ao líder por intermédio do povo, em vez de descender diretamente de Deus para o líder.[17]

---

[16] A tese de Tierney é secundada por Francis Oakley, *Council over Pope? Towards a Provisional Ecclesiology*. New York, Herder and Herder, 1969, pp. 78-83.

[17] Guilherme de Ockham, em muitos aspectos o nominalista arquetípico e aristotélico em sua eclesiologia, foi outro "precursor" da teoria conciliar. Para a síntese de seu pensamento e seu lugar

Quando ocorreu o cisma, no começo de 1378, essas ideias foram aplicadas à igreja e ao papa como seu chefe. O problema era formidável. Ambos os papas reivindicaram legitimidade, e a própria cristandade foi cindida. Em questão, portanto, estava a unidade de toda a igreja europeia e o modo como restaurá-la. Todo mundo pressupunha que a igreja, de fato, era una, em si própria e enquanto base unificadora da sociedade ocidental. Ademais, a *própria base* da unidade residia no papado de uma dúplice forma: primeiro, simbolicamente, o que se refletia espontaneamente pela lealdade religiosa e pela afeição; segundo, juridicamente, desde a reforma gregoriana. Nessa situação, porém, era o papado que provocava e constituía a divisão, muito embora haja sido iniciada pelos cardeais. O problema que o cisma criou para a igreja e para os governantes da Europa foi que ele teve de atacar a instituição sobre a qual se fundava a unidade da igreja e da sociedade a fim de restaurar aquela unidade e a própria instituição que se supunha assegurá-la.[18] Esse foi o papel assumido pelo conciliarismo.

O período entre 1380 e 1420 produziu uma série de debates acerca da teoria conciliarista e das estratégias para pôr termo ao cisma e implementar a reforma na igreja. A análise dos argumentos será feita posteriormente, mas como o cisma foi resolvido? Já vimos que o Concílio de Pisa não funcionou porque elegeu um terceiro papa antes de os povos fiéis aos papas depostos terem garantido obediência ao novo. Nos anos seguintes, a liderança para convocar outro concílio foi assumida por um leigo, na pessoa de Sigismundo, rei da Alemanha, que atuou por meio de um relutante João XXIII, sucessor do papa eleito em Pisa. O Concílio de Constança foi convocado em 1414, e entre esse ano e 1418 a cidade de Constança funcionou como a capital da Europa.

O Concílio de Constança teve início no dia 5 de novembro de 1414 e terminou em 22 de abril de 1418, após quarenta e cinco sessões. Seu

---

na primeira metade do século XIV, ver Erwin Iserloh "Nominalism: The Universities between *Via Antiqua* e *Via Moderna*", *Handbook*, pp. 344-355. Discorrerei mais acerca de Marsílio de Pádua e Guilherme de Ockham na seção seguinte.

[18] Tierney, *Foundations*, pp. 239-240.

objetivo declarado foi pôr fim ao cisma, reprimir a heresia e reformar a igreja, na cúpula e nos membros. Obteve êxito na primeira tarefa de restaurar o papado; condenou muitas opiniões de Wyclif e Jan Hus; em última análise, fracassou no longo prazo ao reformar a igreja, quer na cúpula, quer nos membros; e deixou intacta em decretos conciliares a doutrina da supremacia do concílio em relação ao papa.

No dia 6 de abril de 1415, em sua quinta sessão, o concílio promulgou *Haec Sancta*, decreto que afirmava a legitimidade e a autoridade do concílio sobre os pretendentes papais. Falando em nome do concílio, o decreto enuncia: "Em primeiro lugar, declara que, legitimamente reunido no Espírito Santo, constituindo um concílio geral e representando a igreja católica militante, ele tem poder imediatamente de Cristo; e que qualquer pessoa de qualquer estado ou dignidade, mesmo papal, está sujeita a obedecer-lhe nas matérias pertinentes à fé, à erradicação do referido cisma e à reforma geral da dita igreja de Deus na cabeça e nos membros".[19] Em 4 de maio, o concílio condenou uma série de proposições de John Wyclif. Em 29 de maio depôs João XXIII da sucessão pisana. Em 6 de julho, executou Jan Hus, que recebera promessa de salvo-conduto, após audiência, condenação e recusa de retratação por sua parte. Em 14 de julho, o concílio recebeu a renúncia de Gregório XII à sucessão romana. Em setembro-outubro de 1415, Sigismundo e representantes do concílio encontraram-se com Bento XIII, da sucessão de Avignon, em Perpignan, sem nenhum resultado. Só após receber promessa de lealdade ao concílio por parte de seus ex-apoiadores de fato, o concílio o depôs na trigésima sétima sessão, em 26 de julho de 1417. Mas, justamente quando o caminho parecia livre para a eleição de um novo papa, surgiu um novo problema: Itália, Espanha e França queriam eleger um papa imediatamente, enquanto os ingleses e os germanos queriam a reforma, especialmente da cúria papal, antes de uma eleição. A solução incluiu a legislação conciliar, que pretendeu assegurar que o novo papa levasse em consideração a reforma.

---

[19] *Haec Sancta*, Concílio de Constança, sessão 5 (6 de abril de 1415), em Norman P. Tanner, ed. *Decrees of the Ecumenical Councils*, I, *Nicaea I to Lateran V*. London e Washington, D.C. Sheed & Ward e Georgetown University Press, 1990, p. 409.

Dessa forma, em 9 de outubro de 1417, Constança promulgou o decreto *Frequens*, que requeria concílios regulares.[20] Portanto, em 11 de novembro os cardeais e outros membros conciliares representando as nações elegeram o cardeal Otto Colonna como o papa Martinho V.

Antes da eleição do papa, o concílio havia promulgado decreto contendo oito pontos de reforma que deveriam ser contemplados. Após sua eleição, Martinho V respondeu aos tópicos com projetos de decretos de reforma para a ação do concílio. Com base nesses projetos, o concílio formulou sete decretos, que revogavam sobretudo os benefícios e as isenções instituídos durante o cisma e limitavam o poder do papa de impor tributos gerais.[21] Por fim, em abril de 1418, Martinho V designou Pavia como o lugar do primeiro concílio regular cinco anos a partir daquela data.

Qual é o *status* canônico ou a legalidade de *Haec Sancta*, o decreto que afirmou a superioridade de um concílio sobre um papa? Eis uma questão controvertida. Por um lado, o decreto nunca foi considerado e oficialmente aceito ou ratificado pelo papa recém-eleito, Martinho V, ao passo que ele ratificou outros decretos do concílio. E os papas posteriores, embora tenham aceitado o concílio em geral, fizeram-no com a expressa reserva de qualquer redução dos direitos de Roma.[22] Alguns o admitiram como decreto preparado para atender apenas a uma situação concreta em particular; alguns cardeais protestaram contra ele.[23] Por outro lado, o concílio era um corpo autoritativo pleno, efetivamente convocado por João XXIII, de sorte que não tinha de ser ratificado, e ninguém pensava que

---

[20] Nas palavras do concílio: "Nós estabelecemos, sancionamos, decretamos e ordenamos, por edito perpétuo, que os concílios gerais deverão ser convocados doravante da seguinte maneira. O primeiro deve seguir-se cinco anos imediatamente após o final deste concílio, o segundo sete anos imediatamente após o final do concílio seguinte, e daí por diante deverão ser convocados sempre a cada dez anos". *Frequens*, Concílio de Constança, sessão 39 (9 de outubro de 1417), em Tanner, *Decrees*, 439.

[21] A discussão sobre a reforma foi abundante antes de Constança, e muita coisa foi decidida nesse próprio concílio, de modo que "a velha e frequentemente repetida afirmação de que ele pouco fez pela reforma da igreja é totalmente injustificada". Karl August Fink, "The Council of Constance: Martin V", *Handbook*, p. 464.

[22] Knowles, *The Middle Ages*, p. 421.

[23] Por exemplo, Thompson sustenta que *Haec Sancta* foi meramente um decreto *ad hoc*, que deve ser entendido apenas em suas circunstâncias imediatas. O concílio estabeleceu-se como uma autoridade superior apenas para aquela ocasião. Thompson, *The Western Chuch*, p. 185.

seria. Todos, inclusive Martinho V, que era conciliarista, aceitaram esse decreto como válido. Mesmo depois de Martinho V o decreto foi aceito porque a validade do papado dependia da validade do concílio que depôs João XXIII. Era um documento canonicamente correto.[24] Por conseguinte, a questão continua em discussão, mas, de fato, gradualmente se tornou controvertida à medida que o conciliarismo enquanto movimento perdeu seu poder. Ao mesmo tempo, contudo, as ideias conciliaristas subsistiram e estiveram em ação no século XVI quando a igreja novamente se cindiu.

A igreja ocidental ao final da Idade Média

Os anos que se seguiram ao Concílio de Constança representam um período de ressurgência papal. Gradativamente os papas adquiriram influência para exercer sua soberania em meio à luta com os conciliaristas e os concílios atuais, especialmente o Concílio de Basileia. De acordo com o decreto, *Frequens*, um concílio deveria ser convocado em cinco anos. Ele se reuniu em Pavia, na Itália, e transferiu-se quase que imediatamente para Siena, por causa da peste. Reunido durante os anos 1423 e 1424, o concílio revelou-se pouco produtivo e foi suspenso por Martinho V por causa do pífio comparecimento.

Sete anos depois, foi aberto o Concílio de Basileia, em 1431. Eugênio IV foi eleito papa às vésperas do concílio, em março, mês em que o concílio deveria iniciar seus trabalhos. Começou devagar, à medida que os delegados se organizavam. Compuseram-no menos bispos e mais acadêmicos e representantes do baixo clero do que se verificara em concílios anteriores. Fortemente conciliarista e até mesmo antipapista, o Concílio de Basileia envolveu-se em uma luta constante por poder com o papa. Em dezembro de 1431, Eugênio promulgou uma bula dissolvendo o concílio e convocando outro para 1433, em Bolonha, a fim de acomodar representantes da igreja grega que buscavam união. A decisão desencadeou um sentimento

---

[24] Por exemplo, Fink declara que: "Do ponto de vista da situação intelectual e política contemporânea, o Concílio de Constança, em sua totalidade, deve ser considerado ecumênico e, em seus decretos, universalmente vinculante". Fink, "The Council of Constance: Martin V", *Handbook*, pp. 467-468.

antipapal e conciliarista dentro e fora do concílio, e, no decorrer dos anos 1432 e 1433, o concílio venceu o papa com ameaças e pelo mero poder político. Por fim, em 15 de dezembro de 1433, o papa reconheceu o concílio. Durante os anos 1434 e 1436, Basileia procedeu à ratificação de Constança, e o princípio conciliarista predominou novamente, e com base nisso propôs legislação que posteriormente limitaria o poder papal. Propôs também uma série de decretos direcionados à reforma da igreja, principalmente da cúria romana e de sua capacidade de angariar fundos da igreja em geral. Durante esse período, as negociações com Constantinopla também prosseguiram, e tanto Eugênio como os gregos favoreceram um concílio de reunião em uma cidade italiana.

No começo de 1437, o Concílio de Basileia começou a dividir-se em duas facções, uma maioria que defendia a permanência em Basileia e uma minoria que queria reunir-se novamente em uma cidade italiana, em favor da reunificação com a igreja grega. A maioria era amplamente formada por doutores e pelo baixo clero; a minoria era composta em grande parte por legados papais e por bispos. Em 7 de maio, houve manifestações de ambas as partes em que as duas facções "leram seus decretos ao mesmo tempo".[25] No final de dezembro ou em 1º de janeiro de 1438, Eugênio ordenou que o Concílio de Basileia se transferisse para Ferrara, na Itália, e uma facção minoritária que incluía muitos dos bispos transferiu-se com ele. O concílio foi aberto em 8 de janeiro, e em 15 de fevereiro o papa presidiu a sessão, com a presença de setenta e dois bispos. Essa ala do concílio original continuou em Ferrara durante um ano, quando então se transferiu para Florença, em 1439, e por fim se transladou para Roma, em 1442, onde a última sessão foi realizada, em 7 de agosto de 1445. Todo esse tempo foi gasto em gestões junto à igreja grega, com vistas a um esforço em prol da reunião. De Florença, em 1439, o decreto *Laetentur Coeli* declarou a reunião das igrejas ortodoxa e latina. Não obstante, o desejo de apoio militar na resistência contra o avanço dos turcos motivou o pedido da igreja grega de união com o Ocidente, e os

---

[25] Schroeder, *Disciplinary Decrees*, p. 467.

acordos doutrinários foram forçados. Por fim, as igrejas gregas domésticas rejeitaram as concessões que haviam sido feitas no Concílio de Florença: não houve nenhuma união efetiva.[26]

Nesse ínterim, o Concílio de Basileia prosseguiu até 1449. Entre outras coisas, depôs Eugênio como herético e elegeu um antipapa. Em última análise, contudo, o Concílio de Basileia estava fadado ao fracasso. Ao eleger seu próprio papa, reintroduzindo assim o cisma, ele colocou o mundo contra si mesmo. Em última instância, o papa frustrou os planos de Basileia e, com a ajuda dos gregos, recuperou o controle sobre a igreja e o concílio. Não houve nenhum apoio genérico às ideias conciliaristas entre os governantes da Europa. O curto decreto de Pio II, *Execrabilis*, de 1460, foi o último prego no esquife do governo conciliarista da igreja ocidental.

O século XV chegou ao final com os papas seguramente, ainda que por vezes escandalosamente, encarregados da igreja europeia. O renascimento do papado é com frequência considerado como outro ponto baixo na história dos papas. De maneira geral, eles eram reconhecidos mais por sua riqueza, pelo patrocínio das artes, pelo nepotismo e por sua descendência do que pela própria santidade.[27]

Essa crônica da Baixa Idade Média enfocou de tal maneira o papado que se pode suspeitar de que nenhum outro aspecto da igreja tenha sido digno de nota. Não é verdade. Esses séculos foram marcados pelo aparecimento de místicos como Mestre Eckhart, Catarina de Siena, entre outros. A onda de nominalismo na teologia, com sua consequente premissa da absoluta transcendência de Deus, deixou um legado que reapareceria na reforma do século XVI. Nicolau de Cusa sintetizou os

---

[26] Nesse ínterim, contudo, *Laetentur Coeli* respondeu a *Haec Sancta* definindo que ao papa "foi conferido, no abençoado Pedro, o pleno poder de zelar, administrar e governar toda a igreja". *Laetentur Coeli*, Concílio de Florença, Sessão 6 (6 de julho de 1439), em Tanner, *Decrees*, p. 528.

[27] "Os papas devem ser considerados como monarcas, que diferem de seus congêneres leigos apenas pelo fato de que sua posição era eletiva e não hereditária." Mas a família desempenhava um papel nas eleições. "Paulo II era sobrinho de Eugênio IV, Alexandre VI, de Calisto III, Pio III de Pio II, e Júlio II de Sisto IV". Thompson, *The Western Church*, p. 226. Para uma breve história do papado durante esses dois séculos, ver William J. La Due. *The Chair of Saint Peter: A History of the Papacy*. Maryknoll, N. Y., Orbis Books, 1999, pp. 135-182.

princípios conciliaristas em extenso tratado sobre a igreja. Alguns consideram a obra de João de Torquemada, *Summa de Ecclesia*, do século XV, como o primeiro trabalho sistemático em eclesiologia.[28] A piedade laica que emergiu como movimento nos séculos XII e XIII expandiu-se significativamente nesse período e assumiu formas institucionais explícitas nas confrarias e em outras associações leigas. A *devotio moderna* designou uma renovada onda de espiritualidade que afetou igualmente clérigos e leigos e comportou uma profunda ligação com a eucaristia. E a erudição dos humanistas estimulou uma reapropriação histórica da escritura e dos Padres da igreja. Por fim, se havia um sentimento comum que unia toda a igreja no início do século XVI, era um desejo de reforma da igreja na cabeça e nos membros.

Análise social e teológica

Uma análise de alguns autores e textos representativos da Baixa Idade Média especificará mais concretamente os desenvolvimentos da igreja e sua autocompreensão durante esse período. Eles se acham dispostos em ordem cronológica. Um bom ponto de partida é o crescimento dos Estados-nações autônomos e a consequente mudança de relações entre a igreja e o Estado que está por trás do conflito entre Felipe IV e Bonifácio VIII. A filosofia política que se desenvolveu consecutivamente aos eventos desse período tem influência direta sobre a eclesiologia.

O aristotelismo, os Estados-nações e a igreja

O crescimento do naturalismo, reforçado pela linguagem aristotélica, difundiu um ponto de vista sobre a realidade que adquiriu vida por conta

---

[28] O trabalho foi escrito em meados do século e publicado pela primeira vez em 1480. Adotou um profundo ponto de vista institucional e papista, e nesse aspecto foi influente nos anos 1560, quando foi republicado. Havia outras abordagens da igreja antes de Torquemada, por exemplo, *De Regimine Christiana*, de Jacó de Viterbo (1301-1302), mas Torquemada tratou inteiramente da igreja e da igreja por inteiro. A obra pretendeu ser uma *summa* sistemática. William E. Maguire. *John of Torquemada, O.P.: The Antiquity of The Church*. Washington, D.C.: Catholic University of America Press, 1957, pp. 9-10.

própria. Pode-se perceber sua atuação em vários autores e sob diferentes formas. De muitas maneiras, a metafísica de Aristóteles possui certo caráter de senso comum. Pode-se tracejar sua crescente influência sobre as concepções da sociedade no período compreendido entre os escritos de Tomás de Aquino, João de Paris e Marsílio de Pádua, seguido por Ockham.

Tomás de Aquino. Sobre as questões do Estado e da relação entre a igreja e o Estado, as ideias de Aquino assemelham-se às de Aristóteles. Elas contrastam com a visão agostiniana de que "o governo civil só existiu porque os homens pecaram".[29] Tomás de Aquino seguiu Aristóteles ao defender que o governo civil desempenhou papel inerente à própria existência humana: os seres humanos existem em solidariedade, só podem realizar objetivos humanos em comunidade, razão pela qual necessitam de autoridade pública para regular as questões sociais. Essa intrínseca exigência de organização social, determinando, portanto, a origem natural do Estado, foi complementada por distinções entre lei eterna, natural, positiva e lei divina. "A partir das premissas tomistas, tornou-se possível construir uma teoria do Estado autônomo, funcionando justamente de acordo com suas próprias leis e independente de supervisão eclesiástica."[30] Tomás defendeu um paralelismo de esferas, de autoridades e de poderes. "O poder espiritual e o poder secular derivam ambos do poder divino; por conseguinte, o poder secular sujeita-se ao poder espiritual apenas [...] no que diz respeito à salvação da alma [...]. No tocante ao bem comum, entretanto, deve-se obedecer ao poder secular, e não ao poder espiritual, segundo afirma Mateus 22,21: 'Dai a César o que é de César'."[31]

João de Paris. A disputa entre Felipe IV, da França, e Bonifácio VII, na virada do século, trouxe à baila a problemática da relação dos poderes dos governantes seculares e eclesiásticos. Dentre as muitas visões a respeito dessa questão à época, muitos consideram as de João de Paris as mais

---

[29]   Tierney, *Crisis*, p. 165.

[30]   Ibid., p. 167.

[31]   Tomás de Aquino. *Commentary on the Four Books of the Sentences* (1253-1255), trad. E. Lewis, *Medieval Political Ideas*. New York, 1954, pp. 566-567, citado em Tierney, *Crisis*, p. 171.

equilibradas. João foi frade e professor dominicano e faleceu em 1306. Seu *Tratado sobre os poderes dos reis e dos papas* refletia profundamente o pensamento aristotélico. João defendia uma espécie de paralelismo de poderes, duas esferas de governo cuja autoridade é recebida de Deus. O espiritual pode ser a suma autoridade, mas, no âmbito da esfera secular, o governo civil é autônomo. Embora essa consideração se assemelhe à doutrina do período patrístico, quatro elementos assinalam uma distinta progressão. Em primeiro lugar, as escoras aristotélicas ancoram a posição de João: sólidos argumentos acerca da natureza social da existência humana. Em segundo lugar, conquanto a função comporte autoridade oriunda de Deus, os seres humanos negociam a escolha da pessoa para exercer a autoridade; essa ação humana canaliza, por assim dizer, a autoridade de Deus quer para o rei, quer para o prelado, de modo que, em certa medida, ela depende dos agentes humanos. O papa não delega autoridade episcopal. Como afirma João: "O poder dos prelados não deriva de Deus por intermédio do papa, mas imediatamente de Deus e do povo, que elege ou consente".[32] Para João de Paris, a simples monarquia não era a suprema forma de governo; suprema era aquela em que todo o povo participava por meio de representantes escolhidos.[33] Em terceiro lugar, o governante é responsável pela comunidade. "O senhor papa como cabeça e supremo membro da igreja universal é o administrador geral e universal de todos os bens das igrejas, quer espirituais, quer temporais. Ele, com efeito, não é seu proprietário" (*Tractatus*, 206). Nisso João reforça uma ideia ressaltada por Bernardo de Claraval.[34] Em quarto lugar,

---

[32] João de Paris. *Tractatus de Potestate Regia et Papali* (1302-1303), texto em Tierney, *Crisis*, p. 208. Citado no texto como *Tractatus*, com a referência de página a Tierney.

[33] Tierney, *Crisis*, p. 197.

[34] "João não apenas manteve o princípio segundo o qual o príncipe, no Estado, e o papa, na igreja, existiam para promover o bem-estar de toda a comunidade em suas diferentes formas, mas também o de que eles eram, em sentido efetivo, responsáveis pela comunidade. A retirada de consenso por parte do povo podia ser justa e efetiva para depor um mau governante, tanto quanto a outorga de consenso o era no estabelecimento de um bom. O papa, por exemplo, era guardião de todos os bens da igreja e defensor da fé da igreja, mas se se apoderasse indevidamente dos bens eclesiais ou se traísse a fé da igreja estaria sujeito a censura e, em última instância, a deposição por concílio geral ou pelos cardeais que agissem em nome de todos os fiéis." Tierney, *Crisis*, 197.

o governante pode ser deposto por comportamento criminoso ou por suscitar escândalo para a igreja. Nem o governante secular nem o prelado pode depor o outro; contudo, em caso de mau procedimento, cada qual pode provocar as autoridades competentes ou toda a comunidade para destituir o ofensor de sua função.[35]

Marsílio de Pádua. O pano de fundo político da carreira de Marsílio de Pádua e de Guilherme de Ockham envolve a maior confrontação duradoura entre o imperador e o papa do período medieval. Ludovico da Baviera foi eleito imperador em 1314, mas não por unanimidade, e não derrotou militarmente seu rival até 1322. Ludovico reinaria como imperador até sua morte, ocorrida em 1347. O papa João XXII foi eleito em 1316. Ele se recusou a reconhecer Ludovico como imperador, e, quando ele agiu como tal sem a confirmação papal, foi excomungado pelo papa em 1324. Em consequência disso, Ludovico dirigiu-se a Roma, instituiu-se imperador e estabeleceu um papa rival lá, antes de retornar à Alemanha, em 1330. A disputa entre a autoridade do governante secular e o papa, portanto, teve um contexto vivo. Houve igualmente outras questões. Logo após sua eleição, o papa João XXII procurou resolver o conflito corrente acerca de questões relativas ao papel da pobreza na vida cristã, geralmente ligada à problemática da propriedade dos bens da igreja, especialmente no que se referia aos valores franciscanos. Essas questões envolveram profundamente a espiritualidade cristã, mas transcendiam muito o ascetismo em uma economia política baseada na terra.

Marsílio nasceu em Pádua, entre 1275 e 1280. Estudou filosofia e medicina na Universidade de Paris, tornou-se reitor da Universidade em 1313 e lecionou ali até 1324. Naqueles anos, concluiu o *Defensor da Paz*, que foi prontamente condenado, de sorte que Marsílio foi obrigado a partir. Refugiou-se com Ludovico da Baviera em Roma, e por fim retornou com ele para a Alemanha. Essa narrativa aborda a figura de Marsílio a partir da perspectiva particular da eclesiologia. Ele estava propenso a mostrar como o papado assumira a autoridade e o poder temporal não por conta

---

[35] Tierney, *Crisis*, p. 210.

própria e era responsável pela turbulência civil generalizada. Marsílio foi importante figura na grande arena da teoria política e social. No que se refere à eclesiologia, suas opiniões ajudaram a desabsolutizar a estrutura gregoriana da igreja, a encorajar o pensamento conciliarista e a oferecer alternativas na concepção eclesiológica que pudessem ser construtivas para outras situações.

O *Defensor da Paz* é estruturado em duas partes, acrescidas de breve conclusão-sumário. A primeira parte explica, de maneira geral, a natureza e a função do governo com o auxílio do pensamento aristotélico. A segunda parte, antipapista, descreve a querela provocada pelas pretensões de autoridade da igreja na sociedade europeia. Aqui Marsílio recorre livremente à escritura. Gewirth sintetiza a visão marsiliana de uma sociedade harmoniosa e pacífica nos seguintes termos: "O governo é aquela parte do Estado que mantém essa paz. Ele o faz julgando as disputas entre os cidadãos, atribuindo diferentes funções a diferentes cidadãos e regulando o desempenho dessas mesmas funções. Todavia, a fim de impedir que o governo possa perverter essa autoridade a seus próprios interesses particulares, ele deve ser regulado em sua função pela lei, e a lei deve ser feita pelo povo, por todo o corpo de cidadãos [...]. Consequentemente, o governo deve ser 'uno' no sentido de que todos os atos e determinações governamentais emanam, em última instância, de uma fonte".[36] Com efeito, porém, não há paz porque a igreja confunde autoridade espiritual e autoridade temporal e tenta exercer hegemonia sobre a sociedade temporal.

Pode-se, por simplificação, destacar três grandes posições adotadas por Marsílio contra a eclesiologia reinante. Tais posturas definem um quadro geral para a compreensão da igreja. Em primeiro lugar, Marsílio operava dentro do quadro constantiniano-justiniano-carolíngio do governante único da sociedade que regulava a vida pública da igreja. "Só o governante por autoridade do legislador tem jurisdição coercitiva sobre

---

[36] Alan Gewirth, ed. e trad. Marsílio de Pádua. *The Defender of Peace*, II, *The Defensor Pacis*. New York, Columbia University Press, 1956, xxiv. Citado no texto como DP com referência a parte (ou discurso), capítulo e número.

a pessoa e a propriedade de cada mortal, de qualquer *status*, e de cada grupo de leigos ou clérigos" (DP, 3.2.15). Desaparecera o paralelismo e o equilíbrio tensivo entre autoridade temporal e autoridade espiritual.

Em segundo lugar, Marsílio advogava forte distinção entre autoridade temporal e autoridade espiritual; os sacerdotes tinham autoridade espiritual e nenhuma autoridade temporal coercitiva outorgada por Deus. A autoridade essencial do sacerdote é para administrar os sacramentos (DP, 2.7-10). "Um bispo ou sacerdote, enquanto tal, não tem nenhum governo ou jurisdição coercitiva sobre nenhum clérigo ou leigo, mesmo que este último seja um herético" (DP, 3.2.14). Além disso, as distinções entre sacerdotes segundo a função são de origem humana e não divina. E o que era humanamente concedido podia ser humanamente retirado.

Em terceiro lugar, Marsílio defendia uma espécie de republicanismo em que o legislador da sociedade era a própria comunidade ou seu segmento de maior preponderância. "Só o corpo de cidadãos, ou seu segmento de maior expressão, é o legislador humano" (DP, 3.2.6). Isso, contudo, aplicava-se tanto ao Estado como à igreja, que era composta pelo mesmo povo. Por conseguinte, o governo da igreja era conciliar, e a própria comunidade designava as posições de autoridade na igreja. "Só o concílio geral de todos os fiéis tem autoridade para designar um bispo ou qualquer metropolita da igreja superior a todos e para destituí-los ou depô-los de tal posição" (DP, 3.2.32). Um concílio geral determinava os artigos de fé cristãos (DP, 3.2.2).

Pode-se encontrar precedente para muitas dessas concepções. Mas Marsílio articulou-as em uma peça bem coesa que não só contradizia a prática contemporânea como também parecia escandalosa. O importante aqui não é se as ideias de Marsílio tinham ou não alguma probabilidade de sucesso à época. Pelo contrário, ele testemunhou as mudanças culturais e políticas do período. Ajudou a alimentar as ideias conciliaristas que floresceriam na crise ulterior. E antecipou muitas ideias que se tornaram lugar-comum na era moderna.

Guilherme de Ockham

Não se sabe muito acerca dos primórdios da vida de Guilherme de Ockham. Talvez tenha nascido em 1285, em Ockham, em Surrey. Estudou e lecionou teologia em Oxford e tornou-se frade franciscano por volta de 1324, quando foi convocado a Avignon para ser investigado por algumas de suas opiniões. Por fim foi examinado em 1328. Em maio de 1328, contudo, ele e o ministro-geral dos franciscanos, que também havia sido convocado a Avignon, bem como um pequeno grupo de franciscanos que se opunham aos ensinamentos de João XXII, desceram o Reno de barco. Ockham juntou-se à comitiva de Ludovico da Baviera, primeiro em Pisa e depois, em 1330, retornou com ele à Alemanha e viveu em Munique sob a proteção de Ludovico. Foi excomungado por João XXII em 1328 quase imediatamente após deixar Avignon por assim fazê-lo sem a permissão e por se recusar a retornar quando convocado. Escreveu extensamente nas áreas da epistemologia e da filosofia, tanto quanto na da teologia. Morreu em Munique em 1347, sem haver se reconciliado com a igreja, e foi sepultado no convento franciscano onde vivera.

Os escritos de Ockham acerca da igreja são fortuitos, assistemáticos e polêmicos. Sua eclesiologia dispersa-se por treze trabalhos separados que versam sobre ampla variedade de matérias eclesiológicas de maneira assistemática. John Ryan chama-a de "teologia radical da igreja que [...] atesta a natureza transicional da era em que foi produzida".[37]

Na interpretação de Ryan, a eclesiologia de Ockham responde a um dilema. Por um lado, Ockham aceitou boa parte da linguagem tradicional da igreja concernente à sua fundação divina, incluindo os fundamentos do papado em Pedro. Por outro lado, estava convencido de que o papado em Avignon, na pessoa de João XXII e de seus sucessores, era uma heresia. Ele necessitava de uma eclesiologia que pudesse explicar esse fato (JR, 57).[38]

---

[37] John J. Ryan. *The Nature, Structure and Function of The Church in William of Ockham*. Missoula, Mont., Scholars Press, 1979, 3, 56. Apoio-me principalmente na interpretação que Ryan faz da lógica da eclesiologia de Ockham. As referências a essa obra no texto são citadas como JR e seu número de página.

[38] Em 1334, Ockham escreveu carta à assembleia de franciscanos em Assis como apologia de seu comportamento e posição. Explicou que estava convencido de que o papa incorria gravemente em erro e era até herético em muitos de seus ensinamentos. Aduziu um longo rol desses erros em

A solução de Ockham para o dilema consistiu no estabelecimento de uma distinção entre dois aspectos da igreja, subordinando um ao outro. Dessa forma, ele não negou a autorização divina da estrutura hierárquica da igreja, mas estabeleceu-a em um amplo contexto no qual ela foi relativizada (JR, 58). Ockham explicou a diferença entre a estrutura institucional da igreja e sua vida comunitária como uma comunidade dos fiéis. Em sua essência, a igreja é a união do povo na fé: "A verdadeira fé parece constituir, para Ockham, o bem comum da igreja e sua real natureza [...]. Com efeito, ele subordina tudo o mais às necessidades da fé. Pode dizer que a igreja é um reino visível, mas seu único vínculo verdadeiro é a invisível união da fé" (JR, 59). Ockham não separa o visível e o invisível, nem restringe a realidade da igreja ao funcionamento invisível da fé. "Ockham não apresenta duas formas da igreja, mas antes duas leis para a igreja, ambas as quais se pretendia que fossem consideradas divinas" (JR 57). Ockham, portanto, afirma o estabelecimento divino do papado e da hierarquia, mas descarta sua autoridade absoluta e atenua-a relativamente às necessidades da comunidade (JR, 9-16).[39]

A distinção e a tensão que Ockham propõe operam entre os dois aspectos divinos da igreja: a instituição e a totalidade da comunidade de fé. Elas representam dois aspectos ou esferas distinguíveis de operação em que a saúde geral da fé viva da comunidade adquire prioridade (JR, 55-57). Muito embora Ryan não se expresse nesses termos, pode-se ver o princípio da funcionalidade implicitamente operativo no que Ockham propõe: a estrutura é, efetivamente, conferida por Deus, mas não é absoluta e

---

forma propositiva. "Por causa dos erros e das heresias acima elencados e de inúmeros outros, retiro a obediência ao pseudopapa e a todos quantos o apoiam em prejuízo da fé ortodoxa." Os erros eram de tal natureza que o papa foi "privado do papado e excomungado pela própria lei". Os erros que Ockham estabeleceu mais proeminentemente tinham a ver com os ensinamentos do papa sobre pobreza e sobre a questão da autoridade da igreja e governos civis, ou sobre governo espiritual e temporal. Ver Guilherme de Ockham, *The Letter to the Friars Minor and Other Writings*, ed. Arthur Stephen McGrade e John Kilcullen, trad. John Kilcullen. Cambridge, University Press, 1995, pp. 12-13. Citado como *Letter*.

[39] "Como observamos, Ockham persegue o desengajamento da realidade essencial da igreja em relação a suas estruturas, a bifurcação, em sua visão da igreja, torna-se mais e mais evidente. Ele vê sua instituição hierarquicamente estruturada como originária na ação de Cristo e detentora de autorização divina; ao mesmo tempo, contudo, vê sua realidade interna — a união dos verdadeiros fiéis — como dotada de garantia divina que, em qualquer época, pode dissociar-se da estrutura divinamente autorizada." JR, 29.

sujeita-se à possibilidade de distorção e erro. Quando parte da fé essencial, deve ser julgada à luz da suprema dimensão divina da comunidade viva, sua vida de fé, que a instituição operacionaliza para preservar.

Em última análise, Ockham não era nem conciliarista nem marsiliano, duas posições com que frequentemente tem sido alinhado. Muito embora partilhasse algumas visões com esses ambos campos, Ockham não era conciliarista porque defendia a autoridade divinamente estabelecida e universal do papado. Conquanto sustentasse que essa autoridade não era absoluta e em certos momentos pudesse ser revogada ou inobservada, Ockham não conferiu autoridade suprema a um concílio. Em outras palavras, Ockham também desabsolutizou um concílio geral; os concílios não são infalíveis. Os concílios são veículos legítimos do ensinamento da igreja, mas ele não realizou o movimento conciliarista ou marsiliano de investir plena autoridade a qualquer grupo ou função específica contra o papado.[40] Ockham também diferia de Marsílio no tocante a outra questão fundamental. Marsílio defendia que, em razão do caráter contencioso dos seres humanos, a melhor forma de governo deve ser aquela na qual todos estão sujeitos a uma única autoridade. Ockham claramente se distinguia dessa posição por sustentar um dualismo gelasiano da autoridade espiritual e secular.[41] Em última instância, porém, tanto as visões de Marsílio como as Ockham exerceram influência junto aos conciliaristas.

John Wyclif

Wyclif nasceu em 1328, estudou em Oxford, recebeu o grau de mestre por volta de 1358 e tornou-se doutor em teologia em 1372. Por um breve período, trabalhou para o rei, mas retornou à preleção em Oxford. Sua visão acerca da autoridade temporal e do direito de domínio sobre a propriedade, especialmente relativa à igreja, causou-lhe problema. Wyclif propôs que os governantes seculares expropriassem os bens da igreja

---

[40] McGrade e Kilcullen, *Letter*, pp. xx-xxi.

[41] Ver Ockham, "Question III" de *Eight Questions on the Power of the Pope*, in *Letter*, pp. 299-333.

caso fossem pecaminosamente administrados. A teologia por trás dessa posição envolvia o domínio de Deus, a condução humana e o direito de exercê-la. Não obstante, Wyclif escapou da condenação. Após 1378, ano em que teve início o cisma do Ocidente, os escritos de wyclifianos tornaram-se muito mais radicais e especialmente antipapais. Dentre eles estavam suas concepções acerca da eucaristia, que atacavam a doutrina da transubstanciação do Concílio Lateranense IV. Wyclif perdeu certo apoio de seus colegas teólogos sobre essa questão e em 1382 retirou-se para sua paróquia, onde faleceu em 1384.

Além do conteúdo de seus escritos, o significado de Wyclif reside na efetiva influência que esses escritos exerceram. O próprio Wyclif foi influenciado por Marsílio de Pádua e por São Francisco. Por sua vez, Jan Hus reintroduziu os pensamentos e escritos de Wyclif no continente. Suas ideias foram suficientemente predominantes para serem condenadas em Constança e para que Hus fosse queimado por se recusar a retratá-las. As ideias de Wyclif e especialmente seu desejo de reforma se fariam sentir no século XVI, tornando-o precursor da Reforma.

Um pequeno trabalho de Wyclif, intitulado *Sobre o ofício pastoral*, proporciona uma visão das instituições ministeriais na Inglaterra do século XIV; podem-se reconhecer as estruturas da vida paroquial descritas no último capítulo. O texto traz tanto uma severa crítica como uma apresentação de um ideal positivo para o ministério e para a vida do clérigo.[42] O leitor desse texto tem uma dupla visão: por um lado, a descrição de abusos institucionais permite que se apreciem, teologicamente, os objetivos do ministério clerical e da espiritualidade. Por outro lado, os elevados ideais espirituais da Palavra de Deus e da espiritualidade franciscana levam-nos a estimar em que medida eles estavam comprometidos e a urgência da reforma. Essa descrição do ministério desdobra-se em três estágios: primeiro, a premissa; segundo, as distorções; terceiro, a concepção do reformador acerca da forma que o ministério pastoral deveria assumir.

---

[42] John Wyclif. *The Pastoral Office*, in *Advocates of Reform: From Wyclif to Erasmus*, ed. Matthew Spinka. Philadelphia, Westminster Press, 1953. Citado no texto como PO por parte e capítulo.

Esse trabalho respalda-se na premissa do caráter espiritual da missão da igreja, o que suscita o tema ressaltado por Marsílio: uma acentuada distinção entre o espiritual e o temporal, e a esfera da igreja separada dos objetivos terrenos. As posses, especificamente as propriedades e os bens, ameaçam corromper a natureza mesma da igreja.[43] Nesse contexto, Wyclif discute o pastor, e por extensão o ministério em geral, mas com particular ênfase na transmissão da Palavra de Deus no âmbito paroquial.

Os principais problemas no âmbito da igreja, segundo a visão de Wyclif, tinham a ver com a riqueza. Ele repreendia bispos, frades, cônegos e monges (PO, 1.16); atacava explicitamente as ordens religiosas, franciscanos, dominicanos, carmelitas e agostinianos, por seus castelos, abadias, terras e riquezas em geral (PO, 2.6). O desejo de posses terrenas contaminara todos os escalões do ministério eclesial.[44] Prelados ricos que desempenhavam o papel de senhores seculares eram um escândalo e mereciam termos injuriosos: eles "comumente se fartam em banquetes inumanos e glutões, e ainda se saciam suntuosamente, sem nenhum escrúpulo, com os bens dos pobres" (PO, 1.4). Mesmo no âmbito da paróquia, Wyclif dá a impressão de que muitos pastores estavam a tosquiar o próprio rebanho (PO, 1.7). Ele reage contra o sistema do prelado ausente que vive da renda da paróquia enquanto um vigário pastoreia a comunidade (PO, 1.11, 1.17, 2.8). Wyclif também testemunha o concubinato clerical: "Quanto à luxúria, muitos dos chamados curas não se contentam com uma igreja paroquial a menos que tenham uma capela adjunta, ou uma esposa residindo com eles ou vivendo suntuosamente à parte, ainda que próxima o bastante para ser sustentada pelos fundos paroquiais. Não obstante, vivem fora

---

[43] Wyclif é exemplo da pessoa que se escandaliza com a riqueza da igreja. "A magnificência da corte papal e da riqueza dos cardeais, bispos e abades estava em escandaloso contraste com o cristianismo do Novo Testamento." Jay, *The Church*, p. 133.

[44] "Há três patamares dos quais os clérigos decaíram da pobreza de Jesus Cristo. O primeiro patamar está na ocupação do domínio secular. Nesse patamar se acham o papa, os bispos, os abades e outros disfarçados de muitas formas. No segundo patamar encontram-se aqueles que têm apenas ligeira ânsia de posse dos chamados bens móveis temporais. No terceiro patamar estão os clérigos que ardem de desejo por bens temporais, e outros que relegaram o anseio de cuidar das almas e saciam sua ansiedade muito mais na busca dos bens temporais deste mundo." PO, 2.11.

do matrimônio, em franco adultério" (PO, 1.17). Mas a cobiça excede a luxúria enquanto corruptora do clérigo.

Em reação contra o estado do ministério na igreja tal como o via, Wyclif constrói uma concepção do ministério a partir de baixo que visa à efetiva mediação da Palavra de Deus ao povo. Em primeiro lugar, o vigário deve ser efetivamente pobre. A pobreza garante a missão espiritual da igreja, e essa missão obriga o sacerdote da paróquia à pobreza (PO, 1.2.). O sacerdote deve renunciar a tesouro e bens temporais "além do necessário ao cumprimento de seu sagrado ofício" (PO, 1.3, 1.15, 2.10). O excedente deve ser empregado em benefício dos pobres (PO, 2.8).

Ao descrever o perfil do vigário, Wyclif diz que ele deveria ser competente para o ministério paroquial. A responsabilidade e a qualidade primordiais requeridas de um pastor são sua santidade e integridade de vida (PO, 1,1). Ele deve ser eleito pelos paroquianos com base apenas no mérito, e não externamente designado. O cura deve viver da contribuição dos paroquianos. Wyclif levanta objeções contra o sistema de paroquiais prendadas. O cura é responsável pelas pessoas da paróquia, e tal responsabilidade não pode ser exercida a partir de fora ou por intermédio de um vigário. "Nenhum cura pode satisfazer a Deus por intermédio de um vigário sem incorrer pessoalmente em pecado" (PO, 2.8). Os pastores devem pregar; a pregação da Palavra de Deus é o ministério primordial. "Dentre todos os deveres do pastor, após a retidão de vida, a sagrada pregação é que mais deve ser exaltada [...]. A pregação do evangelho excede a oração e a administração dos sacramentos em grau infinito" (PO, 2.2.).[45]

---

[45] Boa parte da pregação foi prescrita durante a Baixa Idade Média: aos domingos, dias festivos, durante a semana no Advento e na Quaresma. Era um meio básico de instrução. Mas também foi negligenciado, especialmente nas áreas rurais, e a qualidade da pregação era elementar e pobre. Um problema básico era a educação inadequada dos sacerdotes; uma estimativa elevada é que 20% deles frequentavam a universidade. Da mesma forma, considerando-se a prática da ausência de benefícios de proprietários, os vigários eram escassamente recompensados. Mas não havia falta de contingente. Aludi a uma superabundância de clérigos na Inglaterra do século XIII no último capítulo (ver p. 322, n. 82). Iserloh estima que, em certas cidades da Alemanha durante a Baixa Idade Média, 10% da população eram de sacerdotes e de religiosos. Erwin Iserloh, "The Inner Life of the Church", *Handbook*, pp. 567, 574-578.

Por fim, Wyclif defende a tradução da escritura para o vernáculo. A seu ver, "São Jerônimo laborou e traduziu a Bíblia a partir de diversas línguas para o latim, do qual deve ser traduzida posteriormente para outros idiomas. Dessa forma, Cristo e seus apóstolos ensinam as pessoas na língua que estas melhor conhecem" (PO, 2.2.). Quanto a esse fato, Wyclif estava evangelicamente motivado: ele queria a Palavra de Deus em inglês para que dessa forma pudesse alimentar diretamente a fé das pessoas. A tradução preservaria os fiéis das distorções dos frades. A norma da verdadeira fé e os princípios da vida espiritual encontravam-se nas páginas do Novo Testamento.

Em certos aspectos, Wyclif contrapôs-se a todo o sistema da igreja, às finanças eclesiais, aos procedimentos oficiais, à lei, à burocratização, à administração e à riqueza institucionalizada, armado de simples convicções evangélicas, ou seja, a missão espiritual da igreja e seu consequente apelo à pobreza. Wyclif é descendente direto de Francisco e reflete o anseio generalizado de reforma na igreja como um todo.

A festa eucarística de Corpus Christi e as confrarias

Enquanto Wyclif queixava-se da falta de atenção para com o ministério da Palavra na vida paroquial, a devoção eucarística florescia no curso do século XIV mediante o desenvolvimento da festa de Corpus Christi. O último capítulo indicou que essa festa tem sua origem no século XIII. Ela deriva de um sonho visionário recorrente de Juliana de Cornillon (c. 1193-1258), que serviu em um leprosário de Liège. O sonho foi interpretado como estímulo de Deus à instituição de uma festa eucarística. Isso comunicado a seu confessor, e por intermédio dele ao bispo e aos dominicanos que assistiam as beguinas. O bispo estabeleceu a festa em sua diocese em 1246, mas morreu no decorrer desse ano, e seu sucessor a suprimiu. A festa, entretanto, foi promovida pelos dominicanos e por outros na Europa, no decorrer do século XIII. Por fim, no início do século XIV, a festa foi universalmente reconhecida pela solicitude de João XXII.[46]

---

[46] Miri Rubin. *Corpus Christi: The Eucharist in Late Medieval Culture*. Cambridge, Cambridge University Press, 1991, pp. 164-185. Esse trabalho é citado no texto como Rubin, por número de página.

Geralmente se acredita que Tomás de Aquino foi o autor da liturgia da festa de Corpus Christi.

Como a eucaristia foi entendida durante esse período? A teologia escolástica produzira uma compreensão forte, realista e quase física da presença de Cristo no sacramento. Essa compreensão foi mediada ao povo pela paróquia. Manuais de doutrina fundamental, os "mistérios da igreja", dotavam os clérigos de conhecimento teológico básico. Em um desses manuais, o autor explica a eucaristia em termos de "sua fundação, sua natureza, o sacerdote, condições de recepção válida, em uma sucessão de curtos capítulos que se assemelham a uma série de questões e respostas práticas" (Rubin, 86). Cerca de metade dele trata da eucaristia (Rubin, 90). Além dos manuais para os clérigos, os catecismos do século XIV, em vernáculo, dirigiam-se aos leigos (Rubin, 98-108).[47]

A festa de Corpus Christi era tempo para explícita instrução sobre os sacramentos em sermões, especialmente acerca da eucaristia. Rubin analisa extensamente um sermão inglês didático do princípio do século XIV. O texto inicia-se com uma afirmação geral sobre a festa e de como foi fundada e dotada de indulgências, e como todos os sacerdotes, bons e maus, têm o poder de consagração realizando a efetiva presença de Cristo. O sermão passa então a descrever quatro propriedades ou efeitos do sacramento. Primeiro, ele medeia o poder redentor de Cristo à humanidade, aos vivos e aos mortos; segundo, recorda a paixão de Cristo, fonte de toda graça; terceiro, ele é o penhor do amor de Deus pelos seres humanos e a retribuição do amor dos seres humanos a Deus; e, quarto, a transubstanciação da eucaristia provê um teste para a fé cristã. "Um pequeno sumário ao final do sermão exorta homens e mulheres a adorar o corpo de Deus com toda a sua força e a amá-lo de todo o seu coração" (Rubin, 222-224, citado em 224).

---

[47] O manual, "Manipulus Coratorum", escrito por um sacerdote, Guy de Montrocher, em 1333, e considerado um clássico no século XIV, abordava os sacramentos, a prática penitencial, o pai-nosso e os dez mandamentos. Discutirei a questão do conhecimento teológico e da catequese mais adiante, nesta seção.

Outro aspecto da função social da eucaristia aparece em sua relação com o crescimento das fraternidades durante o século XIV. As fraternidades ou confrarias eram associações voluntárias organizadas em torno de uma gama de atividades voltadas para a ajuda mútua, alimentando interesses comuns ou a sociabilidade. Essas fraternidades foram incrementadas em meados do século, segundo alguns por causa do fomento da piedade laica, da insatisfação com a estrutura paroquial ou em resposta à desorientação, no rastro da peste. Entretanto, quaisquer que sejam as múltiplas razões, podem-se "entender as fraternidades como provedoras de serviços essenciais de caráter pessoal, familiar, religioso, econômico e político, [e] de segurança, em alguns âmbitos fundamentais da vida" (Rubin, 233). Com muita frequência, essas fraternidades eram explicitamente religiosas e, quando não, podem ainda ter envolvido atividades religiosas.[48] Entre as fraternidades religiosas, muitas eram explicitamente tematizadas em torno de Corpus Christi. "As fraternidades Corpus Christi exibem traços que eram comuns a muitas fraternidades: prestavam serviços funerários e conforto aos membros e a seus dependentes e organizavam festas e jantares; algumas ofereciam assistência jurídica, e todas favoreciam atividades paralitúrgicas, aquelas práticas religiosas que extrapolavam as exigências paroquiais básicas. Muitas fraternidades Corpus Christi mantinham seus encontros anuais sobre ou em torno do dia da festa; essas assembleias frequentemente eram combinadas com comemoração aos membros falecidos [...]. Não obstante, os interesses eucarísticos revelados pelas fraternidades Corpus Christi nunca se sobrepunham à rotina básica de sociabilidade e de ajuda mútua, mas, pelo contrário, a reforçavam" (Rubin, 234-235). Por conseguinte, essas associações deviam administrar um hospital, uma casa de caridade, promover visitas a enfermos, fundar um colégio; mas essas preocupações sociais mesclavam-se com interesses religiosos gerais.

A procissão de Corpus Christi. Corpus Christi era uma festa de verão, e a procissão fora dos limites da igreja ou do monastério logo se expandiu

---

[48] Thompson, *The Western Church*, pp. 208-209. As comunidades cristãs de base, que floresceram após o Vaticano II na América Latina, mas que deitam raízes antes dele, revelam traços análogos aos das confraternidades da Baixa Idade Média.

durante o segundo quartel do século XIV. Isso pode ser visto como resultado da eficácia ligada à contemplação das espécies consagradas que será descrita mais pormenorizadamente em seguida. Com a procissão, a apresentação pública das espécies eucarísticas tornou-se evento de maior proporção nos povoadas e nas cidades. À guisa de exemplo, "aproximadamente em 1336, a procissão milanesa foi ordenada a incluir dignitários, eremitas, frades, monges, clérigos seculares e o arcebispo em um cavalo branco" (Rubin, 244). "A procissão de Corpus Christi desenvolveu-se em catedrais, casas religiosas e paróquias, em procissões clericais, ou naquelas que incluíam tanto clérigos como leigos; havia procissões de povoado tanto quanto procissões formadas por grupos de guildas de artesãos" (Rubin, 245). Por volta do final do século XIV, essas procissões passaram a ser coordenadas pelas autoridades civis seculares e, portanto, comportavam demonstração da hierarquia do poder político imbricada com o foco religioso central. Autoridades civis, conselhos da cidade, sacerdotes e/ou bispo, guildas de artesãos ou associações comerciais, fraternidades enquanto organizadoras ou participantes, todos estavam imersos em uma ordem que por vezes constituía causa de querelas (Rubin, 248). A festa de Corpus Christi também inspirou apresentações teatrais em vilarejos, povoados, regiões, cidades, catedrais (Rubin, 271-287).

Outra prática eucarística consistia na exposição do sacramento consagrado. Essa devoção envolvia a exibição da hóstia em ostensório na igreja para contemplação do público. A prática deitava raízes na prática da elevação da hóstia após a consagração. O realismo da teologia do corpo de Cristo "tornou o acesso a ele mais problemático, e a comunhão menos fácil e simples. A elevação oferecia uma espécie de 'visão sacramental' substituta, que, a exemplo da comunhão, acreditava-se afetar profundamente a pessoa" (Rubin, 63). A elevação das espécies consagradas tinha valor quase sacramental correlacionado a ela; ou seja, efetuava alguma coisa (Rubin, 73). Dada essa teologia, e à luz das procissões, a exposição do Sacramento Consagrado era perfeitamente congruente. Aproveitando a voga da piedade eucarística, a prática disseminou-se no decorrer do século XIV (Rubin, 228-294).

Em suma: "A demanda popular por contemplação foi satisfeita, a partir do século XIV, por inúmeras procissões eucarísticas, exposições e bênçãos com o sacramento".[49] Quando se diz que a eucaristia desempenhou papel central na vida da igreja na Baixa Idade Média, a referência assinala uma presença e uma função multifacetadas na vida da comunidade. A eucaristia era "performada" em vários ambientes: em uma visão de mundo constituída pela narrativa doutrinal da salvação, na liturgia diária e dominical, mormente nas festas da Quinta-Feira Santa e de Corpus Christi, em procissões, em fraternidades organizadas para promover a devoção, em peças, em um simbolismo que apreendeu em seu significado a vida de toda a comunidade para tornar-se o corpo de Cristo em seus vários níveis de organização social, religiosa e política.

Experiência religiosa e vida religiosa

O século XIV "assistiu ao grande florescimento do misticismo medieval, sobretudo na Alemanha e nos Países Baixos, mas também na Inglaterra e, embora em grau bem menor, na Itália".[50] Uma série de escritores místicos significativamente diferentes marcou época. O dominicano Mestre Eckhart pregou e escreveu acerca de uma união mística com Deus que acarretou um processo contra suas visões. Ele morreu defendendo-se em Avignon em 1328.[51] John van Ruysbroeck viveu uma longa vida de 88 anos, de 1293 a 1381. Após a ordenação e um ativo ministério, aos 50 anos de idade, retirou-se com seus companheiros para uma vida de solidão e escreveu uma série de trabalhos em teologia mística, tanto quanto uma explicação do credo para sacerdotes.[52] Brígida da Suécia foi

---

[49] Iserloh, "The Inner Life of the Church", *Handbook*, p. 572. Também nessa época os efeitos ou frutos da missa tendiam a tornar-se quantificados. "Sacerdotes de missa" não faziam senão dizer missas por intenções específicas; as grandes igrejas tinham múltiplos altares laterais para missas; séries de missas eram dotadas de vários graus de cerimônia. Ibid., pp. 572-573.

[50] Oakley, *The Western Church*, pp. 90-91.

[51] Mestre Eckhart. *Meister Eckhart: Teacher and Preacher*, ed. Bernard McGinn et al. New York, Paulist Press, 1986.

[52] Jan van Ruusbroec. *John Ruusbroec: The Spiritual Espousals and Other Works*, introd. e trad. James A. Wiseman. New York, Paulist Press, 1985. Diferenças temáticas distinguem esses autores, tal como uma ênfase sobre o caráter intelectual ou especulativo da experiência ou uma ênfase

"mística, autora, profetisa, política, esposa, mãe, assistente social e teóloga, [e] fundadora da Ordem do Sagrado Salvador, comumente conhecida como as brigiditinas".[53] Após vinte anos de casamento e oito filhos, com a morte de seu marido e com base na experiência mística, Brígida pleiteou a condição para sua nova ordem de mulheres e homens até sua morte, ocorrida em 1373. Mas talvez a mais famosa das místicas dos dois séculos tenha sido Catarina de Siena, que foi membro de uma associação de leigas dominicanas e faleceu aos 33 anos de idade, em 1380. Sua experiência religiosa infundiu-lhe coragem; seu ativismo em prol da reforma da igreja tornou-a formosa. Catarina encarregou-se de persuadir Gregório XI a retornar a Roma, trazendo assim o papado de Avignon antes que o cisma chegasse a seu termo.[54] Juliana de Norwich foi provavelmente uma leiga que experienciou uma série de revelações pessoais ou "manifestações" que posteriormente tentou transmitir por escrito. Morreu por volta de 1416 ou talvez um pouco mais tarde.[55]

Distintas formas de vida religiosa desenvolveram-se durante esses séculos entre homens e mulheres. Entre as mulheres, os contingentes dos chamados terciários e outros grupos de pessoas ativas, mais ou menos ligados às ordens religiosas mas vivendo fora do claustro e trabalhando apostolicamente no mundo, expandiram-se. Religiosas ainda mais difusamente definidas, as beguinas ofereciam uma forma mais independente e menos estruturada de compromisso religioso explícito com a atividade

---

sobre a vontade ou experiência afetiva. Podem-se perceber também correlações entre experiências místicas de Deus infinitamente transcendente e no entanto próximo e as suposições da teologia nominalista do período, que serão discutidas mais adiante. Ver Oakley, *The Western Church*, pp. 89-100.

[53] Patricia Ranft. *Women and the Religious Life in Premodern Europe*. New York, St. Martin's Press, 1996, p. 89; Bridget of Sweden. *Life and Selected Revelations: Birgitta of Sweden*, ed. Marguerite Tjader Harris. New York, Paulist Press, 1990.

[54] Catherine of Siena. *The Dialogue: Catherine of Siena*, trad. e introd. de Suzanne Noffke. New York, Paulist Press, 1980. Brígida e Catarina realizaram missão profética em prol da reforma da igreja. "Longe de fechar-se ao restante do mundo, suas experiências místicas conduziram diretamente, portanto, a um compromisso com a salvação das almas." André Vauchez. *The Laity in The Middle Ages: Religious Beliefs and Devotional Practices*. Notre Dame, Ind., University of Notre Dame Press, 1993, p. 246.

[55] Julian of Norwich. *Showings: Julian of Norwich*, trad. e introd. de Edmund Colledge e James Walsh. New York, Paulist Press, 1978.

apostólica. "Ambas as formas aceitavam e recorriam a todas as classes de pessoas. Ambos os tipos de vida religiosa eram muito compatíveis com a crescente cultura urbana da época, e ambos proporcionavam e aprovavam forma de vida religiosa sem enclausuramento".[56] Nesse clima, as Irmãs da Vida Comum e os Irmãos da Vida Comum emergiram no último quartel do século XIV. Por trás de ambos encontrava-se Geert Groote, homem de profunda experiência religiosa que, conquanto influenciado por Ruysbroeck, não era nem místico nem monástico. Dedicou a vida ao trabalho social e à reforma da igreja. A certa altura, cedeu sua causa a um grupo de mulheres que se tornaram elas próprias irmãs que viviam em comunidade, ativamente engajadas no trabalho e na sociedade com base na motivação religiosa, mas não tomaram votos monásticos. Tornaram-se As Irmãs da Vida Comum. Os Irmãos foram fundados, pouco depois, por um discípulo de Groote, com base nos mesmos princípios fundamentais. Por volta do final do século XV, tanto os Irmãos como as Irmãs da Vida Comum eram proeminentes na Bélgica, na Holanda e na Alemanha Ocidental.[57] A espiritualidade desse movimento, tal como refletida na *Imitação de Cristo*, será oportunamente analisada.

Eclesiologia conciliarista

A narrativa da primeira parte deste capítulo mostrou que o conciliarismo foi um fenômeno complexo na vida histórica da igreja ocidental. Alternativamente, pode-se caracterizá-lo como movimento histórico, conjunto de ideias ou doutrina. O conciliarismo tinha raízes no aristotelismo e na tradição canônica. Enquanto movimento histórico, o conciliarismo buscava resolver uma profunda crise política do cisma, no âmbito da igreja ocidental, que deixara escândalo e perturbação espiritual em sua esteira. O conciliarismo também serviu como base para uma organização ou governo eclesial particular. Enquanto conjunto de ideias ou doutrina, o conciliarismo contava com representantes em um espectro de esquerda,

---

[56] Ranft, *Women and the Religious Life*, p. 85.

[57] Oakley, *The Western Church*, pp. 100-102.

de direita e de centro.[58] O que aqui se pretende, ao dispor esquematicamente uma versão geral da eclesiologia do conciliarismo, não é a defesa, e sim a representação histórica. Ao mesmo tempo, contudo, o movimento produziu importantes princípios eclesiológicos de valor duradouro, alguns dos quais serão retomados ao término do capítulo.

Uma maneira de levar a cabo a delicada tarefa de apresentar um complexo movimento em curto espaço é concentrar-se em textos representativos de renomados conciliaristas, que incluem as figuras como Henry de Langenstein, teólogo e vice-chanceler da Universidade de Paris no início do cisma em 1378.[59] Pierre d'Ailly era ativo em círculos acadêmicos como professor e chanceler da Universidade de Paris, na igreja como confessor do rei e de um arcebispo, e em questões políticas.[60] Jean Gerson foi teólogo agraciado, poeta, humanista e pregador que sucedeu Pierre d'Ailly como chanceler da Universidade de Paris em 1395 e com ele foi ativo em Constança.[61] Dietrich de Niem foi membro da cúria romana e escritor após o Concílio de Pisa sobre a perspectiva de um concílio que pudesse finalmente pôr termo ao cisma.[62] Esses textos abrangem o período do cisma e representam a angústia e a capacidade dialética dos teólogos leais à igreja e ao papado e interessados em salvar a instituição.[63] A despeito da abstração das intensas tensões e negociações políticas, a despeito de uma óbvia simplificação, e não obstante as diferenças entre esses teólogos, suas visões são representadas aqui em um quadro analítico unificado.

---

[58] Oakley distingue três grandes tipos de conciliarismo, no âmbito dos quais houve variações. *Council over Pope?*, pp. 61-74.

[59] Henry of Langenstein. *A Letter on Behalf of a Council of Peace* (1381), in *Advocates of Reform: From Wyclif to Erasmus*, ed. Matthew Spinka. Philadelphia, The Westminster Press, 1953, pp. 106-139. Essa obra é citada no texto como Langenstein, por número de parágrafo e página.

[60] Pierre d'Ailly. *Useful Propositions*, in *Unity, Heresy and Reform, 1378-1460*, ed. C. M. D. Crowder. London, Edward Arnold, 1977, pp. 52-54. Citado no texto por nome, número de proposição e página.

[61] Jean Gerson. *A Tractate on the Unity of the Church* (1409), in *Advocates of Reform*, 140-148. Esse trabalho é citado no texto como Gerson, por número de parágrafo e página.

[62] Dietrich of Niem. *Ways of Uniting and Reforming the Church* (1410), in *Advocates of Reform*, 149-174. Essa obra é citada no texto como Niem, por número de página.

[63] Restaurar o papado, "a unidade da igreja no único vigário indiscutível de Cristo", era uma espécie de mantra que Gerson repetia no início de cada parágrafo de seu ensaio acerca da unidade da igreja.

As questões. Dentre as muitas questões subjacentes ao movimento conciliarista, dois grandes problemas dominaram a imaginação dos teólogos, dos clérigos e de todas as pessoas que tinham consciência da situação. Um deles concernia à organização da igreja, ou à natureza de sua estrutura organizacional; o outro aludia à questão da reforma.

O cisma suscitou a questão da estrutura da autoridade da igreja de uma maneira nova, poderosa, política. Durante e após a reforma gregoriana, a posição do papado na igreja foi defendida contra o *imperium*, a ordem secular da autoridade, ou o mundo. As prerrogativas do papado concerniam a toda a igreja e foram estabelecidas especialmente em contraposição e em relação à vida temporal e à autoridade. Com o cisma, porém, o próprio papado foi posto em xeque e reconsiderado a partir de dentro, ou em relação com a própria igreja. É verdade que a teoria conciliarista floresceu quando a natureza e a função do papado existiam em situação de extrema crise. Se o cisma não tivesse ocorrido, é duvidoso que o conciliarismo houvesse granjeado tamanha importância e proeminência. Mas a situação crítica ajudou a colocar em relevo elementos e dimensões intrínsecos da igreja por vezes desconsiderados ou dados por assentes, tanto quanto a profundidade em que uma solução deveria ser procurada. Os teólogos que trataram dos problemas recorreram à tradição e a ideias que precediam a própria crise. É difícil imaginar hoje, em uma época na qual o pluralismo é tomado como natural, a profundidade do escândalo de uma igreja ocidental dividida, e o fato de que o papado, o centro unificador jurídico e simbólico da igreja, era o agente da divisão. No início mesmo do cisma, Langestein escreveu: "Já, contudo, por meio desse cisma, sementes de discórdia e do mal estarão sendo difundidas amplamente nas províncias e entre as ordens religiosas, a gente comum, os príncipes, os prelados e os sacerdotes, sementes que futuramente estarão rebentando o tempo todo" (Langenstein, 2, 108).

A segunda questão dizia respeito à reforma. Contra o pano de fundo do surgimento e dos objetivos do conciliarismo havia a necessidade e o desejo de reforma na igreja, não apenas no papado, mas em toda a estrutura da vida eclesial, "na cabeça e nos membros". O papado de

Avignon contribuiu para aguçar a consciência dos abusos ocorrentes na igreja, e o cisma tornou essas percepções ainda mais agudas. Nessa situação, um concílio representava consenso para a imaginação e, em geral, legislação aceita, afigurando-se, portanto, como instrumento ou veículo da reforma necessária. Por volta do início da segunda década dos anos 1400, a situação pareceu desesperadora: "Hoje, perdeu-se a unidade da cabeça, pois três ousam denominar-se papas. Hoje existe divisão entre os membros, pois se dispensa obediência e submissão a cada um deles. Hoje existe desespero, recusa, completo abandono de boas práticas morais, pois predominam a simonia, a avareza, a venda de benefícios, a tirania e a crueldade, sancionadas, por assim dizer, pelo hábito entre os eclesiásticos" (Niem, 153). Nessa situação, a teoria conciliarista afigura-se como eclesiologia fundacional, exploração de princípios básicos.

Os três princípios básicos do conciliarismo. Pode-se entender a essência do conciliarismo como sistema generalizado de ideias baseado em três princípios fundacionais: que o nível mais profundo da unidade da igreja era anterior e transcendia a unidade institucional; que a autoridade suprema da igreja reside nessa dimensão comunitária do todo; que a totalidade da igreja enquanto corpo podia eleger e julgar o papa.

O primeiro princípio operava mais como tácita suposição do que como explícita proposição. Parte da convicção de que a igreja é uma unidade, temática observada desde o começo em Inácio, Cipriano e Agostinho. Dietrich de Niem cita Cipriano, "a igreja é una", e concebe essa unidade como vasta comunidade de pessoas espiritualmente unidas em Cristo (Niem, 150). Sem essa ideia e ideal fundamental como valor profundamente suposto, não teria havido crise. Essa unidade, contudo, tinha de ser encarada como transcendendo a efetiva divisão e promovendo a adesão em uma comunidade anterior à instituição da unidade, o papado. Isso era congruente tanto com a tradição canônica como com a tradição teológica, que concebia a igreja como corporação, corpo unificado de Cristo. Ela subsiste como sociedade de pessoas análoga a uma comunhão singular de pessoa. "Muito embora o papa, enquanto vigário de Cristo, possa, de certa forma, ser chamado de cabeça da igreja, a unidade da igreja, contudo, não necessariamente depende — ou se origina da — da unidade do papa" (D'Ailly, 2.52). Em síntese, a igreja é vista como um todo; universalmente, ela existe enquanto corporação dos fiéis. A unidade não reside simplesmente na unidade de uma estrutura institucional, e sim em um nível anterior a ela. Decerto a instituição não é excluída, do contrário não teria havido nenhum impulso para tratar o cisma. Entretanto, a base da unidade é mais profunda do que a estrutura, e a estrutura funciona para refletir e preservar a comunhão.

O segundo princípio enuncia que a unidade última da ou para a autoridade na igreja reside na corporação como um todo, na igreja enquanto comunidade viva. "De Cristo, a cabeça, seu corpo místico que é a igreja, original e imediatamente tem seu poder e autoridade, de modo que, para conservar sua própria unidade, tem justamente o poder de reunir a si mesma ou um concílio geral representando-a" (D'Ailly, 3, 52). Isso constitui a premissa do conciliarismo: a autoridade última na igreja reside na *totalidade*, na assembleia universal dos fiéis unidos a Cristo. Aqui repousa o poder de depor um papa. Aqui se encontra a autoridade para convocar um concílio e resolver o problema de dois ou três papas rivais. Um concílio seria o representante direto do conjunto da igreja. Aqui é possível observar os princípios de Marsílio em ação: a parte mais preponderante do legislador legítimo. Langenstein estabelece claramente o princípio quando afirma que "a Igreja Universal, da qual um concílio geral é representante, é superior ao colégio de cardeais e a todo e qualquer agrupamento particular (*congregatio*) dos fiéis e a todo indivíduo, qualquer que seja sua dignidade, até mesmo ao detentor da máxima dignidade, ou precedência, o senhor papa, em matérias que serão descritas posteriormente. Por conseguinte, deve-se recorrer a um concílio poderoso como esse, como suprema autoridade, na presente questão que afeta a totalidade da igreja" (Langenstein, 13, 118). "Dessarte, a autoridade de um concílio geral é maior do que a do papa e a do colégio de cardeais" (Langenstein, 13, 119).

O terceiro princípio simplesmente deduz a consequência dos dois primeiros quando tomados em conjunto ao afirmar explicitamente a relação entre a igreja como *congregatio fidelium* e a função do papado. A totalidade da igreja enquanto corpo detém a autoridade de eleger o papa e de julgá-lo. Henry de Langenstein diz que o poder de eleger um papa é inerente aos bispos enquanto grupo: "O poder de designar o papa inere primariamente a todo colegiado dos bispos dos fiéis" (Langenstein, 14, 123). Deve reverter a todos os bispos quando os cardeais são incapazes de agir. Gerson acrescenta que "o corpo místico da igreja, perfeitamente estabelecido por Cristo, tem, não menos do que qualquer corpo civil, místico ou verdadeiramente natural, o direito e o poder de lograr sua própria união", ou seja, sem esperar um papa para convocar um concílio (Gerson, 2, 141-142). Nas palavras de Dietrich de Niem, "posto que o papa é filho e membro da Igreja Universal, como disse, a Igreja Universal pode sujeitá-lo [e] transferir seu direito ao papado por ele" (Niem, 166).

Dietrich de Niem fornece a mais clara enunciação desses princípios com a distinção que estabelece entre o que ele chama de "igreja universal" e de "igreja apostólica", bem como com a descrição da maneira como ambas se relacionam. A "igreja universal" é a totalidade da assembleia dos cristãos, o conjunto do movimento histórico em qualquer época, o corpo dos fiéis. A igreja universal, por sua vez, é "composta de vários membros gregos, latinos e bárbaros que creem em Cristo, de homens e mulheres, de camponeses e nobres, de pobres e ricos, constituindo um corpo único, sendo chamada católica. A cabeça desse corpo, a Igreja Universal, é Cristo apenas. Os outros, tais como o papa, os cardeais e prelados, os clérigos, os reis e príncipes, e as pessoas comuns, são os membros, que ocupam suas diversas posições" (Niem, 150-151). O papa não é a cabeça dessa igreja; a cabeça é Cristo; o papa é apenas o vigário de Cristo. Essa igreja enquanto totalidade corporativa é o sujeito do poder e da autoridade da igreja; esses poderes subsistiriam ainda que não houvesse papa algum em determinada ocasião.

A "igreja apostólica" é a estrutura governamental, a hierarquia, no âmbito da igreja universal. A igreja apostólica "está incluída na Igreja Católica e é formada pelo papa, pelos cardeais, pelos bispos, pelos prelados e pelos homens de igreja" (Niem, 151). Esses homens de igreja são aqueles das ordens ou aqueles que detêm funções distintas das dos leigos. Eles constituem as funções hierarquicamente ordenadas do ministério.[64] Tais funções e essa estrutura, frequentemente chamadas a Igreja Romana, são o instrumento pelo qual a igreja funciona. "Ela incorpora as funções instrumentais e operacionais das chaves da Igreja Universal e exerce seu poder de ligar e desligar" (Niem, 151). Ela tem menos autoridade do que a Igreja Universal e funciona em nome da Igreja Universal. A igreja apostólica, a hierarquia, "não pode ter maior autoridade ou poder do que o que lhe é concedido pela Igreja Universal. Essas duas igrejas, portanto, diferem como gênero e espécie, posto que toda a Igreja Apostólica é Católica, mas não vice-versa" (Niem, 152).

Essa visão funcional do papa opera como princípio por vezes explícito, outras vezes tácito. Por exemplo, relativamente a essa crise e quanto a saber se os papas devem renunciar: "O papa ou recebia o papado em seu próprio benefício ou em favor do bem comum. Se [o recebia] em favor do bem comum, então o bem comum exige sua renúncia" (Niem, 156). Dietrich defende que "o papa não pode ordenar ou decretar nenhuma coisa na igreja além do que lhe é concedido em primeiro lugar pelo próprio Cristo e em segundo lugar pela Igreja Universal" (Niem, 170). O papa não pode exercer sua autoridade exceto no âmbito da igreja universal e como função da igreja universal que confere essa função (Niem, 171).[65]

Os argumentos do conciliarismo. O conciliarismo não afirmava simplesmente o primado da comunidade sobre a função, ou que a cabeça da igreja, o vigário de Cristo, era subordinada a um concílio. Isso fora discutido, e a questão foi defendida filosófica, teológica, histórica e legalmente. O peso acumulado dos argumentos causou impressão significativa.

Os argumentos filosófico-sociais da lei natural e os argumentos teológicos da lei divina frequentemente se sobrepunham. A comunidade tinha direito intrínseco à unidade, e na própria comunidade provia-se a base da autoridade. Transposto para a igreja, isso significa que "o poder

---

[64] Spinka, *Advocates of Reform*, p. 151, n. 10.

[65] Isso é afirmado contra uma visão na qual o papa, recebendo autoridade de Cristo, se sobrepõe ao concílio. A diferença entre os marcos de compreensão é considerável aqui.

de designar o papa inere primariamente a todo o colegiado dos bispos dos fiéis" (Langenstein, 14, 123). A efetiva autoridade papal se deve à lei positiva, e não excede o direito natural e divino. Nenhuma lei humana pode deter um concílio; o bem comum o exige. Se não houvesse nenhuma cabeça da igreja, "a igreja, tanto por lei divina como por lei natural (que nenhuma lei positiva propriamente entendida revoga), é capaz de reunir-se, em concílio geral que a represente, a fim de dotar-se de vigário inconteste" (Gerson, 2, 141; também D'Ailly, 4, 53; 7-8, 53). O direito de realizar concílio geral e de estabelecer a unidade da igreja em uma cabeça terrena corresponde à imutável lei divina e natural (Gerson, 10, 146).

Os argumentos históricos também eram vigorosos; o estudo dos canonistas acerca das tradições legais mediava uma notável consciência histórica. A história do papado revela que a forma pela qual se nomeavam os papas era humana. Cristo não estabeleceu método de designação dos sucessores de Pedro, e efetivamente os papas eram designados pelo menos de seis maneiras diferentes. Por conseguinte, não se encontra nenhuma lei divina ou positiva divina que prescreva a forma pela qual um papa deve ser designado (Langenstein, 7-10, 110-111; 14, 122).

Os argumentos legais eram igualmente importantes; uma solução ilegal abriria um vácuo maior. Diversos princípios legais gerais pautavam o pensamento, todos girando em torno do bem comum. Por exemplo, argumentava-se que, da mesma forma como assuntos locais requeriam sínodos locais, assim também "casos novos e difíceis, concernentes à totalidade do mundo, deviam ser discutidos por um concílio geral. 'Pois o que afeta a todos deve, coerentemente, ser tratado por todos ou pelos representantes de todos'" (Langenstein, 13, 117).[66] Os conciliaristas também tiveram de enfrentar a disposição segundo a qual se tornara prerrogativa do papa convocar um concílio. Geralmente se argumentava que as disposições particulares da lei não prevalecem contra o bem comum e devem ser ignoradas se com ele conflitarem. "Dessa forma, se as leis e

---

[66] Essa era uma máxima legal do direito romano que foi introduzida no direito canônico por Inocêncio III. Spinka, *Advocates of Reform*, p. 117, n. 15.

os direitos são elaborados no interesse do bem comum, o bem comum é lei maior do que qualquer direito" (Niem, 153-154).

Um dos principais argumentos legais provinha do princípio de *epieikeia*. Por definição, a lei é geral e dispõe sobre relações comuns. Nem a lei nem o legislador visam a casos especiais, nem pode a lei tratar de qualquer caso. Em uma situação não prevista pelo legislador, a lei não se aplica. Pelo contrário, pode-se até ter de se observar o oposto do que a lei prescreve para alcançar aquilo a que a lei efetivamente visa. Em outras palavras, é possível que a justiça seja alcançada apenas quando a lei é violada. Henry de Langenstein formula essa ideia nos seguintes termos: "Ocorre, então, que certas pessoas que não conhecem a lei nem têm formação em teologia e em filosofia moral, que desejam que as leis comuns e os decretos positivos sejam observados em qualquer instância, de acordo com a aparência externa ou a superfície das palavras, frequentemente agem de maneira contrária à justiça e ao bem comum, e ao arrepio da intenção dos legisladores. Ao proceder dessa forma, estão realmente transgredindo os ditames da razão no interesse de certas tradições de homens, cuja intenção não levam em consideração, pouco se importando também em atender à justa interpretação das leis" (Langenstein, 16, 131; também D'Ailly, 9, 54).[67]

Com base nisso, a igreja recorre aos governantes seculares para ajudar a resolver o problema. Convoca um concílio: "Um concílio geral deve ser convocado sem a autoridade do papa para tratar de temas que interessem ao bem comum do conjunto dos fiéis" (Langenstein, 16, 130). Isso não era apenas possível ou permissível, segundo Henry, mas obrigatório e indispensável. Dietrich sustentava que "no momento presente a convocação compete ao imperador ou ao rei dos romanos, sob pena de pecado mortal e de punição perpétua. Em sua ausência ou não havendo imperador, afirmo que tal prerrogativa compete a outros reis e príncipes seculares" (Niem, 169).

---

[67] O princípio de *epieikeia* tem sua fonte na *Ética a Nicômaco*, de Aristóteles, e foi adotado por Tomás de Aquino, que o estabelece em sua *Suma Teológica*, II-II, q. 120, a.1.

Em síntese, o papa subordina-se ao bem da totalidade da igreja. Não é um monarca absoluto; o cargo não está a serviço do interesse próprio. Pelo contrário, o papa é eleito e é um representante do bem do conjunto e subordina-se à totalidade da igreja. O papa não pode modificar a vontade dos concílios que representam melhor o conjunto.

O governo conciliarista da igreja. A teoria conciliarista floresceu durante o cisma porque, como observa Henry, "é mais claro do que a luz do dia que não se encontrou nenhuma outra forma humana que não a de um concílio pela qual esse cisma possa ser inteiramente resolvido" (Langenstein, 13, 121). Poucas pessoas no Concílio de Constança eram não conciliaristas de alguma forma, porque a teoria descortinara uma solução para o problema. Mas o conciliarismo aparece diferentemente no contexto do governo corrente da igreja, e alguma versão sua fora colimada pelo decreto conciliar *Frequens*, que estatuiu concílios a cada dez anos após o período inicial. Segundo a concepção de alguns, os concílios se tornariam não apenas o corpo teorético mas também o corpo legislativo efetivo e regente do conjunto da igreja. E isso seria verdadeiro não apenas quando estivessem em sessão, mas também quando fossem aguardados ou se encontrassem em fase de preparação em base regular. Os concílios exerceriam influência constante à medida que as pessoas pudessem recorrer do papa a um futuro concílio para decisão em matéria controvertida.

A terminologia de Dietrich, que revela a frustração comum após o Concílio de Pisa mas antes do de Constança, assume novo significado no contexto do governo da igreja ocidental. Um concílio, escreveu ele, mesmo quando não presidido pelo papa, "é superior em autoridade, dignidade e função. O próprio papa deve obediência a tal concílio em todas as questões. Esse concílio pode limitar o poder do papa. A tal concílio, na medida em que representa a Igreja Universal, é concedido o poder de ligar e desligar. Pode revogar os direitos papais. De suas decisões não cabe recurso. Pode eleger, e depor o papa. Pode promulgar novas leis e revogar disposições antigas. Suas constituições, estatutos e regulamentos são imutáveis e não podem ser desconsiderados por quem quer que seja inferior ao concílio" (Niem, 160). Um concílio jamais deve conferir a um papa a prerrogativa de interpretar ou de alterar os estatutos de um concílio geral (Niem, 166). "Um sagrado concílio geral que representa a Igreja Universal não pode conceder a nenhum indivíduo particular, independentemente da dignidade de que possa estar investido, ainda que se trate do próprio papa, a autoridade e o poder de conceder dispensações, ou de alterar e interpretar de qualquer outra forma, os estatutos de um sagrado concílio [...]. A Igreja Universal, como se disse, é um poder superior ao papa. Segue-se que esse grande poder da Igreja Universal não pode ser transferido a um inferior por um concílio, visto que ele não é juridicamente competente para detê-lo" (Niem, 167).

Em suma, o conciliarismo conseguiu estabelecer os princípios e legitimar as estruturas em vista da restauração do papado. Fracassou, contudo, enquanto projeto de governo da igreja, e em razão desse fiasco as linhas de muitos de seus salutares princípios eclesiológicos se extinguiram.

Nicolau de Cusa

No começo de sua carreira, Nicolau de Cusa representa a retomada da teoria conciliarista após Constança e durante o Concílio de Basileia. Nicolau nasceu em 1401 no povoado de Cusa em Mosel, entre Trèves e Koblenz. Como jovem clérigo estudou em Heidelberg, e em 1417 foi para a Universidade de Pádua, onde se graduou como doutor em direito canônico em 1423. A partir de então, tornou-se secretário do cardeal legado na Alemanha. A carreira pública de Cusa teve início no Concílio de Basileia, a que ele compareceu oficialmente como advogado canonista representando um apelo ao concílio em uma disputa sobre o arcebispado de Trèves; em 1433 escreveu *A concordância católica*, na qual defendeu uma eclesiologia conciliarista, obra que o estabeleceu como figura significativa no concílio. Por volta do final do ano de 1433, "Nicolau assumira uma atitude antipapal de maneira mais definitiva".[68] Nos dois anos

---

[68] Henry Bett. *Nicholas of Cusa*. Merrick, N. Y. Richwood Publishing, 1976, originalmente London, Methuen, 1932, p. 21. Bett fornece uma biografia de oitenta páginas de Nicolau de Cusa. Yves Congar também fornece uma sucinta interpretação da eclesiologia do Cusa em *L'Eglise: De saint Augustin à l'époque moderne*. Paris, Editions de Cerf, 1970, pp. 330-335.

seguintes, contudo, sua atitude se alterou por uma série de razões, e por volta de 1436 Cusa rompeu sua lealdade a um concílio desorganizado e crescentemente antipapal em prol da possibilidade de uma liderança papal mais centralizada, negociando uma união com a igreja grega. Em 1437, uniu-se ao grupo que abandonou Basileia e tornou-se parte da missão autorizada pelo papa para ir a Constantinopla e acompanhar o patriarca, o imperador e outros membros da comitiva ao Ocidente. O restante da vida de Nicolau como cardeal, legado, bispo e diplomata, bem como os demais escritos extensos desse brilhante homem do Renascimento, tem menos influência sobre sua eclesiologia, com a importante exceção mencionada adiante. Nicolau de Cusa morreu em 1464.

Pode-se ver o fruto do estudo de Cusa acerca do direito canônico em *A concordância católica*, na medida em que ele organiza textos sobre a história da igreja e combina-os com o pensamento político-filosófico.[69] *Concordância* sugere uma síntese de visões divergentes em uma solução harmoniosa: a coesão dos elementos. A exposição seguinte não pode fazer justiça à sutileza com que Nicolau dá conta dessa tarefa, mas evidencia a lógica do pensamento e indica, portanto, o progresso que Cusa operou na teoria conciliarista. Essa interpretação segue Sigmund, que percebe em Cusa uma tensiva harmonia entre a supremacia conciliar e o primado divinamente conferido do papa, mediado por uma teoria da representação.

O conciliarismo. Nesse período inicial, Cusa é claramente conciliarista. Afirma que "um concílio universal que representa a Igreja Católica tem poder diretamente de Cristo e, sob todos os aspectos, situa-se acima do papa e da Sé Apostólica" (CC, II.16.148).[70] A supremacia dos concílios em questões de fé também diz respeito às doutrinas históricas; os papas

---

[69] Nicholas of Cusa. *The Catholic Concordance*, ed. e trad. Paul E. Sigmund. Cambridge, Cambridge University Press, 1991. Esse trabalho é citado no texto como CC, por livro, capítulo e parágrafo.

[70] O papa se sujeita ao concílio em questões de fé. "Com efeito, em decisões sobre questões de fé, razão pela qual ele detém a supremacia, o papa se sujeita ao concílio da Igreja Católica" (CC, I.15.61). Cusa afirmava que "quanto mais certa e verdadeiramente esse sínodo representa a igreja, mais tende seu julgamento à infalibilidade do que à falibilidade, e esse julgamento é sempre melhor do que o julgamento individual do romano pontífice, que representa a igreja de maneira incerta [*confusissime*]" (CC, 18.158). Isso é dito sobre a expressa suposição de que tal sínodo inclui o papa como sua cabeça; a questão é que o corpo maior é naturalmente mais representativo.

não podem reverter doutrinas conciliares mediante decretos atuais (CC, II.18.177). De que maneira os concílios efetivamente representam os fiéis? Através dos bispos. Nicolau lança mão de Cipriano para afirmar que os fiéis estão nos bispos, e os bispos representam os fiéis e, juntos, a totalidade da igreja (Ver CC, II.6.37).

A hierarquia e o papado. Os primeiros oito capítulos de *A concordância católica* descrevem o ordenamento hierárquico da igreja em paralelo com a hierarquia celestial. "A suprema ordem compõe-se de bispos, sacerdotes e diáconos, todos consagrados. A ordem intermediária é formada por subdiáconos, acólitos e exorcistas, que são mesclados. Os mais ínfimos são os leitores, os porteiros e os tonsurados, que não são consagrados" (CC, I.7.41).[71] Quanto à posição do papa, Cusa afirma que, muito embora todos os bispos detenham os mesmos poderes, "Pedro foi estabelecido sobre os demais para que pudesse haver unidade de concordância" (CC, I.6.35). Nicolau conclui então "que o primado na igreja é estabelecido em sua realidade por Cristo, por meio da igreja, tendo em vista sua unidade, e foi desejado por Deus como ministério para seu serviço" (CC, II.34.264). "Consequentemente, da mesma maneira como Pedro foi o príncipe dos apóstolos, assim também o romano pontífice é o príncipe dos bispos, visto que os bispos sucederam os apóstolos" (CC, I.15.61). "Da mesma maneira que ele [o papa] é o primeiro em questões de fé e juiz dos fiéis" (CC, II.7.95), segue-se que um concílio não pode definir matérias de fé sem o papa (CC, II.2.74).

Consentimento, eleição e representação. A chave para entender como Cusa consegue compatibilizar um dirigente papal divinamente nomeado da igreja com um concílio superior reside na ideia de representação, que, por seu turno, baseia-se na liberdade, no consentimento e na eleição. "Pois se, por natureza, os homens são iguais em poder e igualmente livres, a

---

[71] Cusa depende do Pseudo-Dionísio em sua visão de hierarquia; ela representa um importante marco de sua concepção. De fato, uma dupla hierarquia define a igreja: "Existe uma hierarquia sacramental (baseada no poder das ordens) que culmina na categoria de bispo, como nas primeiras teorias. Mas existe também uma hierarquia governamental ou administrativa, e nessa o papa é supremo". Paul E. Sigmund. *Nicholas of Cusa and Medieval Political Thought*. Cambridge, Mass., Havard University Press, 1963, p. 130. Citado doravante como NC.

verdadeira autoridade propriamente ordenada de um governante comum que lhes é igual em poder não pode ser naturalmente estabelecida exceto pela eleição e pelo consentimento dos demais, e a lei também é instituída pelo consentimento" (CC, II.14.127; também II.14.331).[72] Essas ideias acerca da teoria da eleição e do consentimento do direito natural adquirem viabilidade política por meio da representação. Em outras palavras, Cusa estabelece um nexo entre representação e eleição: "Aquele que deve situar-se acima de todos deve ser escolhido por todos", e "ninguém deve ser instituído por sobre indivíduos relutantes" (CC, II.18.163). Cusa diz que "todo governo eclesiástico ou espiritual foi disposto por Cristo pela mediação do consentimento humano. Pois superiores legítimos são aqueles estabelecidos pelo consentimento dos demais indivíduos. Somos obrigados a obedecer a eles por lhes haver conferido nosso consentimento tal como estabelecido em autoridade pelos homens dentre os homens" (CC, II.34.262). Mesmo Pedro, "a menos que tivesse o consentimento eletivo para sua subordinação dos representantes de todos os outros, não acreditaria que fosse líder, governante ou juiz de todos os outros" (CC, II.34.262).

Essa ideia de representação, por sua vez, é convertida em uma série de corpos representativos ascendentes, conferindo, assim, à prática da igreja primitiva uma espécie de efeito moderno. Cusa entende que "qualquer governante representa seus súditos em proporção à generalidade da representação, de sorte que o papa representa a totalidade da igreja de maneira vaga, e representa seu patriarcado de maneira mais direta, seu clero ainda mais certamente, e finalmente representa seu concílio diário, por assim dizer, em um corpo único" (CC, II.18.163). Com efeito, ele toma a hierarquia descendente de Dionísio e analisa-a de baixo para cima. Tem em mente os concílios ascendentes e a representação quando escreve que, "quando um concílio menor, com poderes gerais, deve ser criado,

---

[72] "Nesse ponto, para um corpo ser estabelecido em harmonia de súditos e governante, a razão e o direito divino e natural requerem o consentimento mútuo nesse conúbio espiritual que é demonstrado pela eleição por todos e pelo consentimento do eleito, da mesma forma como um matrimônio espiritual é justamente estabelecido pelo consentimento entre Cristo e sua igreja." CC, II, 18.164.

há de ser formado por representantes dos que a ele se subordinam ou dos que têm o direito de participar dele. Por conseguinte, deve-se aplicar a mesma disposição no caso dos cardeais que representam as províncias subordinadas à igreja romana em seu concílio diário" (CC, II.24.202). Quanto maior a representação, maior a autoridade pelo princípio da parte de maior peso (ibid.).[73]

Dessa forma, Cusa acredita ter dirimido a tensão entre papa e concílio, entre hierarquia e comunidade, no bojo de certa harmonia. O concílio é supremo em relação ao papa; não obstante, o papa tem poder, competência para mandar e legislar. Como entender a relação? Cusa opta pelo que chama de posição intermediária, na qual "o poder do pontífice romano como proeminência, prioridade e domínio deriva de Deus por meio dos homens e dos concílios; em outras palavras, por intermédio do consentimento eletivo" (CC, II.34.249). "E, no meu entender, os argumentos, de um lado, de que o poder coercitivo na igreja deriva de Deus e, de outro, de que existe apenas por eleição e consentimento dos homens e da igreja são corretamente harmonizados nessa posição intermediária" (CC, II.34.264). "E, conquanto frisemos que o papa não é o bispo universal, e sim o primeiro sobre os demais, e fundemos o poder dos sagrados concílios não no papa, mas no consentimento de todos, ao mesmo tempo em que defendemos a verdade e mantemos os direitos de qualquer um, corretamente honramos o papa" (CC, II.13.126).[74]

---

[73] No sistema, os leigos elegeriam ou consentiriam sacerdotes designados; os bispos seriam eleitos pelos capítulos, que representavam os sacerdotes; os arcebispos seriam eleitos pelos bispos com consentimento dos clérigos; os arcebispos elegeriam cardeais representando as províncias eclesiais, e eles elegeriam o papa. A legislação, em cada escalão, seria elaborada pelo órgão apropriado; haveria concílios diocesanos, provinciais e nacionais, como antigamente. Trata-se de um esquema visionário baseado no consentimento. Paul Sigmund, "Introduction", CC, xxvi. Sobre o sistema ascensional de eleições: "Através de um sistema hierárquico de concílios, os escalões inferiores teriam voz, ainda que limitada, no governo da igreja" (ibid., xxvii). "O concílio e os cardeais derivam sua legitimidade dos subalternos, e não dos que se encontram acima deles, e dos leigos (indiretamente), tanto quanto dos clérigos". Ibid., xxviii.

[74] Cusa modificou sua eclesiologia ao tornar-se papista? Sigmund indica que muita coisa permaneceu igual, mas houve algumas mudanças localizadas. "O papa agora é mais do que simplesmente um administrador instituído pelos bispos e pela igreja, como por vezes parece ser em *A concordância católica*. Ele é o *caput* da organização eclesiástica, que é a igreja universal." Sigmund, NC, 238; também 243. Essa, evidentemente, é uma mudança significativa. Mas ele ainda sustentava que "o poder de governar a igreja era conferido por Cristo ao papa e aos bispos" e que se o papa

Cusa também desenvolveu uma teologia das religiões. Escandalizado pela morticínio em nome da religião envolvida na queda de Constantinopla em 1453, escreveu o sucinto trabalho intitulado *A paz da fé*.[75] Sua teologia das religiões é dialética e gira em torno de uma tensão entre o uno e os múltiplos. Por um lado, transcendentalmente, todas as religiões são unas e diferem em seis ritos (PF, 6). A autêntica adoração do Deus único subjaz à diversidade dos ritos (PF, 68). Posto que a unidade subjaz a toda pluralidade, e todas as crenças radicam na e buscam a mesma sabedoria, elas compartilham essa lógica comum da ligação com o fundamento único da realidade e da fé: "A mesma fé é pressuposta em toda parte" (PF, 10-11). Por outro lado, toda a visão é cristocêntrica e trinitária. A obra de Cusa é um diálogo que envolve os sábios de todas as religiões. Mas sua concepção de realidade última é concebida e articulada a partir de um ponto de vista cristão. Não obstante, trata-se de uma visão extraordinária para a época, e seu caráter dialético sugere uma potencialidade que excede sua simples enunciação.

João de Torquemada e Pio II: Execrabilis

Abordaremos agora o mais importante eclesiólogo do século XV em termos de influência ulterior: Johannes de Turrecremata ou, como geralmente é conhecido, Torquemada.[76] Nascido em 1388 em Valladolid, João ingressou ainda jovem na ordem dos dominicanos e posteriormente, em 1417, integrou a delegação espanhola que foi ao Concílio de Constança.

---

extrapolasse os limites de sua autoridade, como por exemplo na heresia, a igreja poderia retirá-la dele. Sigmund, "Introduction", CC, xxxiii.

[75] Nicholas of Cusa. *The Peace of Faith*, tal como apresentado por James E. Biechler e por H. Lawrence Bond, trad. *Nicholas of Cusa on Interreligious Harmony*. Lewinston, N. Y., Edwin Mellen Press, 1990. Citado como PF por número parágrafo. Esse trabalho é situado, analisado, interpretado e relacionado por Roger A. Johnson com a discussão do século XX "The Beginnings of a Modern Theology of Religions: Nicholas of Cusa (1401-1464)", Boston Theological Society, Internet em www.bostontheological.org/colloquium/bts/.

[76] Uma sintética exposição da eclesiologia de Torquemada pode ser encontrada em Congar, *L'Eglise*, pp. 340-344. Ver também Erwin Iserloh. "Theology in the Age of Transition", *Handbook*, 585-594, para um sucinto esboço de sua vida e de seu pensamento. Na exposição que se segue, baseio-me em Thomas M. Izbicki. *Protector of the Faith: Cardinal Johannes de Turrecremata and the Defense of the Institutional Church*. Washington, D. C., Catholic University of American Press, 1981. Essa obra é citada no texto como JT, por número de página.

Após o concílio, estudou teologia na Universidade de Paris e retornou à Espanha em 1425. Em 1431, como membro de uma comitiva que representava os dominicanos, compareceu ao Concílio de Basileia, onde inicialmente falou como moderador da oposição entre concílio e papa. Não obstante, como o concílio passou a ser mais adverso ao papado, Torquemada tornou-se mais papista, e Eugênio IV recompensou-o com o cargo de Mestre do Sacro Palácio em 1434. Em 1439, após Basileia ter deposto Eugênio, o papa contra-atacou denegando a autoridade do *Haec Sancta*, do Concílio de Constança; Torquemada apoiou-o em debate público, e em dezembro foi nomeado cardeal. Por ocasião da morte de Eugênio IV, Torquemada encontrou tempo para escrever e compôs sua *Summa de Ecclesia*, entre 1449 e 1553, sua obra-prima em eclesiologia, e "a maior síntese medieval de doutrinas eclesiológicas aceitáveis a Roma" (JT, 19). Torquemada continuou a escrever e a se engajar nas questões intelectuais e políticas da igreja até sua morte aos 80 anos de idade, em 1468 (JT, 1-30).

De uma perspectiva tomista e papista, Torquemada, em sua *Summa*, considera primeiramente a natureza da igreja e em seguida, nos livros II e III, sua estrutura governamental, formada por papa e concílio, com um quarto dedicado ao cisma e à heresia. Em termos descritivos, Torquemada define a igreja como "a totalidade dos fiéis que se reúnem a partir da adoração do único Deus verdadeiro e da confissão de uma única fé".[77] Demonstra então, analiticamente, que Cristo é a principal causa eficiente da igreja, operando instrumentalmente por intermédio dos sacramentos; a causa formal que une as pessoas em uma igreja é a união de cada qual com Cristo na fé; a causa final é a salvação escatológica, a participação na glória do Deus vivo. A organização da exposição subsequente segue Izbicki, que tanto deduz quanto enfatiza, a partir dos demais escritos de Torquemada, cinco elementos que distintivos dessa eclesiologia.

A igreja enquanto instituição. Muito embora utilizasse a expressão *congregatio fidelium* para definir a igreja, Torquemada entendia e ressaltava

---

[77] Congar, *L'Eglise*, p. 340.

a igreja institucional visível, "o corpo sacramental e jurídico dedicado à salvação das almas" (JT, 51). O entendimento que ele tinha da igreja era essencialmente monárquico (JT, 50). Na esteira da experiência do conciliarismo obtida em Basileia, Torquemada pretendia negar toda ideia de que o substrato do poder para governar a igreja residia na totalidade da igreja enquanto corporação. Defendia, em contraposição, que a suprema autoridade repousava diretamente no papado (JT, 48-49).

O papado. Contra o conciliarismo e os ataques dos hussitas, somente uma forte igreja papal podia preservar sua unidade. "De conformidade com Turrecremata, o papa e a igreja romana detinham supremo poder de governo eclesiástico por mandato do próprio Cristo" (JT, 77). Cristo fundou uma monarquia papal. "Com efeito, depois de Cristo, o papa era o segundo fundador da igreja. Da mesma maneira como Cristo era a rocha sobre a qual se respaldava a igreja, assim também Pedro era a pedra angular do edifício" (JT, 83). Por um lado, ele escreveu que "o papa ocupa o lugar de Cristo na igreja" (JT, 84, citando Torquemada). Por outro lado, atribuía tais poderes ao papa porque os atos pontifícios eram os atos da igreja como tal (JT, 84). Dessa forma, por exemplo, o papa era infalível, conquanto tais poderes fossem atribuídos ao cargo e não à pessoa (JT, 77). Ao mesmo tempo, Torquemada reconhecia que o papa não era absoluto, no sentido de não haver limites a seu poder. Para proteger a igreja contra o abuso papal, sustentava que ensinamento herético ou flagrante imoralidade equivaleria a uma autodeposição do papa (JT, 87-94).

Hierarquia. Torquemada concebia o clero como o "lado mais digno do corpo eclesiástico" (JT, 53). Essa visão é alimentada por uma concepção de hierarquia unida sob o papa que Izbicki caracteriza nos seguintes termos: "Em razão da plenitude do poder, o papa era a cabeça da igreja visível, exigindo obediência dos demais bispos, a ponto mesmo de intervir em sua atividade de governo eclesiástico. Os bispos eram agentes papais que recebiam uma parcela de jurisdição *in partem sollicitudinis* [como participação na plenitude do poder papal]. Mesmo o poder das ordens, em que os bispos eram equivalentes do papa, era afetado pela plenitude de poder, que regulava o ministério pastoral. Bispos, metropolitas, primados e patriarcados eram todos parte de uma hierarquia de jurisdição cujo ápice era o papado. A jurisdição se difundia por essa hierarquia mediante confirmação de eleições, por via direta ou através de intermediários. Supunha-se que cada grau da hierarquia destinava-se a supervisionar a conduta dos membros dos escalões inferiores, corrigindo ou afastando prelados indignos. Sentenças injustas eram passíveis de recurso ao papa, fonte de toda jurisdição. Como os clérigos menores recebiam sua parcela de jurisdição dos bispos, o papa podia conceder isenções locais da autoridade episcopal, fazendo monges e frades diretamente subordinados a Roma. O importante princípio a ser salvaguardado na concessão de isenções era o da obediência ao Vigário de Cristo" (JT, 59-60).

Não está claro em que medida essa visão depende do Pseudo-Dionísio. Alguns dizem que essa concepção de hierarquia representa o núcleo mesmo da eclesiologia de Torquemada, e é extraída de Dionísio. Izbicki, contudo, descarta essa dependência. Segundo ele, muito embora Dionísio fosse frequentemente citado, a linguagem tornara-se lugar-comum e não era decisiva: Torquemada era mais aristotélico e tomista do que platônico e dionisiano (JT, 72-74).

O concílio geral. Após sua experiência em Basileia, Torquemada questionou a validade de *Haec Sancta* e, com encorajamento papal, desenvolveu sua interpretação "como o ato de uma obediência do cisma", isto é, de João XXIII, e portanto não um decreto de todo o concílio (JT, 97).[78] Também atacou *Frequens*. Ao mesmo tempo, Torquemada reconhecia espaço aos concílios gerais. Definiu um concílio universal como "assembleia dos prelados máximos da igreja, especificamente convocado pela autoridade do pontífice romano, para fazer algo a bem de um propósito

---

[78] Paul de Vooght, "La Déviation de Turrecremata", *Les Pouvoirs de Concile et l'Autorité du Pape au Concile de Constance*. Paris, Éditions du Cerf, 1965, pp. 137-162, traça a evolução do pensamento de Torquemada no decorrer do Concílio de Basileia e subsequentemente. Através de uma série de intervenções no concílio e subsequentemente, e com um rol de argumentos teológicos e canônicos, ele gradativamente desmantelou a autoridade de *Haec Sancta* em seu próprio pensamento. Por um lado, Torquemada teve influência significativa na moldagem da rejeição papista posterior à autoridade de *Haec Sancta*. Por outro lado, De Vooght objeta cada um de seus argumentos.

comum concernente à religião cristã, sob a presidência do papa ou com outro [um legado] em seu lugar" (JT, 100-101, citando Torquemada). A peculiaridade da visão de Torquemada reside na plena subordinação do concílio ao papa. "Os principais elementos que ele enfatizava eram o bem-estar da igreja, a autorização dada pelo papa e a presença dos prelados máximos" (JT, 101). Como a igreja é essencialmente uma monarquia, ainda que se sustentasse que um concílio representava a igreja, essa seria uma monarquia dotada de uma cabeça papal. Uma assembleia de prelados tinha sua própria autoridade a partir da jurisdição concedida pelo papa (JT, 102). Por fim, apenas os bispos tinham direito de participar: todos os demais podiam comparecer apenas a convite do papa (JT, 103).

Poder sagrado e poder secular. Essas ambas esferas de autoridade eram autonomamente justificadas, cada qual promovia um aspecto distinto da existência humana e cada qual dependia da outra para completar-se. Esses eram os fundamentos tomísticos de seu ensinamento (JT, 108-112). Entretanto, em razão da unidade das duas esferas na cristandade, Torquemada defendia que os dois poderes ou autoridades devessem ser coordenados por uma única força diretora, e ele naturalmente "atribuía esse papel ao papa, cabeça do poder espiritual" (JT, 113). Nesse contexto, ele utilizou o argumento padrão de que o espiritual era o poder superior e diretor em relação ao poder temporal, o que não conferia ao papa o direito de brandir a espada temporal, mas, como diretor espiritual de sua utilização para fins espirituais, outorgava-lhe considerável poder.

Torquemada atribuía ao papado a supremacia sobre a cristandade: o papa é o juiz-mor em questões espirituais. "Como juiz-mor, o papa podia impor severas penalidades a príncipes, particularmente a excomunhão [...]. Muito embora o papa não criasse reinos ou reis, podia [...] depor governantes acusados de heresia, tirania ou incompetência. Podia ainda liberar os súditos de príncipes culpados dos respectivos juramentos de fidelidade" (JT, 115). Todas essas faculdades pertencem à liderança da responsabilidade espiritual para o bem de todos os cristãos, e, tal como a chama Izbicki, a uma teoria do poder indireto do papa ou da igreja em questões temporais (JT, 115-116). Quanto à influência dos governantes leigos sobre a igreja, Torquemada levou em consideração alguma influência por parte deles para o bem-estar da igreja. Tal influência era reconhecida pragmaticamente e apenas em certos casos quando a igreja parece encontrar-se em impasse, por exemplo, quando imperadores atendiam à convocação de um concílio (JT, 116-118).

Esse foi o legado eclesiológico de João de Torquemada. Ele teria sua influência mais significativa um século mais tarde quando foi republicado e embasou a reação católica à Reforma Protestante.

Em janeiro de 1460, Pio II promulgou a bula *Execrabilis*, que tentava formalmente pôr fim ao conciliarismo. Deve ser lembrado que o segundo dos dois principais decretos do Concílio de Constança, *Frequens*, dispusera que os concílios deveriam ser realizados sempre a cada dez anos. "Desse modo, por certa continuidade, haverá sempre ou um concílio instalado ou um concílio que se espera para dado período".[79] A bula *Execrabilis* tinha em mira precisamente aqueles que "supunha que pudessem recorrer do papa [...] a um futuro concílio".[80] Vimos que os concílios anteriores impetraram recursos a uma autoridade superior que, quando se tornaram rotineiros, minaram o exercício da autoridade em qualquer nível em que se dessem. O objetivo da *Execrabilis*, portanto, era restabelecer a autoridade papal absoluta. Dessarte, Pio II decretou que "nós condenamos recursos dessa espécie, rejeitamo-los como errôneos e abomináveis e os declaramos plenamente nulos e inócuos". Decretou também que quem quer que violasse essa determinação ou até mesmo assistisse em tal processo por esse fato mesmo "incorreria em excomunhão da qual não pode ser absolvido exceto pelo papa e no momento da morte".[81]

---

[79] *Frequens*, in Tanner, *Decrees*, 439.

[80] Pio XII, *Execrabilis*, in Heiko Oberman. *Forerunners of the Reformation*. New York, Holt, Rine Hart and Winston, 1966, p. 238. "Pois [...] quem não consideraria ridículo apelar a algo que agora não existe em lugar algum ou ninguém sabe quando existirá?". Ibid.

[81] Ibid., pp. 238-239. Mas decretos como *Execrabilis* não eram necessariamente aceitos pelo valor de face, e muitos canonistas continuaram a sustentar a superioridade de um concílio em relação ao papa no decorrer do século XVI. Por conseguinte, seria "grave erro" falar de colapso da ideia conciliar". Karl August Fink, "Renaissance and Humanism", *Handbook*, p. 527. Além disso, reconhecia-se em geral que a incapacidade de implementar *Frequens*, independentemente da relação papa-concílio, era a "verdadeira causa da crise na igreja e da secularização da Cúria". Ibid., p. 528.

Os desenvolvimentos na eclesiologia formal durante esse período foram extraordinários. A partir daí o enfoque se desloca para as questões mais intimamente alinhadas com a vida cristã.

Tomás de Kempis

Enquanto as teorias conciliaristas causaram alvoroço em reação à crise eclesiástica nas altas instâncias e a eclesiologia gradativamente voltou a refletir a centralidade do papa, a espiritualidade iniciada por Geert Groote espraiou-se pelo norte da Europa. Muitos atribuem a Tomás de Kempis o crédito de haver propiciado sua clássica expressão escrita. Nascido nos Países Baixos em 1380, um par de anos após o início do cisma do Ocidente, Tomás de Kempis levou vida simples. Ingressou em um monastério em 1399, onde seu irmão mais velho era prior, e permaneceu no monastério até morrer. Foi ordenado e atuou como mestre de ofícios por algum tempo. Copiou manuscritos e também escreveu obras de devoção e sermões. A fama desse homem reside quase que exclusivamente na atribuição que se lhe faz da autoria do livro *Imitação de Cristo*.[82] A composição pode ter consistido na compilação de vários escritos da época. A *Imitação de Cristo* é importante por duas razões: reflete e articula os principais temas do movimento espiritual no norte da Europa já em curso, a *devotio moderna*; a exemplo de todos os clássicos, a *Imitação* adquiriu vida própria e foi reconhecida até recentemente como a peça da literatura cristã mais amplamente lida após a Bíblia. Como tal, tornou-se importante intérprete indireto daquilo que a vida cristã aspira a ser.

Muitas pessoas hoje acham a *Imitação* bastante tedioso, repetitivo e estranho à cultura ocidental pós-moderna. Mas esse mesmo estranhamento permite que se aprecie sua peculiaridade e implicitamente a particularidade da igreja na Baixa Idade Média. A análise do texto que

---

[82] Tomás de Kempis. *The Imitation of Christ* (IC), ed. Edward J. Klein. New York, Harper and Brothers, 1941. A autoria ainda é debatida. Essa tradução inglesa é escolhida por seu caráter imponente, clássico. Algumas de suas proposições são imediatamente reconhecíveis como correspondendo a clichês no inglês moderno, tais como "Prefiro sentir compunção a saber como defini-la". As citações no texto são por livro e capítulo.

se segue procura fornecer uma síntese dos principais temas da *Imitação*, com vistas a caracterizar a *devotio moderna* que essa obra representa. O objetivo, portanto, é apreender o caráter dessa espiritualidade que foi internalizada por religiosos, sacerdotes e leigos: aqueles que se dedicavam a uma espiritualidade monástica e aqueles que se envolviam com o mundo.[83]

Alguns dos temas ou qualidades que marcam essa visão da vida cristã podem ser caracterizados por uma série de palavras-chave. Uma delas é o *cristocentrismo*: essa é uma espiritualidade cristã; a vida cristã é o seguimento de Cristo. O cristão ama Jesus acima de todas as coisas; só ele é digno de confiança absoluta; tudo o mais decepcionará. "Que te pode dar o mundo sem Jesus? Estar sem Jesus é terrível inferno, estar com Jesus é doce paraíso" (IC 2.8). *Afetividade*: sua devoção a Cristo é afetiva; apela ao sentimento e à emoção religiosa, mas é serena e não entusiástica. A devoção é voltada para a paixão de Cristo e para o contato pessoal com ele na eucaristia. "O que peço, o que desejo, é unir-me inteiramente a Vós, desviar meu coração de todas as coisas criadas, e, por meio da sagrada comunhão e frequente celebração dos divinos mistérios, aprender a saborear as coisas celestes e eternas." (IC 4.13).

Disciplina: a afetividade é pautada pela técnica, pela meditação e pela prática disciplinada da virtude. Uma espiritualidade regular envolve comportamento padronizado e autorreflexão. "De manhã toma resoluções e à noite examina tuas ações: como te houveste hoje em palavras, obras e pensamentos" (IC 1.19). Essa espiritualidade é marcada pelo *moralismo e pelo autoconhecimento*: a perfeição consiste no autoconhecimento e no cumprimento das próprias obrigações, de par com uma cuidadosa prática da virtude. "A vida do bom religioso deve ser ornada de todas as virtudes para que corresponda o interior ao que por fora veem os homens" (ibid.). Os espirituais avaliam-se, são interiormente conscientes de si mesmos:

---

[83] Para uma análise da *devotio moderna*, incluindo sua incorporação nos Irmãos da Vida Comum e sua expressão escrita na *Imitação de Cristo*, ver Erwin Iserloh. "The *Devotio moderna*". *Handbook*, pp. 426-443. A *devotio moderna* era um movimento setentrional; outros escritores e estilos de espiritualidade típicos da França, da Espanha ou da Itália tinham sua própria vitalidade. Mas a escolha de uma escola específica possibilita uma análise mais aprofundada e ajuda a manter a imaginação atrelada à vida cristã cotidiana.

"Onde estás quando não estás contigo?" (IC 2.5). Verifica-se uma ênfase na *interioridade e na intenção subjetiva*: a bondade consiste na bondade e na pureza das próprias intenções, os motivos subjacentes com os quais se praticam ações comuns. "Ajudai-me, meu Senhor Jesus, a perseverar no bom propósito e em vosso santo serviço até minha morte" (IC 1.19). "Como se houvéssemos de receber em breve o galardão do nosso trabalho" (ibid.). A vida espiritual é pautada por uma mente pura e por uma intenção simples: uma mente pura consiste no amor; uma reta intenção é a simplicidade de voltar-se para Deus (IC 2.4). O inimigo aqui é a multiplicidade, atitudes e lealdades instáveis, divisão interna; a defesa é a confiança concentrada e firme e a própria orientação a Deus (IC 3.33,59).

Recolhimento e renúncia ao mundo: deve haver certo recolhimento do mundo, das extravagâncias da sociedade. A quietude e até a solidão são necessárias para a vida espiritual. Ser apegado a Deus é ser desapegado das coisas do mundo. "Portanto, grandes progressos farás se te conservares livre de todo cuidado temporal; muito te atrasará o apego a alguma coisa temporal" (IC 2.5). "Sempre que estive em companhia mundana, saí com menos fervor espiritual do que quando chegara" (IC 1.20). Mas os devotos colóquios sobre coisas espirituais, entre pessoas que se associam em Deus, são estimulados (IC 1.10). A *Imitação* propõe um *ascetismo* básico: os ideais de autocontrole, abnegação de si mesmo e humildade asseguram a liberdade da mente e do espírito humanos pelo desapego dos bens, dos prazeres terrenos, e pela autoindulgência. Aqueles que buscam bens ou satisfações terrenas "não têm perfeita liberdade nem liberdade de espírito, pois perece tudo quanto não provém de Deus" (IC 3.32). "Mas eu sou vaidade e nada diante de vós; sou homem frágil e inconstante. De que posso, pois, gloriar-me, ou por que desejo ser estimado? Porventura do meu nada?" (IC 3.40).

A prática da *leitura devocional* era encorajada; recomendava-se especialmente a leitura da escritura e, por seu intermédio, o contato direto com Cristo no Novo Testamento. Mas essa leitura não era para aquisição de sabedoria ou para fins de aprendizado. Não se deve ler a escritura por curiosidade a fim de conhecer as supremas verdades, mas "ler com humildade, simplicidade e fé, sem aspirar à reputação de sábio" (IC 1.5). Existe, portanto, certo *antiintelectualismo* em a *Imitação*, talvez em reação contra o árido intelectualismo da especulação da época e seu distanciamento em relação aos problemas da vida. Em qualquer caso, o conhecimento especulativo, o aprendizado acerca do cristianismo, é minimizado, e a obra parece depreciar a vida intelectual. "Na verdade, não são palavras sublimes que fazem o homem santo e justo; é a vida virtuosa que o torna agradável a Deus. Prefiro sentir compunção a saber-lhe a definição. Se soubesses de cor toda a Bíblia e as sentenças de todos os filósofos, de que te serviria tudo isso sem o amor e a graça de Deus?" (IC 1.1).[84] *Hostilidade ao humanismo*: essa espiritualidade parece rejeitar a ressurgência humanística do período; não reconhece de forma alguma o avanço da cultura e do conhecimento; era antitética ao Renascimento italiano. "Gostam os doutos de se mostrar e de ser proclamados sábios" (IC 1.2). "Quanto mais e melhor souberes, tanto mais rigorosamente serás julgado" (ibid.). Em última análise, o aprendizado mais elevado e mais aproveitável consiste em menosprezar o eu (ibid.).

Em suma, com exceção da leitura da Bíblia e da devoção da eucaristia, parece haver pouca atenção à igreja nessa espiritualidade. Ela reflete um monasticismo "moderno", vivido no mundo, mas com desapego: não *do* mas *no* mundo medieval tardio, embora votado a certo recolhimento individualista, simplicidade, interioridade e ascese pessoal, e efetivo apego a Jesus Cristo.[85]

A autocompreensão cristã

O termo "autocompreensão" nesse tópico dá uma inexata designação dos tópicos relacionados com a fé-conhecimento, quer na igreja em

---

[84] Mesmo aqueles que se debruçam sobre o amor de Deus "obtêm maior proveito renunciando a todas as coisas do que estudando em função de um elevado e sutil aprendizado" (IC.3.43).

[85] Há que se ter cautela para não generalizar o significado de muitos desses temas. Essa espiritualidade não era explicitamente orientada contra a teologia nominalista, não promotora do humanismo, não mística, não antieclesial, muito embora fosse individualista. Cf. a revisão de uma interpretação realista e revisionista que Oakley faz dessa espiritualidade tal como vivida pelas Irmãs e Irmãos da Vida Comum na *The Western Church*, pp. 100-113.

geral, quer na disciplina da teologia. Quanto ao nível geral de instrução na igreja, a maioria dos cristãos era bastante insciente da própria fé, e os catecismos se difundem durante esse período com o intuito no mínimo de abordar a situação. Esses dois séculos também comportaram tendências decisivas na teologia que devem ser pelo menos reconhecidas. E a nova onda de conhecimento, o humanismo do Renascimento, também teve significativa influência sobre a Reforma Protestante ulterior.

Em uma religião na qual a correta doutrina importava, é justo indagar o que as pessoas sabiam e de que maneira sabiam. Com efeito, a maioria da população na Idade Média era iletrada e não formalmente instruída.[86] A gente comum aprendia a fé na família, pelo costume popular, por meio dos sermões, e com base nas narrativas retratadas nas paredes e nos vitrais das catedrais.[87] Em 1281, na Inglaterra, o arcebispo da Cantuária ordenou que todo sacerdote paroquial deveria "explicar aos fiéis, de maneira simples e clara, os catorze artigos do credo, os dez mandamentos, o duplo preceito do amor a Deus e do amor ao próximo, as sete obras da misericórdia, os setes pecados capitais e suas consequências, as sete virtudes cardeais e os sete sacramentos da graça".[88] Em 1357, também na Inglaterra, o teor básico da instrução foi disposto em latim e traduzido com explicações ampliadas para a versão inglesa com o título *The Lay Folks' Catechism*, perfazendo quinhentas e setenta e seis linhas. O catecismo era, com efeito, escrito primordialmente para os clérigos que se incumbiam do ensino. Como era produzido para instrução oral a fim de ser memorizado, respaldava-se fortemente em números. Os sacerdotes deviam ensinar e pregar seis coisas: os catorze pontos do credo, os dez

---

[86] As proporções aqui são relativas, pois houve crescimento da alfabetização na Europa. Na camada superior da sociedade, as universidades tinham feito seu trabalho. Havia advogados, notários, juízes e outros profissionais autônomos; entre os habitantes da cidade a "disseminação da instrução" de comerciantes e burocratas incrementou o nível geral de autoconsciência e a perspicácia crítica. Lynch, *The Medieval Church*, p. 319.

[87] A igreja na Idade Média não tinha uma instituição para a catequização de crianças, e nem sequer uma preparação para a confissão e a comunhão. Cabia à família ensinar o pai-nosso, a ave-maria e os dez mandamentos às crianças. Só algumas crianças, as que frequentavam a escola, receberiam alguma formação religiosa. Iserloh, "The Inner Life of the Church", *Handbook*, pp. 578-580.

[88] Berard L. Marthaler. *The Catechism Yesterday and Today: An Evolution of a Genre*. Collegeville, Minn., The Liturgical Press, 1995, p. 12.

mandamentos, os sete sacramentos, as sete obras de misericórdia, as sete virtudes e os sete pecados capitais.[89]

Entre suas muitas atividades, Jean Gerson ensinou catecismo e escreveu obras catequéticas, das quais a mais amplamente lida intitulava-se *Opus Tripertitum*. Escritas em 1395, as três partes do catecismo continham: primeiro, um resumo das crenças cristãs fundamentais (a criação, a trindade, o objetivo da vida, o pecado original, a encarnação, a redenção e os dez mandamentos); segundo, o sacramento da confissão e como confessar-se; terceiro, preparação para uma morte feliz. A audiência do catecismo também é instrutiva. Ele o direcionou a quatro diferentes grupos: "Sacerdotes simples ou sem instrução que ouvem confissões; pessoas incultas que são incapazes de participar regularmente da instrução da igreja; crianças e jovens necessitados de instrução básica; e indivíduos que visitam hospitais e revelam preocupação para com os enfermos".[90] Gerson também compôs um *ABC des Simples Gens*, que não era senão um rol de coisas que os cristãos deveriam saber e poderiam ser enumeradas como nos dez mandamentos, os sete sacramentos etc. A listagem deveria ser memorizada.

Na outra extremidade do espectro do conhecimento cristão estavam os teólogos e a disciplina da teologia lecionada nas universidades. Talvez duas generalizações seriam aceitas por todos os historiadores, não sem qualificações, mas ainda com alguma relevância. A teologia na Baixa Idade Média reflete uma experiência da absoluta transcendência de Deus.[91] Isso se reflete em diversas áreas: no apofatismo de Mestre Eckhart e Nicolau de Cusa; na epistemologia nominalista que suspeitava da capacidade da mente para apreender a essência das coisas e daí partir para conclusões onicompreensivas; na firme distinção entre o que se podia saber acerca

---

[89] Marthaler, *The Catechism*, pp. 12-13; ver Thos. Frederick Simmons e Henry Edward Nolloth, eds. *The Lay Folks' Catechism or the English and Latin Version of Archbishop Thoresby's Instruction for the People*. Early English Society, Original Series 118. London, Kegan Paul, Trench, Trübner, 1901.

[90] Marthaler, *The Catechism*, p. 14.

[91] Heiko Oberman. *The Harvest of Medieval Theology*. Cambridge, Mass., Harvard University Press, 1963, pp. 56-57, 88.

de Deus por intermédio da razão e a revelação que Deus efetivamente proporcionou à humanidade; e até mais especificamente na distinção entre o poder absoluto de Deus (*potentia absoluta*) e o poder ordenado de Deus (*potentia ordinata*). Essa última distinção diz muito: Deus é liberdade absoluta, soberana e puramente transcendente, dissociada de qualquer coisa, mas contradição em si mesma. O que se pode experienciar ou conhecer acerca de Deus neste mundo, na melhor das hipóteses, é uma manifestação particular, limitada ou ordenada, e não a própria realidade transcendente de Deus. Distinções como essas surgem da experiência. Elas preservam a misteriosa integridade de Deus contra as descrições ingênuas e reducionistas ou contra conclusões extraídas diretamente da dura realidade da vida. Apenas alguns tipos de distinções como essas, por exemplo, podem ter ajudado a mitigar a insensatez da devastação provocada pela peste na Europa.

Em segundo lugar, entretanto, dados os limites da razão para apreender o absoluto, e considerada a esfera da autorrevelação de Deus na economia cristã, a teologia medieval tardia deleitou-se na capacidade da mente humana para especular, estabelecer distinções e arguir conclusões logicamente. Os nominalistas, estreitando o campo da revelação propriamente àquilo que Deus de fato havia ensinado, descerraram áreas inteiras do "inato" à especulação e à inferência lógica, àquilo que Deus podia ter feito se exercesse irrestrita liberdade.[92] Em qualquer caso, a análise teológica e a retórica tornaram-se fortemente lógicas e dedutivas, e seus argumentos estenderam-se a problemas esotéricos divorciados da real vida de fé da comunidade.

Contra esse pano de fundo, as dimensões teológicas do Renascimento afiguram-se como clara alternativa. Por definição, esse movimento envolveu um retorno, um redespertar do passado e sua recuperação no presente. Voltou-se para os textos bíblicos e patrísticos antigos e encontrou uma teologia positiva que apelava muito mais diretamente à vida cristã. Com efeito, os humanistas definiam o próprio cristianismo como estilo

---

[92] Ibid., p. 51.

de vida razoável, o que contrastava com a visão escolástica em dois aspectos. Como estilo de vida, o cristianismo não era primordialmente um conjunto de doutrinas ou de verdades a serem definidas; a virtude moral era intrínseca à própria realidade religiosa em níveis pessoais e sociais. Sua razoabilidade, portanto, não consistia em distinção filosófica ou em especulação, mas em uma razão histórica positiva que historicamente projetava a tradição passada. Ninguém encarnou esses impulsos melhor do que Erasmo.

Erasmo

Erasmo nasceu em Roterdã, em 1466. Recebeu educação fundamental em uma escola, na tradição dos Irmãos da Vida Comum. Esses educadores encarnavam a *devotio moderna*, o que afetou Erasmo. Na época da universidade, ele aderiu aos Cônegos Regulares de Santo Agostinho, foi ordenado e recebeu permissão para viver fora do monastério. Estudou teologia na Universidade de Paris e sentiu absoluta aversão a ela. Em 1499 viajou para a Inglaterra, onde sua amizade com Tomás Morus e outros humanistas confirmou-o em sua vocação: Erasmo tornou-se o humanista quintessencial. Editou textos clássicos dos Padres e do Novo Testamento; escreveu sobre educação, sabedoria clássica, política; escreveu sátira, teologia e tratados sobre a vida cristã. Desfrutou de fama em seu próprio tempo, viveu por toda a Europa em várias épocas e suscitou controvérsia ao longo de toda a sua vida. Faleceu em 1536.

O significado de Erasmo reside no escopo e na influência de seus escritos. Verifica-se em Erasmo como alguns temas da espiritualidade franciscana e certas virtudes refletidas na *Imitação de Cristo* desenvolveram-se até os primórdios do século XVI e como conseguiram proporcionar um contraste crítico em um período oportuno para reforma. Erasmo utilizou os ideais de simplicidade e de humildade como pano de fundo para desmascarar as pretensões de qualquer aspecto da vida institucional da igreja e também da sociedade. Considerado, amiúde, precursor imediato da Reforma, Erasmo nunca integrou o movimento luterano. Esse homem multifacetado é frequentemente julgado, a partir de uma perspectiva ou de outra, de maneira partidarista. Duas obras de Erasmo, as mais populares durante sua vida, lançaram luz sobre a igreja no final da Idade Média. O *Enchiridion*, ensaio de Erasmo sobre a vida cristã, ilustra de que maneira ele modificou a espiritualidade da *Imitação* na direção do engajamento no mundo e na sociedade.[93] Representa a influência do Renascimento sobre a vida cristã na Europa. O *Elogio da Loucura* abrange todos os aspectos da vida medieval tardia: gramáticos, poetas, retóricos, acadêmicos, advogados, lógicos, cientistas, teólogos, religiosos, monges, pregadores, reis, nobres, bispos, cardeais, papas e sacerdotes e escarnece de todos.[94] Esse texto, no entanto, é mais do que simplesmente uma sátira surpreendente; o critério de julgamento reside nos valores cristãos encontrados no *Enchiridion*: essa é a crítica social cristã.

Enchiridion. A vida é um perpétuo conflito; estamos constantemente sob ataque da carne, do mal e do mundo. Precisamos ser vigilantes e dispor de uma estratégia para a vida a fim de resistir aos ataques e obter a vitória (Enchiridion, 296). Erasmo propõe, no *Enchiridion*, algumas regras gerais, máximas ou princípios que podem guiar a vida cristã no mundo. A aplicação dessas regras permitir-nos-á "escapar dos erros deste mundo como de uma espécie de labirinto inextrincável e alcançar a pura luz da vida espiritual" (Enchiridion, 321). Elas tratam de três dos principais males ou debilidades humanas: cegueira, paixões da carne e fraqueza ou debilidade. "A cegueira obnubila o julgamento. A carne corrompe a vontade. A debilidade mina a constância" (Enchiridion, 322). Essas regras, contudo, são menos prescrições que podem ser literalmente seguidas do que máximas morais que urgem atitudes básicas, fortalecendo as convicções e encorajando a decisividade. Por exemplo, a primeira regra, contra o mal da ignorância, impele o cristão a internalizar a verdade de Cristo e da escritura como a própria vontade de Deus (Enchiridion, 322-323). A

---

[93] Erasmus, *The Enchiridion. Handbook of the Christian Soldier*, in *Advocates of Reform*, ed. Mattew Spinka, Philadelphia, Westminster Press, 1953. As referências no texto são a essa edição, por número de página.

[94] Erasmo, *Elogio da loucura*, in *The Essential Erasmus*, ed. John P. Dolan. New York, New American Library, A Mentor Book, 1964. As referências no texto são a essa edição por número de página.

segunda regra fala da decisividade, da necessidade de agir agora, de romper os vínculos que amarram o compromisso, de reconhecer que a decisão de levar uma vida centrada em Cristo é uma decisão igualmente urgente. "Não permita que a afeição dos entes queridos o detenha, não permita que os encantos do mundo o seduzam, não permita que as preocupações domésticas o imobilizem. Os grilhões dos afazeres mundanos devem ser rompidos quando não podem ser desenleados" (Enchiridion, 323).

A quarta regra de Erasmo pode ser comparada com a *devotio moderna* e com a espiritualidade da *Imitação de Cristo*. Ela aconselha o leitor "a colocar Cristo diante de si como o único objetivo da própria vida, a quem apenas dedica todo o zelo, todos os esforços, todo o lazer e toda a ocupação" (Enchiridion, 328). "Cristo" refere-se à pessoa e a tudo o que ele ensina. Deve-se "contemplar apenas Cristo, seu único e supremo bem, de modo que não possa amar nada, admirar nada, buscar nada que não o próprio Cristo, ou pelo amor de Cristo. Não odeie nada, não trema diante de nada, não fuja diante de nada senão da fraqueza, ou em nome da fraqueza" (Enchiridion, 328). Quando Cristo se estabelece como fim ou objetivo, as coisas deste mundo podem ser concebidas como meios ou objetos intermediários que "ou ajudam ou atrapalham o encaminhamento para Cristo" (Enchiridion, 329). Em primeiro lugar, encontra-se o conhecimento, e depois "a saúde, os dons da natureza, a eloquência, a beleza, a força, a classe, o favor, a autoridade, a prosperidade, a reputação, o nascimento, os amigos, os bens de família" (329). Enquanto meios, contudo, não são todos iguais e devem ser avaliados à luz de Cristo. "A partir desse fim, a utilidade ou inutilidade de todos os meios deve ser avaliada" (329).

Essa regra ilustra a posição de Erasmo relativamente à tradição da *Imitação*. Erasmo também adverte contra as seduções e as tentações do mundo. "Se você está no mundo, não está em Cristo [...]/ se você identifica o mundo com ambição, prazeres, desejo, luxúria — de fato, se você é um residente no mundo nesse sentido da palavra, você não é cristão" (Enchiridion, 324-325). Ele também admite a máxima: "É melhor ser menos sábio e amar mais do que ser mais sábio e não amar" (Enchiridon, 329).

Mas Erasmo transformou a lógica de uma pura intenção com distinção, nuance e realismo. Classe, posição, instrução e até mesmo dinheiro devem ser espiritualmente utilizados pelo soldado cristão para fins espirituais. "Você ama as letras. Corretamente, se por amor a Cristo". "Suponha que lhe advenha o dinheiro: se de maneira alguma ele o impede de ter um bom espírito, use-o" (Enchiridion, 329). Nesse caso, e de maneira mais geral, Erasmo mantém-se na tradição da *Imitação* em muitos aspectos, ao mesmo tempo em que a transforma inteiramente na direção do engajamento, em contraposição ao recolhimento. Os dons divinos da criação devem ser usados para a consecução dos valores de Deus no mundo.

O Elogio da Loucura. Essa obra de Erasmo verteu em prosa, e portanto na conversação em torno da Europa, ideias divertidas e críticas. Seu objetivo é relativizar, ridicularizar e corrigir. Erasmo relativizou ao adotar a perspectiva do distanciamento desapegado; a Loucura advém a seus devotos. A caricatura que faz de seus personagens suplanta inteiramente suas pretensões: "Por toda parte, eles se aglomeram em tantas formas de loucura e falsificação a cada dia que mil Demócritos não seriam suficientes para rir deles" (Loucura, 136).

Erasmo não se limita aos tipos eclesiásticos, mas abrange as profissões da época. Os eclesiásticos, entretanto, são alvo de boa parte das atenções. Ele descreveu os hábitos fúteis e imorais dos monges e sua pregação absurda; a vida autoindulgente dos bispos; como os cardeais decaíram em relação a seus predecessores, os apóstolos; a enorme extravagância da corte papal; as atividades mundanas dos sacerdotes (Loucura, 148-160). Em tudo isso, o parâmetro é o evangelho, a mensagem de Jesus, a simplicidade, a humildade, a moderação, em suma, a espiritualidade que Erasmo hauriu dos Irmãos da Vida Comum. Uma vez mais, o poder crítico latente do evangelho encontra nova expressão literária.

Seria singularmente não acadêmico descrever o estado da teologia ao final do século XV adotando a caricatura que Erasmo dela faz; o que não pode ser satirizado? O próprio Erasmo foi estudante de teologia na Universidade de Paris; e, independentemente de sua descrição ter pretendido ser justa ou não, Erasmo tem em mira uma teologia que lida com questões alheias à vida das pessoas. "Ter-se-ia Deus unido pessoalmente a uma mulher, ao diabo, a um burro, a uma abóbora, a uma pedra? No caso de Deus ter se unido à natureza de uma abóbora, como fez com a natureza humana, de que maneira essa beata e divina abóbora teria pregado, feito milagres e sido crucificada?" Os teólogos também examinaram questões éticas: "Seria preferível deixar sucumbir o mundo ao nada de onde proveio a proferir a menor mentira, ainda que inconsequente". Os métodos de abordagem dessas questões foram diversamente direcionados pelos "realistas, nominalistas, tomistas, albertistas, ockhamistas e scotistas". Eles analisavam minuciosamente por meio das "causas formal, material, eficiente e final". Os teólogos "insistem que suas próprias conclusões, subscritas por poucos estudiosos, são mais válidas do que as leis de Sólon e preferidas aos decretos de um papa [...]. E anunciam essas conclusões como se fossem oráculos" (Loucura, 143-147).

Erasmo enquadra-se notavelmente bem na linha de Francisco, Wyclif e Kempis: uma descrição erudita de um cristianismo prático, de uma vida cristã de virtude e de moderação e controle. Tem por foco Cristo e uma vida pautada pelas virtudes evangélicas. Ela é, evidentemente, não antiintelectual, visto que Erasmo era acadêmico, e insta mais o engajamento do que o recolhimento do mundo. Mas é antiespeculativa e dogmática, contra o intelectualismo da teologia da época. Erasmo é inevitavelmente comparado com seu contemporâneo Lutero, e nesse contraste a vida espiritual em Erasmo revela-se moralista: ele recomenda uma vida de virtude e simples caridade cristã. *O Elogio da Loucura* faz com que esses temas afetem a sociedade europeia. Em resposta à questão "Qual deve ser o caráter da sociedade cristã?", a norma era Cristo e "as obras de misericórdia e caridade". Não pode haver separação alguma entre Cristo, os valores cristãos e a vida no mundo. Sem alguma relativização como essa e uma avaliação crítica do que estava em vigor à época, não poderia ter ocorrido uma Reforma.

Descrição da igreja na Baixa Idade Média

A igreja da Baixa Idade Média não foi uma ponte entre, por um lado, a igreja da Alta Idade Média que se instaurou com Inocêncio III e o Concílio Lateranense IV e floresceu durante o século XIII e, por outro lado, a igreja dos primórdios do período moderno, a Reforma Protestante do século XVI e a cisão da cristandade. A igreja nos séculos XIV e XV era uma igreja a título próprio e experimentou uma série de desenvolvimentos. Se o período pós-reforma gregoriana foi de consolidação institucional, os impulsos pró-regionalização, se não pró-fragmentação, estavam em ação na igreja medieval tardia. De certa maneira, o próprio título desta seção falseia a realidade. Não se deve pensar que essa igreja funcionava como grande instituição marcadamente articulada. As igrejas regionais decerto eram administrativamente coordenadas a partir do centro. As comunicações, contudo, não fomentavam um horizonte europeu comum e incorporavam uma consciência corporativa entre as pessoas comuns, e em certos aspectos o centro revelou-se alienado durante esse período. A igreja como um todo era um conglomerado de cidade, povoado e igrejas rurais que eram mais autoconscientes, assumindo peculiaridades regionais.

A seguinte descrição da igreja principia por uma caracterização do ambiente no qual ela existia. A partir daí a síntese apreende a igreja de que a narrativa histórica e vários textos dão testemunho, segundo o contexto agora familiar.

O ambiente

A descrição de uma cidade típica dos primórdios desse período estabelecerá o marco imaginativo. Liège pode ser considerada uma grande cidade no começo do período que estamos abordando.[95] Ela "ufanava-se, além de sua catedral, de sete igrejas colegiadas, vinte e seis igrejas

---

[95] O número de cidades expandiu-se consideravelmente durante a Baixa Idade Média. Só a Alemanha, por volta do século XV, tinha três mil cidades designadas. Mas dois mil e oitocentas delas tinham população de menos de mil habitantes. Iserloh, "The Inner Life of the Church", *Handbook*, p. 566. A distinção entre "cidade" e "vila" é claramente estabelecida aqui.

paroquiais, dois mosteiros beneditinos — St. Jacques e St. Laurent —, uma casa agostiniana de St. Giles, a comunidade premonstratense em Mont-Cornillon e de uma casa cisterciense, Val-St. Lambert".[96] Mais de três centenas de monges e clérigos estudavam nas sete escolas na cidade e nas abadias circunvizinhas. Em geral, a cidade era caracterizada por uma vibrante religiosidade entre religiosos e "leigos que desejavam comprometer-se com alguns aspectos comunitários da vida religiosa".[97] A igreja da Europa era formada por muitas igrejas como essa, algumas maiores, outras menores. Mas tampouco se deve esquecer a igreja em cidades-castelo e áreas rurais, onde lordes ou cavaleiros governavam por decreto, e a vida era frequentemente elementar e violenta. Por exemplo, após sua eleição como papa em Constança, levou dois anos para Martinho V negociar, gradativamente, uma rota segura de retorno a Roma.

O mundo dessas vilas e cidades, o mundo dos negócios seculares "externo" à igreja e para além de seu controle, sempre tem influência decisiva sobre a igreja. Na cristandade, quando a igreja e o mundo eram visceralmente unidos, sem distinções, nenhum outro fator tem influência mais forte sobre a evolução da igreja, pois o mundo sociopolítico encontra-se integralmente "dentro" da igreja. A simples listagem de alguns dos principais desenvolvimentos na história da Europa ajudará a definir a igreja nesse período.

Geopoliticamente, as fronteiras da Europa modificaram-se, o que se chocou com a igreja em um nível macro, a igreja como um todo. As cruzadas e o desejo de equipar cruzadas prolongaram-se pela Baixa Idade Média e depois refluíram; após Constança, no entanto, uma cruzada foi lançada contra o hussitas. Em 1453, Constantinopla caiu sob os turcos, encerrando-se assim o *status* dessa cidade como a capital do cristianismo oriental desde sua fundação por Constantino. A perda desse centro cristão intensificou a ameaça do islã ao longo das fronteiras da igreja ocidental.

---

[96] Rubin, *Corpus Christi*, p. 164.
[97] Ibid., p. 166.

Ao final do século XV a busca de um novo caminho para a Índia levou à descoberta das Américas e à súbita expansão da imaginação ocidental.

No nível das ideias, embora seja difícil mensurar o grau de sua influência, não se deve minimizar o interesse pelo mundo natural e humano que permitiu o florescimento da filosofia aristotélica. O caráter pervasivo de alguns pressupostos fundamentais que foram contínuos de Aquino através de Marsílio e Ockham e ao longo de toda a discussão das premissas do conciliarismo indica uma forma de pensar em tensão com a inteira confiança nas doutrinas reveladas e de conceber as coisas "do alto". A celebração do humano, o foco na potencialidade e na criatividade humanas representadas no humanismo do Renascimento, coexistiu em tensão com um senso da pecaminosidade e do sofrimento humanos e da absoluta transcendência de Deus.

A autonomia da natureza e a integridade dos fenômenos naturais encontram expressão em um sentimento de que o Criador dota as entidades naturais e até as sociedades com suas próprias leis e direitos. Isso fortaleceu as pressuposições dos direitos divinos dos reis e dos governantes seculares. De maneira geral, a Baixa Idade Média testemunhou uma gradual emergência das nações. A capacidade de Felipe IV de não coexistir em paralelo com Bonifácio VIII e seu sucessor, mas de dominá-los, constitui um bom exemplo do complemento de ideologia e de desenvolvimento sociopolítico. Outro exemplo do crescente senso das nações é visto na votação das nações em Constança e em Basileia. A ressurgência do papado, no século XV, deveu-se, em parte, à antipatia geral entre os governantes monárquicos às ideias democráticas; contra os movimentos democráticos, os monarcas fecharam acordo. O interesse pela natureza, a linguagem aristotélica, a lei, a burocracia e a administração agregaram-se a Estados-nações cada vez mais autônomos.[98]

A teoria do papado entrou em nova fase na Baixa Idade Média. Da reforma gregoriana em diante, até princípios do século XIV, a tensão entre papa e governante secular proporcionou o contexto dominante

---

[98] Tierney, *Crisis*, pp. 97-98.

para a compreensão do poder papal. Os teólogos e os canonistas também refletiram sobre o *status* teológico e jurídico da função dentro da própria igreja, mas essas questões não eram problemáticas. De súbito, com o cisma em 1378, o próprio *status* do papado dentro da igreja foi colocado em xeque e submetido a intensa análise e discussão. A mudança do contexto e da problemática da compreensão do papado, da confrontação com o *imperium* à sua lógica interna dentro da própria igreja, mediou um desenvolvimento na própria instituição.

Por fim, em 1456, Gutenberg publicou uma edição impressa da Bíblia. A invenção da imprensa é frequentemente considerada como divisor de águas na história ocidental: ela representou o firme crescimento da comunicação e da educação durante a Baixa Idade Média e estimulou um salto quantitativo na comunicação social na Europa.

As estruturas ou governo da igreja

De certo ponto de vista, pode-se argumentar que não houve mudanças significativas ou inovadoras nas estruturas da igreja ocidental na Idade Média após a reforma gregoriana. As funções ministeriais permaneceram vigentes, mas cresceram em termos de complexidade administrativa e legal.[99] Não obstante, os próprios ministérios estruturados modificaram-se a partir de dentro em termos de significado e de eficácia. A descrição que se segue aborda o papado como ofício, bispos e sacerdotes paroquiais.

A história do papado ao longo desses dois séculos parece bem surpreendente quando mapeada através de seus principais eventos. O fato de o rei da França ter podido intimidar um papa foi forte sintomático. Isso foi seguido pelo papado de Avignon, um cisma importante, o curto predomínio do conciliarismo em Basileia, a reafirmação do poder papal e, subsequentemente, o papado do Renascimento, geralmente lembrado por sua corrupção ou mundanidade. O papado de Avignon, com seu extensivo sistema de tributação e sua própria localização dentro da esfera

---

[99] Cooke, *Ministry*, p. 114.

de influência da França, engendrou um sentimento antipapal.[100] Às vésperas do cisma, nenhuma teoria unificada sobre a autoridade e o governo da igreja foi predominante.[101] Muito embora o próprio cisma não haja subvertido a vida pessoal ou local dos cristãos comuns nas paróquias, provocou considerável escândalo e fragmentou ordens religiosas que permeavam as diferentes lealdades regionais.[102] O cisma também resultou em crescente controle secular e em gradativa perda do poder papal sobre as igrejas nacionais locais.[103] Após Constança, a síntese conciliarista moderada de Nicolau de Cusa propôs que um concílio verdadeiramente ecumênico, representando os cinco patriarcados, era superior ao papa em autoridade. Mas a monarquia papal reafirmou-se na segunda metade do século XV em um estilo que foi escandaloso e permaneceu dividida em relação ao Oriente.

Uma análise do papado ao longo desses dois séculos pode dar a impressão de que o poder absoluto do papado sobre a igreja não era diferente, no começo do século XVI, do que fora no século XIII. Mas a história interveniente modificou tudo; o controle do papado sobre a totalidade da igreja estava longe de ser absoluto; seu poder simbólico, sua autoridade religiosa e irrefutabilidade teológica haviam se enfraquecido nitidamente. "O papa ainda era a cabeça da igreja universal, mas, em muitos lugares, governantes locais haviam limitado severamente seu exercício de poder."[104] Muitas razões explicam por que o conciliarismo, especialmente o governo conciliarista, pode não ter funcionado e por que os papas recuperaram o *status*.[105] Entretanto, também se deve perguntar por que a Reforma

---

[100] Knowles, *The Middle Ages*, p. 407.

[101] Tierneym, *Foundations*, p. 218.

[102] Knowles, *The Middle Ages*, p. 425.

[103] Ibid., p. 426. Lynch, *The Medieval Church*, pp. 319-320, 322. O crescente nacionalismo das igrejas significou certo declínio da *Latinitas* e um princípio de fragmentação da cultura unificada da cristandade (Knowles, *The Middle Ages*, p. 456). Nesse período, cada vez mais os papas negociavam com os governantes locais e desenvolviam concordatas que regulavam questões práticas relacionadas com o governo da igreja segundo as exigências específicas da situação local. Thompson, *The Western Church*, pp. 222-224. Isso fazia parte das táticas pelas quais Eugênio IV levou a melhor sobre o Concílio de Basileia. Lynch, *The Medieval Church*, p. 334.

[104] Lynch, *The Medieval Church*, p. 335.

[105] Ver Knowles, *The Middle Ages*, pp. 424-425 para uma série de razões.

Protestante eclodiu livremente. Ao final do século XV circulavam pelo menos três diferentes concepções acerca da autoridade do papa e de sua liderança sobre a igreja. A primeira delas era jurídica: o papa desfrutava de poder e autoridade administrativa sobre a totalidade da igreja. A segunda era teológica: o papa funcionava como fonte e fundamento da integridade espiritual e da vida da igreja. Essas duas concepções combinaram-se em Torquemada. Mas havia também uma terceira concepção, remanescente do conciliarismo, que coadunava a jurídica, a teológica e a simbólica: o papa exercia o ministério da unidade com base e a serviço de todo o corpo de fiéis. Se e quando não conseguisse representar essa unidade em sua inteireza, perderia essencialmente sua autoridade afetiva, simbólica e religiosa.

Esse período não revela qualquer desenvolvimento significativo na função episcopal: os bispos supervisionam diretamente o culto, a disciplina penitencial e a administração dos bens da igreja. O bispo também era responsável pelos necessitados de sua diocese e velava pela edificação econômica, social, militar, moral e intelectual da sociedade. Os recursos da diocese eram administrados por meio de uma gama de sistemas e geralmente as chancelarias assumiram gradativamente mais importância durante esse período.[106]

Reclamações contra sacerdotes indicam que o ofício sacerdotal e a conduta de clérigos não sacerdotais exigiam reforma. As deliberações conciliares em Viena incluíram uma preocupação com o estilo de vida de clérigos não ordenados, o que também constituiu preocupação em Constança. Wyclif queixava-se da falta de celibato entre o clero em geral. Enquanto grupo, os clérigos não eram altamente instruídos, e manuais simples eram destinados tanto aos clérigos como aos leigos. O ganho financeiro era estritamente associado à vida clerical e ao sacerdócio. O sistema de benefícios ligado a posições que podiam ser ocupadas por indivíduos ou corporações como monastérios que efetivamente não desempenhavam ministérios parece ter se disseminado. Tanto o Concílio

---

[106] Cooke, *Ministry*, pp. 364-365.

Lateranense IV como Wyclif trataram da prática.[107] Com efeito, os escritos de Wyclif revelam "quase todas as incriminações populares contra a Igreja Católica da Baixa Idade Média".[108] Isso não significa que inexistissem sacerdotes e clérigos modelares. Todos, porém, concordavam na necessidade de reforma.

Mais positivamente, contudo, uma ideia do que o sacerdote efetivamente fazia em sua paróquia na Inglaterra do século XIV pode ser vislumbrada a partir de uma obra intitulada *Instructions for Parish Priests*.[109] A obra volta-se inicial e imediatamente para a pessoa do próprio *sacerdote*: se ele é ignaro, conduzirá seu rebanho ao pecado; por conseguinte, deve ler essa obra cuidadosamente. E, se não leva vida virtuosa, sua pregação e magistério não surtirão nenhum efeito. O sacerdote deve vestir-se como clérigo e evitar as atividades mundanas da cidade. O *nascimento* é objeto de bastante atenção: o papel das parteiras, o batismo em caso de crise, os deveres dos padrinhos, os graus de relação espiritual que são estabelecidos com esse papel. O *casamento* também traz à luz a instrução básica sobre esponsais, casamentos irregulares e os deveres sexuais de marido e mulher. As questões em torno da *igreja* enquanto edificação estimulam reflexões a seu respeito como casa de Deus, decoro próprio no adro e modo de comportar-se em seu recinto. Discorre-se também acerca dos dízimos. O manual instrui o sacerdote acerca da *eucaristia* e sobre o que deve comunicar ao povo. Fornece instruções precisas sobre como se deve cuidar do santuário, dos paramentos do altar, dos vasos sagrados, do pão e do vinho; os fiéis devem ser instruídos sobre a real presença,

---

[107] Cooke, *Ministry*, p. 363.

[108] Knowles, *The Middle Ages*, p. 452.

[109] John Myrc. *Instructions for Parish Priests*, ed. Edward Peacok. London, Kegan Paul, Trench, Trübner, 1868, revista 1902. Esse livro é uma tradução inglesa de uma obra latina que era muito comum e padrão na Baixa Idade Média e em toda a Europa. Essa tradução data da primeira metade do século XV e foi composta em 1934 com versos dísticos rimados por Myrc, que era cônego regular em um monastério em Lilleshall, Shropshire, Inglaterra. O livro é um manual prático que fornece "diretrizes sobre como os sacerdotes de pouca instrução ou experiência deviam ministrar a fé a seus rebanhos". Como observa Myrc, com a tradução vernacular, ele teve em vista aqueles que "não tinham livros próprios" (Myrc, *Instructions*, p. 59). A obra não contém nada de incomum, mas fornece uma ideia geral dos deveres e preocupações do sacerdote paroquial nos vilarejos e cidades dessa época. Apresento esse quadro por meio dos tópicos tratados nesta obra.

como receber a comunhão, os benefícios da contemplação da hóstia. O *ensino* básico a ser transmitido compreende: o pai-nosso, a ave-maria, o credo, os catorze artigos dele extraídos, os sete sacramentos, com explícita atenção ao batismo, à confirmação, à confissão e à penitência, à eucaristia e à extrema-unção. De longe, dispensa-se máxima atenção à confissão, especialmente sobre como levar o fiel ao pleno exame de consciência e como atribuir a própria penitência calibrada a pecados veniais e a pecados capitais. *Instrução moral* detalhada é fornecida nos preparativos para a confissão.

Esse quadro de uma paróquia rural ou local é extraordinário em sua analogia com as paróquias de toda a Europa no século XIV e até mesmo em todo o mundo contemporâneo. Poucos membros das paróquias católicas rurais comuns de qualquer lugar do mundo não conseguiriam reconhecer a estrutura elementar, os tópicos, as práticas, apresentados aqui de forma rudimentar, não elaborada, rimada para facilitar a memorização, em estilo simples nada rebuscado. Não obstante, os fundamentos descritos aqui correlacionam-se com a teologia metafísica de Tomás de Aquino, com a representação legal dos canonistas e com a eclesiologia formal de pensadores como Nicolau de Cusa e João de Torquemada.

Os membros da igreja: a atividade laica

Os membros da igreja eram toda a gente das cidades, vilas e áreas rurais, com exceção dos judeus. Não eram leigos de grande cultura, porque essas sociedades não proporcionavam instrução geral. Os primeiros catecismos revelam escasso nível de compreensão reflexiva ou teológica da fé; era de esperar que houvesse vários tipos de superstição associados à religião popular. Mas isso não faz que a igreja fosse formada por um laicato passivo, meramente consumidor da mediação clerical da palavra e do sacramento. Os membros da igreja participavam intensamente do povoado e da cidade como religião que se difundia em uma vida social estruturada por festas e procissões. As irmandades ou confraternidades que começaram a multiplicar-se no século XIV eram agentes da atividade religiosa leiga concentrada em uma gama de formas. As mulheres também eram ativas na igreja. Catarina de Siena despontava no horizonte, evidentemente, mas as beguinas foram apenas temporariamente proscritas em Viena, e havia outras associações de leigos congêneres. Os leigos tinham uma espiritualidade articulada pela *devotio moderna* no norte da Europa. A *Imitação de Cristo* incorporou grandes doses de uma espiritualidade monástica e uma espiritualidade de vida religiosa canônica. Mas também forneceu princípios religiosos para os leigos que viviam em sociedade, alertando-os contra o risco de corrupção pelos valores do mundo.

Os objetivos ou missão

Os objetivos ou missão da igreja não se modificaram substancialmente na Baixa Idade Média. Torquemada formulou o objetivo da igreja com clareza escolástica: o propósito da igreja era conduzir as pessoas à salvação definitiva e à glória eterna. O objetivo, missão e autocompreensão da igreja coalesceram em seu papel de mediadora da salvação de Deus em Jesus Cristo. Tudo quanto fazia participava dessa missão mais geral de santificação da vida neste mundo à proporção que se marchava para o próximo. Os catecismos não formulavam uma compreensão apologética da igreja; a existência da igreja era dada por assente à medida que os sacerdotes inculcavam o credo, os sacramentos, os mandamentos e outros aspectos da vida moral.

As atividades da igreja

As atividades da igreja na Baixa Idade Média são genericamente idênticas às dos séculos anteriores; como santificadora da sociedade, a igreja administrava os sacramentos; as mudanças não eram claras, mas simplesmente refletiam diferentes épocas e situações. Outra maneira de caracterizar a atividade da igreja, contudo, seria em termos de vida cristã, nos âmbitos pessoal, paroquial e diocesano. O enfoque incide mais nas cidades do que nas vilas rurais.

A Baixa Idade Média produziu uma compreensão notavelmente reflexiva de como viver a vida cristã. À primeira vista, as diferenças entre a espiritualidade de Erasmo e a *Imitação de Cristo* parecem mais evidentes do que qualquer similaridade ou correspondência termo a termo.[110] Entretanto, certas qualidades gerais são importantes para caracterizar os ideais espirituais de todo o período. Essa espiritualidade era simples, assistemática, moralista, humilde. Erasmo tomou essas qualidades, imprimiu-lhes forma erudita, literária, e aplicou-as diretamente à vida no mundo de sua época. Com efeito, ao longo desses séculos verifica-se a influência profunda e duradoura dos valores espirituais refletidos em Francisco, valores que compreendiam a recuperação de certa imagem do Jesus terreno e a apropriação de sua vida para satisfazer as exigências da vida cristã da época. Esse Jesus e essa espiritualidade propiciaram valores para a vida e também para a crítica contundente à hipocrisia do mundo. Wyclif e Erasmo representam um retorno ao Novo Testamento como lugar em que Cristo podia ser diretamente experienciado, proporcionando assim uma fonte para a vida cristã autoconsciente ou reflexiva. Isso complementa, por contraponto, uma mediação fortemente sacramental da graça. Também aponta para uma aspiração à "forma pura" das origens cristãs, uma guinada para um acesso mais direto e experiencial a Cristo no Novo Testamento, contornando, assim, em certa medida, a mediação da igreja institucional.[111]

Para além do nível de vida cristã pessoal, dever-se-ia considerar a vida corporativa da paróquia nas vilas e cidades. A paróquia é a forma institucional mais fundamental da igreja e estruturava-se em volta do culto, especialmente a assembleia eucarística. Mas essa vida paroquial transbordava para a sociedade em geral, e sua integração na vida pública talvez seja o aspecto mais definidor do cristianismo medieval ou da cristandade. As confraternidades, de certa forma, constituíam novos subgrupos, quer sob a estrutura paroquial, quer ao longo das fronteiras paroquiais. Canalizavam a energia religiosa em formas específicas da sociedade, tanto para autoajuda como para fins altruístas ou apostólicos.

---

[110] John O'Malley, "Introduction", *Collected Works of Erasmus*, vol. 66, *Spiritualia*. Toronto, University of Toronto Press, 1988, xli-xliii.

[111] Knowles, *The Middle Ages*, pp. 464-466.

Quando se levam em conta os diversos movimentos leigos dedicados à atividade apostólica, quer na educação, quer em hospitais ou orfanatos, é preciso considerar a vida paroquial nas cidades e vilas da Baixa Idade Média como dinâmica e ativa.

A relação da igreja com o mundo e com a sociedade

A igreja continuou a ter uma relação simbiótica com a sociedade secular: havia uma religião, com a exceção dos judeus, e esse monopólio conferiu poder à igreja na sociedade em geral. Em vários graus, em diferentes localidades, a igreja compartilhava o poder secular na sociedade. Por um lado, os governantes seculares nunca deixaram de ter considerável influência sobre a designação de bispos após a controvérsia da investidura e ao longo de toda a Baixa Idade Média. Por outro lado, onde os bispos desfrutavam de poder temporal, não o submetiam voluntariamente a governantes seculares ou leigos. As duas esferas permaneceram mescladas sob uma gama de arranjos. Mas o período revelou certa redução do poder secular do papado sobre a Europa e o crescimento da influência dos governantes seculares sobre a igreja em diversas regiões.

Outro aspecto da relação da igreja com o mundo encontra-se no papado do Renascimento. A igreja em Roma, especialmente, era patrona das artes, e a última metade do século XV assinala o início da construção do Vaticano que permanece hoje. Os dois grandes projetos foram a Biblioteca do Vaticano e a Basílica de São Pedro. Ao endossar o novo humanismo, com sua celebração da realização humana, a física, a literária e a artística, a igreja do centro parecia contrariar as ideias de que o mundo era um lugar de morada ilusório e transitório.[112] O outro lado dessa aceitação do humanismo foi a vida mundana de diversos papas desse período. Em vez de estabelecer um elevado padrão para o restante da igreja, Roma escandalizou quando comparada aos ideais espirituais anteriormente propostos.

---

[112] Ibid., p. 429.

Dois aspectos da vida da igreja ao final do século XV existiram em notável tensão recíproca: um era a revivescência da piedade, da espiritualidade e do puro fervor religioso; o outro era a crítica generalizada, se não a desilusão, à igreja institucional. O ensinamento dos papas era aceito, conquanto fossem criticados por seus tributos e por sua mundanidade. A piedade popular por meio do culto dos santos, das relíquias, das peregrinações e da devoção local floresceu, tanto quanto a insatisfação com os sacerdotes em razão de sua riqueza, privilégios e deficiências morais. Dessa forma, a "intensa piedade era frequentemente acompanhada pelo anticlericalismo".[113]

Outro aspecto da relação da igreja com o mundo é de caráter teológico, mas repleta de relevância para a espiritualidade da vida cotidiana. Uma tendência temática ao pelagianismo marcou a teologia e a espiritualidade da Baixa Idade Média. A seguinte máxima capta as ressonâncias dessa teologia: Deus não retirará a graça daqueles que tudo fazem em seu poder.[114] Pode-se perceber uma sugestão dessa máxima no caráter moralista da vida espiritual. Isso se torna mais significativo na gama de práticas religiosas que tinham por objetivo assegurar mérito perante Deus e em face de seu julgamento. Tudo isso mal teria sido percebido não fosse pela explícita reação contrária de Lutero e pela reintrodução de uma forte espiritualidade antipelagiana.

Apesar dessas reviravoltas e tensões na igreja ao longo desses dois séculos, uma coisa permaneceu universal e constante: o desejo da reforma da igreja na cúpula e nos membros.

---

[113] Lynch, *The Medieval Church*, p. 338.
[114] Oberman, *Harvest*, pp. 175-177, 184.

Princípios para uma eclesiologia histórica

Todo estudo histórico sobre a igreja revela a tensão entre identidade e diferença. A igreja nunca cessa de mudar; as comunidades humanas estão sempre mudando, mas sempre carregam consigo o próprio passado. A igreja da Baixa Idade Média comporta a mesma estrutura geral da igreja medieval pós-reforma gregoriana. Mas ela também sofreu mudanças profundas e significativas, especialmente na autocompreensão de si mesma como todo institucional. Muitos dos princípios significativos para a compreensão da igreja enquanto tal são tomados do movimento conciliarista. O poder, mas não a coerência, do pensamento conciliarista derivou principalmente da profunda crise na qual se encontrava a própria igreja europeia: o cisma dos papas e as lealdades papais territoriais. A crise foi precisamente não uma situação normal. Mas a própria anormalidade da situação permite reconhecer aspectos da igreja que são menos aparentes, mas atuam, não obstante, em épocas mais tranquilas.

A relação funcional entre comunidade e instituição

Já discorremos sobre o princípio da relação funcional entre comunidade e instituição; ele esteve em ação na origem da igreja, e poder-se-ia delineá-lo em uma análise da igreja ao longo de cada século de sua existência. Mas o episódio conciliarista na vida da igreja fornece uma lúcida formulação do princípio. Dietrich de Niem captou-o nitidamente por meio da distinção que estabeleceu entre a igreja universal e a igreja apostólica. A "igreja universal" refere-se a toda a comunidade cristã, todos os homens e mulheres vertebrados por uma fé comum em Deus mediada por Jesus Cristo. A "igreja apostólica", por seu turno, refere-se às funções ministeriais, ao papa, cardeais, bispos, prelados e outras pessoas da igreja que ocupam funções de ministério e, portanto, de autoridade.[115] O

---

[115] A distinção era operativa em Ockham, e Ryan fala de duas maneiras de conceber a igreja: "Encara-se a igreja principalmente como a congregação ou a comunidade dos fiéis e, portanto, em termos de seus membros, cuja associação na fé é a principal realidade da igreja. A outra concepção vê a igreja principalmente como o conjunto dos meios da salvação – o 'depósito' da fé, os sacramentos, o ofício eclesiástico – e, portanto, como uma instituição suprapessoal". Ryan,

objetivo da distinção é relativizar as estruturas de ministério em relação ao corpo de fiéis. Independentemente de os ministros serem concebidos como delegados da comunidade, sociológica e ontologicamente, ou seja, em termos da gênese da comunidade, essas funções são constituídas pela comunidade ou por um segmento representativo seu. A própria essência do conciliarismo, segundo Tierney, consistiu em situar a autoridade máxima da igreja no conjunto, na assembleia geral dos fiéis. "A comunidade cristã como um todo era superior a qualquer prelado, ainda que augusto; o papa devia ser servo da igreja, e não seu senhor."[116]

A situação anômala da igreja permitiu que esse princípio surgisse de uma maneira que Bonifácio VIII não poderia ter visto. Ele foi produto da reforma gregoriana e sucessor de Inocêncio III. O papa era a cabeça simbólica e jurídica da igreja ocidental, que era a alma da Europa, de modo que se cindir de Pedro parecia equivaler a cindir-se do canal da própria graça. O cisma do Ocidente, no entanto, estabeleceu uma situação de pluralismo. Todo mundo sabia que só havia um único papa verdadeiro; mas ninguém sabia ao certo qual deles. Portanto, era simplesmente impossível alegar que a graça e a salvação dependiam da própria lealdade ao papa verdadeiro ou real. Na prática, a maioria das pessoas, ou seja, aqueles que aderiam aos "chamados papas", não se salvava pela adesão ao "verdadeiro" papa. Por conseguinte, o princípio de Bonifácio VIII negava-se a si mesmo porque o verdadeiro papa não era conhecido ou não existia; a salvação tinha de ser mediada por uma igreja enquanto comunidade. E esse seria o caso mais geral quando o caráter juridicamente pluralista da igreja fosse reconhecido.

Tensão entre estrutura unificadora e pluralismo

Essa tensão é operativa na igreja ocidental quando considerada como totalidade ou unidade dotada de estrutura organizada. É um princípio

---

The Nature, Structure and Function of The Church in William of Ockham, p. 55. Ambas as concepções podem ser harmônicas, mas, quando as exigências de uma ou outra não são satisfeitas, há conflito.

[116] Tierney, *Foundations*, pp. 3-6, texto citado à página 6.

que considera a igreja como grande organização e que se tornará particularmente aplicável após a Reforma do século XVI, mas que já pode ser percebido atuando na Baixa Idade Média em diversos aspectos. Um deles é o movimento dentro da igreja em prol da regionalização e da perda de algum controle sobre as igrejas na periferia por parte da autoridade central do papa e da cúria. Um segundo fator é ideológico e consiste em mudanças de sentido. Por exemplo, houve mudança de sentido na compreensão da igreja como "corpo de Cristo". Isso tinha sentido teológico pleno em Tomás de Aquino; por volta do século XV, era um sentido fortemente político e sociológico.[117] Um terceiro fator é também ideológico e repousa em teorias alternativas da unidade da igreja operativas na Baixa Idade Média. Tierney esboça-as claramente: dizia-se que a unidade da igreja era assegurada por "uma rigorosa subordinação de todos os membros a uma cabeça única". Essa era a doutrina da soberania papal. A segunda aplicava-se a igrejas isoladas e gradualmente a toda a igreja no século XIV. Nessa teoria, "a associação corporativa dos membros de uma igreja (era) o verdadeiro princípio da unidade eclesiástica", e os membros podiam exercer essa autoridade na ausência de uma efetiva cabeça.[118] A avaliação do desenvolvimento da igreja nesse período, à luz dos fatores ora mencionados, sugere um princípio que é a um só tempo óbvio e significativo, especialmente quando não observado. Quanto mais uma grande instituição torna-se diversificada e pluralista, mais flexível terá de tornar-se a administração institucional, a fim de preservar sua unidade. Pode-se observar a ocorrência de tal princípio ao longo desses dois séculos; revertendo o movimento lançado pela reforma gregoriana, Roma gradativamente cedeu mais controle das igrejas regionais à liderança local. Contudo, em vez de atribuir mais peso aos vínculos teológicos da unidade, a unidade institucional e administrativa foi ressaltada nas novas eclesiologias papistas. Por si só, a doutrina da soberania papal

---

[117] Oakley, *The Western Church*, pp. 162-163. Tampouco se deve entender em sentido exclusivo, ou seja, de maneira restrita. É uma questão de ênfase.

[118] Tierney, *Foundations of the Conciliar Theory*, p. 240.

como vínculo da unidade não seria capaz de acomodar as exigências de pluralismo que irromperam no século XVI.

O caráter histórico-existencial das instituições

Outro princípio, extraído de uma tensão que já se havia desenvolvido, encontra ilustração inteiramente clara durante o cisma e a crise conciliarista. Vimos a polaridade entre subjetividade e objetividade na instituição e no sacramento, a tensão entre o caráter objetivo da função e a forma histórico-existencial como um indivíduo humano a desempenha, exerce a autoridade dela decorrente, tudo isso em uma situação histórica específica. Há poucos princípios sociológicos mais evidentes. Existe, contudo, uma tendência inerente quer a esquecer a necessária tensão ou bipolaridade dessas duas dimensões, quer a afirmar um lado em detrimento do outro. A autoridade objetiva pode ser perdida ou negada em uma situação concreta; e a autoridade carismática pode sucumbir se faltar amparo institucional.

O que pode ser uma ilustração mais dramática desse princípio do que um papado que causou divisão na igreja? O ministério petrino é precisamente um ministério simbólico-social da unidade da igreja. Na igreja ocidental, isso foi apoiado por diversos níveis e graus de autoridade jurídica. Bruscamente, por um acaso histórico, a própria função desmantelou-se em relação a seu verdadeiro propósito, e demandou período de quase quarenta anos de intensa reflexão, negociação e ação política para poder reconstituir-se. Mas o ponto que deve ser vigorosamente ressaltado, pois subjaz, em última análise, a todo o caráter histórico da igreja, é que o papado, durante esse período, constituiu a causa mesma da divisão e portanto, histórica e existencialmente, negou sua própria função objetiva. Em última instância, instituições "objetivas" não são absolutamente objetivas, mas de todo históricas.

O mesmo princípio esteve em ação no Concílio de Pisa. Esse concílio deveria ter sido operante. Todo mundo sabia que ele funcionaria. Parecia canonicamente correto. E teria funcionado se os fiéis houvessem aderido ao único papa recentemente eleito. Contrastivamente, o Concílio de

Constança não funcionou. Ele salvou o papado porque, antes de eleger o novo papa, garantiu primeiro a deposição e a demissão de dois postulantes e a promessa daqueles que eram leais ao terceiro de que retirariam sua obediência. Em termos sociológicos, o caráter objetivo das instituições da igreja repousa, em última instância, na experiência e no consentimento corporativos do corpo. Em suma, a santidade e a autoridade objetivas e subjetivas das instituições devem ser mantidas em relação tensiva recíproca.

A base da unidade da igreja precede a instituição

Esse princípio parece ser evidente de per si quando se considera a gênese ou a emergência gradual da igreja a partir do grupo inicial de discípulos judeus de Jesus. É interessante encontrá-lo novamente no curso da história da igreja como princípio estrutural. No período conciliarista, esse princípio está implícito nos dois outros que acabamos de abordar, mas pode ser proveitoso explicitá-lo aqui.

Esse princípio comporta especial relevância em uma situação em que prevalece certo pluralismo institucional na igreja. Foi exatamente o que ocorreu com o cisma. Na esteira da reforma gregoriana, "as outras igrejas (ocidentais) permaneceram, em relação à igreja romana, em posição de subordinação hierárquica, dela dependentes para sua autoridade, para sua própria vida".[119] A igreja romana, com seu bispo, o papa, era a cabeça, e as demais igrejas eram membros, acrescidos à igreja universal. As igrejas locais eram concebidas como extensões do centro. Isso mudou gradualmente na Baixa Idade Média: em geral, através do isolamento recíproco; secundariamente, através do nacionalismo; em seguida, através da fragmentação da igreja ocidental em lealdades papais distintas e isoladas, e por fim, embora mais radicalmente no século XVI, com a Reforma Protestante. Em cada caso com necessidade crescente, se a igreja era realmente una, então tinha de ser entendida da maneira como Dietrich de Niem definiu a igreja universal: toda a assembleia de fiéis. Em suma,

---

[119] Ibid., p. 242.

a definição da igreja na Idade Média, a *congregatio fidelium*, foi pouco a pouco concretizando-se como definição ontológico-social. Em outras palavras, a estrutura unificadora foi enfraquecendo-se de tal modo que a unidade da igreja teve de ser encontrada mais em sua fé comum em Deus tal como revelado em Jesus Cristo.

Teoria conciliarista sem governo conciliarista

É mais importante que o conciliarismo seja concebido como movimento de ideias e a teoria conciliarista permaneça em aberto. Com efeito, houve todo tipo de teorias diferentes ou graus de conciliarismo.[120] Teoricamente, poder-se-ia ter teoria conciliarista da igreja sem governo conciliarista. É essencial que se ressalte este ponto: não é preciso resolver a questão da validez legal do decreto *Haec Sancta* para defender essa tese. Uma teoria conciliarista afirmaria que a autoridade era mediada ao papa pela igreja enquanto comunidade, de modo que a totalidade da igreja é a fonte e o fundamento da autoridade do papa, mesmo quando o papa é genuinamente a cabeça da igreja. Tal era a eclesiologia de Nicolau de Cusa. Quando, por qualquer razão, não há papa, a igreja como um todo ainda possui essa autoridade. Não precisa haver antítese teórica entre a igreja como um todo e sua cabeça, como tampouco entre a totalidade da igreja representada em concílio e sua cabeça. Só em circunstâncias excepcionais a igreja como um todo ou em concílio exerce efetivamente autoridade sem o papa, como no cisma, ou quando não há papa e se convoca um concílio. Tal se afirma com referência à igreja ocidental na Baixa Idade Média. Após a Reforma Protestante, quando o pluralismo da organização eclesial generalizou-se, os próprios princípios conciliaristas teriam de ser expandidos para tornarem-se inclusivos.

---

[120] De acordo com Tierney, a maioria dos canonistas respeitáveis do século XIV sustentava que a igreja era uma organização, com o consequente princípio segundo o qual a autoridade repousava sobre todos os membros da igreja enquanto corpo, que a conferiam à cabeça como direito limitado e condicional de agir em seu nome. Eles sustentavam *também* que todo poder se concentrava na cabeça da igreja por ato direto de vontade divina. Consequentemente, não havia teoria consistente da monarquia papal no direito canônico. *Foundations*, p. 244.

Relação dialética entre relação com Deus e com o mundo, entre ideais e realidade

A igreja é ontologicamente constituída e sempre existe por dupla relação, com Deus e com o mundo, com a história ou com a sociedade. Essas duas relações frequentemente se imbricavam de maneira tensiva. A relação com Deus por intermédio de Jesus e do Espírito faz da igreja um meio ou símbolo que medeia a presença de Deus ao mundo; ao mesmo tempo, ela é comunidade finita no mundo como parte do mundo. Reside aqui uma inevitável tensão entre os ideais que a igreja é chamada a concretizar e a realidade menor que ela efetivamente é. Por vezes a efetividade pode contraditar a ideia ou ideal, como quando o papado enseja divisão ou provoca escândalo pela vida mundana que leva, ou quando o clero enquanto grupo se mostra avarento, corrupto e egoísta, com o aval dos costumes e do sistema. Erasmo baseou o *Elogio da Loucura* nessa tensão: sua estrutura fundamental é irônica; o que é o verdadeiro oposto do que deveria ser. O que pode ser dito positivamente acerca dessa estrutura é que a negatividade sempre gera uma reação positiva. Nesse exemplo geral, isso assume a forma de um intenso desejo corporativo de reforma. Esse desejo de reforma e a intensa espiritualidade religiosa que o embasou erigiram a ponte entre a Baixa Idade Média e a nova era da igreja ocidental que se inaugurou no século XVI.

Sumário

Apresentação 7

Prefácio 13

Introdução 17

PARTE I
A QUESTÃO DO MÉTODO

1. Eclesiologia histórica 35
   Eclesiologia de cima 36
   Rumo a uma eclesiologia de baixo 45
   Eclesiologia de baixo 77

PARTE II
A FORMAÇÃO DA IGREJA

2. A gênese da igreja 91
   A igreja emergente: uma narrativa histórica 93
   Uma exposição socioantropológica 112
   Uma exposição teológica 136
   Princípios para uma eclesiologia histórica 153

3. A igreja pré-constantiniana 169
   Desenvolvimento histórico 170
   Análise social e teológica 181
   Descrição da igreja pré-constantiniana 207
   Princípios para uma eclesiologia histórica ....

Desenvolvimento histórico 232
Análise social e teológica 253
Descrição da igreja pós-constantiniana 279
Princípios para uma eclesiologia histórica 294

PARTE III
A IGREJA NA IDADE MÉDIA

5. A reforma gregoriana e a nova igreja medieval 307
   Desenvolvimento histórico 308
   Análise social e teológica 333
   Descrição da igreja ocidental na Alta Idade Média 364
   Princípios para uma eclesiologia histórica 385

6. O conciliarismo e a igreja na Baixa Idade Média 393
   Desenvolvimento histórico 394
   Análise social e teológica 408
   Descrição da igreja na Baixa Idade Média 459
   Princípios para uma eclesiologia histórica 471

Impresso na gráfica da
Pia Sociedade Filhas de São Paulo
Via Raposo Tavares, km 19,145
05577-300 - São Paulo, SP - Brasil - 2014